中国古代社会生活史书系

元代
社会生活史

史卫民 ◉ 著

中国社会科学出版社

图书在版编目(CIP)数据

元代社会生活史/史卫民著 . —修订本 . —北京：中国社会科学出版社，1996.1（2019.3 重印）

（中国古代社会生活史书系）

ISBN 978 - 7 - 5004 - 1809 - 2

Ⅰ . ①元… Ⅱ . ①史… Ⅲ . ①社会生活—历史—研究—中国—元代 Ⅳ . ①K247.07

中国版本图书馆 CIP 数据核字（2005）第 041096 号

出 版 人	赵剑英
责任编辑	张小颐
责任校对	李云丽
责任印制	李寡寡

出　　版	中国社会科学出版社
社　　址	北京鼓楼西大街甲 158 号
邮　　编	100720
网　　址	http://www.csspw.cn
发 行 部	010 - 84083685
门 市 部	010 - 84029450
经　　销	新华书店及其他书店

印刷装订	环球东方（北京）印务有限公司
版　　次	1996 年 1 月第 1 版
印　　次	2019 年 3 月第 4 次印刷

开　　本	710×1000　1/16
印　　张	21.75
字　　数	412 千字
定　　价	98.00 元

目　录

元代社会生活史

目录

元
代
社
会
生
活
史

前　言

　　社会生活史的研究，近年来引起了史学界的重视。但是要写作一部几十万字的元代社会生活史，确实遇到了许多意想不到的困难。

　　首先是资料分散和缺乏。由于社会生活史关系到衣食住行、婚丧嫁娶、节俗礼仪等诸方面的内容，而在所谓的"正史"《元史》中，恰恰没有专卷记述这些内容，只能从《元史》、《元典章》、《通制条格》中辑录有关资料，并在元人文集、方志、笔记、行纪以及诗歌、戏曲中广泛搜集资料。尽管作者搜集、整理资料用了近八年的时间，但仍有一些生活内容资料匮乏，写作时经常感到力不从心。

　　其次是可资利用的研究成果太少。人民出版社 1994 年出版的那木吉拉所著《中国元代习俗史》，是近年来元代社会生活史研究的重要成果，但是受 15 万字的篇幅所限，不少方面的内容没有展开叙述，有些重要的生活内容甚至没有涉及。已经发表的论文，也只有一二十篇，主要集中在饮食、丧葬、婚姻等几个方面。

　　再次是文物的利用不易。已经出土的元代文物，分藏在各地的博物馆中，作者不可能一一去考察其形制，只能利用手头的部分图片资料，窥其大致，不敢妄作评说。

　　在陈高华老师的大力帮助和支持下，全书书稿终于在 1994 年年底完成。陈老师除通阅全稿并提出重要的修改意见外，还写作了本书的第 6 章全章和第 16章的第 5 节。

　　本书共分为 16 章，前 3 章介绍元代社会的基本情况，包括行政区划、生态环境、人口和民族分布等方面的内容，并重点说明游牧文化和农耕文化的相互交融给元代社会生活带来的影响。第 4 章专门介绍元代婚姻家庭状况和婚礼习俗。第 5 章至第 11 章记述衣、食、住、行方面的内容，并根据元代的特点，特别用 3 章分别介绍皇室住房、城市住房和乡村草原住房的情况，用 1 章专门介绍民间主要生活用品。第 12 章和第 13 章专述元代的医疗卫生条件和丧葬习俗。最后的 3 章，则分别介绍伦理道德、社会禁约、礼节、岁时风俗和娱乐等方面的内容。

书后附参考图片 60 幅，主要选自《中华古文明大图集》、《内蒙古出土文物选集》、《中国古代史参考图录》、《中国内蒙古—北方骑马民族文物展》等图集。

中国社会科学出版社的陈宝良同志为编辑、出版本书付出了大量的心血，中国社会科学院历史研究所的冯志三同志为图片制成付出了辛勤的劳动，历史研究所的领导和同志们为本书的写作提供了各种便利条件，谨此表示衷心的谢意。

还要感谢我爱人何岚，她在重病期间仍鼓励我完成写作，并帮助我安排书稿的打印等，可惜她却见不到这最后的成果了。

书中错谬之处，敬请方家指正。

作者

1995 年 10 月

再版前言

　　本书于 1996 年 1 月由中国社会科学出版社出版，此次再版对书中原有的错字作了修改，既未调整章节结构，也未增加新的文字内容，只是版式有所变化而已。

　　原书插图附于书末，均为黑白图片。此次再版，增加了彩图插页，调整了部分黑白图片，并将图片全部放入正文中。为方便读者查阅，所有图片均注明了出处（未注出处者为作者本人拍摄），所用图片主要来自日本经济新闻社 1983 年版《中国内蒙古：北方骑马民族文物展》（简称《北方骑马民族文物展》），文物出版社 1990 年版《中国文物精华（1990）》（简称《文物精华》1990），上海教育出版社 1991 年版《中国古代史参考图录》，文物出版社 1992 年版《中国文物精华（1992）》（简称《文物精华》1992），人民日报出版社 1992 年版《中华古文明大图集》，商务印书馆 1993 年版《中国古代服饰研究》，广西教育出版社 1999 年版《中国少数民族文化史图典》。

　　中国社会科学出版社的领导和编辑张小颐等为再版本书付出了辛勤的劳动，特表谢意。

作者

2005 年 3 月 27 日

再版前言

第一章
行政区划与生态环境

公元 1206 年，出身于蒙古乞颜部的成吉思汗统一了漠北草原各部，建立大蒙古国。成吉思汗及其后继者窝阔台汗、贵由汗、蒙哥汗东征西讨，扩大了蒙古国的疆域。1260 年，成吉思汗的孙子忽必烈即位，效行"汉法"，按照中原王朝传统的统治模式建立了行政管理等系统。1271 年，忽必烈将国号改为"大元"。1279 年，忽必烈灭南宋统一全国，随后又对行政机构、军事组织等进行调整，加强了对全国的控制和管理。

元朝疆域，"北逾阴山，西极流沙，东尽辽左，南越海表"，"东、南所至不下汉、唐，而西、北则过之"[①]，除了今天中国的疆土外，还包括今蒙古国全境和俄罗斯西伯利亚地区及泰国、缅甸北部的一些地方，面积大致相当于今天中国疆土的两倍。

按照居民的主要经济生活方式，元朝的疆土可以划分成牧业经济、农业经济和狩猎渔业经济三种区域。各区域的生态环境不同，但农业经济区域的状况与前朝大致相同，所以我们将在本章内重点介绍牧业和狩猎渔业经济区域的情况。

---

① 《元史》卷 58，《地理志一》，中华书局 1976 年版。

一 行政管理与行政区划

按照元朝人的自述，自南宋灭亡之后，"四海混一"，"若夫北庭、回纥之部，白霫、高丽之族，吐蕃、河西之疆，天竺、大理之境，蜂屯蚁聚，俯伏内向，何可胜数。自古有国家者，未若我朝之盛大者矣"①。为有效管理如此广袤的国土，元朝统治者以行省作为行政区划单位，"分天下为十一省，以山东西、河北之地为腹里，隶都省，余则行中书省治之"②。元代政书《经世大典》所记"国家自平江南以来，内而省部、密院等衙门，外而行省、行院、宣慰司、总管府、州县官"，就是对当时的组织系统的极好说明。③ 都省、省部都是指中书省，中书省是全国最高行政管理机构。密院即枢密院，是掌管全国军事的最高机构。"腹里"即内地的意思，专指中书省直辖地区，辖境包括今山东、山西、河北三省及内蒙古大部分地区。

先后设置的行中书省（简称行省或省）有以下 10 个：

辽阳等处行中书省，省治辽阳（今属辽宁省），辖境包括今辽宁、吉林、黑龙江三省及黑龙江以北、乌苏里江以东地区。

河南江北等处行中书省，省治汴梁（今河南开封），辖境包括今河南省及湖北、安徽、江苏三省的长江以北地区。

陕西等处行中书省，省治京兆（今陕西西安），辖境包括今陕西省及内蒙古、甘肃部分地区。

四川等处行中书省，省治成都，辖境包括今四川大部及陕西、湖南部分地区。

甘肃等处行中书省，省治甘州（今甘肃张掖），辖境包括今甘肃省、宁夏回族自治区及内蒙古部分地区。

云南等处行中书省，省治中庆（今云南昆明），辖境包括今云南省全境和

---

① 《经世大典序录·帝号》，《元文类》卷 40，《四部丛刊》本。
② 《经世大典序录·都邑》，《元文类》卷 40。
③ 程矩夫：《公选》，《雪楼集》卷 10，清宣统二年陶氏涉园刻本。

四川、广西部分地区，以及泰国、缅甸北部的一些地区。

江浙等处行中书省，省治杭州，辖境包括今浙江、福建两省和江苏南部地区，以及江西部分地区。

江西等处行中书省，省治龙兴（今江西南昌），辖境包括今江西省大部和广东省。

湖广等处行中书省，省治鄂州（今湖北武汉），辖境包括今湖南、贵州、广西三省大部分地区及湖北省南部地区。

岭北等处行中书省，省治和林（后改名和宁，今蒙古国后杭爱省厄尔得尼召北），辖境包括今蒙古国全境，中国内蒙古、新疆部分地区以及俄罗斯西伯利亚地区。

除了上述 11 个行政区划外，元朝还在中央设置宣政院，总管全国的佛教事务，并且直接管辖包括今西藏自治区全境及四川、青海部分地区的"吐蕃地区"，实际上成为与行省平级的行政区划。

宣政院所辖吐蕃之地，分由三道宣慰司都元帅府管领。吐蕃等处宣慰司都元帅府，治河州（今甘肃临夏），辖朵思麻路等地，故又称朵思麻宣慰司，辖境包括今青海东部、甘肃甘南、四川阿坝等地区。吐蕃等处宣慰司都元帅府，辖朵·甘思等地，又称朵甘思宣慰司，辖境包括今四川甘孜藏族自治州、西藏昌都地区及青海玉树、果洛等地区。乌思、藏、纳里速古鲁孙三处宣慰司都元帅府，管领乌思（前藏）、藏（后藏）和纳里速古鲁孙（阿里三处）地区，辖境大致相当于今西藏地区。

行省建制固定之后，保留了部分宣慰司的建制，作为行省的下属机构。"郡县又远于省，若有边徼之事者，则置宣慰司以达之"[1]；"宣慰司掌军民之务，分道以总郡县，行省有政令则布于下，郡县有请则为达于省。有边隆军旅之事，则兼都元帅府，其次则止为元帅府"[2]。元朝中后期保留的宣慰司有 20 余个。中书省治下有山东东西道、河东山西道宣慰使司。岭北行省下有称海宣慰司。河南行省下有淮东道、荆湖北道宣慰司。四川行省下有四川南道宣慰司。云南行省下设宣慰司最多，有大理金齿等处宣慰司、临安广西元江等处宣慰司、曲靖等处宣慰司、乌撒乌蒙等处宣慰司、罗罗斯等处宣慰司、亦奚不薛宣慰司、蒙庆（八百）等处宣慰司、银沙罗甸宣慰司、邦牙等处宣慰司等。江浙行省下置浙东道、福建道宣慰使司。江西行省下有广东道宣慰使司。湖广行省下有湖南道宣慰司、广西两江道宣慰司、海北海南道宣慰司、八番顺元等处

---

[1] 《经世大典序录·官制》，《元文类》卷 40。
[2] 《元史》卷 91，《百官志七》。

宣慰司等。①

行中书省的品秩是从一品，宣慰（使）司的品秩是从二品。原各行省往往有丞相的设置，至元二十三年（1286）七月，罢各行省所设丞相，定制为"行中书省，平章政事二员，左、右丞并一员，参知政事，佥行省事并二员"②。后来，又有行省恢复了丞相的设置。元文宗时定制，各行省设丞相一员，从一品；平章政事二员，从一品；右丞一员，左丞一员，正二品；参知政事二员，从二品。原有佥省、同佥等职，均不再设。"丞相或置或不置，尤慎于择人，故往往缺焉。"宣慰司各设宣慰使三员，从二品，宣慰使在需要的时候兼都元帅或元帅、万户等军职。同知宣慰司事、副宣慰使各设置一至二员不等，同知从三品，副使正四品。宣慰司下还有经历官、都事等职，负责具体事务的处理。

行省之下，设立路、府、州、县等行政管理机构。

至元二十年（1283），确定路分为上、下两等，"定十万户之上者为上路，十万户之下者为下路。当冲要者，虽不及十万户亦为上路"③。各路设总管府。"元路、州、县各立长官曰达鲁花赤，掌印信，以总一府一县之治。"④ 后来定制如下：

上路，达鲁花赤、总管各一员，兼管内劝农事，正三品；同知上路总管府事一员，从四品；治中一员，正五品；判官一员，正六品；推官二员，专治刑狱，从六品。

下路，达鲁花赤、总管各一员，兼管内劝农事，从三品；同知下路总管府事一员，正五品；判官一员，正六品；推官一员，从六品。⑤

各路治所置录事司，"以掌城中户民之事"。中统二年（1261），规定按民户数量多少设置录事司官员，2000 户以上设录事、司候、判官各一员，2000户以下不设判官。至元二十年（1283），录事司设达鲁花赤一员，不再设司候，以判官兼捕盗之事。若城市市民过少，则不设录事司，由附郭县兼管其民。

与路总管府级别相同的地方行政机构有宣抚司和安抚司。每司设达鲁花赤、宣抚使或安抚使各一员，正三品；同知一至二员，从四品；副使一至二

① 《元史》卷91，《百官志七》。方国瑜：《中国西南历史地理考释》，下册，中华书局1987年版，第793—802页。

② 《元史》卷14，《世祖纪十一》。

③ 《元史》卷91，《百官志七》。

④ 叶子奇：《草木子》卷3下，《杂制篇》，中华书局《元明史料笔记丛刊》本。

⑤ 《大元国朝圣政典章》（简称《元典章》）卷7，《吏部一·官制》，1976 年台北故宫博物院影印元刊本。

员，正五品。所不同的是宣抚司和安抚司官员称为“军民职”，而各路总管府官员称为“民职”，前者有较浓厚的军事色彩，并大多建在少数民族地区。

路以下的散府，“所在有隶诸路及宣慰司、行省者，有直隶省部者；有统州、县者，有不统县者，其制各有差等”。府设达鲁花赤一员，知府或府尹一员，均为正四品，领劝农、奥鲁等职与路达鲁花赤、总管相同；同知散府事一员，从五品。府下还设判官、推官、知事、提控案牍等职。

至元三年（1266），确定将州分为上、中、下三等，“定一万五千户之上者为上州，六千户之上者为中州，六千户之下者为下州”。这是北方州郡的标准。全国统一之后，又对江南地区州的等级做出了规定。至元二十年，确定“五万户之上者为上州，三万户之上者为中州，不及三万户者为下州”。元贞元年（1295）五月，对上、中、下州的户数做了一点修正，“户四万至五万者为下州，五万至十万者为中州。下州官五员，中州官六员”①。州官的品级如下：

上州，达鲁花赤，从四品；州尹，从四品；同知，正六品；判官，正七品。

中州，达鲁花赤，正五品；知州，正五品；同知，从六品；判官，从七品。

下州，达鲁花赤，从五品；知州，从五品；同知，正七品；判官，正八品。

至元三年将中原等地的县也划为上、中、下三等，6000 户以上为上县，2000 户以上为中县，不到 2000 户的为下县。江南地区的标准，于至元二十年确定，3 万户以上为上县，1 万户以上为中县，1 万户以下为下县。县官的员数和品级如下：

上县，达鲁花赤一员，从六品；县尹一员，从六品；县丞一员，正八品。

中县，达鲁花赤一员，正七品；县尹一员，正七品；不设县丞。

下县，达鲁花赤一员，从七品；县尹一员，从七品；不设县丞。

各县还设主簿、县尉（主捕盗之事）各一员，典史一至二员。另设有巡检司，置巡检一员。

根据至元三十年（1293）的统计，“天下路、府、州、县等二千三十八：路一百六十九，府四十三，州三百九十八，县千一百六十五，宣抚司十五，安抚司一，寨十一，镇抚所一，堡一，各甸部管军民官七十三，长官司五十一，录事司百三，巡院三。官府大小二千七百三十三所，随朝二百二十一；员万六

① 《元史》卷 18，《成宗纪一》。

千四百二十五，随朝千六百八十四"①。因为后来又有一些增减，所以在《元史·地理志》中登录的是"路一百八十五，府三十三，州三百五十九，军四，安抚司十五，县一千一百二十七"②。

二　牧业经济地区的生态环境

元代的牧业经济地区约占全国疆土面积的六分之一，主要集中在漠北和漠南，即中书省北部和岭北行省南部地区。

牧业经济区域内既有水草茂盛的辽阔草原，也有不毛之地的沙漠和荒无人烟的旷野。多数地区地势平缓，平均海拔在 1000 米之上，"四望平旷，荒芜际天，间有远山，初若崇峻，近前则坡阜而已"；如果由南向北行进，始终给人以上坡的感觉。③ 横亘于岭北行省南部的大漠（戈壁，当时亦称为大沙陀），是漠北、漠南两地区的天然分界线。大漠的地表主要是粗沙、砾石，"无块石寸壤，远而望之，若冈陵丘阜，然则至则皆积沙也"。横断漠南草原南端的燕山山脉成为游牧经济区和农业经济区的分界线。由中原北上，穿山越岭，"登高南望，俯视太行诸山，晴岚可爱，北顾但寒烟衰草"；出峡谷则入平陆，"始见毛幕毡车，逐水草畜牧，非复中原风土"④。

属于大陆性温带草原气候的牧业经济地区，冬季漫长、寒冷，在草原上经常可以看到因极度寒冷而冻掉脚趾或手指的人，有的人甚至被冻死。冬季下雪不多，间或有持续几天的暴风雪。通常风力较弱，入四月后，风力加强，常刮起寒冷刺骨的飓风，"这种飓风是如此猛烈，因此有的时候人们须付出巨大努力才能骑上马背"。由于漫天飞沙，使人们难以看清周围的东西，甚至不得不

---

①　《元史》卷 17，《世祖纪十四》。

②　《元史》卷 58，《地理志一》。

③　彭大雅、徐霆：《黑鞑事略》，《王国维遗书》本。《鲁不鲁乞东游记》，载道森编《出使蒙古记》，吕浦、周良霄汉译本，中国社会科学出版社 1983 年版，第 105—257 页。

④　张德辉：《纪行》，载王恽《秋涧先生大全文集》卷 100，《四部丛刊》本。李志常：《长春真人西游记》，《王国维遗书》本。

趴在地上躲避风势。① 短暂多风的春季之后，有两至三个月的夏季。夏季昼夜温差很大，无霜期甚短，"六月亦冰霜"②，七月的早晨也很凉，时而给人以"手足俱冻"的感觉。仲夏时分，草地常有凶猛的雷击和闪电，并经常下雨，但降水量往往不大，"有时甚至连尘土和草根都没有润湿"。由于冷空气的作用，"凡遇雨多雹"，有的冰雹大如鸡卵。秋季时间也很短促，大多数地区气候温和，刮风较少，秋高气爽，乃是游牧民外出活动的良好季节。草原上的降雪，四季都可能发生，不但"四月、八月常雪"，而且"常年五、六月有雪"。

漠北、漠南的"原隰之地，无复寸木，四望惟白云黄草"；"其产野草，四月始青，六月始茂，八月又枯"③。穿越草原的河流，"夹岸多丛柳"，高柳常被牧民取来制造庐帐的支架。草原的山、丘之地，"濒水则青杨丛柳"，"平地则松桦杂木"；山阴处"多松林"，"松栝森森，干云蔽日，多生山阴涧道间，山阳极少"，有的松树高达 10 余丈。在峭壁之间，有时可见到三四尺高的"大葱"。大漠之中，"所宜之木，榆、柳而已，又皆樗散而丛生"；"其碛有矮榆，大者合抱，东北行千里外，无沙外绝无树木"④。

草原上的野生动物很多，有人列举了可被当地居民猎食的动物有八种，"曰兔，曰鹿，曰野彘，曰黄鼠，曰顽羊，曰黄羊，曰野马，曰河源之鱼"⑤。按照当时到过草原的西方传教士的说法，草原的兔子"长着长尾巴，像猫一般，尾巴尖端长着黑色和白色的毛"，数量不是很多；鹿和野猪较少见到，但围猎时能够捕到；老鼠很多，且有许多种类，游牧民不吃长尾巴老鼠，只吃睡鼠和各种长着短尾巴的老鼠，尤其是土拨鼠，夏季遍布于整个大草原，冬季二三十成群聚在一个地洞内，冬眠达六个月之久，是牧民捕捉的主要鼠类；顽羊即羱羊（亦称北山羊），身躯像公羊，有硕大弯曲的双角；野马即野驴，很像骡子，跑得极快，往往在围猎时才能被捕获。除了这些啮齿动物外，草原上还有狼、熊、狐狸、豹等食肉动物。⑥ 在河流和"海子"（湖泊）中，往往有"长可三、四尺"的大鱼，水流湍急处"春、夏及秋捕之皆不能得，至冬可凿冰而捕也"。河流及"海子"也是飞禽的聚集地，天鹅和鹤是人们经常猎取的对象。鹤有黑、白、花、灰等种类。在草原边缘的山谷以及元代皇帝的御花园内，人工饲养着大群的鹧鸪、鹌鹑

---

① 约翰·普兰诺·加宾尼：《蒙古史》，载《出使蒙古记》，第 1—89 页。
② 张养浩：《上都道中二首》，《归田类稿》卷 18。
③ 《黑鞑事略》；《长春真人西游记》。
④ 张德辉：《纪行》；《长春真人西游记》。
⑤ 《黑鞑事略》。
⑥ 《出使蒙古记》，第 118 页。

和各种鸟雀。①

漠北、漠南的草原，"地丰水草"，人工牧养的牲畜有牛、马、犬、羊和橐驼。来自西方的传教士说这一地区的游牧民"拥有牲畜极多，有骆驼、牛、绵羊、山羊；他们拥有如此之多的公马和母马，以至我不相信在世界的其余地方能有这样多的马"。他们的牲畜，"无论哪一种，都体大身高，肥壮好看"②。来自中原的人指出："草地之牛，纯是黄牛，其大与江南水牛等，最能走，既不耕犁，只是拽车，多不穿鼻"；"橐驼有双峰者，有孤峰者，有无峰者"。草原上的马能从积雪下掘出草来吃，经过牧民的调教放牧，"阔壮而有力，柔顺而无性，能风寒而久岁月"，"不用控系，亦不走逸"③。

在草原地区生活的牧民，以"逐水草放牧"为主要经济活动，"大率遇夏则就高寒之地，至冬则趋阳暖薪木易得之处以避之，过以往则今日行而明日留，逐水草便畜牧而已"④。夏季迁到山地，气候凉爽，既有充裕的水草，又可以避免马蝇和其他吸血的害虫侵扰畜群。冬季迁牧于比较温暖的草甸，自然是为了减轻严寒给畜群带来的危害。牧民们平时不断更换牧场，是因为"任何一块草甸的草料都不能够永远满足那么大群的牲畜的饲养需要"。羊和马是游牧经济的主要标志，也是草原生活必不可缺的生活资源。草原上的游牧民，"有一马必有六、七羊，谓如有百马者，必有六、七百羊群也"；"人以挈畜多寡为贫富"，"首领和其他人一样，一般都有自己的私有畜群，如牡马、牝马、骆驼、公牛或母牛，牲畜身上都标有业主的记号。畜群可以放牧在任何山地和平原，不必雇用牧人专门看管，从不会走失。如果有谁的畜群中混入了另一业主的牲畜，即会被查明记号，物归原主。至于绵羊和山羊，都有专人看管"⑤。粗放自由的游牧生活，往往给来自中原、西域乃至欧洲的人们留下深刻的印象。

除了从事牧放牲畜外，牧民们还经常进行狩猎活动。狩猎既具有经济意义，猎获物可以作为食物的重要补充；又具有军事意义，通过大型围猎活动训练战士，使牧民熟悉弓马，培养吃苦耐劳的精神。

在游牧经济区，原来很少有耕种的土地。蒙古建国之后，"掠中国之人为奴婢，必采食而后饱"，来自中原的人往往在水源充足的草原开辟小片耕地，"居人多事耕稼，悉引水灌之，间亦有蔬浦"。入元之后，政府也在漠北、漠南有计划地开辟屯田，在游牧经济区的某些地区，出现了"入夏始种粟、黍"，

① 张德辉：《纪行》。
② 《出使蒙古记》，第9页。
③ 赵珙：《蒙鞑备录》，《王国维遗书》本。《黑鞑事略》。
④ 张德辉：《纪行》。
⑤ 《马可·波罗游记》，陈开俊等汉译本，福建科学技术出版社1982年版，第62—68页。

"俗亦饲牛力穑，粟、麦不外求而力赡"的情况。① 粟、黍和麦是草原农业的主要产品。从当时身历漠南草原的人留下的"荞麦花深野韭肥"② 和"荞麦花开草木枯"③ 的诗句，我们可以知道当地种植的麦主要是荞麦。

牧业地区的农业在蒙古国和元朝时期虽然有较大的发展，但远远满足不了当地驻军、居民及周期性前往草原的临时人口的需求。以草原陪都上都为例，"每年合用米粮不下五十万石"④，所以不得不从农业地区调运大批粮食。元朝政府通过组织漕运与"和籴"，将粮食源源不断地输入草原，基本保证了这些地区的粮食供应。⑤

蒙古国时期，在漠北的腹心建立了哈剌和林城，作为都城。忽必烈即位后，把他在漠南修建的开平城改为上都（今内蒙古正蓝旗东北），作为陪都，和林后来则成为岭北行省的治所。此外，在牧业区内还出现了称海等城市。草原都市的兴起，使商业有了长足的发展。原来草原上盛行比较简单的贸易形式，"大率鞑人止欲纻丝、铁鼎、色木，动使不过衣食之需；汉人及回回等贩入草地，鞑人以羊马博易之"⑥。入元之后，"自谷粟布帛以至纤靡奇异之物，皆自远至。宫府需用百端而吏得以取具无阙者，则商贾之资也"⑦。尤其是上都的市场，"煌煌千舍区，奇货耀日出。方言互欺诋，粉泽变初质。开张益茗酪，谈笑合胶漆"⑧，贸易方式发生了巨大变化，已堪与农业地区媲美。

影响草原地区游牧经济生活的自然灾害，主要是暴风雪和旱灾。如定宗贵由汗三年（1243）大旱，"河水尽涸，野草自焚，牛马十死八九，人不聊生"⑨；仁宗延祐四年（1317），"朔漠大风雪，羊马牲畜尽死，人民流散"，"蒙古诸部困乏，往往鬻子女于民家为婢仆"⑩。这是两次危害巨大的灾难，至于因短期暴风雪冻死大批牲畜，在草原上经常可以看到。政府虽然有一些救灾措施，但往往无力阻止丧失生产资料的"饥民"流出草原，"就食"于农耕地区。

---

① 周伯琦：《扈从集》，南京大学藏淡生堂祁氏抄本。
② 贡师泰：《和胡士泰滦阳纳钵即事韵》，《玩斋集》卷5，北京图书馆存明刻嘉靖十四年徐万璧重修本。
③ 胡助：《宿牛群头》，《纯白斋类稿》卷14，《金华丛书》本。
④ 魏初：《奏议》，《青崖集》卷4，《四库珍本丛书初集》本。
⑤ 《通制条格》卷18，《关市·和雇和买》，黄时鉴点校本，浙江古籍出版社1986年版。
⑥ 许有壬：《怯烈公神道碑铭》，《圭塘小稿》卷10，《三怡堂丛书》本。
⑦ 虞集：《贺丞相墓铭》，《道园学古录》卷16，《四部丛刊》本。
⑧ 袁桷：《开平五咏》，《清容居士集》卷16，《四部丛刊》本。
⑨ 《元史》卷2，《定宗纪》。
⑩ 《元史》卷26，《仁宗纪三》；卷136，《拜住传》。

三 农业经济地区的生态环境

在元朝的疆域内，农业经济区域的面积约占三分之二，包括中原、江南、陕川、辽东、云南、吐蕃等地区。

中原地区（中书省辖地南部、河南行省全境）原有比较发达的农业、手工业和商业，但是在蒙金、宋元战争中受到了严重的破坏。蒙金战争爆发之后，"两河山东数千里，人民杀戮几尽，金帛子女、牛马牲畜皆席卷而去，房庐焚毁，城郭丘墟"①；"中原河渠畎浍之利，莽为丘墟"②。元、宋对峙多年，战后两淮地区人烟断绝，"荒城残堡，蔓草颓垣，狐狸啸聚其间"③。为恢复中原地区的经济，元朝统治者采取了劝课农桑、兴办屯田、开渠浚河、整顿户籍、重振城市、安置流民等一系列措施。这些措施的推行取得了较好的效果，到元朝中期，中原的多数地方已经是"烟火相望"、"桑麻被野"和"丛菅灌莽尽化膏沃"的景象了。④ 在水利灌溉条件好的地方，如山西平阳，"田凡一岁三艺而三熟，少施以粪力，恒可以不竭；引汾水而灌，岁可以无旱"，上等土地"亩可以食一人"⑤。但也有不少地方，"土不加粪，耕不以时，摆不破块，种每各期，谷、麦种子不精粹，成熟不锄不耘"，生产技术落后，耕作粗放，产量较低，一般每亩田收成为三至五斗，"每斗得米五升，半为糠秕"⑥。中原地区农业生产的水平，自唐朝后期开始落后于江南地区，元朝时期虽然中原农业恢复较快，但差距已逐步拉开，改变不了这种格局。

江南地区（江浙、江西、湖广三行省辖地）的经济在战争中受破坏较少，恢复得很快，加之原来农业生产水平已高于其他地区，所以成为元代主要的粮食产区。当然地区差异也是很大的，三个行省比较起来，江浙行省农业最为发

---

① 《两朝纲目备要》卷 14，宁宗嘉定七年七月乙亥"金人告迁于南京"条。
② 朱德润：《买公惠政之碑并铭》，《存复斋续集》，《四部丛刊续编》本。
③ 陆文圭：《故武德将军吴侯墓志铭》，《墙东类稿》卷 12，《常州先哲遗书》本。
④ 孛朮鲁翀：《知许州刘侯爱民碑》，《元文类》卷 17。
⑤ 余阙：《梯云庄记》，《青阳集》卷 3，《四部丛刊续编》本。
⑥ 胡祗遹：《论农桑水利》，《紫山大全集》卷 22，《三怡堂丛书》本。

达，江西次之，湖广又次之。在江南的少数民族居住区域，农业生产往往十分落后，如畲、汉杂居的汀州地区，"山多田少，土瘠民贫"，"民产薄，故啬用"。再如广州，虽然"山海皆有田，山田用力如中州田，潮汐一再至，不烦灌溉"，但有"一种蛮僚，多居山阿，刀耕火耨，不输赋调"。苗、猺、仡佬等民族杂居的思州，也是"山箐险恶，则芟林布种，俗谓之刀耕火种"①。

陕西、四川以及甘肃等地的农业经济也经历了由破坏到恢复的过程。虽然关中等地的农业生产水平较高，恢复也较快，但其他地方多数是"地瘠民贫"，"地旷而人稀"，农业经济的整体水平大大低于中原地区。

辽东、云南和吐蕃地区，原来农业即不很发达，元代时期农业都有所发展。尤其是云南，"山青水秀，田地膏腴"，多处可以见到"居民凑集，禾麻蔽野"的景象②；当然，由于经济发展不平衡，也还有不少"山田薄少，刀耕火种"的地方。③

元朝的税粮征收情况亦可以说明各地农业生产水平的差异。元中期每年征收的税粮为 1200 万石左右，来自江南的近 650 万石，占 53.5%，而江浙一省即为 450 万石，江西行省 115 万石，湖广行省 84 万石；来自中原的税粮 486 万石，占 40.5%，其中腹里 227 万石，河南行省 259 万石；其他地区的税粮总计只有 73 万石，只占全国税粮的 6%，其中云南行省最多，为 27 万石，陕西行省 22 万石，四川行省 11 万石，辽阳行省和甘肃行省最少，仅有 7 万石和 6 万石。④

各地种植的粮食作物不同，中原、辽东、陕西等地主要种植麦和粟，麦又分大麦、小麦，以小麦为主，有的地区种植少量水稻。江南、云南主要种植水、旱稻，山区、旱地亦种植小麦和大麦。

农耕地区的居民，"庭有隙地，即以树菜蔬麻枲"⑤，富裕之家多辟有专门的菜园。蔬菜种类很多，北方常见菜有白菜、莙荙、蔓菁（大头菜）、赤根（菠菜）、葫芦、王瓜、青瓜（蛇皮瓜）、冬瓜、黄瓜、萝卜、蕹（天青葵）、茄子、韭、韭黄、葱、回回葱等。南方的蔬菜品种齐全，除了上述菜外，还有笋、芥、莴苣、茼蒿、芸苔、香菜、紫菜、苦荬等。有的菜是新从西域引进栽培的，如回回葱，"寻麻林最多（该地是西域阿儿浑人的聚居地），其状如區

---

① 《元一统志》卷 8，《汀州路》；卷 9，《广州路》；卷 10，《思州军民安抚司》，赵万里校辑，中华书局 1966 年版。

② 郭松年：《大理行纪》，王叔武校注本，云南民族出版社 1986 年版。

③ 李京：《云南志略》，王叔武辑校本，同上。

④ 《元史》卷 93，《食货志一·税粮》。

⑤ 余阙：《梯云庄记》，《青阳集》卷 3。

蒜，层叠若水精葱，甚雅，味如葱等，腌藏生食俱佳"。除了这些"家园种莳之蔬"外，还有山药、苦菜、山葱、山韭等野生植物，亦可以采食。①

农耕地区果园很多，出产各种水果。受气候条件和地理环境的影响，水果的生产在各地亦不相同。中原、辽东盛产葡萄、西瓜、甜瓜、梨、杏、核桃、柿、樱桃、桃、石榴等水果；江南则盛产荔枝、龙眼、柑子、柚子、蕉子、人面子、菠萝蜜、橄榄、椰子等水果；云南出产木瓜、胡桃、李、桃等水果。有的瓜果，经过栽种技术的传播，已经能在各地生长结果。以西瓜为例，原来只在北方培植，元朝时期在江南的广州地区亦能出产，"广州自至元归附后，方有此种。其实圆碧而外坚，其子有三色：黄、红、黑。北客云：瓜凉可止烦渴，过食不为害。其仁甘温。今岭南在在有之，遂为土产"②。

人工栽培或野生的牡丹、月季、蔷薇、山丹、石竹、菊花、茉莉、海棠等花草，在农耕地区处处可见，给当时的社会生活增添了丰富的色彩。

栽种桑树，养蚕缫丝，是农业经济区内极其普遍的家庭副业。"勤农桑而俭衣食"；"人知重本，勤于耕织"，是人们经常提到的风俗。棉花栽种技术已在江南普及，并传向北方的两淮等地区。河南则大量种植苎麻，沤麻织布也已成为重要的家庭副业。③

手工业和商业，在农耕地区早已比较发达，元代则更有所发展。冶炼业和制造业以及瓷窑、盐场、纸坊等生产的产品，由商人贩往全国各地，为人们采购基本生活用品提供了便利的条件。星罗棋布的大小城市，既是手工业产品的重要产地，也是各种商品的集散地，在调节社会生活方面起着重要的作用。

马、骡、驴、牛、羊、猪、鸡、鸭、鹅、犬、猫，是农业区内普遍饲养的家畜。世人的肉食需求，自然离不开家畜饲养的保障。马、骡、驴、牛在生产和交通运输中，亦有着不可忽视的作用。

水灾、旱灾、虫灾和地震，是影响农业区居民生活的主要灾害，在元代都曾频繁发生，中原和陕西地区受害最重。尤其是黄河，平均四个月决溢一次，为害甚大。元末虽曾对黄河进行大规模治理，但只解决了部分问题。因各种自然灾害而出现的大量饥民、流民，始终是困扰政府的严重问题，亦给社会带来了种种不安定的因素。

①　熊梦祥：《析津志》，北京图书馆《析津志辑佚》本，北京古籍出版社1983年版。《元一统志》卷1、3。

②　陈大震：《大德南海志》，广州市地方志研究所印《大德南海志残本·物产》。

③　马祖常：《淮南田歌十首》，《石田集》卷5，古书流通处刻《四大家集》本。王祯：《农器图谱·木棉序》，《农书》卷23。鲁明善：《论苎麻木棉》，《农桑辑要》卷2。

四　狩猎渔业经济地区的生态环境

狩猎经济地区约占元代疆土的六分之一，主要是岭北行省和辽阳行省北部的森林地区；云南等地也有一些森林地区，属于狩猎经济区的范围。

西起也儿的石河（今额尔齐斯河），东至海，是连亘不断的森林地带。多山地、丘陵，气候寒冷多雪，是森林地区的共同特征。东部森林区（辽阳行省北部及中书省东北部分）受海洋影响，气候条件要好一点。

鹿、鹰（海东青）、貂鼠、青鼠以及所谓山牛、山绵羊、岩羚等动物，是森林居民的主要捕猎对象。"无市井城郭，逐水草而居，以射猎为业"，是他们的基本生活方式。"他们认为，如果人们住在城镇、州郡里和平原上，那就是处于沉重的痛苦之中"；"他们视牧羊为一大恶习，以至于父母骂女儿时，只消说：'我们把你嫁给一个让你去放羊的人！'她就会悲伤透顶，甚至悲伤得上吊"。在深山密林中，"土地旷阔，人民散居"，多数人坚守旧俗，一直住在森林中，"从不走出森林"①。

对捕猎到的动物，有一些要留下来驯化，为今后生活提供便利。不同地区的不同民族，驯化的动物不同。如住在大泽（今贝加尔湖）两侧和北山（今外兴安岭）的居民，以鹿作为主要驯化对象；大泽西边的森林兀良哈人，则驯养山牛、山绵羊和岩羚，供他们挤乳、食用和驮载物品；而混同江（今黑龙江）等地的居民，则主要驯养狗，有的还"养马弋猎为生"。但各地人大都捕捉和驯养海东青，并将一部分驯化的海东青作为贡品送缴元廷。"有俊禽曰海东青，由海外飞来，至奴儿干，土人罗之，以为土贡。"② 大泽边亦有兀鹰栖息之地，当蒙古大汗需要海东青时，即派人来此捕捉或要求当地人进贡。驯化后的海东青，"善擒天鹅，飞放时旋风羊角而上，直入云际"，为狩猎活动增添色彩。③此外，还有一种所谓的"鹰背狗"，亦是驯化之物，"北方凡皂雕作巢所在，官

---

① 拉施特：《史集》，余大钧、周建奇汉译本，商务出版社1983年版，第1卷第1分册，第202—204页。《元史》卷59，《地理志二》。

② 《元史》卷59，《地理志二》。

③ 叶子奇：《草木子》卷4下，《杂俎篇》。

吏必令人穷巢探卵，较其多寡。如一巢而三卵者，置卒守护，日觇视之。及其成彀，一乃狗耳。取以饲养，进之于朝。其状与狗无异，但耳尾上多毛羽数根而已。田猎之际，雕则戾天，狗则走陆，所逐同至，名曰鹰背狗"①。

除狩猎外，采集森林果实也是森林居民很重要的生活内容。"当他们割开白桦树时，其中流出一种类似甜乳之汁，他们经常用来代替水喝。"②

比游牧生活更为艰苦的"习尚射猎"的北方森林生活，虽因元朝政府在某些狩猎地区内开辟屯田和大量征索海东青、貂鼠皮等受到一些冲击③，统治者允许森林居民"各仍旧俗"，"故设官牧民，随俗而治"④，所以依然能够保留原有的生活方式。

云南密林中，亦有一些居民，"散居岩谷"或"巢居山林"，"不事农亩，入山林采草木及动物而食"⑤。在湖广行省的播州境内，亦有一些人"俗以射猎山伐为业"⑥。但总的说来，南方受农耕文化影响较大，仍坚持在山林中以狩猎、采集为生的民族已不是很多。

除了农业、牧业、狩猎业之外，元代还有一部分居民主要从事或兼营渔业。中国大陆东南的海洋和大陆上的江河湖泊，便是渔业活动的场所。

渔业可以分为海洋渔业和淡水渔业两大门类。从事海洋渔业的，主要是沿海地区和海上的居民。浙东的庆元（今浙江宁波）"郡居海陬，民趋渔业。……土产庶物，惟海产居多"⑦。温州"濒海民以渔为业"⑧。昌国州（今浙江定海）"止是小小山岛，并无膏腴田土，其间百姓止靠捕鱼为活，别无买卖生理"⑨。海洋渔业以近海作业居多，但在某些地区已经开始前往离陆地较远的鱼类集中的渔场进行捕捞，昌国州的洋山渔场，就是比较著名的一处。海洋渔业的产品，有各种海洋鱼类、虾蟹类和软体类。沿海渔民还利用海滩养殖蚶、江珧等水产品。广海（今广东、广西）的海中还以出产珍珠著名。元朝政府设立采珠提举司，下辖采珠户最多时有数万人。

大陆上分布许多江河湖泊，盛产各种淡水鱼类、蟹虾类和软体类。在江河

① 陶宗仪：《鹰背狗》，《南村辍耕录》卷7，中华书局《元明史料笔记丛刊》本。
② 《史集》，第1卷第1分册，第203页。
③ 详见韩儒林：《元代的吉利吉思及其邻近诸部》，载《穹庐集》第335—382页，上海人民出版社1982年版。
④ 《元史》卷59，《地理志二》。
⑤ 《云南志略》。
⑥ 《元一统志》卷10，《播州军民安抚司》。
⑦ 《至正四明续志》卷5，《土产》。
⑧ 王祎：《胡公行述》，《王忠文公集》卷18。
⑨ 《大德昌国州志》卷1，《叙赋》。

湖泊捕捞的，主要是周围的居民。黄河、长江、太湖、洞庭湖等都有相当发达的渔业。有的记载说沔阳"以网罟之利甲天下"①，主要应指沔阳境内洪湖的渔业生产。东北辽阳行省的河流中出产大鱼，有的重达数百斤甚至千斤②，也是当地居民捕捞的对象。元朝政府在许多湖泊设置管理机构，在湖泊中捕捞的渔民都要交纳部分收获物。凡是政府提供工具的，收获物"十分为率，渔户收三分，官收七分"③。

　　水产品是人类食物的重要组成部分。在元代，无论海洋渔业或是淡水渔业，其捕获的水产品，除了部分供生产者食用和上缴政府之外，其余便作为商品，投入市场，换来货币购买其他生活必需品。"渔家无别业，衣食惟罟网"④。但是，水产品保鲜期很短，时间稍长便会变质不能食用，于是又发明了种种便于保存加工之法。元代常见的水产品加工之法，一是盐腌，一是曝晒成干。河南归德、邓州等处的商人，"俱系黄河间采捕收买鱼货"，用盐腌制后，"搬贩至江南诸州军等处货卖"⑤。浙东沿海一带，将鱼曝晒成干，可以"经年不坏，通商贩于外方"⑥。这样，水产品便能在更大范围内流通。

①　苏天爵：《韩公神道碑》，《滋溪文稿》卷 12。
②　《元史》卷 169，《刘哈剌八都鲁传》。
③　《元典章》卷 22，《户部八·河泊》。
④　张昱：《捕鱼词》，《张光弼诗集》卷 1。
⑤　《元典章》卷 22，《户部八·盐课》。
⑥　《至正四明续志》卷 5，《土产》。

第二章

人口分布与身份职业

元朝的人口数字，达到 5000 余万，但并非经过精确的统计。按南宋遗民郑所南所记："鞑法，一官、二吏、三僧、四道、五医、六工、七猎、八民、九儒、十丐，各有所统辖。"① 如此的划分方法虽不准确，但毕竟给我们了解元代的社会分工情况提供了一定的线索。

一　元代人口分布的大致情况

从元朝政府的户口统计中，我们可以看出当时人口分布的大致情况。

蒙古政权的户口统计，始于太宗窝阔台汗五年（1233）的"括中州户"②，

---

① 郑所南：《心史·大义略述》，《郑思肖集》，上海古籍出版社 1991 年版，第 157—192 页。
② 《元史》卷 2，《太宗纪》。

后来又进行过多次的"籍户"和"验户"。我们现在可以看到的登录在《元史·地理志》中各地的户口数额，乃是不同年份"籍户"的抄录数字：辽阳行省、陕西行省和河南行省的汴梁、南阳、河南等路，是壬子年（宪宗蒙哥汗二年，1252年）查验的户口数额；中书省所辖各路、州，是世祖忽必烈至元七年（1270）查验的户口数额；江南行省、四川行省、甘肃行省以及河南行省其他路、州，则是至元二十七年（1290）登记的户口数额；云南行省和岭北行省的户口数额缺载。还有少数地区，缺上述三年的户口数字，即补以文宗至顺元年（1330）中书省户部掌握的"钱粮户数"。也就是说，元朝并没有一个统一年份的全国各地的户口数额，每次"籍户"之后，即将籍户所得数额加上未籍户地区原有的户口数额，就得出了所谓的"天下户数"。这样的户口统计方法，自然会与当时全国实际的人口数量有很大出入。但是，离开这些官方统计的户口数字，我们更无法了解元代各地的人口情况，所以还是要以官方统计数字为基本依据，来勾画当时人口的大致分布轮廓。

世祖至元二十八年（1291），"户部上天下户数，内郡百九十九万九千四百四十四，江淮、四川一千一百四十三万八百七十八，口五千九百八十四万八千九百六十四，游食者四十二万九千一百一十八"。这个数字，大体就是至元二十七年"再新亡宋版籍，又得一千一百八十四万八百余户"，加上壬子年、至元七年辽东、中原各地的户口数额后得出来的。[①] 我们不妨将各省的户口数字依次列出来，可以大致看出当时的人口分布状况：

江浙行省	5882112 户	28736947 人
江西行省	2332811 户	11664542 人
湖广行省	2770451 户	9421625 人
河南行省	800410 户	4065673 人
中书省	1355354 户	3691516 人
陕西行省	87690 户	750220 人
四川行省	98538 户	615772 人
辽阳行省	49714 户	481424 人
甘肃行省	4691 户	52044 人

从这些数字我们可以看出，全国五分之四的人口集中在江南的江浙、江西、

————————————

① 《元史》卷16，《世祖纪十三》。《经世大典序录·版籍》，《元文类》卷40。按《元史·地理志》所载数额相加，三年户口数合计为13381771户，59479763人，与此相差不多。

湖广三省；余下的近五分之一人口的一半以上居住在中原地区，陕川、辽东等地人口稀少。这就是元代人口分布的基本格局。根据《元史·地理志》所记各路户口数字，我们知道长江中下游当时已经是人口最密集的地区。

岭北行省的人口情况应该和辽阳行省差不多，大约有几十万人。云南行省"见户百二十八万七千七百五十三"①，与中书省辖地的人口相差不多。壬子年时亦曾在吐蕃地区清查户口，所得户口"共计三万六千四百五十三户"②。

二 官吏

元朝的官员，可以分成几类。一类是中书省、御史台、宣政院等中央行政、监察机构和行省、宣慰司、路、府、州、县及肃政廉访司等地方行政、监察机构的文职官员，一类是枢密院及其下辖各军事机构的武职官员，还有一类是蒙古领主的所谓"投下"官员。

各级官府的文职官员，又分为正次官和首领官两个等级。正次官负有决策责任，首领官统辖吏员，具体负责一方面的政务，协助主管官员进行工作。正次官和首领官都有一定的品级，自一品至九品不等；每品又分正、从，共有九等十八级。一般说来，正次官上至一品，下至六七品不等，首领官则自五六品到八九品不等。

武职官员亦分为九品十八级，与文官不同的是都佩有专门的符牌。元代的武官名称，既有万户、千户、百户、牌子头（十户）等沿自蒙古国时期的军官名目，也有效仿宋、金朝的都指挥使、元帅等军官名称。

蒙古领主除了在草原上各有封地外，往往在中原和江南地区亦有朝廷赏赐的封地。这些封地，称为"投下"。领主所派管理"投下"的官员，就称为投下官，包括达鲁花赤、札鲁忽赤、课税官及其他军民长官等。忽必烈即位之后，逐步撤销了札鲁忽赤、课税官及各种名目的投下军民长官。各投下的达鲁

---

① 程矩夫：《平云南碑》，《雪楼集》卷5。
② 达仓宗巴·班觉桑布：《汉藏史集》，陈庆英汉译本，西藏人民出版社1986年版，第186—187页。

花赤，由投下领主奏举，朝廷任命，代表领主管理投下事务。

"领持大概者，官也；办集一切者，吏也"①。各级官府中的吏，是操办具体事务的办事人员。元代的吏，名目有 30 余种，主要的有令史、书吏、司吏、必阇赤等处理官府公文、表册的案牍吏员，译史、通事等翻译吏员，宣使、奏差等传送圣旨和官府指令的传达吏员，掌管印信的知印，负责收发、保管文件的典吏，等等。②

按照元世祖至元三十年（1293）的统计，"官府大小二千七百三十三处，随朝二百二十一；员万六千四百二十五，随朝千六百八十四"③。到文宗时，官员总数增加了 1 万余人，"总员二万六千六百九十员。有品级二万二千四百九十员：朝官二千八十九员，色目九百三十八员，汉人一千一百五十一员；京官五百六员，色目一百五十五员，汉人三百五十一员；外任一万九千八百九十五员，色目五千六百八十九员，汉人一万四千二百三十六员。无品级四千二百八员：儒学教授八百七十六员；医学教授二百三十二员；蒙古教授九百二十一员；阴阳教授七十三员；不系常调二千一百六员"④。

除了一支庞大的官吏队伍外，元朝宫廷中还有一个人数众多的宿卫组织，蒙古语称为"怯薛"（护卫军）。怯薛既是皇帝的贴身侍卫，保障宫廷的安全；又操办与皇室有关的各种事务，在元廷政治中有着不可忽视的地位。怯薛人员在元代享有很高的政治待遇和丰厚的经济待遇。怯薛原来额定为 1 万人，但是经常被突破。经过多次的"沙汰"，到元文宗时，宿卫士仍有 13600 余人。⑤

中统三年（1262）二月，"始定中外官俸"⑥，确定了各级官府文职官员的俸禄标准。至元七年（1270），又确定了军官的俸禄标准。发给官员的薪俸，由俸钞、职田、俸米组成。俸钞是薪俸中的货币部分，用法定货币中统钞支付，依品级高低发放不同数额的钞币。职田和俸米是官员薪俸中的实物部分。地方官员有职田，以地租充当俸禄；中央政府官员没有职田，则另行发放禄米。中央和地方政府机构中的正式吏员都有俸禄，但是地方政府的吏员没有职田，所以也发给一定数量的禄米。

为保持蒙古贵族的特殊地位，元朝统治者把臣民依民族划分为蒙古、色目、汉人、南人四等（详见本书第三章）。在官员任用上，民族等级的限制比

---

① 王恽：《吏解》，《秋涧先生大全文集》卷 46。
② 详见许凡：《元代吏制研究》，劳动人事出版社 1987 年版，第 5—15 页。
③ 《元史》卷 17，《世祖纪十四》。
④ 《元典章》卷 7，《吏部一·官制一》。
⑤ 《元史》卷 36，《文宗纪五》。
⑥ 《元史》卷 5，《世祖纪二》。

较严格。无论是中央官府还是地方衙门，"其长则蒙古人为之，而汉人、南人贰焉"①。怯薛出仕、吏员出职和荫叙承袭，是元代选拔官员的主要途径；科举取士和国学贡士，虽然也是输送官员的途径，但是往往不被统治者所重视。

在元代的特定历史条件下，官吏的政治素养和文化素质偏低是可以理解的。官员不谙政事，"郡县往往荷毡被毳之人，捐弓下马，使为守令。其于法意之低昂，民情之幽隐，不能周知而悉究"②。甚至有人指出："今蒙古、色目人之为官者，多不能执笔花押，例以象牙或木刻而印之。"③"北人不识字，使人为长官或缺正官，要提判署事及写日子，七字钩不从右七而从左才转，见者为笑。"吏员更是只知利用职务便利，推诿公务，盘剥百姓，造成了严重的"吏弊"。官吏贪污的问题始终困扰着元朝政府。"官贪吏污，始因蒙古色目人罔然不知廉耻之为何物。其向人讨钱，各有名目：所属始参曰拜见钱，无事白要曰撒花钱，逢节曰追节钱，生辰曰生日钱，管事而索曰常例钱，送迎曰人情钱，勾追曰赍发钱，论述曰公事钱，觅得钱多曰得手，除得州美曰好地分，补得职近曰好巢窟，漫不知忠君爱民之为何事也。"④忽必烈在即位诏书中曾特别强调："开国以来，庶事草创，既无俸禄以养廉，故纵贿赂而为蠹。凡事撒花等物，无非取给于民，名为己财，实皆官物，取百散一，长盗滋奸。"尽管朝廷三令五申，禁止收取拜见、撒花钱等，但实际收效甚微。⑤有人认为，元朝官吏素质低是因为朝廷不能用"真儒"理国政："世祖能大一统天下者，用真儒也。用真儒以得天下，而不用真儒以治天下。八十余年，一旦祸起，皆由小吏用事，自京师至于遐方，大而省、院、台、部，小而路、府、州、县，以及百司，莫不皆然。纵使一儒者为政，焉能格其弊乎？况无真儒为治者乎？故吾谓坏天下国家者，吏人之罪也。"⑥到了元朝末年，甚至出现了卖官鬻爵的现象。有人记道："天下治平之时，台省要官皆北人为之，汉人、南人万中无一二，其得为者不过州县卑秩，盖亦仅有而绝无者也。后有纳粟、获功二途，富者往往以此求进。令之初行，尚犹与之，及后求之者众，亦绝不与南人。在都求仕者，北人目为'腊鸡'，至以相訾诟。盖腊鸡为南方馈北人之物也，故云。"⑦

① 《元史》卷85，《百官志一》。
② 危素：《送陈子嘉序》，《危太朴集》卷6，刘氏嘉业堂刻本。
③ 陶宗仪：《刻名印》，《南村辍耕录》卷2。
④ 叶子奇：《草木子》卷4下，《杂俎篇》。
⑤ 《元典章》卷2，《圣政二·止贡献》。
⑥ 孔齐：《世祖一统》，《至正直记》卷3，《粤雅堂丛书》本。
⑦ 叶子奇：《草木子》卷3下，《克谨篇》。

官吏具有较高的政治地位，又享受国家俸禄，其家庭成员的生活方式当然不能与平民百姓相提并论，在本书中我们将尽量注意到这一点。

三　宗教人士和儒士、医生

元朝统治者对佛教、道教、基督教、伊斯兰教等宗教人士颇为礼遇，不但规定各宗教的寺院庙观不得随意骚扰，免除各教人士的差发赋税，还经常举行盛大的宗教活动。在统治者的扶持、保护之下，宗教人士确实享有较高的社会地位。

佛教僧人，元代通称为和尚。按照至元二十八年（1291）管理全国佛教事务的宣政院统计，"天下寺宇四万二千三百一十八区，僧、尼二十一万三千一百四十八人"[1]。为了躲避差税，"多有一等不谙经教、不识斋戒、不曾谙练寺务避役之人，用财冒据，贸然为僧"，朝廷不得不加以限制，除了一再重申剃度僧人必须办理一定手续，由官府给据外，还规定了"披剃之人"的标准为"通晓经文，或能诗颂书写，或习坐禅，稍有一能，方许本寺住持、耆老人等保明申院，以凭给据披剃"；此外，自愿出家的人，还要由当地官府验证是否"本户丁力数多，差役不阙，及有昆仲侍养父母"[2]。

道教的道士，元代通称为先生。基督教教士，元代称为也里可温。伊斯兰教的教士，称为答失蛮。元朝设有集贤院、崇福司和回回哈的所，分别掌管道教、基督教、伊斯兰教事务。先生、也里可温和答失蛮，与和尚一样享有免除差发赋税的待遇。此外，白莲教、头陀教等宗教教徒，也享有同等的待遇。

元代儒士同样享有免除差发赋税的优待，但是仕进受到蒙古、色目贵族和官吏的阻碍，尤其是汉人、南人儒士，通过科举入仕的机会颇为渺茫。对此，儒士们颇有怨言。与前朝相比，儒士的政治地位确实不高，但也绝不至于与乞丐者流为伍，其社会地位至少不比工匠、站户等低。

专门从事医疗活动的人户在元代被定为医户，由太医院管辖。医户亦免除

① 《元史》卷16，《世祖纪十三》。
② 《元典章》卷2，《圣政二·重民籍》；卷33，《礼部六·释教》。

差发赋税。为保证医户的稳定，至元八年（1271）十月太医院要求医户人家分家后，仍然名列为医户，与一般民户不同，得到批准。从军队中出来改在太医院系统任职的人，不但本人军役免除，家人也跟着从军户变成了医户。大德七年（1303），枢密院官员指出这种做法"减了军的数目"，朝廷特别颁旨，规定遇到此种情况，只改变当事人及其家庭的军户身份，其兄弟和原来的贴军户等不能改变身份。①

专门从事占卜、算卦的术士，元代称为阴阳人。各地有阴阳教授传授生徒，按朝廷规定分为占算、三命、五星、周易、六壬、数学等科目，并指定了"三元"用书，"婚元"用《占才大义书》，"宅元"用《周易秘奥》、《八宅通真论》，"莹元"用《地理新书》、《莹元总论》、《地理明真论》等。②

和尚、先生、也里可温、答失蛮及儒士、医生等，以各自的技能为社会服务，并得到来自政府的一定优待，在生活方面，与一般的劳动人民自有不同之处，在后面的论述中我们将加以介绍。

四 军、站、匠、打捕等"户计"

在元朝的户口统计中，不同的"户计"是分开登记的。元朝的所谓"诸色户计"，除了将上述和尚、先生及儒士、医生等定为僧道户、儒户、医户外，还有军户、站户、打捕户、盐户、匠户等名目。军户等"户计"，实际上是政府从民户中签发一部分人从事其他职业，强迫他们承当各种封建义务。户计确定之后，一般不能改动，并由此形成了比较固定的社会分工。

在诸色户计中，民户数量当然最大。民户要向国家交纳赋税、支应差役等。民户按照"事产多寡"，即贫富的不同，分为上上、上中、上下、中上、中中、中下、下上、下中、下下三甲九个等级；为了避免过于复杂，经常使用的是上户、中户、下户三个等级概念。城乡居民，都被划分成不同的户等。一般说来，乡村的大、中地主和城市中的富有商人，被列为上户；特别富有的人

① 《通制条格》卷3，《户令·医户析居·太医差役》。
② 《元典章》卷9，《吏部三·阴阳官》。

家，则称为"出等上户"。乡村中的小地主和自耕农，城市中的一般商贩等，大多被列为中户。贫苦农民和城市贫民等，被列为下户。①

元朝政府建立了一套贯通全国的驿站系统，在驿站当差的人户，称为站户，全国站户的数额当在30万户之上。为保持一支庞大的军队，政府亦专门指定部分人户服军役，军役之家即为军户，全国大约有二三十万军户。元代军队中，有蒙古军人、探马赤军人、汉军、新附军的区别，所以军户亦有蒙古军户，探马赤军户、汉军军户、新附军户等名目。站户和军户，大多是从民户中的中户里"签发"出来的。②

元代的系官工匠，列名于匠户。匠户一是来源于战争时期俘虏的工匠或被迫充当工匠的俘虏，二是来源于从民间签发的工匠。匠户的数量，应在20万户之上。匠户在官府的手工业局、院中应役，世代相承。匠户因所造物品器具的不同，归属于不同的机构管理，如专门制造武器的工匠，隶于武备寺等机构之下；专门制造皇室服装、用品的工匠，隶于宣徽寺等机构之下；为修建都城服务的工匠，分隶于大都、上都留守司之下；其他工匠，则大多隶于中书省工部之下。

除匠户外，社会上还有一大批手工业者，列名在民户之中。据元明之际的通俗读物《碎金》艺业篇第二十七"工匠"门的记载，元代工匠有如下行业："都料、大木、小木、锯匠、泥水、杵手、体夫、杂工、起塔、造殿、凿石、打银、楞作、砌街、修井、淘井、鞔靫、铸钟、锻磨、箍桶、掌鞋、磨镜、磨刀、固镬、整漏、雕佛、布銮、明金、使漆、碾玉、打绦、穿结、绣草、像生、销金、描金、垒珠、铺翠、镟镂、锃剑、钉铰、装背、裱背、裁缝、打弓、造箭、打帘、油作、油伞、做伞、梳篦、剃面、镴耳、净发、割脚、整足、传神、貌真、碾药、圆药、修香、浇烛、刷马、做笔、烧墨、凿纸、打席、打荐、修箬、竹匠、雕印、修伞、画领、藤作、打帆、刺旗、造船、写牌、钉秤、蜡器、络丝、打铁、揸灶、捏塑、旋作、灯作、穿交椅、修冠子、打香印、打炭墼、赤白作、糊黏作、粧銮、发错、摺经、褶裙、打绳、打线、使绵、楸扇。"③ 需要说明的是，这里列举的各种行业，既有真正从事工艺造作、制造各种用具的匠人，也有社会服务行业如理发、修脚等方面的手艺人，更有制作小工艺品的民间艺术家。

元代的打捕户，又称捕猎户，专事为皇室、宗王等捕猎禽兽并提供毛羽、

① 详见陈高华：《元代户等制略论》，《元史研究论稿》，中华书局1991年版，第113—126页。
② 详见陈高华：《论元代的站户》，《论元代的军户》，《元史研究论稿》，第127—185页。
③ 见沈从文主编：《中国古代服饰研究》，商务印书馆香港分馆1993年版，第369—370页。

皮张等。另外，还有专事捕鹰、养鹰的鹰房户（又称鹰坊户），蒙古语称作昔宝赤。打捕户和鹰房户主要来源于析居、放良人户和漏籍孛阑奚、还俗僧道等。在皇帝御位下，设有鹰坊总管府（一度改称仁虞院），各投下设打捕鹰房总管府或提领所，管理鹰房户和打捕户。文宗时，皇帝的鹰房达到 14000 余人。打捕户和鹰房户免除差役，按规定要缴纳税粮，但是在皇室和宗王的庇护下，往往连税粮也免交。部分鹰房户和打捕户还常以放鹰、捕猎为名，在民间敲诈勒索，这种现象在城市周围地区尤为严重。

五　怯怜口、孛阑奚、流民

　　怯怜口是不直接受国家控制的私属人户。怯怜口是蒙古语，义为家中儿郎，原指草原部落贵族的僮仆。蒙古皇室、诸王、贵族后来通过掳获、分封、招收、影占等方法占有人户，特别是各种工匠，作为私属人户，于是专门有了怯怜户的称呼，"怯怜户，谓自家人也"①。一般情况下，怯怜口不承担国家赋役，专为领主服务，大多从事手工造作和农耕、放牧，也有人充当怯薛、校尉和鹰房捕猎户等。皇室、诸王经常收集放良、析居人户和还俗僧道为怯怜口，为躲避沉重的赋役，不少军户、站户和民户亦投奔诸王投下，充当怯怜口。朝廷不能无视诸王投下争夺国家户口，多次下令禁止军民任意投奔各投下充当怯怜口，但收效甚微。到文宗时，仅累朝斡耳朵直接役使的怯怜口就达万人之多。朝廷不时给怯怜口颁发赏赐和进行赈济，使怯怜口的生活有一定的保障，所以通常怯怜口比之一般的民户生活条件优越。

　　孛阑奚即"阑遗"，专指官府收留的流散人口和牲畜。"阑，遮也。路有遗物，官遮止之，伺主至而给与，否则举没于官。"② 元朝社会上有大量的流散人口，朝廷特别设立阑遗监，管理无主流散人口和牲畜，招主认领。无人认领的人口称为阑遗户，通常由官府拨给荒地屯田。阑遗户经常是诸王投下与政府争夺的人户，被投下招去的阑遗户即大多成为怯怜口。

① 徐元瑞：《吏学指南》，杨讷整理点校，浙江古籍出版社 1988 年版，第 32 页。
② 同上书，第 64 页。

由于战争、灾荒的影响，蒙元时期社会上经常存在大批的流民，给社会带来种种不安定因素。元朝统治者始终没能彻底解决流民问题。[1] 此外，社会上还有一批"游食者"，既包括生活无着的乞丐，也有游手好闲之徒。

六 驱口等"贱民"

元代社会有明确的良民、贱民之分。"名编户籍，素本齐民，谓之良；店户、倡优、官私奴婢，谓之贱。"倡优有特定的涵义，"伎乐曰倡，谐戏为优，所谓伎乐歌舞之家也"[2]，专指民间艺人而言，不同于娼妓之家。娼妓也属于贱民之列。前往妻家入赘的女婿，社会地位同样低下。

奴婢在元代被称为驱口，"谓被俘获驱使之人"。元代社会中，驱口的社会地位最低。正如当时人所述："今蒙古、色目人之臧获，男曰奴，女曰婢，总曰驱口。盖国初平定诸国日，以俘到男女匹配为夫妻，而所生子孙永为奴婢。又有曰红契买到者，则其元主转卖于人，立卷投税者是也，故买良为驱者有禁。又有曰陪送者，则标拨随女出嫁者是也。奴婢男女止可互相婚嫁，例不许聘取良家，若良家愿取其女者听。然奴或致富，主利其财，则俟少有过犯，杖而锢之，席卷而去，名曰抄估。亦有自愿纳财以求免脱奴籍，则主署执凭付之，名曰放良。刑律，私宰牛马，杖一百；殴死驱口，比常人减死一等，杖一百七，所以视奴婢与马牛无异。"[3] 驱口主要被用于家内服役，部分人从事农业、牧业或手工业生产。一些驱口的使主为逃避军役、站役等，往往派驱口代替"正身"应役。这种做法，是政府所不允许的，元廷曾多次下令，禁止驱口代使主应役。如上所述，驱口只有通过赎身才能摆脱贱人的身份，成为良人，但赎身的费用很高，对绝大多数驱口来说，赎身几乎是不可能的。通过赎身脱离奴籍的驱口，一般仍需与使长保持一定的依附关系，成为其家的贴户，又称

---

① 详见陈高华：《元代的流民问题》，《元史论丛》第 4 辑，中华书局 1992 年版，第 132—147 页。

② 徐元瑞：《吏学指南》，第 103—104 页。

③ 陶宗仪：《奴婢》，《南村辍耕录》卷 17。

为户下户，"谓奴婢放良，仍随本主籍贯，津贴差发之人"①。

"以农为本"的元代社会，农民毕竟人数最多，有人指出了当时社会"不农品类"的各种职业，可以作为对上述职业的总结："儒、释、道、医、巫、工、匠、弓手、曳剌、祗候、走解、冗吏、冗衙门、优伶、一切坐贾行商、倡优、贫乞、军、站、茶房、酒肆、店、卖药、卖卦、唱词货郎、阴阳二宅、善友五戒、急脚庙官杂类、盐灶户、鹰房户、打捕户、一切造作夫役、淘金户、一切不农杂户、豪族巨姓主人奴仆。"② 社会职业不同，生活方式会有很大差异。无论在牧业经济地区、狩猎经济地区，还是在农业经济地区，都有官有民，民中既有站户、军户、匠户、打捕户和一般的民户等"良民"，也有驱口、倡优等"贱民"。我们在本书中介绍的社会生活状况，尽量做到官、民分开，而对从事各种职业的人户，则无法一一陈述其生活情况，只能笼统地叙述其基本状况。

七　元代社会的阶级划分

元代社会，除了上述职业分工不同外，还有蒙古、色目、汉人、南人四个等级的民族划分，我们将在下一章专门论述这一问题。需要先在这里说明的是，无论是职业分工，还是民族等级划分，都不等于阶级划分。蒙古、色目、汉人、南人中的上层人物，即从蒙古皇帝、诸王、贵族到各族官僚、地主和大商人，以及寺院中的上层僧侣，是元朝的统治阶级和剥削阶级。他们占有全国大部分土地和其他生产资料，通过各种手段榨取钱财等。在阶级利益上，他们是一致的。

蒙古、色目、汉人、南人的下层人民，包括牧民、农民、手工业者、小商贩和"驱口"等，是被统治阶级。他们同样处于被剥削和被压迫的无权地位。尤其是"驱口"（奴隶），社会地位最低。③

---

① 徐元瑞：《吏学指南》，第103—104页。
② 胡祗遹：《论积贮》，《紫山大全集》卷22。
③ 详见蒙思明：《元代社会阶级制度》，中华书局1980年版，第116—215页。

阶级不同，社会生活的水平亦不相同。蒙古皇帝、诸王、贵族的生活奢侈，挥霍无度，自不待言；就是汉族地主阶级，亦往往是"墙屋被文绣，鞍辔饰珠玉，婢妾曳丝履，犬马食菽粟"。被剥削阶级一年劳苦，过的生活往往是"忍饥忍寒蹲破庐"，"麦饭稀稀野菜羹"①；甚至是"火烧炕暖代衾绸，藜藿何尝识盐味"②。一遇灾荒，"有钱的贩米谷置田庄添生放，无钱的少过活分骨肉无承望。有钱的纳宠妾买人口偏兴旺，无钱的受饥馁填沟壑遭灾障"；劳动人民"剥榆树餐，挑野菜尝，吃黄不老胜如熊掌，蕨根粉以代糇粮"，"一个个黄如轻纸，一个个瘦似豺狼，填街卧巷"；"贱卖了些家业田庄，嫡亲儿共女，等闲参与商，痛分离是何情况，乳哺儿没人要撇入长江"；"便财主每也怀金鹄立待其亡"③。我们叙述元代的社会生活史，当然不能只谈统治阶级的生活情况，也必须谈到一般民众的生活状况。但是由于资料的限制，我们叙述前者的情况可能要多一些，较详细一点。

---

① 王冕：《江南妇》，《竹斋诗集》卷 2。元淮：《农家》，《金囷集》。
② 胡祗遹：《农器叹》，《紫山大全集》卷 4。
③ 刘时中：《正宫·端正好·上高监司》，《全元散曲》，中华书局 1986 年版，第 669—677 页。

第三章
民族分布与文化交流

　　今天中国境内各民族大杂居、小聚居的格局，在元朝时就已经基本形成了。大一统的政治局面，为各民族之间的文化交流和生活方式的相互影响，提供了有利的条件。

一　元代各民族的主要聚居区

　　元朝的几十个民族，大多都有一定范围的聚居区，我们下面分别介绍蒙古族、汉族、西北地区各民族、东北地区各民族、西南及南方各民族的主要聚居情况。

　　成吉思汗兼并草原各部建立蒙古国后，原来具有不同特征的各部草原游牧民，逐步形成了共同以蒙古为名并一致使用蒙古语的蒙古民族。建国前的蒙古部，是唐代蒙兀室韦的后裔，10 至 11 世纪由额尔古纳河西迁到斡难河（今鄂嫩河）中上游和不儿罕山（今肯特山）驻牧。蒙古部分成两大类，一类称为尼鲁温蒙古，意为出身纯洁的蒙古人，包括乞颜、泰赤乌、合答斤、珊竹、那牙勤、兀鲁兀、忙兀、八邻、八鲁剌思、照列、别速惕等氏族，成吉思汗即出身于乞颜氏族；另一类称为迭列列斤蒙古人，意为一般的蒙古人，包括兀良合、弘吉剌（分支有亦乞列思、斡罗忽纳、火鲁剌思等）、许慎、逊都思、伯牙乌、不古纳惕、别勒古纳惕等氏族。两类蒙古部落合起来称为合木黑蒙古——一切蒙古人。建国之后，成吉思汗家族被称为"黄金家族"，成为蒙古族的核心，其他氏族的名称也大多保留了下来。原来驻牧在捕鱼儿海子（今贝尔湖）的塔塔尔部（辽、金时称为阻卜），在杭海岭（今杭爱山）和斡儿寒河（今鄂尔浑河）、土兀剌河（今土拉河）一带活动的克烈部（九姓达旦的后裔），怯绿连河（今克鲁伦河）中上游的札剌儿部（原为室韦的一部），薛良格河的蔑儿乞部（亦为室韦——达旦的后裔），金山（今阿尔泰山）南北的乃蛮部（唐代黠戛斯的后裔），漠南阴山地区的汪古部（突厥人后裔），以及生活在漠北森林地区的斡亦剌、八剌忽、豁里、秃麻、帖良古、森林兀良合等"林木中百姓"，在成吉思汗建国后多数成了蒙古族的成员，但他们在自称蒙古人的同时，仍然不忘他们原来的部族，所以我们常能见到"蒙古札剌儿部人"、"蒙古克烈部人"、"蒙古乃蛮部人"一类的记载。

从蒙古国建立到忽必烈改建国号（1206—1271），经过几次大的调整，蒙古各部的驻地大致确定了下来，并由此形成了蒙古族在漠北、漠南的两大聚居区。漠北的东部地区，是成吉思汗诸弟所属各部的驻地，西部地区是成吉思汗诸子所属各部的驻地。斡亦剌等林木中百姓的驻地变化不大，八邻、逊都思等部迁到了与林木中百姓毗邻的地区驻牧。漠南的聚居区包括中书省北部和辽阳行省南部地区，东边是札剌儿、兀鲁兀、忙兀、亦乞列思、弘吉剌五部的驻地，西边的阴山以北仍然是汪古部的驻地。[1] 漠北和漠南的中心区域，乃是忽必烈兄弟及其子孙的主要驻地。

从元代文献记载和留下来的元人画卷中，我们大致可以勾画出蒙古人的外形特征。蒙古人多中等身材，"大抵鞑人身不甚长，最长不过五尺二三，亦无肥厚。其面横阔而上下促，有颧骨，眼无上纹，发须绝少"[2]。来自西方的欧洲人是这样描述蒙古人的："他们两眼之间和两个颧骨之间较其他民族为宽。他们的面颊也相当凸出在他们的嘴上面；他们有一个扁平且小的鼻子，他们的眼

---

① 危素：《送札剌儿国王诗序》，《危太朴集》续集，卷1。《元史》卷118，《特薛禅传》、《孛秃传》。

② 《蒙鞑备录》。

睛是小的，他们的眼皮向上朝向眉毛。他们中的绝大部分腰部是细的，但也有少数例外。他们的身高几乎都是中等。他们几乎没有任何人长胡子，虽然这些人在上唇和下巴上有一些髭须，而这些髭须他们不加修剪。"① 蒙古妇女一般比较肥胖，但弘吉剌部妇女素以容貌秀丽和肤色光洁而著名，所以蒙古黄金家族成员始终与弘吉剌剌人保持婚姻关系。

汉族是元朝各民族中人数最多、居住面积也最广的民族，包括原金、宋统治区内的绝大多数居民。辽、金时期迁入中原汉地居住的契丹人、女真人等，大多已被"汉化"，在元代成了汉族的组成部分。中书省南部、辽阳行省南部以及河南、江浙、江西、湖广、陕西、四川行省的大部分地区，是汉族的主要居住区和活动区，当然其中还杂居着其他民族的人，详情见后述。

欧洲人习惯于称中国为"Cathay"（契丹），把中国的传统居民称为"塞雷斯人"（Seres）。按照西方人的记载，"契丹的居民身材短小……同一切东方人相同，他们的眼睛是小的"；"他们没有胡子，他们的相貌很像蒙古人，虽然他们的面孔没有蒙古人那样宽"②。

从蒙古国到元朝，被蒙古统治者用战争手段征服的西北各族人和前来经商的西域人，大量东迁，并且逐渐在漠南、中原、江南等地形成了一些聚居区。当时比较有影响的来自西北的民族有畏兀儿、哈剌鲁、钦察、康里、阿速、唐兀、阿儿浑及回回等民族。

畏兀儿即高昌回鹘，公元 9 世纪下半叶由漠北迁徙至高昌（今新疆吐鲁番高昌故城，元代又称哈剌火州）、北庭（今新疆吉木萨尔，元代又称别失八里）地区居住。臣服蒙古后，畏兀儿仍以哈剌火州、别失八里为主要聚居区。受西北蒙古诸王叛乱的影响，畏兀儿统治者亦都护纽林的斤率部分畏兀儿人东迁到甘肃永昌，形成新的聚居区。世祖至元二十二年（1285），"遣雪雪的斤领畏兀儿户一千戍合剌章"③。合剌章即云南，这些人后来长期在云南戍守，亦有了一个聚居区。

哈剌鲁是唐代葛逻禄的后裔，原来聚居在巴尔喀什湖以东的海押立和伊犁河流域的阿力麻里。13 世纪中叶以后，海押立和阿力麻里成为蒙古察合台汗国的一部分，居住在该地的哈剌鲁人逐渐被中亚其他民族所同化。不少哈剌鲁人因战争的需要而东迁，后来聚居在龙庆州（今北京市延庆）、大名路（今属河北）、南阳府（今属河南）、庆元路（今浙江宁波）等地区。④

钦察是突厥的一支，13 世纪时驻于里海以北的伏尔加河和乌拉尔河流域一

---

① 《出使蒙古记》，第 7、19、102 页。
② 同上书，第 160—162 页。
③ 《元史》卷 14，《世祖纪十一》。
④ 详见陈高华：《元代的哈剌鲁人》，《西北民族研究》1988 年第 1 期，第 145—154 页。

带。蒙古西征后裹胁大量钦察人东来，分散在漠北、漠南及辽东的蒙古各部中。至元二十三年（1286），元廷建立钦察卫亲军都指挥使司，以清州（今河北青县）为该卫的屯田地点，散居各地的钦察人大量加入钦察卫，清州乃成为钦察人的主要聚居区。[①]

康里是古代高车人的后裔，也是突厥人的一支，居于乌拉尔河以东、咸海以北地区。被蒙古征服后，亦有大批康里人东来，分居于蒙古各部中。元中期曾一度设立康里卫亲军都指挥使司，以永平路（今河北滦县）为屯田地点，该地很快成为康里人的主要聚居区。[②]

阿速是汉代奄蔡人的后裔，原居高加索以北、顿河下游一带。随蒙古人东来的阿速人入元之后亦有一部分被集中起来，编成了阿速卫军，聚居在大都北面古北口内的潮河川以及云中（今山西大同）等地。[③]

唐兀或河西，是蒙古人对西夏人的称谓，主要指党项人。西夏被蒙古灭亡之后，不少唐兀人仍留在河西地区居住。元廷于至元十六年（1279）设立唐兀卫，一批唐兀人被迁到大都北面居住，形成一个新的聚居区。[④] 同样因为驻军的缘故，在庐州（今安徽合肥）亦有唐兀人的一个聚居区。[⑤]

阿儿浑亦为中亚民族，东迁后的阿儿浑人聚居在兴和路（今河北张北县）的寻麻林（今河北张家口市西洗马林）和丰州（今内蒙古呼和浩特市东）等地，元廷后来设立了西域卫亲军都指挥使司管领阿儿浑人。[⑥]

回回在元代主要指信奉伊斯兰教的中亚突厥人、波斯人和阿拉伯人，即今天中国回族的先民。元代回回人在东来的西北民族中分布最广，人数也较多，几乎在全国的重要城镇都有回回人居住。[⑦]

元文宗时，还曾设立斡罗思扈卫亲军都指挥使司，收聚东来后散居各地的斡罗思（即俄罗斯）人，在大都北面立营居住，于是在大都以北又出现了一个斡罗思人的聚居区。[⑧]

西北各族在当时被通称为色目人。色目人的外形特征一般比较明显。唐兀

---

① 《元史》卷99，《兵志二·宿卫》；卷100，《兵志三·屯田》。虞集：《句容郡王世绩碑》，《道园学古录》卷23。

② 黄溍：《康里氏先茔碑》，《金华黄先生文集》卷28，《四部丛刊》本。

③ 《元史》卷132，《杭忽思传》；卷99，《兵志二·宿卫》。袁凯：《病阿速》，《袁海叟诗集》卷2。

④ 《元史》卷98，《兵志一·兵制》。

⑤ 余阙：《送归彦温赴河西廉使序》，《青阳集》卷6。

⑥ 详见杨志玖：《元代的阿儿浑人》，《元史三论》，人民出版社1985年版，第226—236页。

⑦ 详见杨志玖：《元代回回人的政治地位》，《元史三论》，第245—282页。

⑧ 《元史》卷34、35，《文宗纪三、四》。

人身材高大，皮肤黝黑。① 畏兀儿人多为中等身材，高鼻深目。② 钦察人"高鼻黄髯"，阿速人绿眼睛，都是很明显的特征，所以有人用"黄头称国士，碧眼佩天弧"的诗句来形容钦察、阿速卫兵。③

元代的东北地区，即辽阳行省辖地之内，除了居住着部分蒙古人和大量的汉族居民之外，还居住着契丹、高丽、女真、水达达、兀者野人、吉里迷等族人。④

在金朝统治下留在辽河流域的契丹遗民，蒙古国时期曾以临潢府（今内蒙古巴林左旗）为主要聚居地，后来徙至广宁（今辽宁北镇县）等地居住，并逐渐融合到其他民族中。渤海人的名称有时还能见到，但多数渤海遗族已融入汉族、女真族之中。

元朝境内的高丽族聚居在元与高丽的交界地带，在辽阳和沈阳等地也长期集中居住着不少高丽人。

辽阳以南至辽东半岛以及长白山两麓、松花江上中游和牡丹、绥芬二水流域，仍然是女真人的聚居地区。这些女真人大多已习惯于农耕生活。在他们的北面的黑龙江下游和乌苏里江流域，分布着以渔猎为业的女真各部落，被称为"水达达"或"女真水达达"、"打鱼水达达女真"等。

兀者野人即分布在深山老林中以射猎为生的民族。辽阳行省北部的山林地区是他们主要的活动场所。在库页岛上的居民，被称为骨嵬人，即唐代窟说靺鞨的后裔。与水达达、兀者野人、骨嵬人交织居住的，还有吉里迷人，亦为渔猎民族，但语言有所不同。水达达、兀者野人、骨嵬人的语言均属于通古斯语族，吉里迷人的语言则属古亚语族。

元朝宣政院所辖"吐蕃"之地，是吐蕃人（今藏族先民）的聚居地区。但是该地的东境，即当时人所说的"朵甘思之地"（今西藏自治区昌都地区东部、四川甘孜藏族自治州和青海西南部一带）和"朵思麻地"（今青海、甘肃的藏族聚居区），实际上是吐蕃人、汉人和其他民族杂居的地区。吐蕃腹地的乌思（前藏）、藏（后藏）和西境的纳里速古鲁孙（阿里三围），乃是吐蕃人最重要的聚居地。⑤

云南行省境内，分布着白人、罗罗、金齿、百夷、么些、斡泥、蒲人等

---

① 余阙：《送归彦温赴河西廉使序》，《青阳集》卷6。

② 《出使蒙古记》，第160—162页。

③ 吴澄：《述感十五首》，《吴文正公集》外集《学言稿》卷4，清乾隆五十一年万氏刻本。柯九思：《宫词十首》，《草雅堂集》卷1，收入陈高华辑录《辽金元宫词》，北京古籍出版社1988年版，第5—6页。

④ 详见姚大力：《元辽阳行省各族的分布》，《元史及北方民族史研究集刊》第8集，第45—56页，下同。

⑤ 详见韩儒林：《元朝政府是怎样管理西藏地方的》，《穹庐集》，第425—434页。

民族。

白人是今白族的先民，又称为爨僰（寸白）、阿僰等，即原来的所谓"白蛮"。白人在元代的聚居地区，以中庆（今云南昆明）、威楚（今云南楚雄）、大理、永昌（今云南保山）为主，东至普安、曲靖，北至丽江，南及元江。白人多居坝区，以农耕为生。①

罗罗即所谓"乌蛮"，是现代彝族的先民。蒙古人在罗罗后加上复数后缀－S，汉语音译为罗罗斯，专指居住在今四川凉山自治州和西昌地区的罗罗人，元廷建罗罗斯宣慰司于其地。乌撒（今贵州威宁）、乌蒙（今云南昭通）等地，也是罗罗人的重要聚居区。罗罗人或耕或牧，但农业落后于白人。

金齿、百夷都是今傣族的先民，分布在云南行省西南及东南地区，尤以车里（今云南德宏）、永昌、八百（今泰国清迈）等地为重要聚居区。金齿、百夷诸部多从事农业生产。

么些即今纳西族先民，以丽江为聚居中心，习于农耕生活。在么些人的聚居区内，还分布着峨昌（今阿昌族）、撬（今独龙族）、庐（今傈僳族）等族人。

斡泥亦作和泥、禾泥等，即今哈尼族的先民，主要分布在临安（今云南通海）、元江一带的山林中，与河谷平坝地区的金齿、百夷及山居的其他民族错落杂处。

澜沧江上游以西和中、下游东西两岸地带，是蒲人与百夷等族的杂居区。蒲人又称蒲蛮、朴子蛮，是今天布朗族的先民。

除了上述民族外，云南行省南部和湖广行省南部，还分布着土僚、僮人等，均为今壮族的先民，特别是广西两江道宣慰司所辖地区（包括今广西壮族自治区大部分地区），乃为僮人的主要聚居区。该地区南面的海北海南道宣慰司辖境（包括今雷州半岛、海南及江西部分地区）内，有黎民（今黎族先民）的聚居区。

湖广、四川、江西及云南行省境内，还有偛（今苗族先民）、徭（今瑶族先民）等民族。湖广行省西北境八番顺元宣慰司和思州、播州辖地（今贵州省大部地区），是偛民的主要聚居区。在这一地区内，还有葛蛮（又称仡佬，今仡佬族）的聚居地。八番顺元、静江（今广西桂林）、大理、威楚等地都有徭民居住，但更重要的徭民聚居区在江西行省南部。

江浙行省南部的汀州（今福建长汀）、建宁（今福建建瓯）、漳州等地，是畲民（今畲族先民）的聚居地。②

① 《云南志略》。尤中：《中国古代的西南民族》，云南人民出版社 1980 年版，下同。
② 《元一统志》卷 8，《汀州路》。

二　民族杂居状况概述

　　元代各民族虽然都有主要的聚居区，但当时更明显的民族分布特点是形成了各民族杂错相处的局面。

　　元代的各民族杂居共处，首先反映在蒙古宫廷之中。蒙古皇室成员与其他民族人通婚（详情见后），嫔妃中自然不乏蒙古人和色目人，也有汉人和高丽人等。宫女中更是各族之人俱备，在元人宫词中可以得到证明。"宫锦裁衣锡圣恩，朝来金榜揭天门；老娥元是江南女，私喜南人擢状元"①；"梨花素脸髻盘龙，南国娇娃乍入宫；无奈胡姬皆笑倒，乱将脂粉与添红"，说得就是来自江南的宫女的情况。②"北狩和林幄殿宽，句骊女侍婕妤宫"；"进得女真千户妹，十三娇小唤茶茶"，指的是来自高丽、女真的宫女。"西方舞女皆天人，玉手昙花满把清"③；"河西女子年十八，宽着长衫左掩衣；前向拢头高一尺，入宫先被众人讥"，表明了在宫中有不少来自吐蕃、唐兀的宫女。服侍皇室成员和后妃的侍从，也是各族人杂处。此外，蒙古皇室的"帝师"吐蕃高僧，道教领袖人物以及"备经筵"的儒士，亦经常出入宫廷。元代宫廷生活丰富多彩，与宫廷中聚集着来自各民族的人并带来了不同的生活、娱乐方式，有着密切的关系。

　　都市也是各民族人共同居住的地方。大都城内及其周围地区，"人烟百万"④，既有来自各民族的官员、宗教人士、士兵和仆从，也有操持各种生业的手工业者，更有来自不同地区、不同民族甚至来自外国的商人。在经商活动中，最能看出各民族杂居共处的特点，"贩夫追微末，泥巷穿幽深，负戴日呼叫，百种闻异音"⑤，就是一个极好的例证。上都的情况也是如此，"诸部与汉人杂处，颇类市井"⑥；在上

---

　　① 杨维桢：《宫辞十二首》，《铁崖先生古乐府》卷14，收入《辽金元宫词》，第8—9页。
　　② 朱有燉：《元宫词一百首》，《宫词小纂》卷7，收入《辽金元宫词》，第19—26页。下文未注出处者皆出于此。
　　③ 张昱：《辇下曲》，《张光弼诗集》卷2，《四部丛刊续编》本。
　　④ 权衡：《庚申外史》，《宝颜堂秘笈》本。
　　⑤ 胡助：《京华杂兴诗》，《纯白斋类稿》卷2。
　　⑥ 周伯琦：《扈从集后序》，《近光集》，南京大学藏淡生堂祁氏抄本。

都商业区内,亦可见到"方言互欺诳"的情况。① 每年皇帝来往于大都、上都之间,随行的"大小衙门官人、娘子以至于随从、诸色人等,数十万众"②,就是皇帝带领着各族人氏的大游行。如前所述,在大都北面,聚居着不少来自西北的民族,再加上蒙古人和汉人,两都及两都之间实际上已经是全国民族最集中的地区。

其他城市的情况和两都大致相同。当然,越往南行,城市中来自北方的蒙古人和色目人越少。我们不妨拿镇江和广州两个城市做一下比较。

镇江地区,按照元朝官方的户口统计数字,当地人有 160065 户,613578 人;来自外地的"侨寓"人有 3845 户,10555 人,其中包括:蒙古人 29 户,163 人;畏兀儿人 14 户,93 人;回回人 59 户,374 人;也里可温 23 户,106 人;唐兀人(河西人)3 户,35 人;契丹人 21 户,116 人;女真人 25 户,261 人;汉人 3671 户,9407 人。此外,还有来自不同民族的驱口 2948 人:蒙古人 429 人,畏兀儿人 107 人,回回人 310 人,也里可温 109 人,唐兀人 19 人,契丹人 75 人,女真人 224 人,汉人 1675 人。③

广州地区,成宗大德八年(1304)上报的户口数字为 180873 户,其中南人户为 180323 户,北人户仅有 550 户。广州城内,有北人 372 户;番禺县有北人 151 户,东莞县有北人 4 户,增城县有北人 2 户,香山县有北人 21 户;南海、新会、清远等县内则没有北人户。④

农耕地区的民族杂居,中原、陕川甚于江南。蒙古灭金之后,派遣探马赤军分戍中原要地;全国统一之后,元廷设置了山东、河南、陕西、四川四个蒙古军都万户府和左右翼蒙古侍卫亲军都指挥使司、隆福宫右都威卫等机构,管领分布在中原、陕川驻守的探马赤军人。探马赤军人中,除有蒙古人(包括克烈、乃蛮、塔塔儿、札剌儿等部人),还有大量的色目人,如哈剌鲁人、唐兀人等。⑤ 探马赤军人久居农区,逐渐习惯于农耕生活,习惯于与汉族及其他民族杂居共处。如哈剌鲁人伯颜,"宋平,天下始偃兵弗服,乃土著隶山东河北蒙古军籍,分赐刍牧在为编民,遂家濮阳县南之月城村。时北方人初至,犹以射猎为俗,后渐知耕垦播殖如华人"⑥,就是一个很好的例子。此外,蒙古国时期将中原的州县与民户分封给蒙古诸王、功臣,作为他们的投下封地和投下

① 袁桷:《开平十咏》,《清容居士集》卷 16。

② 《析津志辑佚·岁纪》。

③ 《至顺镇江志》卷 3,《户口》,江苏古籍出版社 1990 年版。

④ 广州市地方志研究所 1986 年排印《大德南海志残本》(元陈大震编),卷 6,《户口》,第 11—13 页。

⑤ 史卫民:《蒙古汗国时期的探马赤军》,《中国民族史研究》第 2 辑;《元代蒙古军都万户府的建置及其作用》,《甘肃民族研究》1988 年第 3—4 期合刊,第 51—61 页。

⑥ 《正德大名府志》卷 10,《文类·伯颜宗道传》。

户，不少蒙古贵族派人管理投下，后来甚至有人搬到中原封地来居住，亦为这些地区增加了不同的民族成分。全国统一之后，元朝政府禁止北方民户随意迁居南方；在江南地区的驻军，则大多是来自北方的汉人；当时江南人把从长江以北南下的人统称为北人，其中既包括蒙古人、色目人，也包括来自北方的汉人，并且是汉人居多。长江中、下游经济繁荣地区，特别是农村，新增民族成分不多，大致保持着原来的状况。

在少数民族的主要聚居区内，一方面是各民族聚居区犬牙交错，实际上构成了民族杂居的格局，辽阳行省和云南、湖广行省这种情况最为突出；另一方面汉人北迁南徙、蒙古人南下西出以及色目商人等四处活动，大大增加了少数民族聚居区的民族成分。蒙古族的主要聚居区漠北和漠南，早在蒙古国时期就有汉人农民、工匠和回回商人定居；在蒙古各部中，还散居着来自各民族的人，所以有人说草原上的牧马者，"回回居其三，汉人居其七"①。进入元朝之后，这种状况并无多大改变。辽东和岭北的森林地带，亦经常有各族商人，尤其是色目商人涉足。② 在吐蕃乌思藏纳里速古鲁孙之地，则有1200余名蒙古军人长期戍守。③ "云南土著之民，不独僰人而已，有曰罗罗、曰达达（蒙古人）、曰色目，及各方之为商贾、军旅、移徙曰汉人者杂处焉"④。湖广行省的思州地区，"汉民尚朴"，"蛮有佯、僮、仡佬、木偒、偺、侬数种"⑤。江西行省"五岭之南，人杂夷僚"。⑥ 像这样的例子还能举出不少，说明了当时少数民族聚居区内都一定程度地存在着民族杂居的情况。

三　民族语言与文化交流

元代各民族杂居共处，不同的文化相互影响和交流，在语言和文字方面表

---

① 《黑鞑事略》。
② 《元典章》卷57，《刑部十九·诸禁》，"禁回回抹杀羊做速纳"条。
③ 《汉藏史集》，第180—181页。
④ 景泰：《云南图经志书》卷1，《云南府风俗》。
⑤ 《元一统志》卷10，《思州军民安抚司》。
⑥ 《元一统志》卷9，《广州路》。

现的尤为突出。

蒙古族使用的蒙古语，在蒙古国乃至元朝时期均被视为"国语"。"其言语有音而无字，多从假借而声称"①。蒙古人"本无字书"，习于刻木记事。成吉思汗建国后，命畏兀儿人塔塔统阿"教太子诸王以畏兀字书国言"，由此产生了蒙古畏兀字。② 不久，又"因金国叛亡降附之臣无地容身，愿为彼用，始教之文书"，于是在蒙古国内并行使用三种文书，"行于鞑人本国者，则只用小木，长三四寸，刻之四角；且如差十马，则刻十刻，大率只刻其数也"；"行于回回者，则用回回字"；"回回字只有二十一个字母，其余只就偏旁上凑成"；所谓回回字，即蒙古畏兀字，"文书中自用于他国者，皆用回鹘字"；"行于汉人、契丹、女真诸亡国者，只用汉字"③。

汉语中方言杂多，"方言各不相通也，所以传其意、通其意，则一也"④。蒙古人到江南之后，亦知道用方言与当地人沟通。元军占领南宋都城临安（今浙江杭州市）后，即派人用"吴语"传谕百姓，安抚民心，就是一个很典型的例子。

西北各族人语言、文字差异颇大。唐兀人的语言属汉藏语系藏缅语族，使用西夏建国后创制的西夏文字。入元之后，唐兀人多用汉语和汉文。⑤ 畏兀儿、哈剌鲁、钦察、康里等民族的语言，均为突厥语的分支，畏兀儿人还有自己的文字。回回人原用波斯语或阿拉伯语及"回回文字"，东来后大多使用汉语或蒙古语。

吐蕃人亦有自己传统的语言和文字。云南、湖广行省境内的少数民族，多属于汉藏语系的藏缅语族和壮泰语族的不同语支，各有特点，互不相通。就是一个民族的语言，亦有各种方言。如湖广行省的邕州路（今广西南宁）境内，"俚僚有四色语，各别译而方通"⑥。

元世祖忽必烈即位后，命吐蕃萨斯迦僧人八思巴制作蒙古字。八思巴依据藏文字母改制成蒙古字，"其字仅千余，其母凡四十有一；其相关纽而成字者，则有韵关之法；其以二合三合四合而成字者，则有语韵之法；而大要则以谐声为宗也"⑦。至元六年（1269）二月，忽必烈下诏颁行新制蒙古字，规定以新

---

① 《黑鞑事略》。
② 《元史》卷124，《塔塔统阿传》。《出使蒙古记》，第21页。
③ 《蒙鞑备录》。《黑鞑事略》。
④ 叶子奇：《草木子》卷2下，《钩玄篇》。
⑤ 详见史金波：《西夏文化》，吉林教育出版社1986年版，第8—59页。
⑥ 《元一统志》卷10，《邕州路》。
⑦ 《元史》卷202，《释老传》。

字"译写一切文字"，"凡有玺书颁降者，并用蒙古新字，仍各以其国字副之"①。很快忽必烈又将蒙古新字改称为"蒙古国字"，并禁止称其为新字，此种文字乃成为官方法定的文字。尽管如此，蒙古畏兀儿字在蒙古民间依然通用。

居庸关云台过街塔，建于元顺帝至正二年至五年（1342—1345），
塔门洞壁刻六种文字佛教经文（选自《中国少数民族文化史图典》）

汉字和西北民族使用的"畏兀儿字"等文字，仍然被元廷视为通行文字。有人指出："元朝行移文字，其正书（汉字）则自前而后，蒙古书则自后而前，畏兀儿字则横书。"② 在大都北面的居庸关，顺帝时修建了"过街三塔"，塔下设门以通往来，门洞壁面上刻有梵文、藏文、八思巴文、畏兀儿文、西夏文、汉文六种文字的经咒语；敦煌的莫高窟，亦有当时用这六种文字镌刻的六字真

① 《元典章》卷1，《诏令一·行蒙古字》。
② 叶子奇：《草木子》卷4上，《谈薮篇》。

言，就是当时各种文字并存的鲜明写照。①

南方一些民族在元代也创制了自己的文字。如仁宗延祐元年（1314），元廷使者至八百媳妇国，其国主"手书白夷字奏章，献二象"②。据今人研究，这种白夷字就是四种老傣文中的一种傣仂文。另一种老傣文傣哪文，创制于14世纪，亦与元朝有关。③元朝时期，一些南方少数民族人习用汉文，如白人中，"其俊秀者颇能书，有晋人笔意"④；在云南发现过不少元代汉文碑刻和摩崖石刻，其中较有代表性的是《段信苴宝立常住记》，文字兼采中原雅音和当地土语，实为白人受汉文化影响的一个极好例证。⑤

过街塔刻文——梵文

各民族语言、文字相互影响的作用不可低估。因为蒙古宫廷中使用蒙古语，所以自蒙古国时期起，就有不少汉人和色目人学习蒙古语。蒙古国时期，"燕京市学，多教回回字及鞑人译语；才会译语，便做通事"⑥。因会蒙古语而受到忽必烈赏识的汉儒赵璧，在文化和政治思想传播方面做了不少工作。"是

---

① 详见宿白：《居庸关过街塔考稿》，《文物》1964年第4期。

② 《经世大典序录·招捕》，《元文类》卷41。

③ 详见张公瑾：《傣族文化》，吉林教育出版社1986年版，第37—43页。

④ 《云南志略》。

⑤ 聂鸿音：《元代摩崖石刻（段信苴宝立常住记）考》，《北京师范大学学报》1990年"文史论考"专刊。

⑥ 《黑鞑事略》。

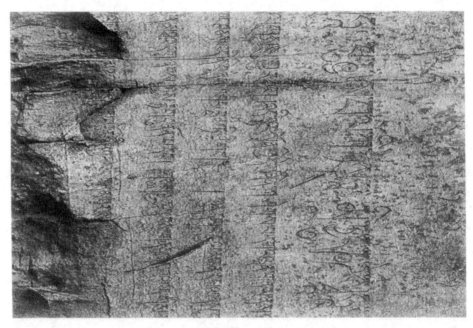

过街塔刻文——藏文

时，国言语（蒙古语）未尽通中原，亦未始知有经传之学也"，赵璧用蒙古语翻译《大学衍义》，经常在马背上为忽必烈讲说。忽必烈命蒙古生徒 10 人从赵璧学习儒书，赵璧"以国语释《论语》、《大学》、《中庸》、《孟子》诸书而教授焉，然后贵近之从公学者，始知圣贤修己治人之方矣"①。进入元朝之后，学用蒙古语的风气更盛，甚至来自西方的马可·波罗，也能在很短的时间内学会蒙古人的各种礼仪，并精通四种文字。为修习佛法，有不少畏兀儿人和蒙古人精通吐蕃语言和文字。如畏兀儿人迦鲁纳答思，"通天竺教及诸国语。翰林学士承旨安藏扎牙答思荐于世祖，召入朝，命与国师讲法。国师西蕃人（吐蕃人），言语不相通。帝因命迦鲁纳答思从国师习其法及言与字，期年皆通。以畏吾字译西天、西蕃经论，既成，进其书，帝命锓版，赐诸王大臣"②。顺帝时，立高丽人奇氏为皇后，宫廷中很快出现了"卫兵学得高丽语，连臂低歌井即梨"的现象。③ 不少蒙古人、色目人，受汉文化的影响，学习汉语、汉文亦蔚然成风，杰出者能赋诗著文。汉语本身也受到了别族语言的影响，尤其是江南方言，还受到来自北方的汉语方言的影响，以至江南之人有"南音渐少北语

---

① 《元史》卷 159，《赵璧传》。虞集：《中书平章政事赵璧谥议》，《道园学古录》卷 12。
② 《元史》卷 134，《迦鲁纳答思传》。
③ 张昱：《辇下曲》，《张光弼诗集》卷 2。

多"之叹①，并且有人认为："北方声音端正，谓之中原雅音，今汴、洛、中山等处是也。南方风气不同，声音亦异，至于读书字样皆讹，轻重开合亦不辨，所谓不及中原远矣，此南方之不得其正也。"② 蒙古统治者还强制在一些汉人聚居区推行使用蒙古语，如至元二十九年（1292）正月，"河南、福建行中书省请诏用汉语，有旨以蒙古语谕河南，汉语谕福建"，就是一例。③

过街塔刻文——八思巴文

儒家思想，特别是理学思想，对蒙古统治者有较大的影响。忽必烈即位后"祖述变通"与"效行汉法"，就是在中原传统文化影响下作出的治国行动。云南等地"不知尊孔、孟，我朝收附后，分置省府，诏所在立文庙，蛮目为汉佛"，则是南方少数民族受儒家思想影响的实例。④ 吐蕃的宗教，中原的释道，乃至色目人的经商理财思想，无不给蒙、元的统治打上深刻的烙印。至于歌舞、戏曲、诗词、绘画等方面，各民族人民亦相互学习，取长补短；在衣、食、住、行等社会生活的方方面面，各民族间的影响也是显而易见的，我们将在下面各章作详细的介绍。

---

① 陶宗仪：《邓中斋》，《南村辍耕录》卷5。
② 孔齐：《中原正音》，《至正直记》卷1。
③ 《元史》卷17，《世祖纪十四》。
④ 《云南志略》。

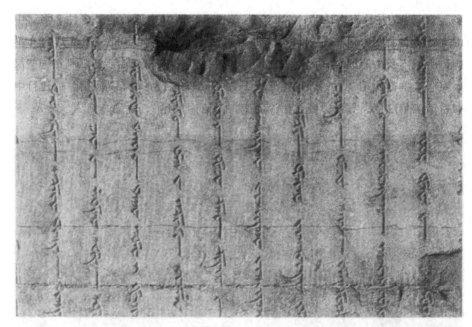

过街塔刻文——畏兀儿文

四　民族等级制度

　　全国统一之后，蒙古统治者推行民族等级制度，将臣民按民族划分成以下四等人。

　　第一等是元朝的"国族"蒙古人。有人称蒙古人有 72 种[1]，实际上可能没有这么多。我们在前面列举的蒙古各氏族和塔塔儿、蔑儿乞、札剌儿、斡亦剌等部，都属于蒙古人的范围。

　　第二等为色目人，包括西北各民族、西域以及欧洲人，主要有我们前面列举的畏兀儿、哈剌鲁、钦察、康里、阿速、唐兀、阿儿浑、回回以及吐蕃、乃蛮、汪古等部族。"色目"一词源于唐代，意为"各色各目"，元人使用色目

---

[1]　陶宗仪：《氏族》，《南村辍耕录》卷 1，下同。

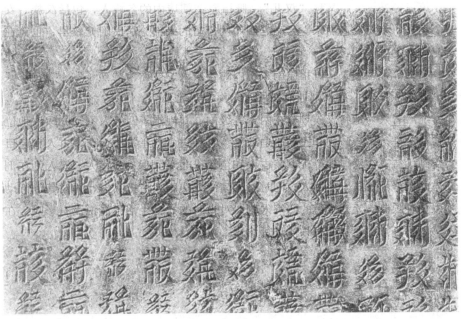

过街塔刻文——西夏文

过街塔刻文——汉文

人之名，就是指其种类繁多，有时亦概称为"诸国人"。

第三等是汉人，又称"汉儿"，概指原金朝境内的各族人，包括汉族、女真、契丹、渤海及高丽人。云南、四川两行省的大部分居民附元较早，也算在第三等人之内。

第四等称为南人，概指原南宋境内的各族人，被称为"蛮子"、"囊加歹"和"新附人"等。南人则把前三种人统称为"北人"。

统治者人为地将汉族划分在两个等级内，并规定了四等人不同的政治地位和待遇，推行民族歧视和民族压迫政策。在仕进、科举等方面，蒙古人和色目人受到优待；在法律地位上，蒙古人和色目人也受到保护，南人、汉人则在刑罚方面远严于蒙古、色目人；同时，严禁汉人、南人持把兵器，并对其他行动加以种种限制。元廷推行的四等人制，对当时的社会生活不能说没有影响，在本书以下各章中，我们将具体进行论述。

第四章

婚姻与家庭

在元朝统治之下，各地区、各民族以及各阶级、阶层人氏的婚姻、家庭情况是千差万别的。在这一章内，我们将从婚姻状况、家庭结构和家庭生活等方面入手，分别介绍元代各民族婚姻、家庭的基本情况。

一　蒙古族的婚姻与家庭

元代的蒙古族实行多妻制。妻子的多少，由家庭的财产状况决定。"每一个男人，能供养多少妻子，就可以娶多少妻子"；"一个人如果不购买妻子，他就不能有妻子。因此，有的时候，姑娘们早已过了结婚的年龄，可是还没有出嫁，因为他们的父母总是把她们留在家里，直至把她们卖了"。由于财产状况不同，蒙古人的妻子数目相距很大，有的人可以有十几个，甚至几十个妻子，有的人只有几个妻子甚至一妻或无妻室。① 迁到中原、江南等地居住的蒙古人，依然实行多妻制。一般的官员、贵族，妻子的数目在五至十个之间；平民则少一些，一般是二妻或三妻，还有不少实际上是一夫一妻。在法律规定上，蒙古人多娶妻是不受限制的。②

蒙古人通行严格的族外婚，部族内部成员禁止通婚。因为实行多妻制，一个人同时或者先后娶其他部族的姐妹为妻并不禁止，而且是较为流行的做法。③

榆林、敦煌元代壁画蒙古贵族和妇女形象（选自《中国古代服饰研究》）

在一些蒙古部族之间，往往保持着比较固定的相互通婚关系，成吉思汗家族的婚姻关系，可为其典型代表。

成吉思汗家族的男性成员选择配偶，尤其是蒙古大汗、皇帝选择后、妃，大多本着"因其国俗，不娶庶姓，非此族也，不居嫡选"的原则。④ 公主和宗室女出嫁，亦早有定制，"非勋臣世族及封国之君，则莫得尚主，是以世联戚

① 《出使蒙古记》，第8、121页。《黑鞑事略》。
② 《通制条格》卷4，《户令·嫁娶》。
③ 《出使蒙古记》，第121页。
④ 《元史》卷106，《后妃表》。

畹者，亲视诸王，其藩翰屏垣之寄，盖亦重矣"①。与"黄金家族"长期保持通婚关系的有弘吉剌、亦乞列思、汪古等部族。

成吉思汗所在的蒙古乞颜部与弘吉剌部原来就是世代通婚的两个部族。成吉思汗年幼时，其父也速该带他去相亲，见到弘吉剌部的特薛禅，特薛禅称也速该为"忽答"（亲家），并表示："俺弘吉剌家在前日子里，不与人争国土、百姓，但有颜色的女子，便献与您皇帝人家，后妃位子里教坐有来。"成吉思汗遂与特薛禅之女孛儿台定亲。成吉思汗建国后，以孛儿台为正后，"特薛禅与子按陈从太祖征伐有功，赐号国舅，封王爵，以统其部族"，并且继续维持两部间的婚姻关系。窝阔台汗又于1237年时特别宣布："弘吉剌部生女世以为后，生男世尚公主，每岁四时孟月，听读所赐旨，世世不绝。"蒙古国乃至后来元朝的皇后，确实大多出自弘吉剌部；而弘吉剌部的男性领主，则几乎无一例外地具有驸马身份。②

成吉思汗先后把妹妹和女儿嫁给亦乞列思部的孛秃。建国之后，孛秃及其后人以驸马都尉的身份主掌亦乞列思部，长期保持与成吉思汗家族的通婚关系。宪宗蒙哥、武宗海山的皇后等，均出自亦乞列思部，该部的男性领主多娶公主为妻，承袭了驸马都尉的身份。③ 斡亦剌部的领主，也与成吉思汗家族建立了相同的关系。

成吉思汗还曾与汪古部的领主"约世婚，敦交友之好，号按答一忽答"。汪古部的领主建国后亦取得了驸马的地位，并与弘吉剌、亦乞列思等部的领主一样，后来有了"王"的称号。但明显不同的是成吉思汗及其后裔只将女子嫁到汪古部去，而很少以汪古部女子为妻为后。究其原因，汪古部属于色目人，不是蒙古部族，而成吉思汗家族显然只限于以属于蒙古系统的世婚之家的女子为皇后。④ 与成吉思汗家族建立这种婚姻关系的还有畏兀儿族的高昌国王后裔和高丽王族等。⑤

一般蒙古部族之间，也同样维系着比较稳固的通婚关系，元代著名的"五投下"，除弘吉剌、亦乞列思两部外，札剌儿、兀鲁兀、忙兀等部，也都有自己固定的通婚部族。

---

① 《元史》卷109，《诸公主表》。

② 《元朝秘史》卷1，第61—66节。《元史》卷118，《特薛禅传》。详见白拉都格其：《弘吉剌部与特薛禅》，《内蒙古大学学报》1979年第3—4期合刊，第42—49页。

③ 《元史》卷118，《孛秃传》。

④ 详见周清澍：《汪古部与成吉思汗家族世代通婚的关系》，《内蒙古大学学报》1979年第3—4期合刊，第30—41页。

⑤ 《元史》卷122，《巴而术阿而忒的斤传》；卷109，《诸公主表》。

在与其他民族发生接触之后，不少蒙古人通过婚娶或抢掠等方式得到了来自汉族以及色目各族的妻子。但是，为了保持"蒙古本俗"，大多数蒙古人仍然至少要娶一个本民族人为妻。这种状况，一直延续到了元朝末年。

朝觐蒙古大汗，拉施特《史集》中的插图

实行多妻制，在妻室中就有明确的正、次或长、次之分。正妻只有一个，一般是结发妻子。正妻去世后，可以将位置仅次于他的妻子立为正妻。正妻以下的诸妻，按结婚时间先后排序，有时为了好区分，往往加上二、三、四等排号。在诸妻中，尤其是皇帝诸后中，往往指定几个人为长后。蒙古大汗多建四大斡耳朵（宫帐），由大汗确定守各斡耳朵的都是长后，在其下又序列着一些皇帝妻室。守第一斡耳朵的即正妻或正后。① 在决定家庭事务方面，正妻有高于其他妻子的发言权。蒙古人在列数某人的儿子时，包括他的诸妻所生之子，往往要特别指出其正妻生育的情况，突出正妻诸子的地位，也就是要讲明所谓嫡出、庶出的关系。②

在草原上的蒙古人，"每一个妻子都有她自己的帐幕和家属"。从帐幕的位置和质地的好坏，可以看出该妻的地位。地位最高的正妻的帐幕扎营时排列在最右边（蒙古人以右为上），在最左边扎帐的则是地位最低的妻子。③

从蒙古国到元朝，经过半个多世纪的战争，"老酋宿将死者过半"，但是蒙古草原上的人口，"昔稀今稠，则有增而无减"。除了大量的外族人口被掳入草原外，蒙古族的多妻制为子孙后代的繁衍提供了基本保证。"一夫而数妻，或一妻而数子"；"成吉思汗立法，只要其种类子孙繁衍，不许有妒忌者"。战死之人，妻子亦能得到安置。"其死于军中者，若奴婢能自驰其主尸首以归，则只给以畜产；他人致之，则全有其妻奴畜产"④。统一战争结束之后，东、西方蒙古宗王相继叛乱，再加上旱灾和风雪灾的不断袭击，草原上发生过"人民流散，以子女鬻人为奴婢"的现象⑤，正常的婚姻受到一定程度的影响，但多妻制的习俗依然保留了下来。

蒙古族和其他北方游牧民族一样，有着传统的收继婚风俗。收继婚，又称为"转房"或"接续"，指寡居的妇女，可由其亡夫的亲属收娶为妻。按照收继者与被收继者双方的辈分，收继婚可划分为同辈收继和异辈收继两类。同辈收继即弟收兄嫂或兄娶弟妇，异辈收继则为子收庶母、侄收婶母、孙娶继祖母等。⑥ 实行收继婚的一个重要原因，是保证家庭和家庭财产的稳定性，不致因寡妇再嫁使财产流向其他家庭或家族。

来自西方的传教士指出：蒙古人中的寡妇，如果无人收继，即不会重新结婚，而收继则是一种合法行为。收继的对象，除生身母亲和同母姐妹外，庶

① 《元史》卷 106，《后妃表》。
② 《元朝秘史》、《史集》等书介绍蒙古皇室成员情况时都是如此，汉藏文史书受其影响，后来亦采用同样方法。元代文人为蒙古人书写碑文时，也多是先嫡后庶，讲明正、次妻之分。
③ 《出使蒙古记》，第 13、113 页。
④ 《黑鞑事略》。
⑤ 《元史》卷 136，《拜住传》。
⑥ 详见王晓清：《元代收继婚述论》，《内蒙古社会科学》1989 年第 6 期。杨毅：《说元代的收继婚》，《元史论丛》第 5 辑，中国社会科学出版社 1993 年 8 月版，第 273—281 页。

母、嫂婶甚至同父异母的姐妹都可包括在内。① 也就是说，平辈收继和异辈收继的形式都存在。进入元朝之后，这种风俗并未改变。虽然有人认为"国俗父死则妻其从母，兄弟死则收其妻"不合纲常②；又有人指出"蒙古乃国家本族"，应该改变"不行三年之丧，又收继庶母、叔婶、兄嫂"的旧俗③，但并未引起统治者的重视，因为这种风俗在蒙古人中根深蒂固，不可能很快改变。有少数蒙古妇女，受汉族贞节观的影响，夫死守志不嫁，反抗收继婚。最典型的例子是鲁国大长公主祥哥剌吉，"蚤寡守节，不从诸叔继尚，鞠育遗孤"④。还有弘吉剌部人脱脱尼，夫死后拒绝前妻之子"以本俗制收继"之求，并斥之为："汝禽兽行，欲妻母耶，若死何面目见汝父地下？"⑤ 当然，这样的事例并不能起到根本改变传统风俗的作用。

冥婚制亦在蒙古人中流行。"鞑靼人家里如果有儿子夭亡，而另有一家的女儿也早逝的话，他们就彼此替自己亡故的儿女像他们在生时一样办理婚姻手续。同时，在一些纸片上，画一些侍从和马匹、各种动物、衣服、金钱和日用器皿，把这些纸片和正式婚约用火焚化，以便送到阴间，供给他们的儿女享用，让他们彼此成为正式夫妻，组织家庭。双方父母办过这种仪式后，也成为亲戚，宛如他们的儿女真正结了亲一样的来往。"⑥

蒙古族的家庭，生产和家务劳动主要由妇女承担。"其俗，出师不以贵贱，多带妻孥而行，自云用以管行李、衣服、钱物之类，其妇女专管张立营帐，收卸鞍马、辎重、车驮等物事。"⑦ 平时在草原上生活也是如此。准备家庭所需的食品、管理仆役和看护小孩是妇女的日常事务，制造皮衣等生活用品亦是她们应尽的义务；除此之外，还要照看牲畜，参加牧业生产。男人则主要从事狩猎、骑战，除了制造弓箭等武器外，较少从事其他用品的制造；他们也参加一些牧业生产。由于妇女在生产劳动中占据着比较重要的地位，所以蒙古妇女在家庭中的地位较汉族妇女高，在一般的社会交往中不需要回避，在家庭事务的处理上也有较多的发言权。在实行多妻制的家庭中，诸妻之间一般能够和睦相处，即使有十个或更多的妻子，亦较少发生争吵事件。⑧

蒙古家庭的传统生活模式，是丈夫轮流在各妻的帐幕中食宿，在正妻帐幕

---

① 《出使蒙古记》，第 8、121—122 页。
② 《元史》卷 187，《乌古良桢传》。
③ 《元史》卷 44，《顺帝纪七》。
④ 《元史》卷 33，《文宗纪二》。
⑤ 《元史》卷 200，《列女传一》。
⑥ 《马可·波罗游记》，第 67—68 页。
⑦ 《蒙鞑备录》。
⑧ 《出使蒙古记》，第 16—19、121 页。《马可·波罗游记》，第 63—64 页。

中居留的时间往往要多一些。丈夫夜晚宿在谁的帐幕中，第二日白天该妇人即坐在丈夫身边，其他各帐的妻子都集中到此帐中来食饮，重要事务即在此讨论。如果有人送给男主人礼物，即收在该帐中。轮宿时间，一般是一日一换。南宋使者就曾看到过这种具有草原风格的生活方式："摩睺（木华黎）国王每征伐来归，诸夫人连日各为主，礼具酒馔饮宴，在下者亦然"；"北使入于彼国王者相见，即命之以酒，同彼妻赖蛮（乃蛮）公主及诸侍姬称夫人者八人皆共坐，凡诸宴饮无不同席。"① 后来迁入城市或农耕地区居住的蒙古家庭，轮帐食宿的办法有所变化，但诸妻同席宴饮之俗，仍然保留了下来。

蒙古皇帝亦有轮宿后妃宫廷之制，"三日一轮，幸即书宣以召之，苟有子则为验，遵大金遗制也"②。这套制度后来更加严密，如顺帝前往上都避暑的途中，欲"临幸"正后伯颜忽都之处，遣内官传旨，伯颜忽都以"暮夜非至尊往来之时"为由加以拒绝，"内官往复者三，竟拒不纳"③。各宫之人，都希望皇帝临幸。皇帝乘"羊车"（详见后述）前往后、妃之宫，"离宫夜半羊车过，别院秋深鹤驾遥"；"更深怕有羊车过，自起灯笼照雪尘"的宫词，反映了宫人随时伺察"羊车"去向的情景。④ "守宫妃子住东头，供御衣粮不外求。牙帐穹庐护阑盾，礼遵估服侍宸游"，守候君主的景象历历在目。⑤ "内人哄动各盈腮，说自西宫撒雪回。报与内司当有宴，羊车今晚蚤将来"；"徽仪殿里不通风，火者添香殿阁中。榻上重重铺设好，君王今夜定移宫"，则表现了内宫准备迎接君主的热烈场面。⑥

蒙古人有"贱老而喜幼"的风俗，但是在赡老哺幼方面有一套较好的做法。蒙古家庭的子女长大后，婚配成家，立帐另过，只有正妻所生幼子，常年留在家中，成婚后不分离出去。蒙古人称幼子为"额毡"（家主、主人）或"斡惕赤斤"（守炉灶者），就是因为"幼子经常在家，而灶火乃是家庭生活的中心"；"蒙古有这样的习俗，幼子称为额毡，根据这个理由，他留在家里，掌管家内的财产经营和家务"。幼子承继父辈的主要财产，和父母生活在一起，自然承担着赡养老人的义务。他的兄长在分帐时亦要分到一份财产，一般情况下年长者较年幼者多得一些。诸子的地位视其母亲的等级地位而定，正妻所出诸子在分财产时占有明显的优势地位。夫死之后抚养幼年子女的寡妇，全权掌

① 《蒙鞑备录》。
② 叶子奇：《草木子》卷 3 下，《杂制篇》。
③ 《元史》卷 114，《后妃传·伯颜忽都皇后》。
④ 萨都剌：《四时宫词四首》，《辽金元宫词》，第 6—7 页。
⑤ 张昱：《辇下曲》，《辽金元宫词》，第 10—17 页。
⑥ 张昱：《宫中词》，《辽金元宫词》，第 17—19 页。

管家庭财产，直到儿女长大成人各自婚嫁后为止。①

　　成吉思汗建国之后，大规模编组千户，将全蒙古的百姓均纳入了严密的组织系统之内，以千户取代了过去的部落、氏族组织，作为大蒙古国的基本军事单位和地方行政单位。千户那颜（千户长）由大汗册封，在本管范围内，掌握着分配牧场、征收赋税、差派徭役和统领军队的权力。千户那颜下置百户和十户那颜。各千户都有自己的草原领地，各千户所管百姓不许变动，私投其他单位的人要受到严厉的责罚。② 草原上的各蒙古部落，经过这样一次制度化的整合后，支系更为清楚，尊卑关系明确。尽管如此，传统的部族观念依然存在，人们不但清楚地知道自己的族系，敬重本部族的祖先，而且了解蒙古各部之间的婚姻关系和政治关系等，并在新的组织系统内构成了新的社会关系。

二　汉族的婚姻与家庭

　　元代汉族家庭多为一夫一妻制，以纳妾作为补充婚姻形式，基本承袭了前代的婚姻形态。受蒙古人和色目人的影响，汉族的婚姻形式亦有一些变化。

　　汉族家庭重视"主妇"的地位，选择配偶是人生大事，自然非常重要。在一般家庭的婚姻问题上，地区、社会乃至家庭、宗族、民族等因素起着不可忽视的作用。

　　绝大多数汉人配偶的选择和婚姻的缔结，是在所居区域内进行的。在同村、邻村乃至邻里家庭中寻求配偶的现象，相当普遍。范围较大的择选可以扩大到毗邻的州、县或城镇。跨远州、县的婚姻乃至跨南、北方的婚姻，为数不多，往往是由偶然因素促成，如北方人到南方任官、经商等，就在该地婚娶，反之亦然。元代的大一统虽然为人们的南来北往提供了便利条件，但各地区的相对封闭仍然存在，地区性婚配的格局并没有被打破。相比起来，城镇的情况

---

　　① 详见符拉基米尔佐夫：《蒙古社会制度史》，刘荣焌汉译本，中国社会科学出版社 1980 年版，第 87—91 页。

　　② 详见亦邻真：《成吉思汗与蒙古民族共同体的形成》，《内蒙古大学学报》1962 年第 1 期。

比乡村要好一些，在大都市如大都、上都、杭州等城市，经常可以看到来自不同地区的人婚配的现象。

人们的社会地位不同，对于配偶的门第、出身、财力、品行的要求也有所不同。在社会上，既有追逐财富、地位或美色的婚姻风气流行，也有择妻坚持行为端正、知书达理标准的做法存在，更有专事买卖妇女的"奸人"的活动。但是一般说来，社会地位的高低、家境的好坏和受教育的水平，往往决定了人们婚姻的层次。元朝时期，官员之间或官商、官员与富户大家之间的通婚，以及富豪大户人家之间的通婚，在汉族上层是相当普遍的现象。至元七年（1270）尚书省的一份奏折就曾指出："随路迁转到任官员，多与部内权豪富强之家交结婚姻，继拜亲戚，通家来往，因此挟势欺压贫弱。"① 真定史天泽、保定张柔、东平严实、济南张宏、天成刘黑马、藁城董文炳，是当时北方炙手可热的六大汉人家族，不但高官辈出，还有相当大的地方势力。蒙古国时期，为加强世族集团的凝聚力，各家族成员主要以其部属为择婚对象。入元之后，各家族择婚不再限于一隅，改以朝中高官、地方大员或硕学名儒为主要对象。史氏、董氏及保定张氏，亦相互联姻，甚至各大家族都有与蒙古、色目官贵之家联姻的记录。② 南方的富商、地主，亦纷纷与官员建立婚姻关系，并且相互通婚，以婚姻关系为纽带，结合成强大的地方势力。在这样的风气之下，各阶层人往往难以打破等级、门第、出身甚至职业的界线解决婚姻问题，所以儒士家庭联姻，农户之间通婚，手工业者结为亲家，小商小贩相互论亲，成为社会上主要的婚姻模式。当然，亦存在跨职业通婚的现象，如小商贩、手工业者与农户的通婚等。

社会的不安定，严重影响婚姻的缔结和稳定。持续了20余年的蒙金战争和延续30余年的宋元战争，拆散了很多家庭，也使不少在战乱中流离他乡的人仓促成婚，造成了一些与这些人社会地位不符的婚姻。元朝统一之后，社会相对安定，各地的婚姻重入正轨。但是到了元朝后期，社会又动荡不定，并发生了一次因谣言而席卷中原、江南的仓促成婚浪潮。顺帝后至元三年（1337）六月，"民间谣言朝廷将采童男女以授鞑靼为奴婢，且俾父母护送，抵直北交割。故自中原至于江之南，府县村落，凡品官庶人家，但有男女年十二三以上，便为婚嫁，六礼既无，片言即合。至于巨室，有不待车舆亲迎，辄徒步以往者，盖惴惴焉惟恐使命戾止，不可逃也。虽守土官吏与夫鞑靼、色目之人亦

① 《元典章》卷18，《户部四·官民婚》。
② 详见萧启庆：《元代几个汉军世家的仕宦与婚姻》，台北，中央研究院历史语言研究所出版品编辑委员会主编《中国近世社会文化史论文集》，1992年6月出版，第213—277页。

如之，竟莫能晓，经十余日才息。自后有贵贱、贫富、长幼、妍丑匹配之不齐者，各生悔怨，或夫弃其妻，或妻憎其夫，或讼于官，或死于夭"。10余年后，战乱又起，各地的婚姻再次受到重大的冲击。①

儿孙婚姻由家长操办，对于不合"家规"、"族法"的婚姻，族长可以进行干涉，这是汉族传统的做法，元代亦不例外。世祖至元五年（1268），中书省户部还通过一起争婚案例特别强调"母在子不得主婚"。朝廷对汉人的婚姻，只是规定同姓不得为婚，并宣布以至元八年（1271）正月二十五日为限，"已前者准已婚为定，已后者依法断罪，听离之"。后来又多次重申这一规定，并明确说明回回人等不受此限制。②

由于元朝的统一造成了不少地区的民族杂居现象，使得一些汉族家庭面临与所谓"异族"通婚的问题。北方经过辽、金的统治，这一问题不太突出，江南地区则比较突出。南方人孔齐的说法代表了儒士阶层的普遍看法："婚姻之礼，司马文正（司马光）论之甚详，固可为万世法者。士大夫家或往往失此礼，不惟苟慕富贵，事于异类非族，所以坏乱家法，生子不肖，皆由是也。"孔齐是坚持不与他族人通婚的，并说出了一番道理："先人居家，誓不以女嫁异俗之类，尝曰：娶他之女尚不可，岂可以己女往事以辱百世之祖宗乎？盖异类非人性所能度之，彼贵盛则薄此，必别娶本类，以凌辱吾辈之女；贫贱则来相依，有乞觅无厌之患。金陵王起岩最无远识，以女事录事司达鲁花赤之子某者，政受此患，犹有不忍言者。世上若此类者颇多，不能尽载。……世俗所谓非我同类，其心必异，果信然也，可不谨哉！"③孔齐的观点带有狭隘的民族情绪，但他的论述中，亦揭示了一个不可回避的事实：来自北方的蒙古人和色目人，多是官员、商人和士兵，或有地位，或有财富，或有特权，对于追逐政治待遇和物质条件的人，很难用"异俗"的观念加以约束和限制。加上蒙古统治者并不限制各民族间的通婚，民族因素确实影响着部分地区汉族家庭的婚姻。

蒙古人的多妻制和汉族的妻妾制，在蒙古人眼中是有区别的。蒙古人的正妻、次妻观念，不允许引入汉人的婚姻形式之中。汉人的妻子，无所谓正、次之分，只能有一个，按照朝廷的规定，汉人"有妻更娶妻者，虽会赦，犹离之"，若双方自愿，可以改为妾。妾既不能有次妻的称谓，也不应享有妻子的地位。④为了保持一般家庭夫妻婚姻的稳定，防止动辄休妻再娶

---

① 陶宗仪：《谣言》，《南村辍耕录》卷9。
② 《元典章》卷18，《户部四·婚姻·嫁娶》。
③ 孔齐：《婚姻正论》，《不嫁异俗》，《至正直记》卷1、3。
④ 《通制条格》卷4，《户令·嫁娶》。

元代社会生活史

成吉思汗像　（选自《中国少数民族文化史图典》）

皇帝聖旨：

宣差都元帥賈昌傳奉成吉思皇帝聖旨：丘神仙，你春月行程好麼？你至宣德州等處，官員好覷你來麼？下頭百姓得來麼？你起身心裏好麼？我這裏常思量著神仙你，你休忘了我者。我前時已有聖旨與你，教你應有底好人都收拾著，教你身心好有底茶飯吃著，你好底人將來。我聽得你好勾當裏行來，我歡喜也者……據丘神仙底應有底修行底院舍等，盡令免差發稅賦……教天下應有底出家善人都管著者……

左：成吉思汗圣旨碑，山东省青岛市崂山太清宫

右：成吉思汗圣旨牌，现藏内蒙古自治区成吉思汗陵 （选自《中国少数民族文化史图典》）

元世祖忽必烈像　（选自《中国少数民族文化史图典》）

上：《元世祖出猎图》（刘贯道绘，局部）
　　（选自《中国少数民族文化史图典》）

下：《耕织图》（元代绘制）
　　（选自《中华古文明大图集》）

上：宣政院印，现藏西藏自治区拉萨市罗布林卡 （选自《中国少数民族文化史图典》）

下：元加封孔子碑 （选自《中华古文明大图集》）

元代社会生活史

八思巴文圣旨 （选自《中国少数民族文化史图典》）

元太宗窝阔台像 　（选自《中国少数民族文化史图典》）

和买卖妻子风气的蔓延，元朝政府依汉地旧例，规定"弃妻需有七出之状"，也就是必须有无子、淫佚、不事公姑、口舌、盗窃、妒忌、恶疾七条理由，方可离异："一曰无子，谓绝世也；二曰淫佚，谓乱族也；三曰不事舅姑，谓逆德也；四曰口舌，谓乱亲也；五曰盗窃，谓反义也；六曰妒忌，谓乱家也；七曰恶疾，谓不可供奉粢盛以祭先也。"符合离异条件的，还有"三不出之理"，即在公姑丧期内、娶时贱后贵和有所受无所归者，不许离异。卖妻行为，称为"义绝"，一经发现，即判为离异，卖妻钱财依数追没。如发现妻子有"犯奸"行为，则允许离异。① "凡出妻妾，须用明立休书"，禁止使用"手模"等形式。②

婚姻的缔结，男女双方必须"议定写立婚书文约"，不能只凭以前的"指腹并割衫襟为亲"及"媒妁"或"口词"订婚。"拜门"和"吃乾羊"等订婚形式也在禁止之列。如"陕西民俗，婚姻之家召媒求聘，未尝许肯，先吃乾羊，此家未已，彼家复来"；朝廷乃明文规定，"民间议结婚姻，明立婚书，已有元行定例。其乾羊一节，虽是陕西习俗，比附拜门，亦合禁断"。婚书的主要内容除说明婚者情况外，还包括"元议聘财钱物"的数量或指定女婿养老、出舍的年限，主婚人、保亲人和媒人都要在婚书上"画字"，"凡婚书不得用彝语虚文，须要明写聘财礼物，婚主并媒人各各画字。女家回书，亦写收到聘礼数目，嫁主并媒人亦合画字；仍将两下礼书背面大书合同字样，分付各家收执。如有词语朦胧，别无各各画字并合同字样，争告到官，即同假伪"。由于有的"百姓之家，始于结亲，家道丰足，两相敦睦；在后不幸男家生业凌替，元议财钱不能办足，女家不放嫁娶，遂生侥幸，违负元约，转行别嫁；亦有因取唤归家等事，遂聘他人者"，元朝政府遵循汉地旧制，申明"男女婚配，人之大伦"，"其妇无再醮之礼，一与夫合，终身不改"，严令禁止"悔亲别嫁"。定立婚约后男方身死或有"谋反"等行为，则允许宣布婚约无效。③ 不娶"五逆之家、淫乱之家、犯死罪之家、癫痫之家、亡父母之家"之女为妻的做法，在当时也很流行。④

对于"随路迁转到任官员，多与部内权豪富强之家交结婚姻"，元朝政府持认可态度，原因在于"迁转官员俱系诸色头目人等，离乡远近不一，贫富不

① 《元典章》卷18，《户部四·休弃》。徐元瑞：《吏学指南》，第92页。另同书148页又有"七去"之说，与此大同小异："女有七去者，一不顺父母，二无子嗣，三犯淫乱，四妒忌，五言语无定，六窃盗家财，七有恶疾体臭者。"

② 《通制条格》卷4，《户令·嫁娶》。

③ 《通制条格》卷4，《户令·嫁娶》。《元典章》卷18，《户部四·婚礼·嫁娶》。

④ 徐元瑞：《吏学指南》，第148页。

等，若只于本乡及邻境交结婚姻，门户须要相当，儿女须配合，及媒妁往来，地里遥远，难便成婚，因循一、两任间，儿女过时，深为不便"。对官员本身的娶妻置妾，朝廷没有更多的限制，只是要求他们在合乎"亡妻或无子嗣"的标准下择妻或立妻，而且必须经过官媒说合与明立婚书的手续。①

置妾，应是解决发妻无子、后嗣乏人矛盾而采取的婚姻手段。但是汉地富家豪民，有妻有子，为贪图享受，多蓄美妾，甚至有"夺人妻女十一人为妾"者②；老年置妾之风亦很盛行。③ 置妾的手段，无非买卖、强占、媒人说合几途，亦有人收娼为妾。④ 政府并不限制置妾的行为，但是规定置妾亦要写立婚书，出妾也要明立休书。⑤

受女真、蒙古乃至色目人的影响，收继婚在汉族中也流行起来，北方地区尤盛，同样包括了异辈收继和同辈收继两种形式。元朝政府最初并不承认汉族收继婚的合法性。至元七年（1270）八月曾由尚书省出榜晓谕各地，不许汉人、渤海人等收继。次年二月，又颁发圣旨："妇人夫亡，服阕守志并欲归宗者听，其舅姑不得一面改嫁。"十二月，中书省请求颁发"小娘根底、阿嫂根底休收者"的诏令，但得到的批复恰恰相反，允许收小娘（庶母）、阿嫂为妻，也就是承认了汉族异辈及同辈收继婚的合法性。但不久政府又颁发了一系列规定，对汉族收继婚加以限制，不但禁止子收父妾、侄收婶母的异辈收继，对同辈收继的兄收弟妇亦予禁止，收继表嫂等更在所不容。这样，"弟收兄嫂"实际上是元代惟一合法的汉人收继婚形式。为了保护"守志"妇女，规定了愿不改嫁者可不与小叔续亲，"应继人不得骚扰，听从所守"；如要改嫁他人，"即各断罪，仍令收继"。叔嫂年龄差距太大，即所谓的"年甲争悬"，亦不准收继。⑥

需要说明的是汉族的收继婚往往发生在下层贫民之中，一般的汉人士大夫将此视为"乱伦"行为，不但不能实行，还不断加以抨击。江南地区受理学影响较深，妇女的贞节观和伦理观重于北方，所以收继婚现象较少出现。

针对汉族地区"妇人夫亡守节者甚少，改嫁者历历有之，至齐缞之泪未干，花烛之筵复盛"的现象，元廷特别作出了朝廷命妇不得改嫁的规定：

---

① 《元典章》卷18，《户部四·官民婚》。
② 《元史》卷192，《良吏二·林兴祖传》。
③ 孔齐：《年老蓄婢妾》，《至正直记》卷1。
④ 孔齐：《买妾可谨》、《婢妾命名》，《至正直记》卷2。
⑤ 《通制条格》卷4，《户令·嫁娶》。
⑥ 《通制条格》卷3，《户令·夫亡守志·收嫂》。《元典章》卷18，《户部四·收继·不收继》。

"妇人因得夫、子得封郡县之号，即与庶民妻室不同。既受朝命之后，若夫、子不幸亡殁，不许本妇再醮，立为定式。如不遵式，即将所受宣敕追夺，断罪离异。"①

汉族家庭的传统分工方式，是"男勤耕，女勤织"，或者是"男通渔盐之利，女习缉纺之业"②，男子主要从事生产劳动，妇女主要从事家务劳动。城镇居民亦不例外，坐肆贾卖及制造手工业产品多是男人之事，妇女则操持家务。在这种模式下，妇女在家庭中的地位往往较低，她们的社会交往受到多方面的限制。但是有些地区已经出现了妻子与丈夫平起平坐的现象，如浙西盛行"妇女各理生计，直欲与夫相抗"的风俗，夫妻"乃各设掌事之人，不相同属"；"或其夫与亲戚乡邻往复馈之，而妻亦如之，谓之梯己问信"。浙东亦受到影响，"间或若是者盖有之也"。在城镇中，亦经常看到妇女坐肆贾卖。③

处理妻妾间的关系是不少汉族家庭面临的问题，妻妾关系处理不当，不但家庭中常起争执，还可能引发财产纠纷，这在汉族地区已不是一个新问题。在妻妾关系的处理上，元代汉族家庭的一般做法与前代没有什么不同。

汉族也有分家的传统，但不少人对此抱有异议，认为"人家兄弟异居者，此不得已也"④，不分家者往往得到士人的表彰。如延安人张闰，"八世不异爨，家人百余口，无间言。日使诸女诸妇各聚一室为女功，工毕，敛贮一库，室无私藏。幼稚啼泣，诸母见者即抱哺。一妇归宁，留其子，众妇共乳，不问孰为己儿，儿亦不知孰为己母也。闰兄显卒，即以家事付侄聚，聚辞曰：'叔，父行也，叔宜主之。'闰曰：'侄，宗子也，侄宜主之。'相让既久，卒以付聚。缙绅之家，自谓不如"⑤。这样的家庭，当然是比较少的，更受到称赞的乃是社会上的孝子贤孙尽心奉养父母及祖父母等的事例。反之，兄弟分居后父母无人赡养是一个严重的问题。"随路居民有父母在堂，兄弟往往异居者，分居之际，置父母另处一室，其兄弟诸人分供日用。父母年高，自行拾薪取水执爨为食。或一日所供不至，使之诣门求索。或分定日数，令父母巡门就食，日数才满，父母自出，其男与妇亦不恳留。循习既久，遂成风俗"。这样的家庭关系，在财产问题上自然有所反映。"汉人官吏士庶与父母异居之后，或自己产业增盛而父母日就窘乏者，子孙犹视他家，不勤奉侍，以为既已分另，不比同居；或

----

① 《元典章》卷18，《户部四·官民婚》。
② 《元一统志》卷1，《般阳府路》，卷10，《郁林州》。
③ 孔齐：《浙西风俗》，《屠剑报应》，《至正直记》卷2。
④ 孔齐：《兄弟异居》，《至正直记》卷1。
⑤ 《元史》卷197，《孝友传一》。

有同祖同父叔伯兄弟姊妹子侄等亲，鳏寡孤独老弱残疾不能自存者，亦不收养，以致托身养济院苟度朝夕"。更有甚者，"士民之家，往往祖父母、父母在日，明有支析文字或未曾支析者，其父母疾笃及亡殁之后，不以求医侍疾丧葬为事，止以相争财产为务"。对于这种现象，政府只能颁布诸如"父母在堂之家，其兄弟诸人不许异居，著为定式"的规定，或者"今后若有别居异财，丰衣美食，坐忍父母窘乏，不供子职，及同宗有服之亲寄食养济院，不行收养者，许诸人首告，重行断罪"的条令，加以限制。[①]

汉族家庭的财产主要由长子继承。如家中无子，则用"过继"的方法"立嗣"。有人指出："壮年无子，但当置妾，未可便立嗣。或过四旬之后，自觉精力稍衰，则选兄弟之子，无则从兄弟之子以至近族或远族，必欲取同宗之源，又当择其贤谨者可也"；"异姓之子，皆不得为后"[②]。立嗣问题往往是影响家庭关系的一个重要因素。有的家庭招养老女婿入门，也是解决无嗣问题的一种方法，但往往使家庭关系更为复杂，详见后述。

三　其他民族的婚姻、家庭状况

在元朝统治区域内的其他民族，有的原来就有多妻制的习俗，有的则受蒙古族和汉族婚制的影响，亦采用了多妻或妻妾的婚姻形式。

被元朝统治者列为"色目人"的各民族，大多原来就实行多妻制。如唐兀人，"只要财力所及，可以随意娶许多妻室。出身微贱的青年女子，只要容貌美丽，富人就会娶她为妻，并且愿意送给她父母相当优厚的聘礼"；"一般人可以娶二三房妻室，甚至还有更多的，但有些人比较少，完全根据男人的财力所定。因为他们的妻子不但没有丰厚的嫁妆，反而要分享丈夫的牲畜、奴仆和金钱。结发妻子在家庭中享有比较优越的地位"。如发现妻子有不贞或不法行为，则用"休妻"的办法结束婚姻关系。[③]

---

① 《通制条格》卷3，《户令·亲在分居·收养同宗孤贫》。
② 孔齐：《壮年置妾》，《至正直记》卷2。
③ 《马可·波罗游记》，第54—55页。

吐蕃地区亦盛行多妻制，而且不禁止各佛教教派僧人娶妻育子。各教派的教主、本禅（教派执事）以及万户长等，多有正妻和次妻，有的人有五妻、六妻。不禁佛教僧人娶妻的风俗，还被吐蕃人带入了内地，影响到了一些寺院。①

元代色目人中的大多数民族盛行收继婚制。除回回以外，唐兀、钦察、汪古、乃蛮和畏兀儿都同蒙古族一样，既实行同辈收继，也实行异辈收继。回回人严格禁止异辈收继，允许弟收兄嫂、兄收弟妇的同辈收继。顺帝后至元六年（1340）七月，颁旨"禁色目人勿妻其叔母"②，对色目各族的异辈收继多了一些限制。

云南各族的婚姻风俗与其他地区不同。"云南俗无礼仪，男女往往自相配偶。"③ 就是文化水平最高的白人，亦是"处子孀妇出入无禁，少年子弟号曰妙子，暮夜游行，或吹芦笙，或作歌曲，声韵之中皆寄情意，情通私藕，然后成婚"④。湖广行省的岑溪之民也有同样的习俗，"每月中旬，年少女儿盛服吹笙，相召明月下，以相调弄，号曰夜泊以为娱。二更后，匹偶两两相携，随处即合，至晓则散"⑤。在多妻制方面，南方一些少数民族和其他地区的民族相同。如罗罗，"嫁娶尚舅家，无可匹者，方许别娶"，"妻妾不相妒忌"，"正妻曰耐德，非耐德所生，不得继父之位。若耐德无子，或有子未及娶而死者，则为娶妻，诸人皆得乱，有所生，则为已死之男女"。再如所谓的"野蛮"，"男少女多，一夫有十数妻"。有的民族有去齿成婚的习俗，如土僚蛮，"男子及十四五，则左右击去两齿，然后婚娶"。

在一部分民族中，有"试婚"或"不重处女"的习俗。南方民族表现得比较突出，除前述白人的婚姻外，如罗罗"凡娶妇必先与大奚婆（男巫）通，次则诸房昆弟皆午之，谓之和睦，后方与其夫成婚；昆弟有一人不如此者，则为不义，反相为恶"。再如金齿百夷，"嫁娶不分宗族，不重处女"；么些蛮"淫乱无禁忌"，等等。吐蕃亦有此风俗，马可·波罗就曾指出，吐蕃人不愿娶处女为妻，喜好与有情人的女子成亲，因为他们认为神喜爱这种行为，所以没有情人的女人被人们看不起。但是，结婚之后，即严守妇道，没有人再敢染指。⑥ 有些汉族地区也有这种风气，如有人所说："浙西风俗之薄者，莫甚于以

① 《汉藏史集》，第193—217页。
② 《元史》卷40，《顺帝纪三》。
③ 《元史》卷125，《赛典赤瞻思丁传》。
④ 李京：《云南志略》。下述云南婚俗未注出处者皆本于此。
⑤ 《元一统志》卷10，《滕州》。
⑥ 《马可·波罗游记》，第139—141页。

女质于人，年满归，又质而之他，或至再三，然后嫁。其俗之弊，以为不若是，则众诮之曰无人要者，盖多质则得物多也，苏杭尤盛。"①

　　蒙古统治者对各民族的婚姻习俗采取的是认可与保护的态度。至元八年（1271）二月，忽必烈在圣旨中规定，"诸色人同类自相婚姻者，各从本俗法；递相婚姻者，以男为主"，就是说在本族内的婚姻完全按照本民族的传统婚俗，不同民族人通婚，则服从男子民族的传统习惯，既表明统治者支持传统婚姻方式的维系，也为不同民族间通婚的礼俗问题作出了明确的规定。②

　　色目人和其他少数民族，各有传统的家庭分工方式和处理夫妻关系的做法，有的和蒙古族相似，有的和汉族相同。另外，也有一些独特的家庭生活方式。如云南的金齿百夷，男子"不事稼穑，唯护小儿"，妇女"尽力农事，勤苦不辍，及产，方得少暇；既产，即抱子浴于江，归付其父，动作如故"。又如罗罗，"夫妇之礼，昼不相见，夜同寝。子生十岁，不得见其父，妻妾不相妒忌"。云南和西北的哈密地区，还有妻女留客食宿、丈夫不归的习俗。③

　　对有些重男轻女的做法，政府是要出面干涉的。如畏兀儿"火州城子里人每的媳妇每，若生女孩儿呵，多有撇在水里淹死了"，至元十三年七月，忽必烈特别给掌管畏兀儿事务的亦都护等下旨，禁止淹死女孩，规定"今已后女孩儿根底水里撇的人每，一半家财没官与军每者。首告的人每若是驱奴呵，作百姓者……违犯圣旨，管民官每有罪过者"④。

四　赘婿与奴仆的婚姻问题

　　赘婿与奴仆，社会地位都比较低，有必要专门叙述一下他们的婚姻情况。

　　男方不能自立门户，娶妻育子，被女方家长招入家中，称为"入赘"，

① 孔齐：《娶妻苟慕》，《至正直记》卷2。
② 《通制条格》卷3，《户令·婚姻礼制》。
③ 《马可·波罗游记》，第51—52、142—143页。
④ 《通制条格》卷4，《户令·女多淹死》。

本人即被称为"赘婿"。"民间召婿之家，或无子嗣，或儿男幼小，盖因无人养济，内有女家下财，召到养老女婿，面籍气力；及有男家，为无钱财，作舍居年限女婿。"①"赘婿"分为养老女婿、年限女婿、出舍女婿、归宗女婿四种，"一曰养老，谓终于妻家聚活者；二曰年限，谓约以年限，与妇归宗者；三曰出舍，谓与妻家析居者；四曰归宗，谓年限已满或妻亡，并离异归宗者"②。

无子之家招养老女婿，养老送终，补其世代，称为"补代"。有的人为了保全家产而招婿，称其为"抱财女婿"③。有的人则是为了在地方上找靠山，如溧阳有一豪民，"生二女一子，患吏胥无厌，乃以二女召市中女保家子为婿，意谓得通于官府"④，就是典型的代表。做年限女婿，亦有纯系贪图钱财，拿到女家钱财或女家贫困后即逃之夭夭，也就是人们所说的"未婚之先，期不永之计"⑤。江西甚至出现过这样的现象，"或有妻子矣，又游他方，见富贵可依者，便云未娶。若设计为婿，既娶矣，外家贫，又往而之他方，亦云未娶，则前日之妻皆不顾，亦无所记念矣"⑥。所以有人指出："入家赘婿，俗谚有云三不了事件：使子不奉父母，妇不事舅姑，一也；以疏为亲，以亲为疏，二也；子强婿弱，必求归宗；或子弱婿强，必贻后患，三也。"⑦赘婿问题，已成为影响不少家庭生活的社会问题。

为限制女婿潜逃和动辄更换女婿的做法，元朝政府颁布了以下规定："民间富贵可以娶妻之家，止有一子，不许作赘；若贫穷止有一子，立年限出舍者听"；无论招养老女婿还是做出舍年限女婿，都要明立婚书，写明"养老出舍年限语句，并由官府"籍记姓名"；结婚后出逃的女婿，由官府治罪后判离并追回财物；因为"民间招召女婿，往往婚书上该写年限不满，在逃百日或六十日，便同休弃，听从别嫁"，朝廷特别强调："人伦之道，夫妇义重，生则同室，死则同穴，期于永久，世之常也。今后招召女婿，毋得似前于婚书上该写女婿在逃便同休弃听离语句。"⑧

元代中产以上的家庭，大多使用仆役和女婢。"北人女使，必得高丽女孩

① 《元典章》卷18，《户部四·嫁娶》。
② 郑元瑞：《吏学指南·亲姻》，第91页。
③ 《通制条格》卷3，《户令·收嫂》。
④ 孔齐：《天道好还》，《至正直记》卷2。
⑤ 《元典章》卷18，《户部四·嫁娶》，"女婿在逃"条。
⑥ 孔齐：《友畏江西》，《至正直记》卷3。
⑦ 孔齐：《赘婿俗谚》，《至正直记》卷1。
⑧ 《通制条格》卷4，《户令·嫁娶》。

童；家僮，必得黑厮，不如此谓之不成仕宦"①；又专门有人从南方"每掠买良人子女投北，转卖为奴婢"②。反之，北方亦有被卖到南方为奴婢者。"乙酉年（1345）后，北方饥，子女渡江，转卖与人为奴为婢，乡中置者颇多"；"甲午年（1354），乡中多置淮妇作婢，贪其价廉也"③。除了买卖得来的奴婢外，战争掳掠和用高利贷迫使债务人为奴亦是奴婢的重要来源。

如前所述，元代奴婢的通称为"驱口"。驱口的婚姻，由主人（使主）作主，自己不能随意嫁娶。④ 元朝政府严格限制"良贱为婚"，不许驱口与良人婚配，规定"诸奴婢不得嫁娶、招召良人"，"禁治良人家女孩儿每并不得嫁与人家驱口为妇，若是嫁与的，便做奴婢"。由于社会上流行"朦胧娶嫁"的风气，"江南来的官员、客旅、军人并诸色人每，就江南百姓人家的女孩儿并无男儿底妇人根脚底，做媳妇求将来，却行瞒昧做梯己人，卖与诸人为驱"，政府乃明令禁止"将求到人作驱口货卖"，"如有将求到媳妇做梯己驱口货卖，将被卖良人随即改正为良，价钱没官，买主卖主治罪"。虽然有政府的禁令，民间"良贱"之间的婚配还是很普遍，有的人即"誓不以婢配仆厮。或有仆役忠勤可任者，则别娶妇女以配之；婢则别配佃客、邻人之谨愿者"⑤。仅以几纸禁令显然是很难改变社会上流行的风气。

以歌舞为生的乐人，社会地位也很低，但是官豪富势人家往往喜爱乐人妇女姿色才伎，"暗地捏合媒证娶为妻妾"。政府亦限制这种做法，规定"乐人只娶乐人"，其他人娶乐人为妻要治罪断离。⑥

元朝政府收编的南宋降军，称为新附军。新附军人社会地位亦很低下，婚姻问题往往不好解决，既有"江南新附军人多有支身不能求娶，无以系恋，因而逃避"的现象，也有"新附军人抛下支身妻室，内有各军驱虏收拾为妻及媒下财求娶为妻"的状况。对随意的"收拾为妻"，政府加以限制，确定要由管军正官将身死军人妻室"配合"给支身新附军人；对立媒下财求娶妻室的行为，则予以承认。⑦

元代汉族地区将儿童结发为姻称为"绾角儿婚"或"绾角儿夫妻"。在元代杂剧中就有这样的描述："弃旧的委实难，迎新的终容易。新的是半路里姻

---

① 叶子奇：《草木子》卷3下，《杂制篇》。
② 孔齐：《溧阳父老》，《至正直记》卷3。
③ 孔齐：《乞丐不置婢仆》，《至正直记》卷3。
④ 《通制条格》卷3，《户令·驱女由使嫁》。
⑤ 《元典章》卷18，《户部四·驱良婚》。《通制条格》卷3，《户令·良贱为婚》。孔齐：《婢不配仆》，《至正直记》卷3。
⑥ 《元典章》卷18，《户部四·乐人婚》。
⑦ 《元典章》卷18，《户部四·军民婚》，"配合新附军妇"条。

眷，旧的是绾角儿夫妻。"① 有童婚就有童养媳，并会出现以钱财买童养媳的现象。元代著名戏曲家关汉卿在名作《窦娥冤》中，提供了一个生动的实例。收童养媳的蔡婆婆自称："不幸夫主亡失已过，止有一个孩儿，年长八岁，俺娘儿两个，过其日月。家中颇有些钱财，这里一个窦秀才，从去年问我借了二十两银子，如今本利该银四十两。我数次索取，那窦秀才只说贫难，没得还我。他有一个女儿，今年七岁，生得可喜，长得可爱，我有心看上她，与我家做个媳妇，就准了这四十两银子，岂不两得其便。"送女儿当童养媳的窦秀才则无奈地表示："小生一贫如洗，流落在这楚州居住。此间一个蔡婆婆，他家广有钱物，小生因无盘缠，曾借了他二十两银子，到今本利该对还他四十两。他数次问小生索取，教我把甚么还他；谁想蔡婆婆常常着人来说，要小生女孩儿做他儿媳妇。况如今春榜动，选场开，正待上朝取应，又苦盘缠缺少。小生出于无奈，只得将女孩儿端云送与蔡婆婆做儿媳妇去。"② 买卖童养媳，在当时显然已是较流行的做法。

五　聘财与婚礼

蒙古统治者在中原立足之后，很快了解了各民族传统的婚姻习俗，并根据需要做出了相应规定。至元八年（1271）二月，忽必烈在颁发的圣旨中明确规定："诸色人同类自相婚姻者，各从本俗法；递相婚姻者，以男为主，蒙古人不在此限。"③ 也就是说，政府尊重各民族的婚俗，各族人自相婚姻，应按照本民族的传统习俗举行婚礼；不同民族的人之间通婚，以男子为中心，主要按照男方民族的习俗举行婚礼；蒙古人不受此限制，如其他民族的男子与蒙古女子成婚，不必以男方民族的婚礼习俗为主。

蒙古人重视"议婚"，饮"布浑察儿"，是议婚中最重要的程序。"布浑察

---

① 关汉卿：《望江亭》第2折，《普天乐》，《元曲选》第4册，第1661页。
② 顾肇仓选注《元人杂剧选》，人民文学出版社1956年版，第3—4页。
③ 《通制条格》卷3，《户令·婚姻礼制》。

儿，华言许亲酒也"①，实际上就是"许婚筵席"、"定亲筵席"②。在筵席上，通常要吃羊颈喉肉。羊颈喉骨头坚硬，吃羊颈喉肉，表示订婚不悔。订婚时，男方家庭要向女方家庭下聘礼，通常是以马匹为聘。订婚后，未来的女婿要留在女方家庭中一段时间。③ 蒙古人过去有"抢亲"的习俗，后来演变成婚礼上的一种仪式。"当任何人同另一个人达成一项交易，娶他的女儿为妻时，姑娘的父亲就安排一次宴会，而这位姑娘则逃到亲戚家里躲起来。这时父亲便宣布：'现在我的女儿归你所有了，你在哪里找到她，就把她带走。'于是他和朋友们到处寻找她，直至找到了她；这时他必须用武力把她抢过来，并把她带回家去，佯装使用暴力的样子。"④

原来金朝女真人的"拜门"习俗，入元后被朝廷明令禁止。至元八年九月，中书省礼部特别根据朱熹《家礼》中有关婚礼的内容，颁布了这样的婚礼条例：

> 一曰议婚。身及主婚者，无期以上丧乃可成婚。必先使媒氏往来通言，俟女氏许之，然后纳采。
>
> 二曰纳采（原注：系今之下定也。下同）。主人具书，夙兴，奉以告于祠堂（人之大伦，于礼为重，必当告庙而后行，示不忘祖。而今往往俱无祠堂，或画影及写立位牌亦是）。乃使子弟为使者如女氏，女氏主人出见使者，遂奉书以告于祠堂，出以复书授使者，遂礼之。使者复命，婿氏主人复以告于祠堂。或婚主人等亲往纳采者听。
>
> 三曰纳币（系今之下财也）。拟合酌古准今，照依已定筵会，以男家为主，会请女氏诸亲为客，先入坐。男家至门外，陈列币物等，令媒氏通报，女氏主人出门迎接。相揖，俟女氏先入，男家以次随币而入。举酒，请纳币，饮酒，受币讫。女氏主人回礼，婿家饮酒毕，主人待宾如常礼，许婿氏女子各各出见，并去世俗出羞之币。
>
> 四曰亲迎。前期一日，女氏使人张陈其婿之室，厥明，婿家设位于室中，女家设次于外。初昏，婿盛服，主人告于祠堂，遂醮其子而命之迎。婿出，乘马至女家。俟子次女家，主人告于祠堂，遂醮其女而命之。主人出迎，婿入奠。雁姆奉女出登车，婿乘马先行，妇车至其家，导妇以入。婿妇交拜，就坐饮食。毕，婿出。复入，脱服。烛出，主人礼宾。

① 《元史》卷1，《太祖纪》。
② 《元朝秘史》卷5，第168节。
③ 《元朝秘史》卷1，第62—66节；卷2，第94节。
④ 《出使蒙古记》，第122页。

元
代
社
会
生
活
史

五曰妇见舅姑。明日夙兴，妇见于舅姑，舅姑礼之。次见于诸尊长。若家妇，则馈于舅姑，舅姑飨之。

六曰庙见。三日，主人以妇见于祠堂（如无祠堂，或悬形及写位牌亦是）。

七曰婿见妇之父母。明日，婿往见妇之父母，次见妇党诸亲，妇家礼婿如常仪。

登车、乘马、设次等礼节，如果迎亲之家贫困，无力举办，"从其所欲"①。男方家庭给女方家庭所下的定礼，一般是表里、头面和羊酒。②

大都等地，盛行出嫁前为姑娘沐浴的风俗。"都中官员士庶之家，聘女将嫁之明日，家人送女儿入堂中澡浴，男家一应都散汤钱，凡应役者赏有差。男家复把避风盏之类，比及出门，轻者十封，及有剃面钱之类，迟明则出嫁。"③此外，还有"传席"风俗。有人记道："今人家娶妇，舆轿迎至大门，则传席以入，弗令履地"，并指出这是自唐代以来就有的习俗。④

色目人的婚礼，与汉人不同，所以当其结婚时，邻近的汉人常来围观。杭州曾发生过因围观回回人举行婚礼房倒压死人的事故。"杭州荐桥侧首，有高楼八间，俗谓八间楼，皆富实回回所居。一日娶妇，其婚礼绝与中国殊，虽伯叔姊妹，有所不顾。街巷之人，肩摩踵接，咸来窥视，至有攀缘檐阑窗牖者，踏翻楼屋，宾主婿妇咸死。"⑤

婚姻是人一生中的大事，婚礼当然受到重视，当时人理想的婚礼是这样的："人伦之道，始于夫妇；夫妇之本，正自婚姻。婚姻之事，又当谨其始，而轻信以终之也。凡娶妇嫁女，必先察其婿妇性行及其家法何如，然后明立婚约。称其贫富，办纳聘财及物，虽有多寡不同，必须精粹坚好，却不得以滥恶充数。其要约日期，各宜遵守。又当随其丰俭，聊备酒食，以会亲戚故旧。此所以合姻娅之欢，厚男女之别，以和夫妇，以正人伦也。"⑥然而社会风俗是追求奢侈，婚礼花费颇大，"聘财无法，奢靡日增，至有倾资破产，不能成礼，甚则争讼不已，以致嫁娶失时"。做媒之人亦经常借机向婚姻之家索要钱财，甚至有的地方流行聘礼的十分之一归媒人的做法。无怪有人指出："今日男婚

① 《通制条格》卷3，《户令·婚姻礼制》。
② 《通制条格》卷3，《户令·驱女由使嫁》；卷4，《户令·嫁娶》。
③ 《析津志辑佚·风俗》。
④ 陶宗仪：《传席》，《南村辍耕录》卷17。
⑤ 陶宗仪：《嘲回回》，《南村辍耕录》卷28。
⑥ 王结：《善俗要义》，《文忠集》卷6，《四库珍本》。

女嫁，吉凶庆吊，不称各家之有无，不问门第之贵贱，例以奢侈华丽相尚，饮食衣服拟于王侯，贱卖有用之谷帛，贵买无用之浮淫，破家坏产，负债终身，不复故业，不偿称贷。"① 面对这样的社会问题，元廷作出了一些限制规定。至元八年（1271）二月对聘财的数额作了如下规定："婚姻聘财表里头面诸物在内，并以元宝钞为则，以财畜折充者听，若和同不拘此例。品官：一品、二品五佰贯，三品四佰贯，四品、五品三佰贯，六品、七品二佰贯，八品、九品一佰二十贯；庶人：上户一佰贯，中户五十贯，下户二十贯。筵会高下，男家为主，品官不过四味，上户、中户、不过三味，下户不过两味。"同年七月，对招收入赘女婿的财礼亦作了规定："招召养老女婿，照定已定嫁娶聘财等第减半"；"招召出舍年限女婿……照依已定嫁娶聘财等第验数，以三分中不过二分"②。至元十九年（1282）四月，又特别规定："推举年高信实妇人为媒，须要钦依圣旨，定到聘财求娶，不得中间多余索要财礼钱物，亦不得拾分中取要一分媒钱。如有违犯之人，谕众断决。"③ 但是，这些规定没有起到约束作用，正如胡祗遹所说："婚姻聘财虽有定例，立格之日民已不从，盖缘后有'自愿者听之'一言故也。又兼立格之年绢一匹直钞一贯，今即绢一匹直八贯，他物类皆长价八九倍十倍，虽严加罪责勿越定例，民亦不从。"他提出了如下建议："不若再立上、中、下三等嫁财，定立上户嫁财缎子里绢各几匹、金银头面各钱两，非品官之家不得衣金衣服，中、下户近减一等，永为定例。"④ 胡祗遹的建议显然引起了当政者的重视。大德八年（1304）正月的诏书，除要求"亲礼筵会，务从省约"，特别规定聘礼和筵会花销限额为上户金 1 两，银 5 两，彩缎 6 表里，杂用绢 40 匹；中户金 5 钱，银 4 两，彩缎 4 表里，杂用绢 30 匹；下户银 3 两，彩缎 2 表里，杂用绢 15 匹。筵席仍然是规定上、中户不得超过三味，下户不得超过二味；"省部定例，但有筵会白日，至禁钟前罢散"⑤。但是，对已经奢侈成风的社会来说，这样的定例同样不会有多大的效用。

此外，在各地官府还盛行婚礼时同僚及下属送礼的风俗，更有甚者直接从官吏俸禄中扣除份额。仁宗延祐七年六月的一则奏章指出："近年以来，内外诸衙门指与上司官员庆贺馈送，一切人情，或私相追往，公然于所辖官吏俸钞科取"；"目今内外诸大小衙门，或为各官生辰，或因儿女婚聘，一切庆贺所用之资，所属官吏俸钱内科取。同僚追叙之礼，固所宜然，而人吏亦何预焉，致

---

① 胡祗遹：《论农桑水利》，《紫山大全集》卷 22。
② 《元典章》卷 18，《户部四·婚礼》。
③ 《通制条格》卷 4，《户令·嫁娶》。
④ 胡祗遹：《革昏田弊榜文》，《紫山大全集》卷 22。
⑤ 《通制条格》卷 3，《户令·婚姻礼制》。《元典章》卷 18，《户部四·婚姻》。

将月俸十除八九，何以养廉"。为此，朝廷特别规定："今后各官公私宴会、追贺人情，止于自己钱内出备，不许于所属官吏俸钱内克除。如蹈前辙，许监察御史廉访司体察明白，以赃论罪。"① 尽管有这样的规定，官员还是可以用其他办法得到下属的礼物，只不过做法隐晦一点而已。

---

① 《元典章新集·刑禁》。

第五章

服饰

蒙古族的服饰，别具特色，但进入中原之后，蒙古人的服装受中原传统服饰的影响，有了较大的变化，同时中原乃至江南官员、平民的服装，亦因蒙古统治者的干预，发生了较明显的变化。

一　纺织品和服饰种类

大一统政治局面的形成促进了各民族之间的文化交流，在纺织品和服饰方面，各民族间的相互影响是相当明显的。

元代手工业的发展，为皇室、贵族、官员等提供了充足的纺织品。元朝政府向民间征收的"科差"，一项是丝料，包括丝、绢、绵、布等实物；一项是"包银"（银两）。丝料上缴后，由政府设工局加工成各色织品，送往都城。

政府每年从民间征收的丝有 100 万斤左右（如 1265 年，收丝 986912 斤；

1267 年，收丝 1096489 斤；1328 年，收丝 1098843 斤）。① 这些丝大多交给官府设立的手工局、院，加工成段（缎）、纱、罗、绫、绢等织品。

缎既有皇帝、诸王等专用的缎匹，也有所谓的"常课段子"。加工缎匹，有一系列繁琐的规定。局院官管领工匠制造缎匹等，各级政府官员负有督办的职责。按照中书省和工部的规定，"应造御用诸王异样常例金绣绒素段匹，合用丝金物料，在都委自提调部官主事，外路依已行委达鲁花赤、总管、经历、首领官，不妨本职，多方用心催督局官、库官人等"；"额造金素段匹纱罗等物合该丝金颜料，本处正官亲行关支，置库收贮，明立文簿"；"局院造作，局官每日巡视，提调官按月点检，务要造作如法，工程不亏"。制造缎匹，包括络丝、打线、缵纬、拍金、织染等工序，各道工序都有官府的定例，"所关丝料，先行选拣打络，须要经纬配答均匀，如法变染。造到段匹，亦要幅阔相应，斤重迭就，不致颜色浅淡，段匹粗糙"。御用缎匹，长 8 托（1 托的长度为 4 尺）或 6 托，幅宽 1 尺 4 寸 5 分；诸王百官所用缎匹，长 8 托或 6 托，幅宽 1 尺 4 寸；常课缎子长 6 托（2 丈 4 尺），幅宽 1 尺 4 寸。打络时要除去乱丝等杂质，按规定用丝 10 分中有 1 分折耗，剪接缎匹时也有一定的损耗。8 托的缎匹，用正丝 53 两，得生净丝 47 两 7 钱，续头剪接每缎折耗丝 1 两；6 托的缎匹，用正丝 40 两，得生净丝 36 两，续头剪接每缎折耗丝 7 钱。各地额造的缎匹，要在年终织造完毕，正月一日收工，收货时进行严格的质量检查，制造不符合质量的缎匹，工匠和局院官都要受到处罚。需要说明的是，常课缎匹中还有相当一部分是通过"和买"（政府向民间强制购买货物）得到的，如江南地区原来每年织造 7 万匹常课缎子，后来改为织造 1 万匹，和买 6 万匹。②

元代缎匹的种类颇多，如纳石失、青赤间丝、浑金搭子、通袖膝襕、六花四花缠顶金缎子、暗花细发斜纹、衲夹、串素、苎丝、毼子（毛缎子）、紫茸、兜罗锦、斜褐、剪绒缎子、绒锦、草锦、尅丝作、谷子、隔织、尅丝，等等。③纳石失（又译写为纳失失、纳赤思等）是当时最受权贵欢迎的一种绣金锦缎，原产地在中亚，蒙古国时期，一些"西域织金绮纹工"东来，被安置在弘州、寻麻林等地，后来专门设置了弘州、寻麻林纳失失局，"招收析居放良等户，教习人匠织造纳失失"④。当时的四川成都是彩锦的生产区，有长安竹、天下乐、雕团、宜男、宝界地、方胜、狮团、象眼、八偌韵、铁梗襄荷十样名锦流

① 《元史》卷 93，《食货志一·科差》。
② 《元典章》卷 58，《工部一·造作·段匹》。《通制条格》卷 30，《营缮·造作》。
③ 《中国古代服饰研究》，第 395 页。
④ 《元史》卷 120，《镇海传》；卷 122，《哈散纳传》；卷 89，《百官志五》。

行，通称为十样锦。① 江南出产的丝织品，更受到人们的普遍欢迎，尤其是缂丝和竺丝。"缂丝亦有数种，有成幅金枝花发者为上，有折枝杂花者次之，有数品颜色者，有止二色者，宛然如画。竺丝上有暗花，花亦无奇妙处，但繁华细密过之，终不及缂丝作也，得之者已足宝玩"②。现存的锦缎实物，有1959年新疆乌鲁木齐市出土的元代牵牛花纹缂丝和1976年内蒙古乌兰察布市（原乌兰察布盟，下同）察右前旗巴音塔拉元代集宁路故城遗址出土的双羊纹锦被面（见本书彩色插图），可使我们对当时锦缎织造水平有所了解。

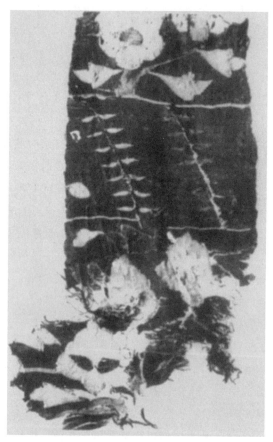

元代牵牛花纹缂丝，新疆维吾尔自治区乌鲁木齐市出土（选自《中国古代史参考图录》）

对民间买卖的缎匹，朝廷有严格的规定。缎匹的长度应在5托半之上，幅宽1尺6寸。御用缎匹禁止民间私造，不得在缎子上绣五爪双角缠身龙、五爪双角云袖襴、五爪双角答子、五爪双角六花襴等龙形图案和佛像、西天字等图

① 《中国古代服饰研究》，第395页。
② 孔齐：《宋缂》，《至正直记》卷1。

案，并禁止民间织造、使用柳芳绿、鸡冠紫、迎霜合、栀红、红白闪色、胭脂红等颜色。元廷还多次下令，不准在缎匹上交织金纻丝。由于"随路街市买卖之物，私家贪图厚利，减克丝料，添加粉饰，恣意织造纰薄窄短金素缎匹生熟裹绢并做造药棉，织造稀疏狭布，不堪用度"，朝廷不得不就供买卖的缎匹质量做出规定，"选拣堪中丝线，须要清水夹密"并符合规定长短的缎匹方许买卖。不但纰薄窄短缎匹不许买卖，盐丝药绵、稀疏纱罗、粉饰绢帛、不堪窄布等亦不准买卖。①

元代绫、罗、绢、帛亦有很多种类。罗有御罗、嵌花罗、番罗、三棱罗等。纱有密娥纱、夹渠纱、观音纱、银丝纱、鱼水纱、三法纱、金纱、花纱、绒纱、挑纱、土纱等。绫有大绫、小绫。绸有攒丝绸、乱丝绸、绵绸、水绸等。绢有南绢、北绢。② 集庆路（治今南京）出产的官纱，最受欢迎，有人记道："集庆官纱，诸处所无，虽杭人多慧，犹不能效之。但阔处三尺，大数以上杂色皆作，近又作一色素净者尤妙，暑月之雅服也。"③ 按照朝廷的定例，1匹纱用10两丝，1匹罗用1斤丝（16两）。民间向政府纳绢的数量，天历元年（1328）是350530匹，④ 每年纳绢的数额，当与此相差不远。

棉花（木棉）种植在元代普及，棉布的使用也越来越普遍。成宗大德三年（1299），万亿赋源库上报称："本库每年收受各处行省木棉布匹不下五十余万。"⑤ 天历元年，岁入绵72015斤，布211223匹，⑥ 虽比大德年间有所减少，数量仍很可观。布的种类也很多，有木棉布、氀丝布、铁力布、葛布、蕉布、竹丝布、生苎布、熟苎布、番棉布、土麻布、碁布、草布等。⑦ 染布工艺亦颇有发展，如松江出产一种青花布，"宛如一轴院画，或芦雁花草尤妙。此出于海外倭国，而吴人巧而效之，以木棉布染"⑧。

为适应北方寒冷的气候，皮毛的使用亦很普遍。"兽畜之皮，朔方并制为衣服，名之曰亦出军毛衣也。"元代大毛类重银狐、猞猁，小毛类重银鼠、紫貂。可用作皮张的鼠类有银鼠、青鼠、青貂鼠、山鼠、赤鼠、花鼠、火鼠等。银鼠"和林朔北者为精，产山石罅中。初生赤毛青，经雪则白，越经年深而雪者越奇，辽东骨嵬多之。有野人于海上山薮中铺设以易中国之物，彼此俱不相

---

① 《元典章》卷58，《工部一·造作·段匹》。
② 《中国古代服饰研究》，第370页。
③ 孔齐：《集庆官纱》，《至正直记》卷1。
④ 《元史》卷93，《食货志一·科差》。
⑤ 《元典章》卷58，《工部一·造作·段匹》。
⑥ 《元史》卷93，《食货志一·科差》。
⑦ 《中国古代服饰研究》，第395页。
⑧ 孔齐：《松江花布》，《至正直记》卷1。

见，此风俗也。此鼠大小长短不等，腹下微黄。贡赋者以供御帏幄、帐幔、衣被之，每岁程工于（大都）南城貂鼠局，诸鼠惟银鼠为上"。青鼠"其尾有青惨色，光润莹软，腹下有白毛寸许，制衣青为衣，而白者缝掇为搭护，仍以银鼠缘饰或水獭黑貂并佳"。青貂鼠"毛色微青黄，差小冗厚，轻软，制衣亚于银鼠"。火鼠"极北有之，生大石山中。以之为衣，即火澣布也"。貂皮也是珍贵皮毛，黑貂"黑而毛厚者为上，多以之为领缘。达官以为衣，多以前面衿饰以纳失失间丝之异表而出之，有以银鼠带尾为衣饰，缘以黑貂尤为精美。黑貂间白毛者谓之浣毛"。九节狐、赤狐等狐皮，"可作暖帽及帏帐被之属"。猫科动物如黑狸、青狸、花狸等的皮毛，也被人们所重视。此外，狮、虎、豹、熊、麋、鹿、獐、貛、狼等野兽的皮毛，亦被用来缝制衣被等物。①

貂皮常被用作折算其他皮毛的计数单位。开始的定例，虎皮 1 张折貂皮 50 张，金钱豹皮 1 张折貂皮 40 张，熊皮 1 张折貂皮 15 张，土豹皮 1 张折貂皮 10 张，鹿皮 1 张折貂皮 7 张，葫叶豹金丝织皮 1 张折貂皮 6 张，豺狼青狼皮 1 张折貂皮 10 张，山羊皮 1 张折貂皮 5 张，粉獐皮 1 张折貂皮 3 张，狐皮 1 张折貂皮 2 张。后利用监新定折纳貂皮则例，又规定飞生皮 1 张折貂皮 6 张，分鼠皮 4 张折貂皮 1 张，扫鼠皮 5 张折貂皮 1 张，鸡翎鼠皮 10 张折貂皮 1 张，山鼠、花猫、花鹿羔、虎羔、香獐、野狸、青獭、黄鼬、香猫、麝、竹狸、夜猴、香狸、山獭、水獭、貛等小兽皮，1 张折貂皮 1 张。②

毛织品亦受到欢迎，蒙古族妇女擅长编织毛织品，已见前述。从中亚也传进来一些新的织造工艺和毛织品，如"速夫"，就是"回回毛布之精者也"③。

元人的装饰品，除了用金银等制成品外，大量使用珠玉和宝石，尤其是贵族官宦人家。"五金之器，莫贵如金"；"诸石之器，莫贵于玉"。"美玉与金同，亦有成色可比对，其十成者极品，白润无纤毫瑕玷也；九成难辨，非高眼不能别；八成则次之，以至七成、六成又次之。古玉惟取古意，或水银迹、血迹之类，不必问成色也，绝难得佳品。"④ 中原和江南，都有珠玉和宝石产地。⑤ 来自中亚等地的宝石，称为"回回石头"。成宗大德年间，"本土巨商中卖红刺一块于官，重一两三钱，估直中统钞一十四万锭，用嵌帽顶上，自后累朝皇帝相承宝重，凡正旦及天寿节大朝贺时则服用之"，可见当时宝石的珍贵。宝石有不少种类，红宝石（红石头）有四种，淡红色的称为刺，深红色称为避

① 《析津志辑佚·物产》。
② 《元典章》卷38，《兵部五·捕猎》。
③ 《元史》卷78，《舆服志一·冕服》。
④ 孔齐：《玛瑙缠丝》、《美玉金同》，《至正直记》卷3。
⑤ 《元史》卷94，《食货志二·岁课》。

者达，黑红色称为昔剌泥，红黄黑杂色的称为苦木阑。绿宝石（绿石头）分三等，上等暗深绿色，称为助把避；中等明绿色，称为助木剌；下等浅绿色，称为撒卜泥。雅鹘（亚姑）分成七种，上等深青色，称为青亚姑；中等浅青色，称为你蓝；下等浑青色，称为屋扑你蓝；另外还有红亚姑、马思艮底、黄亚姑和白亚姑。猫睛（猫儿眼）有中含活光的猫睛和似猫睛而无光的走水石两种。甸子（松绿石）产地不同，名称各异。来自中亚的回回甸子称为你舍卜的，来自西夏故地的河西甸子称为乞里马泥，来自襄樊地区的襄阳甸子称为荆州石。①

因受朝廷禁止民间滥用珠玉、宝石等规定的限制（详见下述），江南等地流行用玛瑙作装饰品。有人指出："玛瑙惟缠丝者为贵，又求其红丝间五色者为高品。谚云'玛瑙无红一世穷'，言其不直钱也；又言'玛瑙红多不直钱'，言全红者反贱。惟取红丝与黄白青丝相间，直透过底面一色者佳。浙西好事者往往竞置以为美玩，或酒杯，或系腰，或刀靶，不下数十锭，价过于玉。盖以玉为禁器，不敢置，所以玛瑙之作也。……今燕京士大夫往往不尚玛瑙，惟倡优之徒所饰佩，又以为贱品，与江南不同也。"②

受北方习俗的影响，元代江南地区亦用"减铁"作装饰品。当时有人评论道："近世尚减铁，为佩带、刀靶之饰，而余干及钱塘、松江竞市之，非美玩也。此乃女真遗制，惟刀靶、鞍辔或施之可也，若置之佩带，既重且易生绣。"③

元代流行的服装，男、女服都有多种样式。

男服有深衣、褡护、貂鼠皮裘、氎衫、罗衫、布衫、汗衫、毡衫、袄子、锦袄、披袄、团袄、夹袄、辫线袄、腰线袄、油衣、遭褶、胯褶、板褶、开裆、出袖、曳撒、衲夹、合钵等。围腰的有玉带、犀带、金带、角带、系腰、栾带、绒绦等。头上戴的有帽子、笠儿、凉巾、暖巾、暖帽等。佩服有昭文袋、钞袋、镜袋、手帕、汗巾、手巾等。鞋有朝靴、花靴、旱靴、钉靴、蜡靴、球头直尖靴、鞔靴、勒靴、丝鞋、棕鞋、毲鞋、扎鞔、麻鞋等。袜子有毡袜、皮袜、布袜、水袜等。此外，还有搭膊、缠带、护膝、腿绷、缴脚等。

妇女的衣服分南北，北方有项牌、香串、团衫、大系腰、长袄儿、鹤袖袄儿、胸带、襕裙、带系、直抹、吊袴、裹衣等；南方有霞帔、坠子、大衣、长裙、背子、袄子、背心、褛子、膊儿、裙子、裹肚、衬衣等。

妇女的首饰也分南北，北方有包髻、掩根凤钗、面花、螭虎钗、竹节钗、倒插鬓、凤裹金台钑、犀玉坫头梳、云月、荔枝、如意、苼头、钑牌环、秋蝉

---

① 陶宗仪：《回回石头》，《南村辍耕录》卷7。
② 孔齐：《玛瑙缠丝》，《至正直记》卷3。
③ 孔齐：《减铁为佩》，《至正直记》卷4。

菊花琵琶圈珠葫芦、三装五装钗镯儿、连珠镯等，南方有凤冠、花髻、特髻、鱿冠、包冠、瑞云贴额、牙梳、帘梳、玳瑁梳、龟筒梳、鹤顶梳、锂子等。①

下面分别介绍各种服饰的特征和使用范围。

二　蒙古族的传统袍服

"逐水草而迁徙"的蒙古人，穿着的是"胡服胡帽"②，服装帽靴等与农耕地区的民族明显不同。

元代壁画中的蒙古人形象（选自《中国古代服饰研究》）

---

① 《中国古代服饰研究》，第370页。
② 《蒙鞑备录》。

蒙古人主要穿着袍服，这种袍服不同于中原、江南地区大多数民族服装的"左衽"，而是"右衽"，也就是南宋人所说的"其服右衽而方领"①。来自西方的传教士鲁不鲁乞对"右衽"作了更进一步的解释："这种长袍在前面开口，在右边扣扣子。在这件事情上，鞑靼人与突厥人不同，因为突厥人的长袍在左边扣扣子，而鞑靼人则总是在右边扣扣子。"②

蒙古人的长袍，如南宋人所说："所衣如中国道服之类。""正如古深衣之制，本只是下领，一如我朝道服。领所以谓之方领，若四方上领，则亦是汉人为之，鞑主及中书向上等人不曾着。腰间密密打作细折，不计其数，若深衣止十二辐，鞑人折多尔。"③ 男女袍服稍有区别，来自西方的传教士约翰·普兰诺·加宾尼写道："男人和女人的衣服是以同样的式样制成的。他们不使用短斗篷、斗篷或帽兜，而穿用粗麻布、天鹅绒或织锦制成的长袍。这种长袍是以下列式样制成：它们二侧从上端到底部是开口的，在腰部折叠起来；在左边扣一个扣子，在右边扣三个扣子，在左边开口直至腰部。各种毛皮的外衣式样都相同，不过，在外面的外衣以毛向外，并在背后开口；它在背后并有一个垂尾，下垂至膝部。已经结婚的妇女穿一种非常宽松的长袍，在前面开口至底部。"鲁不鲁乞也指出："姑娘们的服装同男人的服装没有什么不同，只是略长一些。但是，在结婚以后，妇女就把自头顶当中至前额的头发剃光，穿一件同修女的长袍一样宽大的长袍，而且无论从哪一方面看，都更宽大一些和更长一些。"④ 南宋人赵珙亦特别指出："又有大袖衣，如中国鹤氅，宽长曳地，行则两女奴拽之。"⑤

正如人们所说，制造袍服的材料不同，袍服的颜色亦不相同。"旧以毡、毳、革，新以纻、丝、金线，色以红、紫、绀、绿，纹以日、月、龙、凤，无贵贱等差"⑥。原来蒙古人多用皮革制衣，后来大量使用丝织品、棉制品制衣，但是为了御寒，皮毛衣服亦不能舍弃。正如鲁不鲁乞所说："从契丹和东方的其他国家，并从波斯和南方的其他地区，运来丝织品、织锦和棉织品，他们在夏季就穿用这类衣料做成的衣服。从斡罗思、摩薛勒、大不里阿耳、帕思哈图和乞儿吉思，并从在北方降服于他们的许多其他地区，给他们送来各种珍贵毛皮，他们在冬季就穿用这些毛皮做成的衣服。在冬季，他们总是至少做两件毛皮长

---

① 《黑鞑事略》。
② 《出使蒙古记》，第119—120页。
③ 《蒙鞑备录》、《黑鞑事略》。
④ 《出使蒙古记》，第8、119—120页。
⑤ 《蒙鞑备录》。
⑥ 《黑鞑事略》。

袍，一件毛向里，另一件毛向外，以御风雪；后一种皮袍，通常是用狼皮或狐狸皮或猴皮做成的。当他们在帐幕里面时，他们穿另一种较为柔软的皮袍。穷人则用狗皮和山羊皮来做穿在外面的皮袍。"① 所谓皮袍，就是蒙古人所说的"答忽"，又译写作"搭护"、"搭褙"等，即"皮袄"、"袄子"，一般人穿的是羊皮、羊羔皮制成的答忽，贵族才有貂鼠答忽、银鼠答忽，即用貂鼠和银鼠皮制成的皮衣。② 入元以后，答忽仍很流行，故时人有"鬏笠毡靴搭护衣，金牌骏马走如飞"的诗句。③ 元朝皇帝的"质孙"服（详见下述）中，"服银鼠，则冠银鼠暖帽，其上并加银鼠比肩，俗称曰襻子答忽"④。元世祖的皇后察必，曾设计出一种新式衣服，"前有裳无衽，后长倍于前，亦无领袖，缀以两襻，名曰'比甲'，以便弓马，时皆仿之"⑤。所谓"比甲"，应该就是"比肩"。

除袍服外，蒙古人还穿着"搀察"等服装。"搀察"是蒙古语音译，即"衫儿"⑥，是上衣的通称。蒙古人虽常穿长袍，但亦有各种衫子。此外，亦有裤子，尤其是常备冬季御寒用的毛皮裤子。⑦

制衣材料的不同，并不完全反映等级差别，正像宋人郑所南所指出的："衣以出袖海青衣为至礼。其衣于前臂肩间开缝，却于缝间出内两手衣裳袖，然后虚出海青两袖，反支悬纽背缝间，俨如四臂。谀虏者妄谓郎主为'天蓬后身'。衣曰'海青'者，海东青，本鸟名，取其鸟飞迅速之义；曰'海青使臣'之义亦然。虏主、虏吏、虏民、僧道男女，上下尊卑，礼节服色一体无别。"⑧ 元末人熊梦祥则记载了贵族妇女的礼服式样："袍多是用大红织金缠身云龙，袍间有珠翠云龙者，有浑然纳失失者，有金翠描绣者，有想其于春夏秋冬绣轻重单夹不等。其制极宽阔，袖口窄，以紫织金爪，袖口才五寸许，窄即大，其袖两腋摺下，有紫罗带拴合于背，腰上有紫纵系，但行时有女提袍，此袍谓之礼服。"⑨ 这种袍服，应该就是赵珙所说的大袖衣。

穿袍服，一般要在服外系一条称为"腰线"或"系腰"的彩带，"又用红、紫帛捻成线，横在腰上，谓之腰线，盖欲马上腰围紧束，突出采艳好看"⑩。妇

---

① 《出使蒙古记》，第118—119页。
② 《元朝秘史》卷3，第96节；卷5，第152节。
③ 郑所南：《绝句十首》，《心史·大义集》，《郑思肖集》，第36—38页。
④ 《元史》卷78，《舆服志一》。
⑤ 《元史》卷114，《后妃传一》。
⑥ 《元朝秘史》卷1，第55节。
⑦ 《出使蒙古记》，第119页。
⑧ 郑所南：《心史·大义略叙》，《郑思肖集》，第181—182页。
⑨ 《析津志辑佚·风俗》。
⑩ 《黑鞑事略》。

元代社会生活史

女"用一块天蓝色的绸料在腰间把她们的长袍束起来,用另一块绸布束着胸部,并用一块白色绸料扎在两眼下面,向下挂到胸部"①。

志费尼《世界征服者史》中的觐见蒙古大汗图,展现了蒙古人袍服的形制

我们从出土文物和现存的元代壁画中还可以看到蒙古袍服的形制。如陕西省西安市湖广义园出土的元代陶俑,男俑戴笠帽,穿交领小袖长袍,用带子束腰;女俑着左衽上衣、长裙,就是蒙古人的通常装束。又如陕西榆林窟元代壁

① 《出使蒙古记》,第120页。

画所绘行香蒙古贵族，有垂辫发、戴宽檐笠子帽、穿交领小袖长袍者，也有戴笠子帽、披云肩、穿交领长袍者；行香蒙古贵族妇女，则戴罟罟冠，穿交领长袍（见本书 046 页插图）。①

三　笠帽与罟罟冠

蒙古男子的发式不同于其他民族。"上自成吉思汗，下及国人，皆剃婆焦，如中国小儿留三搭头在囟门者，稍长则剪之。在两下者总小角，垂于肩上"。②所谓"婆焦"，就是"男子结发垂两耳"③，"被发而椎髻"④。这种发型的具体样式是"环剃去顶上一弯头发，留当前发，剪短散垂，却析两旁发，垂绾两髻，悬加左右肩衣袄上，曰'不狼儿'，言左右垂髻，碍于回视，不能狼顾。或合辫为一，直拖垂衣背。男子俱带耳坠"⑤。西方传教士对蒙古男子的这种"辫发"亦记之甚详："在头顶上，他们像教士一样把头发剃光，剃出一块光秃的圆顶，作为一条通常的规则，他们全都从一个耳朵到另一个耳朵把头发剃去三指宽，而这样剃去的地方就同上述光秃圆顶连结起来。在前额上面，他们也都同样地把头发剃去二指宽，但是，在这剃去二指宽的地方和光秃圆顶之间的头发，他们就允许它生长，直至长到他们的眉毛那里；由于他们从前额两边剪去的头发较多，而在前额中央剪去的头发较少，他们就使得中央的头发较长；其余的头发，他们允许它生长，像妇女那样，他们把它编成两条辫子，每个耳朵后面各一条。""男人们在头顶上把头发剃光一方块，并从这个方块前面的左右两侧继续往下剃，经过头部两侧，直至鬓角。他们也把两侧鬓角和颈后（剃至颈窝顶部）的头发剃光；此外，并把前额直至前额骨顶部的头发剃光，在前额骨那里，留一簇头发，下垂直至眉毛。头部两侧和后面，他们留着头发，把

---

① 《中国古代服饰研究》，第 394 页。
② 《蒙鞑备录》。
③ 李志常：《长春真人西游记》。
④ 《黑鞑事略》。
⑤ 郑所南：《心史·大义略叙》，《郑思肖集》，第 181—182 页。

这些头发在头的周围编成辫子，下垂至耳。"①

辫发还分成多种式样。清代吴铎所辑《净发须知》中转引了《大元新话》中记载的各种发式："按大元体例，世图故变，别有数名。还有一答头、二答头、三答头、一字额、大开门、花钵椒、大圆额、小圆额、银锭、打索绾角儿、打辫绾角儿、三川钵浪、七川钵浪、川著练槌儿。还那个打头，那个打底：花钵椒打头，七川钵浪打底；大开门打头，三川钵浪打底；小圆额打头，打索绾角儿打底；银锭样儿打头，打辫儿打底；一字额打头，练槌儿打底。"钵椒就是上述"婆焦"的异译，钵浪即"不狼儿"异译，打辫儿即上面所说的"合辫为一"②。从本书所附图片中，确实能够看到各种不同的发式。

蒙古男子"冬帽而夏笠"③，"顶笠穿靴"④，"官民皆带帽，其簷或圆，或前圆后方，或楼子，盖兜鍪之遗制也。其发或辫，或打纱练椎，庶民则椎髻"⑤。据说前帽簷是在忽必烈时期由皇后察必改进而成的，按《元史》的记载，"胡帽旧无前簷，帝因射日色炫目，以语后，后即益前簷，帝大喜，遂命为式"⑥。现存图片资料中所见笠子帽，有宽簷笠，也有加帔的笠子帽。"北人华靡之服，帽则金其顶，袄则线其腰，靴则鹅其顶"⑦。贵族等所戴笠上大多装饰着珍珠或玉石。冬季戴的暖帽，多用珍贵皮毛做成，并往往与"质孙"服配套，详见下述。

皇帝帽子的式样，民间严禁仿造。如大德元年（1297），利用监工匠为皇帝制成一顶新样式的黑细花儿斜皮帽，成宗即下圣旨："今后这皮帽样子休做与人者，与人呵，你死也。如今街下休做者，做的人、带的人交扎撒里入去者（按法律治罪）。"至大元年（1308），武宗亦因为有工匠仿造皇帝帽子式样特别下了一道圣旨："这个缝皮帽的人，刁不剌驸马根前我带的皮帽样子为甚么缝与来？""今后我带的皮帽样子，街下休交缝者。这缝皮帽底人分付与留守司官人每，好生街下号令了呵，要罪过者。"此外，还作出规定："金翅雕样排花、金翅雕样皮帽顶儿，今后休交做，休交诸人带者；做的人根底，要罪过者；带着的人根底夺了，要罪过者。"⑧

有的蒙古人打破传统习俗，按中原人的服饰习惯着装。如蒙古国时期的功

① 《出使蒙古记》，第7、119页。
② 《中国古代服饰研究》，第397页。
③ 《黑鞑事略》。
④ 郑所南：《心史·大义略叙》，《郑思肖集》，第181—182页。
⑤ 叶子奇：《草木子》卷3下，《杂制篇》。
⑥ 《元史》卷114，《后妃传一》。
⑦ 叶子奇：《草木子》卷3下，《杂制篇》。
⑧ 《元典章》卷58，《工部一·造作·杂造》。

臣本华黎之子孛鲁,"美容仪,不肯剃婆焦,只裹巾帽,著窄服"①。后来元朝宫廷中的服装鞋帽,兼采中原服饰样式,孛鲁等实开风气之先。

拉施特《史集》中的朝觐蒙古大汗图,可看到蒙古人戴笠帽和罟罟冠的形象

蒙古妇女的冠饰更具特点。贵族妇女,大多戴罟罟冠。罟罟译自蒙古语,有不同的写法,如顾姑、故姑、罟姑、故故、固姑、姑姑、罟冠等,另借用波斯语又称为"孛塔黑",意思都是指已婚妇女所戴的冠帽。② 从不同地区前往草原的人都注意到了这种冠饰。出使草原的南宋使者记道:"妇人顶故姑";"凡诸酋之妻,则有顾姑冠,用铁丝结成,形如竹夫人,长三尺许,用红青锦绣或珠金饰之,其上又有杖一枝,用红青绒饰之";"其故姑之制,用画木为骨,包以红绢金帛,顶之上用四五尺长柳枝或铁打成枝,包以青毡,其向上人则用我朝翠花或五采帛饰之,令其飞动,以下人则用野鸡毛"③。受召前去拜见成吉思汗的中原道士留下了这样的记载:"妇人冠以桦皮,高二尺许,往往以皂褐笼之,富者以红绢其末如鹅鸭,名曰故故。大忌人触,出入庐帐须低徊。"④ 西方传教士的记载更为详细,鲁不鲁乞写道:"妇女们也有一种头饰,他们称之为勃哈(即孛塔黑,引

① 《蒙鞑备录》。
② 详见方龄贵:《罟罟考述》,《内蒙古社会科学》1989年第5期,第55—61页。
③ 《黑鞑事略》、《蒙鞑备录》。
④ 李志常:《长春真人西游记》。

者，下同），这是用树皮或她们能找到的任何其他相当轻的材料制成的。这种头饰很大，是圆的，有两只手围过来那样粗，有一腕尺（18—22英寸）多高，其顶端呈四方形，像建筑物的一根圆柱的柱头那样。这种字哈外面裹以贵重的丝织物，它里面是空的。在头饰顶端的正中或旁边插着一束羽毛或细长的棒，同样也有一腕尺多高；这一束羽毛或细棒的顶端，饰以孔雀的羽毛，在它周围，则全部饰以野鸭尾部的小羽毛，并饰以宝石。富有的贵妇们在头上戴这种头饰，并把它向下牢牢地系在一个兜帽上，这个帽子的顶端有一个洞，是专作此用的。她们把头发从后面挽到头顶上，束成一种发髻，把兜帽戴在头上，把发髻塞在兜帽里面，再把头饰戴在兜帽上，然后把兜帽牢牢地系在下巴上。因此，当几位贵妇骑马同行，从远处看时，她们仿佛是头戴钢盔手持长矛的兵士；因为头饰看来像是一顶钢盔，而头饰顶上的一束羽毛或细棒则像一枝长矛。"罟罟冠很容易成为区分女子贵贱和已婚未婚的标志。约翰·普兰诺·加宾尼指出："在她们的头上，有一个以树枝或树皮制成的圆的头饰。这种头饰有一厄尔（45英寸）高，其顶端呈正方形。从底部到顶端，其周围逐渐加粗，在其顶端，有一根用金、银、木条或甚至一根羽毛制成的长而细的棍棒。这种头饰缝在一顶帽子上，这顶帽子下垂至肩。这种帽子和头饰覆以粗麻布、天鹅绒或织锦。不戴这种头饰时，她们从不走到男人们面前去，因此，根据这种头饰就可以把她们同其他妇女区别开来。要把没有结过婚的妇女和年轻姑娘同男人区别开来是困难的，因为在每一方面，她们穿的衣服都是同男人一样的。"①

　　蒙古族传统的罟罟冠，进入元朝之后，仍然在宫廷和蒙古贵族妇女中流行。"元朝后妃及大臣之正室，皆带姑姑衣大袍，其次即带皮帽。姑姑高圆二尺许，用红色罗盖"②。正如南宋遗民郑所南所说："受虏爵之妇，戴固姑冠，圆高二尺余，竹篾为骨，销金红罗饰于外。若在北行，妇人带回回帽，加皂罗为面帘，仍以帕子幂口障沙尘。"③ 现存的《元代帝后像》（见本书彩色插图），可看到后妃确实都带罟罟冠。敦煌壁画中，亦可见到元代戴罟罟冠供养人（见本书082页插图）；安西榆林窟还有戴罟罟冠蒙古贵族妇女行香壁画（见本书046页插图）。④ 元人诗歌也有对罟罟冠的描述，如杨允孚的《滦京杂咏》中有"香车七宝固姑袍，旋摘修翎付女曹"的诗句，并自注云："车中戴固姑，其上羽毛又尺许，拨付女侍，手持对坐车中，虽后妃驭象亦然。"大都城内风俗，

　　① 《出使蒙古记》，第8、120页。
　　② 叶子奇：《草木子》卷3下，《杂制篇》。
　　③ 郑所南：《心史·大义略叙》，《郑思肖集》，第181—182页。
　　④ 详见《中国古代服饰研究》，第388—394页。

敦煌元代壁画中的戴罟罟冠的供养人形象（选自《中国古代服饰研究》）

每年二月十五日做盛大佛事，奉佛祖造像等游历皇城，"自庆寿寺启行入隆富宫绕旋，皇后三宫诸王妃戚畹夫人俱集内廷"，"自东华门内，经十一室皇后斡耳朵前，转首清宁殿后，出厚载门外。宫墙内妃嫔媵嫱罟罟皮帽者，又岂三千之数也哉？可谓伟观宫廷，具瞻京国，混一华夷，至此为盛！"①

元朝时宫廷及贵族家庭中流行的罟罟冠，较蒙古国时期装饰更为华丽。元末人熊梦祥所记罟罟冠的形制颇为详细：

> 罟罟，以大红罗幔之。胎以竹，凉胎者轻。上等大，次中，次小。用

① 《析津志辑佚·岁纪》。

大珠穿结龙凤楼台之属，饰于其前后。复以珠缀长条，禄饰方纮，掩络其缝。又以小小花朵插带，又以金纍事件装嵌，极贵。宝石塔形，在其上。顶有金十字，用安翎简以带鸡冠尾。出五台山，今真定人家养此鸡，以取其尾，甚贵。罟罟后，上插朵朵翎儿，染以五色，如飞扇样。先带上紫罗，脱木华以大珠穿成九珠方胜，或叠胜葵花之类，妆饰于上。与耳相联处安一小纽，以大珠环盖之，以掩其耳在内，自耳至颐下，光彩眩人。环多是大塔形葫芦环，或是天生葫芦，或四珠，或天生茄儿，或一珠。又有速霞真，以等西蕃纳失今为之，夏则单红梅花罗，冬以银鼠表纳失，今取其暖而贵重。然后以大长帛御罗手帕重系于额，像之以红罗束发，峨峨然者名罟罟。以金色罗拢髻，上缀大珠者，名脱木华。以红罗抹额中现花纹者，名速霞真也。[1]

出土实物的发现，与熊梦祥所记完全符合。1974 年，内蒙古文物考古队发掘四子王旗乌兰花镇王墓梁元代汪古部贵族陵园时，有数件罟罟冠出土。其中十号墓出土的罟罟冠的构造是桦树皮筒外面包扎着一层黄纱布，其上有用纸和彩绸扎成的绿色花带，带上蔓、叶、花具备，还有包着孔雀毛的枣核形饰件，用彩线装饰连缀在黄纱布上。枣核形饰件间点缀以丝绸做成的涂着金边的云形装饰，在其中一个周围饰着纤细的富有艳丽色彩的孔雀毛花朵的花心，插着一个三四寸的小棍，棍顶连一个圆木球，球顶连着一个十字架。这个罟罟冠上还插着许多蓝茵茵的闪耀着光彩的孔雀毛。六号墓出土的罟罟冠，外面包着绚丽多彩的团花绸，上系一对錾有精美花纹的金筒以及铁制云形饰片和圆形铁十字架。此外，有的罟罟冠的丝绸织物上还印有"寿"字，装饰品则有各式松石、琥珀制成的串珠等。[2]

蒙古妇女的头饰罟罟冠，在江南等地被列为奇观。陶宗仪记下了这样一首咏胡妇诗："双柳垂鬟别样梳，醉来马上倩人扶。江南有眼何曾见，争卷珠帘看固姑。"[3] 罟罟冠头饰也影响到了其他民族。按照至顺年间刊行的《事林广记》所记载，"固姑，今之靫靼、回回妇女戴之，以皮或糊纸为之，朱漆剔金为饰，若南方汉儿妇女则不得戴之"[4]。

① 《析津志辑佚·风俗》。
② 详见盖山林：《元代蒙古族和汪古部的顾姑冠》。
③ 陶宗仪：《聂碧窗诗》，《南村辍耕录》卷 8。
④ 《事林广记》后集，卷 10，《服饰类·服用原始》。

蒙古妇女"往往以黄粉涂额"①，作为美容手段，但是在西方人看来，效果似乎不好，"由于她们涂搽面孔，可怕地损毁了她们的外貌"②。

四 元代皇帝冕服与宫廷宿卫人员服装

中原王朝宫廷的传统服饰，对蒙古统治者的影响不可忽视。

据《元史·舆服志》的记载，壬子年（1252）宪宗蒙哥祭天于日月山，始用冕服。③ 而真正按中原王朝传统舆服制度设计宫廷礼服等，是在忽必烈即位之后。但是，忽必烈及其继承者仍很注意保持蒙古"本俗"，在服饰方面既要有正规的皇帝服装、仪仗，也要有蒙古人习惯的本民族服饰，正如元代官修政书所说："圣朝舆服之制，适宜便事及尽收四方诸国也，听因其俗之旧又择其善者而通用之。世祖皇帝立国建元，有朝廷之盛，百官之富，宗庙之美，考古昔之制而制服焉。"④

用于祭祀、册封、朝会的皇帝冕服，与中原王朝传统的皇帝冕服基本相同。冕服由冕、衮、带、绶、舄等配成一套。衮冕用漆纱制成，冕顶端的天板长 1 尺 6 寸，宽 8 寸，前后各 12 旒，有玉簪横贯于冠。衮龙服用青罗制成，饰以星、日、月、龙、山、火、华虫、虎蜼章纹，裳用绯罗制成，饰以藻、粉米、黼、黻章纹，配以白纱中单、绯罗蔽膝等。大带用红白二色罗合缝制成。玉环绶用纳石失制成。舄有用红罗制成的高腰靴和用纳石失制成的履。袜子用红绫制成。

太子的冠服为衮冕（九旒）、玄衣（饰以山、龙、华虫、火、宗彝章纹）、纁裳（饰以藻、粉米、黼、黻四章纹）、白纱中单、蔽膝、革带、四采大绶、朱袜、赤舄。

自从实行皇帝穿戴衮冕之后，缠身大龙图案成为皇室专用服饰图案。大德元年（1297）三月，中书省官员奏报"街市卖的段子，似上位穿的御用大龙，

---

① 《蒙鞑备录》。
② 《出使蒙古记》，第 120 页。
③ 《元史》卷 78，《舆服志一·冕服》。
④ 《经世大典序录·舆服》，《元文类》卷 41。

则少一个爪儿、四个爪儿的织着卖有"。成宗特别下旨："胸背龙儿的段子织呵，不碍事，教织者。似咱每穿的段子织缠身大龙的，完泽（中书省右丞相，引者）根底说了，随处遍行文书禁约，休教织者。"延祐年间中书省规定臣民服色等第，更明确宣布臣民一律不许用龙凤纹服饰，并特别说明五爪二角为龙纹饰。①

元廷也特别规定了参加祭祀等"大礼"的祭服。如祭天、祭社稷等，参加者按等级分别戴笼金貂蝉冠（即笼金纱冠）、貂蝉冠（纱冠）、獬豸冠、水角簪金梁冠（有七梁、六梁、五梁、四梁、三梁、二梁之别）、交角幞头和黑漆幞头等，穿青罗服、红罗裙或者紫罗公服，着赤革履或乌靴及白绫袜。祭祀孔庙，献官的法服是七梁冠、雅青袍、绒锦绶绅、红罗裙、白绢中单、红罗蔽膝、革履、白绢袜，执事穿儒服、戴软角唐巾、穿皂靴。② 为便于记忆，还有人编了穿戴服饰的歌诀，如元末人陶宗仪所记："天子郊祀与祭太庙日，百官陪位者皆法服。凡披秉须依歌诀次第，则免颠倒之失。歌曰：袜履中单黄带先，裙袍蔽膝绶绅连；方心曲领蓝腰带，玉佩丁当冠笏全。"③

皇帝的护卫人员，蒙古语称为"怯薛歹"，有1万余人。从蒙古国到元朝，怯薛歹都享受特殊的政治待遇和丰厚的经济待遇，在服装方面也有种种优待，显示出不同于常人的地位；更为重要的是，怯薛歹的服饰也明显地受到中原王朝传统服饰的影响，既保留了草原旧有的长袍笠帽，也采纳了中原的巾冠服装等。

按《元史·舆服志》的记载，宫廷护卫人员使用的巾、冠等就有13种之多：

（1）交角幞头，交折其角于巾后。

（2）凤翅幞头，形制类似唐巾，两角上曲作云头，两旁覆以两金凤翅。

（3）学士帽，形制类似唐巾，两角如匙头下垂。

（4）唐巾，椭角，两角上曲作云头。

（5）控鹤幞头，形制同于交角幞头，金缕额。

（6）花角幞头，形制同于交角幞头，两角及额上饰簇像生杂花。

（7）平巾帻，用黑漆革制成，形制如进贤冠之笼巾。

（8）绯罗抹额，上绣宝花。

（9）五色绤巾，上画宝相花。

（10）锦帽，用漆纱制成，后幅两旁前拱而高，后画连线锦，前额作聚文。

---

① 《通制条格》卷9，《衣服·服色》。
② 《元史》卷78，《舆服志一·冕服》。
③ 陶宗仪：《披秉歌诀》，《南村辍耕录》卷5。

（11）武弁，用皮革制成。

（12）甲骑冠，用皮革制成，加黑漆，雌黄为缘。

（13）金兜鍪，用皮革制成，金涂五色，与衣甲同色。

元代皇帝、宿卫士形象（临摹自《元世祖出猎图》，选自《中国古代服饰研究》）

宫廷护卫人士的服装主要是袍、袄、皮甲等，另有云肩、鞲、带、汗胯等辅助衣物：

（1）云肩，形制似四垂云，用嵌金五色罗制成，镶青缘。

（2）衬甲，形制类似云肩，用青锦制成，镶白锦缘。

（3）裲裆，形制与衫同。

（4）衬袍，用绯锦制成，武士穿于裲裆内。

（5）士卒袍，用绢绅制成，绘宝相花。

（6）窄袖袍，用罗或绅制成。

（7）辫线袄，形制同窄袖衫，腰作辫线细折。

（8）控鹤袄，用青绯二色锦制成，绘圆答宝相花。

（9）窄袖袄，绀绅色。

元代头盔，藏西藏自治区萨迦寺（选自《中国古代史参考图录》）

（10）乐工袄，用绯锦制成，明珠琵琶窄袖，辫线细折。

（11）皮甲，绘虎、狮子图案或加金铠锁子文。

（12）臂鞲（袖套），用锦制成，绿绢里，有双带。

（13）锦螣蛇，束麻长 1 丈 1 尺，裹以红锦。

（14）束带，红鞓双獭尾，以黄金涂铜胯，略比腰带狭小。

（15）绦环，用铜制成，饰以黄金。

（16）汗胯，用青锦制成，镶银褐锦缘，绣扑兽云气图案等。

宫廷卫士多穿鞠鞋（高腰皮靴）、云头靴或麻鞋。云头靴靴邦嵌云朵，头作云象。另有用绢制成的行縢（绑腿）。[1]

从上引服装鞋帽的式样可以看出，辫线袄及袍服等蒙古传统服装依然穿着在怯薛歹身上，但皮甲等已与中原地区的传统式样相差不远；幞头、唐巾等则几乎取代了过去的笠帽。

怯薛歹作为皇帝的侍卫人员，除了保卫皇帝及皇室成员的安全外，还参与宫廷事务的管理，并因此而设立了不同的名目，各司其职，"预怯薛之职而居

---

[1] 《元史》卷 78，《舆服志一·冕服》。

文王访贤图金带饰，江苏省吴县出土（选自《中国古代史参考图录》）

禁近者，分冠服、弓矢、食饮、文史、车马、庐帐、府库、医药、卜祝之事，悉世守之。虽以才能受任，使服官政，贵盛之极，然一日归至内庭，则执其事如故"①。怯薛歹的职掌不同，服装也有所区别。

·掌管皇帝护卫的有火儿赤（佩弓矢者）、温都赤（又译为云都赤，佩宝刀者）、玉典赤（户郎）、秃鲁花（质子）等，充当护尉角色时，戴交角幞头，穿紫梅花罗窄袖衫，系涂金束带，白锦汗胯。② 尤其是云都赤，"乃侍卫之至亲近者，虽官随诸朝司，亦三日一次轮流入直。负骨朵于肩，佩环刀于腰。或二人、四人，多至八人，时若上御控鹤，则在宫车之前；上御殿廷，则在墀陛之下，所以虞奸回也。虽宰辅之日觐清光，然有所奏请，无云都赤在不敢进"。所谓骨朵，即大头杖，"朱漆棒首，贯以金涂铜槌"；"关中人以腹大为胍肫，俗因谓杖头大者亦为胍肫，后讹为骨朵"③。随皇帝出行时，云都赤戴凤翅唐巾，穿紫罗辫线袄，系金束带，乌靴。又有镇殿将军，分立于殿内外，或者"募选身躯长大异常者充"④，或者"以近侍重臣摄之"，戴白帽，穿白衲袄，或者穿其品官公服。

① 《元史》卷99，《兵志二·宿卫》。
② 《元史》卷80，《舆服志三·仪卫》，下同。
③ 陶宗仪：《云都赤》，《南村辍耕录》卷1。《元史》卷79，《舆服志二·仪仗》。
④ 陶宗仪：《大汉》，《南村辍耕录》卷1。

元代社会生活史

元刻本《全相五种平话》中的士兵、军官和侍卫形象（选自《中国古代服饰研究》）

　　皇帝的仪仗队，主要由怯薛人员组成。仪仗人员的服装，大致可分为九类。第一类是有官职的卫军都指挥使及文职官员等，俱穿本品公服。第二类是各种名目的"将军"、"折冲"等，服装为交角幞头，绯罗或绯驼绣抹额，紫罗绣辟邪（或狮子、瑞虎、瑞麟、瑞鹰、瑞马、瑞牛等）裲裆（半臂，形似今背心，前幅当胸，后幅当背），红锦衬袍，金带，乌靴；另有少数将军戴金凤翅兜鍪，着甲，穿云头靴。第三类是骑士，服装为锦帽，青、绯、紫等色宝相花袍，铜带或涂金带，绿、朱、紫等色云靴。第四类是甲骑，戴甲骑冠或兜鍪，甲有朱画、绿画、紫画、五色画甲等，靴的颜色与甲一致。第五类是控鹤马步队，骑士服装为交角金花幞头，红、绯、青等色锦质孙控鹤袄（质孙，详见下述），金束带，鞨鞋；步卒戴金缕额交角幞头，服、靴与骑士相同。第六类是宿卫步卒，或带弓角金凤翅幞头，穿细折辫线袄；或戴金兜鍪穿甲。第七类是象、驼、马、骡等的驭者，戴花角唐帽、紫帽或武弁，服绯、青、黄、紫等色花袍或衫，穿相应颜色的靴子。第八类是手持各种旗帜者，分别带黄、红、绯等色绉巾，穿相应颜色的花袍和靴子。第九类是各色乐人，带展角花幞头等，身穿各色花袍，配以相应颜色的靴子。此外，掌鸣鞭的"警跸"，以控鹤卫士充任，戴交角幞头，穿紫罗窄袖衫，系涂金束带，着乌靴。执金钺的"天武"，戴金兜鍪，金甲，金束带，绿云靴。

掌管皇帝饮食服装车马及报时、守香之职的有答剌赤（掌酒者）、哈剌赤（掌马奶酒者）、博尔赤（主膳者）、速古儿赤（掌内府尚供衣服者）、兀剌赤（又译为阿剌赤，典车马者，圉人）等及擎壶郎（掌直漏刻）、司香等，带唐巾、交角幞头或学士帽，均穿紫罗窄袖衫，系涂金束带，着乌靴。

▲ 五 别具一格的"质孙"服

进入元朝之后，宫廷中最具特色的服装当属"质孙"服。质孙，是蒙古语 jisun（意为颜色）的音译，又写作"只孙"、"济逊"等，另称为"诈马"，是波斯语 jamah（意为外衣、衣服）的音译，即宫廷宴会上穿的一色衣服。[1] "国有朝会庆典，宗王大臣来朝，岁时行幸，皆有燕飨之礼。亲疏定位，贵贱殊列，其礼乐之盛，恩泽之普，法令之严，有以见祖宗之意深远矣。与燕之服，衣冠同制，谓之质孙，必上赐而后服焉。"[2] "质孙，汉言一色服也，内庭大宴则服之。冬夏之服不同，然无定制。凡勋戚大臣近侍，赐则服之。下至于乐工卫士，皆有其服。精粗之制，上下之别，虽不同，总谓之质孙云。"[3]

穿质孙服参加的宫廷宴会，称为"诈马宴"，每日换一次衣服，所以皇帝、贵族、大臣等的质孙服都有多套。周伯琦曾记下上都诈马宴的盛况，指出宴会要举行三日，"宿卫大臣及近侍服所赐济逊珠翠金宝衣冠腰带"，"其佩服日一

① 详见韩儒林：《元代诈马宴新探》，《穹庐集》，第247—254页。
② 《经世大典序录·燕飨》，《元文类》卷41。
③ 《元史》卷78，《舆服志一·冕服》。

易"①。马可·波罗对质孙服的记载更为详细：

> 大汗于其庆寿之日，衣其最美之金锦衣。同日至少有男爵骑尉一万二千人，衣同色之衣，与大汗同。所同者盖为颜色，非言其所衣之金锦与大汗衣价相等也。各人并系一金带。此外，各人别授一羚羊皮带，上饰金银丝甚奇，又受有靴一双。此种衣服皆出汗赐，上缀珍珠宝石甚多，价值金别桑确有万数。此衣不止一袭，盖大汗以上述衣颁给其一万二千男爵骑尉。此种衣专在大庆贺时服之，鞑靼人每年大节视阴历十三月之数共举行十三次。每次大汗与彼等服同色之衣，每次各易其色，足见其事之盛，世界之君主殆无有能及之者也。此种衣服诸男爵常应预备，预备云者，非言每年更新，盖其衣有服至十年内外者也。

> 应知大汗待遇其一万二千委质之臣名曰怯薛丹，情形特别，诚如前述。缘其颁赐此一万二千男爵袍服各十三次，每次袍色各异，此一万二千袭同一颜色，彼一万二千袭又为别一颜色，由是共为十三色。此种袍服上缀宝石珍珠及其他贵重物品，每年并以金带与袍服共赐此一万二千男爵。金带甚丽，价值亦巨，每年亦赐十三次，并附以名曰不里阿耳之驼皮靴一双。靴上绣以银丝，颇为工巧。②

从以上所引史料可知，质孙服是衣、帽、腰带乃至靴子配套的，衣、帽和腰带上都饰有珠翠宝石。

按照《元史·舆服志》的记载，元朝皇帝冬季穿的质孙服有以下11等：
（1）纳石失（金锦）服，配金锦暖帽。
（2）怯绵里（翦绒）服，配金锦暖帽。
（3）大红宝里服（服之有襕者），配七宝重顶冠。
（4）桃红宝里服，配七宝重顶冠。
（5）紫宝里服，配七宝重顶冠。
（6）蓝宝里服，配七宝重顶冠。
（7）绿宝里服，配七宝重顶冠。
（8）红粉皮服，配红金答子暖帽。
（9）黄粉皮服，配红金答子暖帽。
（10）白粉皮服，配白金答子暖帽。

---

① 周伯琦：《诈马行》，《近光集》卷1。
② 《马可·波罗游记》，第353—362页。

（11）银鼠服，配银鼠暖帽，其上加银鼠比肩，即前述襻子答忽。

皇帝夏季穿的质孙服则有以下 15 等：

（1）答纳都纳石失服（缀大珠于金锦），配宝顶金凤钹笠。

（2）速不都纳石失服（缀小珠于金锦），配珠子卷云冠。

（3）纳石失服，配珠子卷云冠。

（4）大红珠宝里红毛子答纳服，配珠缘边钹笠。

（5）白毛子金丝宝里服，配白藤宝贝帽。

（6）驼褐毛子服，配白藤宝贝帽。

（7）大红绣龙五色罗服，配大红金凤顶笠。

（8）绿绣龙五色罗服，配绿金凤顶笠。

（9）蓝绣龙五色罗服，配蓝金凤顶笠。

（10）银褐绣龙五色罗服，配银褐金凤顶笠。

（11）枣褐绣龙五色罗服，配枣褐金凤顶笠。

（12）金绣龙五色罗服，配金凤顶笠。

（13）金龙青罗服，配金凤顶漆纱冠。

（14）珠子褐七宝珠龙答子服，配黄牙忽宝贝珠子带后檐帽。

（15）青速夫（回回长毛呢）金丝阑子服，配七宝漆纱带后檐帽。

官员等人的冬季质孙服有大红纳石失服、大红怯绵里服、大红罗官素服、桃红罗官素服、蓝罗官素服、绿罗官素服、紫罗素服、黄罗素服、雅青素服 9 等；夏季质孙服有素纳石失服、聚线宝里纳石失服、枣褐浑金间丝蛤珠服、大红罗官素带宝里服、大红明珠答子服、桃红罗服、蓝罗服、绿罗服、银褐罗服、高丽雅青云袖罗服、驼褐罗服、茜红罗服、白毛子服、雅青官素带宝里服 14 等。①

皇帝赏赐质孙服，表示对臣僚的恩宠，受赐者以此为荣，质孙服已经成为当时社会上"达官显贵"的身份象征。元代文献中有不少关于皇帝"赐服"的记载，所赐多为质孙服。以札剌儿部人阿剌罕家族为例，阿剌罕先因功受赐旦耳答衣九袭，"旦耳答者，西域织文之最贵者也"，后又得赐金织文衣九袭和玉带一条。仁宗皇庆改元和英宗至治改元时，均赐给阿剌罕之子也速迭儿金织文衣二袭。文宗即位后，先后赐给也速迭儿金织文衣三袭，又赐以只孙宴服。"只孙者，贵臣见飨于天子则服之，今所赐绛衣也。贯大珠以饰其肩背，膺间首服亦如之。副以纳赤思衣等九袭。纳赤思者，缕皮傅金为织文者也"②。纳赤

① 《元史》卷 78，《舆服志一·冕服》。
② 虞集：《曹南王勋德碑》，《道园学古录》卷 24。

思则纳石失异译，纳赤思衣、金文织衣，实际上都是质孙服。

六　官员和百姓的服装

　　蒙古国时期，官制混乱，官吏服装混杂。忽必烈即位之后，在汉人谋士的帮助下，逐步确立了中央和地方的官府体制。至元八年（1271）十一月，刘秉忠、王磐、徒单公履等人建议："元正、朝会、圣节、诏赦及百官宣敕，具公服迎拜行礼。"① 忽必烈采纳了他们的建议，正式下诏颁布了"文资官定例三等服色"。文官按照品级分为紫罗服、绯罗服、绿罗服三大等级，一至五品官为紫罗服，六七品官为绯罗服，八九品官为绿罗服。至元二十四年（1287）闰二月，枢密院建议军官服装"拟合依随朝官员一体制造"，得到批准，文、武官员的服色等级因此而无差别。公服全部右衽，各品官员的公服"上得兼下，下不得僭上"，即品级高的官员可以穿着低品级官员的服装，任何品级官员均不得穿着比其品级高的公服。公服的具体形制为：一品官，紫罗服，直径5寸大独斜花纹，玉带；二品官，紫罗服，直径3寸小独斜花纹，花犀带；三品官，紫罗服，直径2寸散答花（无枝叶）纹，荔枝金带；四品官，紫罗服，直径1寸5分小杂花纹，荔枝金带；五品官，紫罗服，直径1寸5分小杂花纹，乌犀角带；六七品官，绯罗服，直径1寸小杂花纹，乌犀角带；八九品官，绿罗服，无花纹罗，乌犀角带。② 官员带的幞头（头巾），以漆纱制成。偏带"并八胯，鞓用朱革"。靴子用皂皮制成。③ 有人对当时的"朝服"做过这样的总结："一品二品用犀玉带大团花紫罗袍，三品至五品用金带紫罗袍，六品七品用绯袍，八品九品用绿袍，皆以罗流。外受省札，则用襢褐。其幞头皂靴，自上至下皆同也。"④

　　官员一般服装的用料，一二品可用浑金花，三品用金答子，四五品用云袖

　　① 《元史》卷7，《世祖纪四》。
　　② 《通制条格》卷8，《仪制·贺谢迎送》。《元典章》卷29，《礼部二·服色》，"文武品从服带"条。
　　③ 《元史》卷78，《舆服志一·冕服》。
　　④ 叶子奇：《草木子》卷3下，《杂制篇》。

官员迎客图（选自《事林广记》）

带襕，六七品用六花罗，八九品用四花罗。系腰，五品以下可用银饰和铁饰。"致仕"（退休）官员与现任官员服装相同，"解降者依应得品级，不叙者与庶人同"。"内外有出身考满应入流品见役人员"和"授各投下令旨有印信见任勾当人员"，服用与九品官员相同。

吏的公服，至元九年（1272）三月暂定为穿檀褐罗窄衫，系黑角束带（又称乌角带），带舒脚幞头。大德七年（1305）九月立为公服定例。次年八月，又规定任"流外之职"的巡检、院务仓库官的服装与吏的公服一样。延祐二年，对吏的常服做出规定，"皂吏公使人惟许服绸绢"。五年正月，规定各地驿站的官员穿着与吏一样的公服。①

按元代人的记载，"国朝妇人礼服，达靼曰袍，汉人曰团衫，南人曰大衣，无贵贱皆如之。服章但有金素之别耳，惟处子则不得衣焉"②。命妇的服装首饰，一至三品命妇可穿浑金花衣服，用金珠宝玉首饰；四五品命妇穿金答子衣服，用金玉珍珠首饰；六品以下命妇只能穿销金和金纱答子服装，用金首饰，

---

① 《元典章》卷29，《礼部二·服色》，"提控都吏目公服"、"典史公服"、"巡检公服"、"站官服色"条。

② 陶宗仪：《贤孝》，《南村辍耕录》卷11。

耳环可用珠玉。

由于臣民"靡丽相尚，尊卑混淆"，仁宗延祐二年（1315）特别命令中书省定立了服色等第，颁布全国。[①] 蒙古人和怯薛诸色人不受这个规定的约束，只是不许穿有龙凤纹的服装。

民间服饰比较复杂，本书只能依据现有资料介绍其大致情况。

一般庶人只准用暗花纻丝、丝绸绫罗、毛毳制作服装，不得用赭黄色，甚至不许使用各种鲜明色彩。帽、笠等不许用金、玉装饰。妇女首饰准许用翠花和金钗锦各一件，耳环可用金珠碧甸，其他首饰皆用银制成。在朝廷明文规定下，民间之人大多着深暗色服装，染工因之特别发展了由银灰到黝黑数十种深暗色的织染方法。陶宗仪在写像秘诀中列举的褐色名目就有 20 种，包括砖褐、荆褐、艾褐、鹰背褐、银褐、珠子褐、藕丝褐、露褐、茶褐、麝香褐、檀褐、山谷褐、枯竹褐、湖水褐、葱白褐、棠梨褐、秋茶褐、鼠毛褐、葡萄褐、丁香褐等。[②]

民间流行的服装，有上盖、布袍、团衫、唐裙、裙腰、背子、汗塌、裹肚等。

山西省右玉县宝宁寺元代水陆画中的儒士、医卜和百工百业人形象

（选自《中国古代服饰研究》）

---

① 《通制条格》卷 9，《衣服·服色》。《元典章》卷 29，《礼部二·服色》，"贵贱服色等第"条。

② 陶宗仪：《写像诀》，《南村辍耕录》卷 11。

上盖是比较体面的男子外衣。元杂剧中，就有关于上盖的描述，如《神奴儿》中，神奴儿自称"一般学生每，都笑话我无花花袄子穿哩"，他父亲即表示要"拣个有颜色的段子，与孩儿做领上盖穿"①。再如《陈州粜米》中，有这样的台词："好老儿，你跟我家去我打扮你起来，与你做一领硬铮铮的上盖，再与你做一顶新帽儿，一条茶褐绦儿，一对干净凉皮靴儿，一张靴儿，你坐着在门首，与我家照管门户，好不自在哩。"② 可见当时常在社会上出头露面的人，穿着较正式的服装就是上盖。

上盖既可以是袄子一类的上衣，也可以是袍子。"俗谓男子布衫曰布袍，则凡上盖之服或可概曰袍。"③ 夏季穿的布袍，因家境状况而质地各异；冬季则应备有夹袍或用木棉等做成的袍子。并不是所有的人都能穿着体面的衣服，甚至有的读书人也只有一件布袍。如滕州邹县人李仲谦，任浙西按察司书吏，"而教训之俸薄，奉养不给，妇躬纺绩以益薪水之费。仲谦止有一布衫，或须浣涤补纫，必俟休假日。至是，若宾客见访，则俾小子致谢曰：'家君治衣，弗可出。'"④ 又如吕思诚，"家甚贫"，"一日，晨炊不继，欲携布袍贸米于人。室氏有吝色，因戏作一诗曰：典却春衫办早厨，老妻何必更踌躇；瓶中有醋堪烧菜，囊里无钱莫买鱼。不敢妄为些子事，只因会读数行书；严霜烈日皆经过，次第春风到草庐"⑤。江南的一位"博学能诗文"的隐士，连布袍也没有，平时只是"露顶短褐，布袜草履"⑥。孔齐的父亲曾为建康书吏，家境较好，服装用具也很简单，"服装尚绸绢、木棉，若毳衣、苎丝、绫罗，不过各一二件而已。白绸袄一着三十年，旧而不污"；"布衣素履，磁器木筋，与常人同"⑦。

如前所述，妇女的礼服称为团衫和大衣。女子出嫁时，往往必备团衫，元杂剧对此亦有描述。如《望江亭》中，媒人就有这样的说词："大夫人不许他，许他做第二个夫人，包髻、团衫、绣手巾，都是他受用的。"⑧ 散曲中也有类似描写："冠儿褙子多风韵，包髻团衫也不村，画堂歌管两般春，伊自忖，为烟月做夫人。"⑨ 唐裙和裙腰儿，是流行的妇女服饰。文人对穿着唐裙的妇女有生

① 《元曲选》第 2 册，第 558 页。
② 《元曲选》第 1 册，第 47 页。
③ 陶宗仪：《贤孝》，《南村辍耕录》卷 11。
④ 陶宗仪：《廉介》，《南村辍耕录》卷 5。
⑤ 陶宗仪：《文章政事》，《南村辍耕录》卷 12。
⑥ 陶宗仪：《隐逸》，《南村辍耕录》卷 8。
⑦ 孔齐：《衣服尚俭》，《至正直记》卷 3。
⑧ 《元曲选》第 4 册，第 1664—1665 页。
⑨ 无名氏：《四节》，《全元散曲》，第 1701—1706 页。

动的描述，如"人比前春瘦几分，掩过唐裙"①；"款侧金莲，微那玉体，唐裙轻荡，绣带斜飘，舞袖低垂"②。唐裙是汉族地区传统女服，因为有别于蒙古人的袍服，所以特别引起时人的注意。裙腰儿又称腰裙，是一般劳动妇女穿的短裙。

褙褡是民间流行的无袖短衣，又称搭背、搭膊等。关于褙褡的描述，见于元杂剧中。如《赵礼让肥》中，有"我则见他番穿着绵纳甲，斜披着一片破褙褡"的说法③；《燕青博鱼》中，有"则我这白毡帽半抢风，则我这破搭膊落可的权遮雨"的唱词。④ 从这些描述可看出，褙褡是一种便服，不是体面的服装。

汗塌、汗替或汗衫，是内衣的称呼，男女皆穿，并且多与汗衫同穿裹肚、抹胸一类的胸衣，这在元人杂剧和宫词中都有所反映。如杂剧《董西厢》中，就有"一领汗衫与裹肚非足取，敢是俺咱自做"的说法；《西厢记》中，有"书却写了，无可表意，只有汗衫一领、裹肚一条、袜儿一双、瑶琴一张、玉簪一枚、斑管一枝，琴童，你收拾得好者"的说词；《后庭花》中，更有这样的唱词："你从明朝打扮你儿夫。你与我置一顶纱皂头巾，截一幅大红裹肚，与孩儿做一个单绢裤遮了身命，做一个布上衣盖了皮肤。"⑤ 张昱在《辇下曲》中，也有"只孙官样青红锦，裹肚圆文宝相珠"的描述。⑥ 可见不分贵贱，都可用裹肚，只不过质地不同而已。

民间男子多戴头巾（幞头），有唐巾、抹额（又称抹头、包头等）、磕脑等流行式样。女子亦戴头巾，称为包髻。妇女比较讲究装饰品，往往备有首饰和头面。首饰包括钗、钿、耳环、梳等，头面则主要是钏、镯，因质地不同，分为金头面、银头面、玉头面等。从元杂剧中，我们可以看出首饰与头面的区别。如《后庭花》中，一妇人为求活命，献出首饰头面，得主还要考究"这钗钏委的是金委的是银"，就是既看首饰，也看钏镯头面。⑦ 《百花亭》中"解元，妾身止有这付金头面，钏镯俱全，与你做盘缠去"的说词⑧，讲得更为明确。妇女穿衣装饰，按关汉卿的杂剧《救风尘》中的说法，称为"提领系整衣袂，戴插头面整梳篦"⑨，就是用头面、首饰打扮装点。首饰、头面是妇女个人

---

① 赵显宏：《刮地风·别思》，《全元散曲》，第1176页。
② 关汉卿：《斗鹌鹑·女校尉》，《全元散曲》，第178页。
③ 《元曲选》第3册，第989页。
④ 《元曲选》第1册，第229页。
⑤ 《元曲选》第3册，第934—935页。
⑥ 《辽金元宫词》，第12页。
⑦ 《元曲选》第3册，第932页。
⑧ 《元曲选》第4册，第1438页。
⑨ 《元曲选》第1册，第195页。

的私藏，颇受到重视，在杂剧《鲁斋郎》中，就有妇女"逼的人卖了银头面我戴着金头面"的埋怨。① 金、银、珠、玉、翠等装饰品，往往成为身份的象征，被世人所追求，但是实际价值相差甚大，无怪有人评论道："首饰用翠，最为无补之物。买时以价十倍，及无用时不值一文。珍珠虽贵，亦是无用。……民有谣曰'活银病金死珠子'，犹不言翠也。盖银为诸家所尚，金遇主渐少，珠子则无有问及者，犹死物也。世之承平时，人人皆自以为百世无虑，以致穷奢极欲，以金银珠玉之外，又置翠毛。殊不知人生不可保一旦，异于昔则无用之物皆成委弃。"② 一般民众，谈不上用金、银、珠、玉、翠，妇女的首饰、头面很简单，杂剧《后庭花》中，要妇人准备的只是"买取一副蜡打成的铜钗子，更和那金描来的枣木梳"③，就是一个很好的例子。

妇女缠足，始于五代，北宋时缠足妇女还不多，南宋时多起来，到了元朝时，江南地区妇女"裹脚"蔚然成风，"人人相效，以不为者为耻也"④。文人对"三寸金莲"或"半折金莲"⑤ 赞不绝口，如"湘裙半露金莲剪，翠袖轻舒玉笋纤"⑥；"料想人如画，三寸玉无瑕，底样儿分明印在沙，半折些娘大，着眼柳条儿比下，实实不耍，阴干时刻两个桃牙"⑦。"袖儿笼指十葱，裙儿籤鞋半弓"⑧，缠足妇女穿的鞋，称为弓鞋，"小小鞋儿四季花头，缠得尖尖瘦"⑨，鞋面多绣花鸟图案。不缠足的妇女，则穿靸鞋。"西浙之人，以草为履而无跟，名曰靸鞋。妇女非缠足者，皆曳之"⑩。民间流行的鞋子，还有靴子、布鞋、麻鞋、木履、草鞋等。

地区不同，民间衣服鞋帽等亦各具特点。如大都地区盛行穿木棉鞋和麻鞋，冬季着皮衣。"市民多造茶褐木棉鞋货与人，西山人多做麻鞋出城货卖，妇人束足者亦穿之，仍系行缠，欲便于登山故也"。"市人多服羊皮御冬寒，只一重不复添加。比至来年三四月间，多平价卖讫，甫及冬冷时却又新买，不复问其美恶，多服之。皮裤亦如之，多是带毛者，然皆窄狭，仅束其腿胫耳"。此外，还有类似于今天风镜的用品。"幽燕沙漠之地，风起则沙尘涨天。显宦

① 《元曲选》第 2 册，第 845 页。
② 孔齐：《首饰用翠》，《至正直记》卷 3。
③ 《元曲选》第 3 册，第 935 页。
④ 陶宗仪：《缠足》，《南村辍耕录》卷 10。
⑤ 无名氏：《斗鹌鹑·元宵》，《全元散曲》，第 1840 页。
⑥ 无名氏：《喜春来·四节》，《全元散曲》，第 1703 页。
⑦ 无名氏：《醉中天·咏鞋》，《全元散曲》，第 1673—1674 页。
⑧ 李好古：《张生煮海》，《元曲选》第 4 册，第 1704 页。
⑨ 无名氏：《快活年》，《全元散曲》，第 1762 页。
⑩ 陶宗仪：《靸鞋》，《南村辍耕录》卷 18。

元刻本《全相五种平话》中的劳动人民形象（选自《中国古代服饰研究》）

有'鬼眼睛'者，以鱿为之，嵌于眼上，仍以青皂帛系于头"①。

社会地位不同，服装样式各异。元代绘画中对一般民众的服饰有所反映。如至治年间刻本《全相五种平话》插图中，有椎发或戴斗笠、穿短衣或披蓑衣、赤足或裹腿的劳动人民形象，应是以当时社会上的人为原型。山西省右玉县宝宁寺藏元代水陆画中有穿长衣的儒流医卜和穿短衣的百工百业人图像（见本书 095 页插图）。唐棣所绘《秋浦归渔图》中，有三个裹巾子、着短衣裤、

① 《析津志辑佚·风俗》。

穿草鞋的渔民画像。赵孟頫《斗浆图》中，则绘出了裹巾子、穿齐膝短衣的卖茶汤的小商贩的形象（见本书102页插图）。

《秋浦归渔图》（元唐棣绘）中的渔民形象（选自《中国古代服饰研究》）

儒士、僧人、艺人及娼妓的服装，与一般庶民不同，有必要专门加以论述。

各路儒生的公服，至元十年规定为穿茶褐罗窄衫，系黑角束带，带舒脚幞头。参加祭奠孔庙的儒士，往往"不变常服"，"衣服混然，无以异于常人者"。同年，中书省以"衣冠所以彰贵贱，表诚敬"，特别规定参加祭奠孔庙的儒士要自备鞓带、唐巾。大德十年（1306）六月，以各地学正、学录、教谕等儒官"若与诸生同服，似失尊卑之序"，规定儒官亦穿着公服，形制与吏一样。江南儒士，习惯于穿着"深衣"参加祭祀大典等活动，不愿备鞓带、唐巾。中书省乃特别宣布"南北士服，各从其便，于礼为宜"①。医官原来没有公服，仁宗延祐三年（1316），太医院以"儒学正录皆有公服，惟医学正录教谕与常

———————————

① 《元典章》卷29，《礼部二·服色》，"礼生公服"、"儒官服色"、"秀才祭丁常备唐巾鞓带"、"南北士服各从其便"条。

人排列，未辨何役，似失大体"，请求按儒士公服式样制造医官公服，得到了批准。①

山西省右玉县宝宁寺元代水陆画中的儒士形象（选自《中国古代服饰研究》）

山西省右玉县宝宁寺元代水陆画中有着唐宋式巾裹、袍服的文人儒流形象，其中六人衣宋式圆领服，带元式唐巾；一人衣宋式交领儒服儒巾。宋式圆领和唐式的区别是在圆领内加有衬领。元式唐巾与唐宋巾的不同处是后垂二带，向外分张。②

僧人的衣服，至元二十三年（1286）朝廷做出规定，分为三等：讲主穿着红袈裟、红衣服，长老穿着黄袈裟、黄衣服，一般僧人穿茶褐袈裟、茶褐衣服。吐蕃的僧人，则多穿红色僧服，汉地僧人禁止仿效。③

---

① 《元典章新集·礼制》。
② 《中国古代服饰研究》，第 371—372 页。
③ 《元典章》卷 29，《礼部二·服色》，"僧人服色"条。

各种艺人的服饰与庶人相同，但演出时装扮角色所用服饰，不受身份的限制。山西省洪洞县赵城镇广胜寺明应王殿的元代壁画，有戏曲演出场面，题款"大行散乐忠都秀在此作场"（见本书彩色插图），从中可反映出当时艺人穿戴演出服装的情况。

　　娼妓的社会地位颇低，对娼妓之家的服色限制也最严。至元五年（1268）十月，中书省宣布："娼妓之家，多与官员士庶同着衣服，不分贵贱。今拟娼妓各分等第，穿着紫皂衫子，戴着冠儿。娼妓之家家长并亲属男子，裹青头巾，妇女紫抹子，俱要各各常穿裹戴。仍不得戴笠子并穿着带金衣服，及不得骑坐马匹。违者许诸色人捉拿到官，将马匹给付拿住的人为主。"至元八年正月，重申此令。延祐二年又规定"娼家出入止服皂褙子，不得乘坐车马，余依旧例"①。

《斗浆图》（元赵孟頫绘）（选自《中国古代服饰研究》）

①　《元典章》卷29，《礼部二·服色》，"娼妓服色"条。

元朝末年，"宫衣新尚高丽样，方领过腰半臂裁"①，高丽服式风靡一时。"京师达官贵人必得高丽女，然后为名家。高丽婉媚，善事人，至则多夺宠。自至正以来，宫中给事使令，大半为高丽女。以故，四方衣服鞋帽器物，皆依高丽样子"②。甚至江南地区也受到影响，陶宗仪记下了这样一则趣事："杜清碧先生本应召次钱唐，诸儒争趋其门。燕孟初作诗嘲之，有'紫藤帽子高丽靴，处士门前当怯薛'之句，闻者传以为笑。用紫色棕藤缚帽，而制靴作高丽国样，皆一时所尚。"③

　　南方一些少数民族的服装，亦各具特色，如苗人"喜著斑斓衣，制衣袖广狭修短与臂同，衣幅长不过膝。袴如袖，裙如衣，总名曰草裙、草袴。固胆以兽皮，曰护项。束腰以帛，两端悬尻后若尾。无间晴雨被毡毯"④。但总体说来，各族人服装与前代相比，变化不大，故此从略。

　　① 张昱：《宫中词》，《辽金元宫词》，第 17—19 页。
　　② 权衡：《庚申外史》，任崇岳笺证本，中州古籍出版社 1991 年版，第 96 页。
　　③ 陶宗仪：《处士门前怯薛》，《南村辍耕录》卷 28。
　　④ 陶宗仪：《志苗》，《南村辍耕录》卷 8。

第五章 服饰

第六章

饮食

　　饮食是人们生存的基本条件。各民族的饮食内容和方式，受到经济、政治、文化等多种因素的制约。元朝是个多民族国家，各民族都有自己的独特饮食生活；但是，由于同处于统一的国家之中，互相之间发生了影响和融合。此外，一些境外传入的饮食习俗，对元朝境内各民族也有所影响。

一　元代饮食习俗概述

　　元朝是个统一的多民族国家，有汉、蒙古、藏、女真、契丹、唐兀、回回、畏兀儿等许多民族，他们的饮食方式各不相同。在文献中，可以看到汉儿茶饭[①]、

---

① 《老乞大谚解》。

回回食品、女直（真）食品[1]、西天茶饭、畏兀儿茶饭[2]等名称。多种饮食方式并存，呈现出丰富多彩的局面，这是元代饮食生活的一大特色。

在元朝统治的疆域里，汉族是人口最多的民族。汉族主要从事农业，他们的饮食内容受农业生产的制约，食品以农产品及其加工品为主。主食是以米、面为主的粮食，副食包括以羊、猪为主的家畜肉，人工栽培的各种蔬菜、水果等，此外也有小量的野生动物肉和蔬菜、水果。汉族常用的饮料，是粮食和果类加工制成的酒，人工栽培而成的茶，以及水果、香药加工而成的汤。蒙古族人数不多，但在元代处于特殊的地位。蒙古族主要从事畜牧，过着游牧的生活。他们的食品，以家畜（主要是羊，其次是牛、马等）肉和奶制品为主，而以打猎所得的野生动物肉作补充。饮料有马奶酒和各种家畜奶等。元代的回回，指来自中亚和西南亚信奉伊斯兰教的各民族成员。关于元代回回人的饮食记载甚少，可以知道的是他们主要吃羊肉、牛肉，不吃猪肉，食用的粮食以米、面粉、豆为主。食品中常加各种果仁（胡桃仁、松仁、桃仁、榛仁等）和香料。回回的常用饮料有舍里别等。阿剌吉酒（蒸馏酒）也应是他们传入中国的。吃东西的方法也有很大的区别。汉人主要使用箸（筷子）和匙。蒙古人主要用手和刀子。[3] 回回人主要用手（限于右手）。[4] 在元代，汉族的饮食方式最普遍，蒙古、回回的饮食方式次之。其他一些民族也各有自己的饮食方式，由于缺乏资料，难以一一列举。蒙古族原来的饮食方式比较简单，随着势力的扩张，与其他民族的接触不断增多，在饮食方面受到很多影响。特别是内迁到农业区的蒙古人，生活方式发生了重大的变化。从宫廷来说，忽必烈时代已经喝茶，吃米饭。[5] 到了元代中期，宫廷饮食呈现出多种饮食方式混合的状态，这从14世纪30年代初完成的宫廷饮食专门著作《饮膳正要》中可以充分看出来。[6] 就一般蒙古人来说，“北方人初至，犹以射猎为俗，后渐知耕垦播殖如华人”[7]，其饮食必然也要发生变化。蒙古、回回的饮食习惯，对于汉人也有相当的影响，例如饮用阿剌吉酒、马奶酒、舍里别等。相形之下，回回人的饮食似

---

① 以上二种见《居家必用事类全集》庚集。

② 以上二种见《饮膳正要》卷1，《聚珍异馔》。

③ 《出使蒙古记》，第17、116页。

④ 南宋岳珂《桯史》卷11记广州蕃客“会食不置匕箸，用金银为巨槽，合鲑炙粱米为一，酒以蔷露，散以水脑。坐者皆置右手于褥下不用，曰：‘此为触手，惟以溷而已’。群以左手攫取，饱而涤之”。按，这段记载，讲的正是伊斯兰教徒的习惯，但却把左、右颠倒了，参看桑原骘藏著、陈裕箐译《蒲寿庚考》，中华书局1954年版，第137—138页。

⑤ 蒙古人饮茶，见本章第5节。食米之例，至元二十年（1283）前后，“内府食用园米，铁哥奏曰：‘计硬米一石，仅得园米四斗，请自今非御用，止给常米’”（《元史》卷125《铁哥传》）。

⑥ 忽思慧作，有《四部丛刊续编》本。

⑦ 佚名：《伯颜宗道传》，见《正德大名府志》卷10，《文类》。

乎受汉人、蒙古人的影响不大，至少从现有文献记载中看不到明显的痕迹。

汉族的饮食方式源远流长，有悠久的历史。以元代的汉族饮食和前代相比，有两个特点。一是受到其他民族饮食习惯的许多影响，除了上面简单的陈述以外，下面各节将作较多的介绍。二是一日三餐制的普遍化。中国古代一天两餐比较普遍，称为朝、哺两食。唐、宋时期，一日三餐逐渐增多。到了元代，"一日三餐"已成为民间常见的成语，如杂剧《玉梳记》："每日家三餐饱饭要腥荤，四季衣换套儿新。"① 杂剧《举案齐眉》："一日送三餐茶饭去，则与小姐食用。"② 而且有了明确的早饭、中饭、晚饭的称呼。三餐制的确立，对于人们的生活、工作都有相当大的影响。

无论汉人、蒙古人、回回人，或是其他民族，在饮食方面，贫富悬殊非常突出。"高楼一席酒，贫家半月粮"，是当时通行的谚语。③ 皇家的宴会，极尽奢侈之能事。皇帝按照蒙古习俗在上都举行的"诈马宴"，场面豪华富丽，"太官用羊二千嗷，马三匹，他费称是"④。"诈马宴"又称"只孙宴"，参与宴会的王公贵族都要穿同一颜色的织金缎子制成的衣服。⑤ 这样的宴会，举行一次，便不知要花去多少百姓的口粮。一次只孙（诈马）宴用马三匹，是因为蒙古人重视作为战争工具的马匹，不许任意宰马。但有的贵族竟然"一宴或宰十二马"⑥，其豪侈甚至在宫廷宴会之上。民间的嫁娶宴会，也有"肴馔三二十道，按酒三二十桌，通宵不散"⑦。这当然也只有富户才能举办。另一方面，穷苦的百姓则是依靠"麦饭稀稀野菜羹"度日。⑧ 遇到荒年，受灾的百姓"剥榆树餐，挑野菜尝"，"煮麦麸稀和细糠"，而富人、官僚、贵族、皇室，依旧过着花天酒地的生活。⑨

----

① 贾仲名作，《元曲选》第 4 册，第 1411 页。
② 佚名作，《元曲选》第 3 册，第 921 页。
③ 胡祗遹：《论积贮》，《紫山大全集》卷 22。
④ 周伯琦：《诈马行·序》，《近光集》卷 1。
⑤ 韩儒林：《元代诈马宴新探》，《穹庐集》，第 247—254 页。
⑥ 《元史》卷 138，《燕铁木儿传》。
⑦ 《通制条格》卷 27，《杂令·私宴》。
⑧ 元淮：《农家》，见《金囷集》。
⑨ 刘时中：《端正好·上高监司》，《全元散曲》，第 669—670 页。

二 主食

一般说来，中国的粮食生产，很早便形成了北麦南稻的局面。宋代有所谓南食和北食，北食以麦面制品为主食，南食以稻米制品为主食。[1] 在元代，"大、小麦，北方所种极广"。"稻谷之美种，江、淮以南，直彻海外，皆宜此稼。"[2] 总的说来，元代南方农业区的居民，以稻米加工品为主食，北方农业区的居民，以大、小麦的加工品为主食，和前代是一样的。但是，这种区分不是绝对的。事实上，唐、宋以来，江、淮以南，大、小麦的种植已相当普遍。特别是北宋灭亡，北方居民大批南下，他们习惯大、小麦加工品为主食，这便促进了南方麦的种植发展，大、小麦的加工食品也就增多起来。在现存的几种元代南方地区的地方志中，可以看到，大、小麦和荞麦无处无之，甚至偏僻一方的海岛昌国州（今浙江定海）也不例外。[3] 镇江路每年征收的夏税中，有大麦8600余石，小麦12000余石，秋租中则有各类米44000余石。[4] 税粮中麦、米的数量大体上反映了当时这一地区粮食作物的种植比例。镇江的"饮食"品种有面，"礶麦为之，南北商贩多出于此"[5]。可见面食在当地已占有一定的比重。另河南（开封）、太原、怀州（今河南沁阳）、兴元（今陕西兴元）等地，由于具备一定的水利灌溉条件，水稻种植也都得到一定的发展。稻米在这些地区居民的粮食结构中，占有一定的比例。总的说来，元代北方农业生产粗放，产量有限，不能满足首都地区的需要。因此，元朝政府每年从江南调运大批粮食到大都，每年数量不等，最多时达300余万石。"百司庶府之繁，卫士编民之众，无不仰给于江南。"[6] 江南北运的粮食，以米为主，因此在首都大都地区居民的粮食结构中，稻米自然便占有最重要的部分。

---

[1] 朱瑞熙：《宋代的北食和南食》，《中国烹饪》1985年第1期。

[2] 王祯：《农书·百谷谱集之一·水稻、大小麦》。

[3] 《大德昌国州志》卷4，《叙物产》。

[4] 《圣顺镇江志》卷6，《赋税》。

[5] 《至顺镇江志》卷4，《土产·饮食》。

[6] 《元史》卷93，《食货志一·海运》。

元代农学家王祯说："稻之名不一，随一所呼，不必缕数。稻有粳、秫之别。粳性疏而可炊饭，秫性粘而可酿酒。"① 秫就是糯米，也就是说，稻米可以分两大类，不黏的称为粳米，有黏性的则是糯米。粳在有些文献中写作秔。也有一些记载，将不粘的稻米分为粳、籼，早稻为籼，晚稻为粳。也就是说，粳（秔）既可以作为没有黏性的稻米的统称，也可用来作为晚稻米的专称。粳（秔）、籼都有很多品种。镇江地区，"秔之种又有大、小之分。土人谓大稻秔，小稻籼"。大稻秔就是晚稻，狭义的粳，有 16 种。小稻籼就是早稻，有 6 种。小稻中有一种"百日"，就是北宋时传入中国的占城稻。镇江地区的糯米，也有 9 种之多。"江南稻种甚多，不可枚举，然兹土之所宜者，大率不过此数种也"②。粳米中最好的是香粳米。"一种有小香稻者，赤其颗粒，其米如玉，饭之香美，凡祭祀延宾，以为上馔，盖贵其罕也。"③ 江浙行省的婺州路（今浙江金华）每年贡香粳米 33 石。④ "金华有佳种，玉灿含芳香。土人昔启端，每岁赋其乡。颇闻播种初，行者避畎疆。敛收毕征纳，老稚不敢尝。……圆好中式度，缄封谨缣囊。……及兹幸充数，扬帆上天仓。"⑤ 这种精心种植的香粳米，是专门供统治者食用的。糯米中最出名的是苏门糯米。⑥ 金代有苏门县，元代改为辉州，即今河南辉县。

稻米主要加工成为饭或粥食用。稻谷"舂而为米，洁白可爱；炊为饭食，尤为香美"⑦。粥又称水饭，贫穷人家吃粥是为了节约粮食，"都（元大都——引者）中经纪生活匠人等，……早晚多便水饭"⑧。杂剧《东堂老劝破家子弟》描写富家子弟扬州奴破产后，一家住在窑中，饥寒交迫，无奈只好出门，想找旧相识"寻些米来"，"熬粥汤吃"⑨。老年人和富贵人家吃粥，则作为保健养生食品，常以米和药物或滋补品同熬。在宫廷中作为一般食品的有乞马粥、汤粥、梁米淡粥、河西米汤粥等，除了梁米淡粥外，其余均以米和羊肉同熬。"食疗"之用的粥有羊骨粥、猪肾粥、枸杞羊肾粥、山药粥、酸枣粥、生地黄粥、荜拨粥、良姜粥、吴茱萸粥、莲子粥、鸡头粥、桃仁粥、萝卜粥、马齿菜

① 《农书·百谷谱集之一·水稻》。
② 《至顺镇江志》卷 4，《土产》。
③ 《农书·百谷谱集之一·早稻》。
④ 《万历金华府志》卷 7，《贡赋》。
⑤ 吴师道：《送人贡粳米入京》，《吴礼部集》卷 2。
⑥ 《饮膳正要》卷 3，《米谷品》。
⑦ 《农书·百谷谱集之一·水稻》。
⑧ 《析津志辑佚·风俗》。
⑨ 《元曲选》第 1 册，第 219 页。

元代社会生活史

粥、荆芥粥、麻子粥等。① 这些品类的粥中，有不少同时也在民间流行，如猪肾粥、荜拨粥、良姜粥、莲子（实）粥、鸡头粥、桃仁粥、麻子粥等。此外民间又有马齿实伴葱豉粥、苍耳子粥、栀子仁粥、蔓青粥、竹叶粥、鹿肾粥、乌鸡膏粥、鲤鱼脑髓粥、雌鸡粥、雀儿粥、羊肉粥等多种名目。② 煮饭用的是粳米，熬粥以粳米为主，有时也用糯米。糯米还用来制作粽子、米团等食品。

麦有小麦、大麦、荞麦之分，也有不同的品种。镇江地区，"大麦之种有二"，"小麦之种有三"③。"小麦磨面，可作饼饵，饱而有力。若用厨工造之，尤为珍味。"④ 用面粉加工的主要食品有面条、馒头、蒸饼、烧饼、馄饨、扁食（饺子）、饦子等。以面条来说，宫廷饮食中有春盘面、皂羹面、山药面、挂面、经带面、羊皮面等。⑤ 民间食用的面条，见于记载的有水滑面、经带面、索面、托掌面、红丝面、翠缕面、山药面、勾面等。⑥ 其中索面可能就是宫廷中的挂面，也就是现在通常食用的挂面。面条的食用方法有两种。一种是将面粉加入适量的油、盐，和水成团，擀成薄饼，切成条形，煮熟后再加浇头，或在各种汤汁中煮成食用，如水滑面、经带面等。一种是将其他食品取其汁、肉，和入面中，切成条形，煮熟后即可食用，如山药面、红丝面（虾肉）、勾面（萝卜汁）等。和面条相近的食品有馎饦，拨鱼等。馒头、包子都是有馅的，宫廷中有仓馒头、鹿奶肪馒头、茄子馒头、剪花馒头、天花（类似蘑菇的菌类植物）包子等。所用馅以羊肉、羊脂为主，添加鹿奶肪、茄子、天花等物和各种调料。⑦ 民间的馒头有的用羊肉，有的用猪肉、鱼肉等，有平坐大馒头、平坐小馒头、捻尖馒头、捺花馒头等多种名目。馒头、包子都是将面发酵后"擀作皮包馅子"⑧。没有馅的发面食品，也就是今天的馒头，当时叫作蒸饼，其办法是将白面十斤、小油一斤、小椒（一两炒去汗）、茴香（一两炒），"隔宿用酵子、盐、碱、温水一同和面，次日入面，接肥再和成面，每斤作两个入笼内蒸"。类似的还有经卷儿，也就是今天的花卷。⑨ 有的记载中提到的麻尼汁经卷儿，应该就是今天的麻酱花卷。⑩ 另一类面食品是烧饼，

① 《饮膳正要》卷1，《聚珍异馔》；卷2，《食疗诸病》。
② 陈直、邹铉：《寿亲养老新书》卷1，《食治养老益气方》。
③ 《至顺镇江志》卷4，《土产》。
④ 《农书·百谷谱集之一·小麦》。
⑤ 《饮膳正要》卷1，《聚珍异馔》。
⑥ 《居家必用事类全集》庚集，《饮食类·湿面食品》。
⑦ 《饮膳正要》卷1，《聚珍异馔》。
⑧ 《居家必用事类全集》庚集，《饮食类》。
⑨ 《饮膳正要》卷1，《聚珍异馔》。
⑩ 《朴通事谚解》卷下。

其制法与现在相同。宫廷中有黑子儿（即黑芝麻）烧饼、牛奶子烧饼①，民间则有芝麻烧饼、黄烧饼、酥烧饼、硬面烧饼等名目。②馄饨也是民间比较流行的食品，用面和水成团，再擀成皮，要"圆边微薄，入馅蘸水合缝，下锅时将汤搅转逐个下"，"馅子荤素任意"③，小麦面制成的食品还有扁食（饺子）、稍卖（烧卖）、角儿、馕子、煎饼等。此外宫廷还有几种特殊的面粉加工食品。一种叫秃秃马食（秃秃麻失），"系手撤面"④，是用手掌将面团按成一个个小薄饼，"下锅煮熟，捞出过汁，煎炒酸肉，任意食之"⑤。一种叫马乞料，"系手搓面"；一种叫搠罗脱因，将白面"和按作钱样"，煮熟后加羊肉、蘑菇、山药、胡萝卜等混合而成的浇头。⑥秃秃马食是"回回食品"⑦，马乞料亦应相同。搠罗脱因则是"畏兀儿茶饭"⑧。其中秃秃马食流传颇广。

小麦一般都磨成面粉后，再加工成各种食品。此外，小麦亦可在脱壳以后，和稻米一样煮成粥、饭食用。宫廷中有小麦粥，便是用小麦煮成的，"或炊做饭，空腹食之"⑨。但这种食用方法已不多见。

大麦的食用方法和小麦不同。"大麦可作粥饭，甚为出息。"⑩也就是在脱壳以后，便和水成粥、饭食用。宫廷饮食中的大麦汤，便是用"大麦仁二升，滚水淘洗净"，再加羊肉等物，煮熬而成的。⑪元代贫苦农民的生活是"麦饭稀稀野菜羹"⑫，这里所说的麦饭，就是大麦仁煮成的。大麦亦可以磨成面粉加工食用，宫廷中有大麦算子粉，便有用大麦粉和豆粉混合，再加其他佐料制成的。⑬但这种食用方法不多见。也就是说，元代大麦和小麦的加工食用方法差别是很大的。

荞麦性寒，"北方山后诸郡多种"⑭。"山后"指今山西北部及内蒙古南部地区。大都、上都周围的农村也种荞麦。明初刘崧的诗句"顺承门外斜阳里，

---

① 《饮膳正要》卷1，《聚珍异馔》。
② 《朴通事谚解》卷下。
③ 《居家必用事类全集》庚集，《饮食类》。
④ 《饮膳正要》卷1，《聚珍异馔》。
⑤ 《居家必用事类全集》庚集，《饮食类》。
⑥ 《饮膳正要》卷1，《聚珍异馔》。
⑦ 《居家必用事类全集》庚集，《饮食类》。
⑧ 《饮膳正要》卷1，《聚珍异馔》。
⑨ 《饮膳正要》卷2，《食疗诸病》。
⑩ 《农书·百谷谱集之一·大小麦》。
⑪ 《饮膳正要》卷1，《聚珍异馔》。
⑫ 元淮：《农家》，《金囦集》。
⑬ 《饮膳正要》卷1，《聚珍异馔》。
⑭ 《农书·百谷谱集之一·荞麦》。

荞麦花开似故乡"①。元代亦应如此。上都出产糁子，糁子即荞麦。② 江淮以南，荞麦种植也相当普遍，镇江、昌国州等地均有之。③ 当然，种植的面积和产量都不会很大。荞麦"治去皮壳，磨而为面，摊作煎饼，配蒜而食。或作汤饼，谓之'河漏'，滑绸如粉，亚于麦面，风俗所尚，供为常食"④。这是北方的食用方法。"河漏"又作"合落"、"饸饹"。元代杂剧中有"糁子面合落儿带葱韭"之句⑤，散曲中提到"荞麦面的饸饹"⑥。"河漏"实际上是指将荞麦面揉和成团后，用木制工具压挤成细长的面条，一直到现在，仍可在北方农村中见到。从这个词的各种异写来看，有可能原来不是汉语的词汇。"河漏"似不见于南方。江、淮以南，一般将荞麦"磨食，溲作饼饵，以补面食"。江、淮以北亦有这种方法。荞麦不易消化，吃了荞麦面食品，"饱而有力，实农家居冬之日馔也"⑦。这是受农民和下层百姓欢迎的食品。

粟在古代称为"五谷之长"，"中原土地平旷，惟宜种粟"⑧。江、淮以北，夏作以麦为主，秋收以粟为主。一般来说，凡是种植大、小麦的地方同时也种粟。陕西民屯48所，种地5000余顷。至正二年（1342）实收粮7万余石，其中大、小麦49000余石，粟17000余石。⑨ 从这个例子可以看出粟在北方农作物中所占的比重。元朝政府在北方农村征收税粮，以粟为准，"全科户丁税每丁粟三石，驱丁粟一石；地税每亩粟三升"。政府将农村居民每50户编成一社，社立义仓，各家按人口数每口留粟一斗，作为备荒之用。⑩ 这些规定固然有受传统影响的一面，但粟的产量较多，则是更重要的原因。江、淮以南，不少地区的山地、旱地也种粟，但为数不多。粟一般用来煮饭或熬粥食用，宫廷中的荆芥粥、麻子粥等，都是用粟米。⑪

黍有白黍、赤黍之分，主要产于北方，南方某些地区也有出产。"北地远处，惟黍可生，所谓当暑而种，当暑而收。其茎穗低小（土人谓之秋子），可以酿酒，又可作馔粥，粘滑而甘，此黍之有补于艰食之地也。"赤黍"米黄而

① 《送别叔洛金宪出顺承门》，《槎翁诗集》卷4。
② 许有壬：《上京十咏·糁麹》，《至正集》卷13。程以歹：《糁面》，《诗渊》第1册，第109页。
③ 《至顺镇江志》卷4，《土产》。《大德昌国州志》卷4，《叙物产》。
④ 《农书·百谷谱集之一·荞麦》。
⑤ 杨景贤：《西游记》第二本第六折，见《元曲选外编》，第649页，中华书局1959年版。
⑥ 无名氏：《粉蝶儿·悭吝》，《雍熙乐府》卷6。
⑦ 《农书·百谷谱集之一·荞麦》。
⑧ 《农书·百谷谱集之一·粟》。
⑨ 《元史》卷93，《食货志一·税粮》。
⑩ 《通制条格》卷16，《田令·农桑》。
⑪ 《饮膳正要》卷2，《食疗诸病》。

粘，可蒸食；白黍酿酒，亚于糯秫”。高粱又称蜀黍，“其子作米可食，余及牛马，又可济荒”①。粱米常用来熬粥，宫廷饮食中有粱米淡粥，其他如乞马粥、汤粥，亦用粱米。② 宣徽院下属机构有龙庆栽种提举司，其职责之一便是“管领缙山岁输粱米……以奉上供”③。可见粱米在宫廷中是颇受欢迎的食品。粱米和粟、黍一样，主要产于北方，黍和粱米的种植面积产量比起粟来又要少一些，在元代人们的粮食结构比例中所占比重是很有限的。

　　豆类也是粮食作物。元代豆类作物有大豆、小豆、豌豆和回回豆。大豆有白、黑、黄三种。“其大豆之黑者，食而充饥，可备凶年；丰年可供牛马料食。黄豆可作豆腐，可作酱料。白豆，粥、饭皆可伴食。三豆色异而用别，皆济世之谷也。”“今世小豆有绿豆、赤豆、白豆、红豆、营豆，皆小豆类也。……北方惟用绿豆最多，农家种之亦广。人俱作豆粥、豆饭，或作饵为炙，或磨而为粉，或作麹材。其味甘而不热，颇解药毒，乃济世之良谷也。南方间亦种之”。豌豆在“百谷之中，实为先登。蒸煮皆可便食，是用接新，代饭充饱。……今山西人用豆多麦少磨面，可作饼饵而食。此豆五谷中最宜耐陈，不问凶丰，皆可食用，实济饥之宝也”④。总起来说，豆类作为粮食，可以蒸煮而食，或熬成粥；也可以和米拌和煮成米粥。各种豆也可磨成面，和小麦面混合，制作面食品。某些豆类也可作菜肴，黄豆可作豆腐。元代又有回回豆子，“出在回回地面，苗似豆，今田野中处处有之”⑤。宫廷饮食中使用最广的豆类是回回豆子。据李时珍说，回回豆子就是豌豆。⑥

　　粮食脱壳的工具有砻、辗（碾）等。将外壳分离的米粒、麦粒加工成粉状的面，则用磨。砻、辗（碾）、磨小型的用人力，较大的则用畜力或水力作为动力。以牲畜为动力的碾子，“以牛、马、驴、骡拽之，每碾必二三匹马旋磨，日可二十余石”。水磨“日夜可碾三十余石”⑦。稻米精加工的工具有杵臼、碓、罔碓，杵臼用手握杵舂米，碓、罔碓则“借身重以践碓”，即用简单的机械装置，以足带动石碓木杵捣米；“始于浙人，故又名浙碓。今多于津要商旅辏集处所，可作连屋置百余具者，以供往来稻船货枭粳糯。及所在上农之家，用米既多，尤宜置之”⑧。但实际上最普遍使用的还是杵臼，因为用以

①　《农书·百谷谱集之一·黍》。
②　《饮膳正要》卷1，《聚珍异馔》。
③　《元史》卷87，《百官志三》。
④　《农书·百谷谱集之一·大豆、小豆、豌豆》。
⑤　《饮膳正要》卷3，《米谷品》。
⑥　《本草纲目》卷24，《谷部·豌豆》。
⑦　《析津志辑佚·物产》。
⑧　《农书·农器图谱之九·杵臼门》。

解决一家一户的吃饭问题比较适宜。"都中自以手杵者，甚广"①。诗人胡助写道："近午不出门，舂米始朝饭。"② 胡助是大都翰林院的一名小官，生活清苦，只能舂米才能吃上饭，其他一般百姓可想而知。

12 世纪 13 世纪初，蒙古草原的居民以肉、乳为主要食品，但"亦有一二处出黑黍米，彼亦煮为解粥"③。靠近中原农业地区的"熟鞑靼"，"能种秋稼，以平底挖釜煮而食之"④。甚至在蒙古草原腹地色楞格河下游的蔑儿乞部，也有"田禾"、舂碓。当然总的说来，粮食在蒙古人食物中所占的比重是很小的。13 世纪 40 年代出使蒙古帝国的教廷使节说蒙古人吃各种动物的肉，大量喝奶，"他们把小米放在水里煮，做得如此之稀，以致他们不能吃它，而只能喝它"⑤。13 世纪 50 年代出使的教廷使节也说蒙古人吃各种动物肉，喝奶，但大贵人已有从农业区运来的粟和面粉供过冬之用。他们一行三人到达蒙哥汗宫廷时，发给"一只瘦小的羊的羊肉，供我们作为六天的食物"，每天还给他们"一盘小米和一夸脱小米酒"⑥。全国统一以后，蒙古草原居民的饮食结构，在有元一代，受"汉地"经济的影响，发生了一定的变化。"汉地"对草原的物质支援，常常是以输送粮食的方式出现的，仅文宗至顺二年（1331）就有多项以粮赈济活动，如"［二月］，壬申，命辽阳行省发粟赈国王朵儿只及纳忽答儿等六部蒙古军民万五千户"；"［三月］，赵王食邑沙、净、德宁等处蒙古部民万六千余户饥，命河东宣慰发近仓粮万石赈之"⑦。此外，草原的农业也有一定的发展，这也是"汉地"支持的结果。这样的形势不能不使草原蒙古人的饮食结构发生一定的变化。至于内迁的蒙古人，他们生活在从事农业的汉族和其他民族之间，久而久之，包括饮食在内的生活方式都有明显的变化，其中多数逐渐以粮食为食物的主要消费。

---

① 《析津志辑佚·物产》。
② 《客居冬怀十首》，《纯白斋类稿》卷 4。
③ 《蒙鞑备录》。
④ 李心传：《建炎以来朝野杂记》卷 19，乙集《鞑靼款塞》。
⑤ 《出使蒙古记》，第 17—18 页。
⑥ 同上书，第 179 页。
⑦ 《元史》卷 35，《文宗纪四》。

三 副食

副食可以分为肉食、菜蔬和果类三大类。

肉食包括：（1）家畜肉，有羊肉、猪肉、牛肉、马肉等。（2）家禽肉，有鸡、鸭、鹅等。（3）野生动物肉，主要有鹿、獐、山鸡、天鹅、兔、塔剌不花（土拨鼠）等。（4）水产品，有各种鱼类和贝壳类食物。

元代食用的家畜肉，以羊肉最为重要。宋、辽、金时期，北方农业区的肉食以羊肉为主，北宋的御厨中便"止用羊肉"[①]。到了元代，大批蒙古人和色目人移入北方农业区，蒙古人和色目人的多数，都习惯于吃羊肉，因而羊肉在肉食结构中的地位更加突出。宫廷饮食以羊肉为主，皇帝的"御膳"每日"例用五羊"，末代皇帝顺帝"自即位以来，日减一羊"，每日用四只羊，被视为贤明之举。[②] 记录宫廷饮食的《饮膳正要》开列"聚珍异馔"门，其中有 70 余种以羊肉作主料或辅料，为总数的十分之八左右。另有"食疗"方 61 种，内有 12 种与羊肉有关。[③] 朝廷举行的大宴会，以羊肉为主，这在下面将会说到。官府的膳食供应，其中肉食部分，一般均用羊肉。南宋灭亡后，太皇太后和小皇帝一行来到大都，"每月支粮万石钧，日支羊肉六千斤"[④]。高丽贵族一行来到大都，日支标准，米、面、柴、钞之外，另有羊肉五斤。[⑤] 驿站来往的官员正使的供应标准是每日米一升，面一斤，羊肉一斤，酒一升。[⑥] 国学开学，"以羊若干，酒若干樽，烹宰以燕祭酒、司业、监丞、博士、助教、典籍等官"[⑦]。大都民间，食用羊肉也是很普遍的。富家子弟早上起来"先吃些醒酒汤，或是些点心，然后打饼熬羊肉，或白煮着羊腰节胸子"。举行宴会首先要买"二十

---

① 李焘：《续资治通鉴长编》，卷 480。

② 杨瑀：《山居新语》。

③ 《饮膳正要》卷 1，《聚珍异馔》；卷 2，《食疗诸病》。

④ 汪元量：《湖州歌九十首》，《增订湖山类稿》卷 2，中华书局 1984 年版。"千"疑应作"十"。

⑤ 《经世大典·站赤》，见《永乐大典》卷 19418。

⑥ 《经世大典·站赤》，见《永乐大典》卷 19416。

⑦ 《析津志辑佚·风俗》。

只好肥羊，休买母的，休要羯的"，然后再及其他肉类和食品。送生日礼物是"到羊市里""买一个羊腔子"。日常生活是用煮熟的"干羊脚子""就饭"①。"羊腔子"是去掉头和内脏的羊身子，"干羊"应是羊宰杀后风干而成。以上说的是北方农业区的情况，南方农业区和北方有所不同，猪肉占有较大的比重，但羊肉在肉食结构中也占有重要的位置。日用百科全书型的类书《居家必用事类全集》，主要反映的是南方居民的生活方式，其中"饮食类"分"烧肉品"、"煮肉品"、"肉下酒"、"肉灌肠红丝品"、"肉下饭品"、"肉羹食品"，共 50 余味，其中与羊肉有关的在一半之上，远比猪肉的菜品为多。

猪肉在食用的家畜肉中所占比重仅次于羊肉。长期以来，中国医学对猪肉的营养功能估计过低。② 元代依然如此，如说猪肉"味苦，无毒，主闭血脉，弱筋骨，虚肥人，不可久食；动风、患金疮者尤甚"③。而羊肉则被认为有滋补的效用。这种观念对于猪肉的食用肯定会有一定的影响。牛肉、马肉、驴肉也是常见的被用于膳食的家畜肉，而且比羊肉、猪肉要贵重一些，常用于宴会场合。"内外官员士庶之家，凡是婚姻庆贺一切宴会，往往宰杀马牛食用"④。

元朝政府曾对家畜肉的食用颁布过一些法令。至元九年（1272）下令："大都为头汉儿城子里"，不许杀羊羔，违者重罚。至元二十八年（1291）的圣旨："休杀羊羔儿吃者，杀来的人根底打一十七下，更要了他的羊羔儿者。"至元三十年的圣旨："今后母羊休杀者。"⑤ 禁止屠杀羊羔和母羊以供食用，主要出于繁殖羊只的考虑，但也说明为了市场供应而屠宰的羊只数量是很大的。关于屠宰还有一项奇特的禁令。至元十六年（1279）十二月忽必烈颁发的圣旨："成吉思皇帝降生，日出至没，尽收诸国，各依风俗。这许多诸色民内，惟有这回回人每言俺不吃蒙古之食上，为天护助，俺收抚了您也，您是俺奴仆，却不吃俺底茶饭，怎生中？么道。便教吃。若抹杀羊呵，有罪过者。么道。行条理来。……如今直北从八里灰田地将海青来底回回每，'别人宰杀来的俺不吃'，么道。骚扰贫穷百姓每来底上头。从今以后，木速鲁蛮回回每，术忽回回每，不拣是何人杀的肉交吃者，休抹杀羊者。"⑥ 木速鲁蛮回回指伊

① 《老乞大谚解》。
② 李时珍：《本草纲目》卷50，《兽一·猪》引陶弘景《别录》及孙思邈《千金方》，均认为猪肉久食容易得病。
③ 《饮膳正要》卷2，《兽品》。参见贾铭《饮食须知》卷8。
④ 《元典章新集·刑部·头疋》。
⑤ 《元典章》卷57，《刑部十九·禁屠杀》。
⑥ 同上。

斯兰教徒，术忽回回指犹太教徒，他们的习惯是只吃同一宗教成员屠宰的牲畜；同时，屠宰方式是用断喉法，即"抹杀羊"，而蒙古人则习惯于破腹杀之。"别人宰杀来的俺不吃"，就是引述他们的言语。忽必烈认为回回人是蒙古的臣民，"却不吃俺底茶饭，怎生中？"于是正式下令"不拣是何人杀来的肉交吃者"，而且不许他们"抹杀羊"。这是对回回人风俗习惯的粗暴干涉，是民族歧视的表现。对于违反禁令"抹杀羊"的人，"就以同样方式把他杀死，并将其妻子、儿女、房屋和财产给予告密者"。这条禁令推行的结果是告密之风大盛，"事情到了大部分木速蛮（即木速鲁蛮——引者）离开汉地的地步"，以至影响税收，珍贵货物也运不进来。七年以后，忽必烈取消了禁止"抹杀羊"的禁令。①

元朝政府对屠宰牛、马严加限制。中统二年（1261），忽必烈下旨说："凡耕佃备战，负重致远，军民所需，牛、马为本。往往公私宰杀，以充庖厨货之物，良可惜也。今后官府上下公私饮食宴会并屠肆之家，并不得宰杀牛马，如有违犯者，决杖一百。"只有因病倒死及不堪使用的马、牛，在申报所在官司后方许开剥。② 这一禁令在元代曾多次重申，但偷宰之事仍时有发生。元代姚守中作有一篇名为《牛诉冤》的散曲，其中写道："感谢中书部，符行移诸处。所在官司，禁治严明，遍下乡都，里正行，社长行，叮咛省喻。宰耕牛的捕获申路。"然而屠户仍然私下宰杀，"应捕人在旁边觑，张弹压先抬了膊项，李弓兵强要了胸脯"，其余部分分散发售。③ 这篇散曲反映出，禁屠牛马的命令实际上并没有得到严格的执行。当然，禁令的颁布和多次重申，无疑会限制牛肉、马肉在市场上的公开供应，私下宰杀的数量毕竟是有限的，因此牛肉、马肉在食用的家畜肉中就数量来说是不大的。

元代饲养供食用的家禽，主要有鸡、鸭、鹅等。宫廷饮食中有攒鸡儿、芙蓉鸡、生地黄鸡、乌鸡汤、炙黄鸡、黄雌鸡、青鸭羹、乌鸡酒等名目，为数相当可观。此外鸡子（鸡蛋）用途颇广。④ 民间饮食中有"烧鹅"、"白蝶鸡"、"鸡汤"⑤、"锅烧肉（鹅、鸭）"、"川（小）炒鸡"、"卤鹅鸭"⑥ 等名目。家禽肉在食用肉类中不如家畜肉重要，但也占有相当的地位。

野生动物需经过打猎获得，其价值一般在家畜或家禽之上，常用于宴会之

① 拉施特：《史集》第 2 卷，第 346—347 页。
② 《元典章》卷 57，《刑部十九·禁屠杀》。
③ 《全元散曲》，第 319—321 页。
④ 《饮膳正要》卷 1，《聚珍异馔》；卷 2，《食疗诸病》。
⑤ 《老乞大谚解》。
⑥ 《居家必用事类全集》庚集，《饮食类》。

上。蒙古人喜欢围猎，也爱好食用野生动物肉。宫廷饮食中有鹿头汤、熊汤、炒鹿汤、盘兔、攒雁、烧雁、攒熊掌、烧水札、鹿肾羹、鹿蹄汤、鹿角酒、狐肉汤、獭肉汤、野鸡羹、鹁鸪羹、狐肉羹、熊肉羹、野猪臛、獭肝羹等多种名目。[①] 南宋太皇太后和小皇帝到大都后，忽必烈举行十次宴会表示欢迎，实际上是庆祝胜利，第二宴"驼峰割罢行酥酪，又进雕盘嫩韭葱"；第三宴"割马烧羊熬解粥"；第四宴"并刀细割天鹅肉"；第五宴"金盘堆起胡羊肉"；第六宴"蒸麋烧麂荐杯行"；第七宴"杏浆新沃烧熊肉，更进鹌鹑野雉鸡"。此外忽必烈还不时"别赐天鹅与野麋"，"赐酒十银瓮，熊掌天鹅三玉盘"；太子也送"天鹅"[②]。这些被视作珍品的食物，主要是野生动物肉。其中提到的"胡羊"，即野生的黄羊，"北陲异品是黄羊"[③]。"朔方山野中广有之……上位驾回，围猎以供上膳。其肉味鲜美，人多不敢食。"[④] 天鹅"又名驾鹅，大者三五十斤，小者廿余斤"。每年春天，元朝皇帝都要到柳林（今北京通县南）"飞放"。柳林是个多湖泊沼泽的地区，"天鹅来千万为群"。皇帝指挥有关人员驱放海东青（鹰的一种），捕捉天鹅，"凡大张宴会以为庆也，必数宿而返"[⑤]。天鹅是宫廷中宴会的珍品之一。还有一种野生动物塔剌不花，就是生长在草原上的土拨鼠，"北人掘取以食"[⑥]。来到农业区，也就成了宴会上的珍品。[⑦] 总的来说，野生动物是宫廷、贵族、官僚和富人的食品，普通人家的饭桌上是很难见到的。

水产品类又可分为淡水、海洋两大类。沿海地区渔民捕捞所得的海鱼主要有石首鱼（黄鱼）、鳓鱼、比目鱼、鲻鱼、鲈鱼、鲥鱼、鲳鱼、海鳗、鳂鱼（河鲀）、带鱼等。此外还有蟹、虾、海参、海蛇、鱿鱼、乌贼、牡蛎等物。海洋捕捞所得鱼类等物，主要行销于沿海地区，也有一部分用盐腌制或经烈日曝干，可以行销到其他地区。例如，石首鱼"用盐腌之，破脊而枯者曰鲞，全其鱼而腌曝者谓之郎君鲞，皆可经年不坏，通商贩于外方云"。比目鱼"舟人提春时得之，则曝干为鳙，可以致远"。海鳗"冬月鲞之，名风鳗"。内陆江河湖泊中出产的淡水鱼类有鲤鱼、鲫鱼、鲟鱼、鲂鱼、鲢鱼、鳙鱼、鲭鱼等，也有蟹、虾、团鱼（甲鱼）等贝壳类动物。鲫、鲢、鳙、鲭几种鱼分布很广，而且

① 《饮膳正要》卷1，《聚珍异馔》；卷2，《食疗诸病》。
② 汪元量：《湖州歌九十八首》，《增订湖山类稿》卷2。
③ 杨允孚：《滦京杂咏》上。
④ 《析津志辑佚·物产》。
⑤ 同上。
⑥ 《饮膳正要》卷3，《兽品》。
⑦ 《居家必用事类全集》庚集，《饮食类·宴上烧肉事件》。

都可以人工养殖，数量较多，是常见的食品。宫廷饮食中有团鱼汤、鲤鱼汤、鱼弹儿、姜黄鱼、鱼脍、鲫鱼羹，其中鱼弹儿、姜黄鱼、鱼脍均用鲤鱼。① 可见宫廷中只吃淡水鱼，而且以鲤鱼为主。民间饮食中鱼有多种制作方法，如蒸鲜鱼、鲜鱼汤、粉骨鱼、酥骨鱼、蒸鲥鱼、螃蟹羹、团鱼羹、酿烧鱼等。② 在各种鱼中，以鲥鱼、鳇鱼（河鲀）、团鱼、鲤鱼比较珍贵，一般鱼类则是比较普通的食品。还应该提出的是，元代"辽阳东北海河中"出产阿八儿忽鱼和乞里麻鱼，阿八儿忽鱼"大者有一二丈"，乞里麻鱼"大者有六五尺"③。阿八儿忽是地名，借作鱼名；乞里麻的意义待考。这两种鱼都是鲟鱼一类。"辽阳东北海河"应指黑龙江、松花江一带。阿八儿忽鱼重的可达千斤。④ 这两种鱼在元代是贡品，供宫廷食用，民间是很难见到的。

菜蔬是副食的另一大类，对于农业区居民来说，无论富贵贫贱，饮食中都离不开菜蔬。"夫养生必以谷食，配谷必以蔬茹，此日用之常理，而贫富不可阙者。"⑤ 元代南北通行的蔬菜，主要有萝卜、茄子、黄瓜、瓠、冬瓜、芥、菠稜（赤根）、莴苣、苋菜、芋、韭、姜、葱、蒜、薤、菘（白菜）、葵菜、菌子（蘑菇）、莙荙等。其中尤以萝卜、菘（白菜）、茄子、黄瓜、冬瓜、菠稜（赤根）、韭、姜、葱、蒜、菌子（蘑菇）等最为普遍。菘是南、北普遍出产的一种蔬菜，诗人咏大都居民冬季生活时写道："霜菘雪韭冰芦菔。"⑥ 草原的上都、江南的镇江和濒海的广州，都有菘的种植。⑦ 茄子有不同品种，紫茄"在在有之"，青茄、白茄等"中土颇多，南方罕得"。"茄视他菜为最耐久，供膳之余，糟腌豉腊，无不宜者"⑧。元代食谱中有香茄儿、糟茄儿、蒜茄儿、芥末茄儿、酱瓜茄、四色荔（用白茄）、油肉酿茄、油肉豉茄等多种名目，可见茄子在食用蔬菜中的重要地位。菠稜就是菠菜，又名赤根，是"四时可用之菜"；唐代由尼婆罗（尼泊尔）传入中国以后，遍布南、北。萝卜"可广种，成功速而为利倍"，因而元代"在在有之"，"美者生熟皆可食，腌藏腊豉，以助时馔。凶年亦可济饥。功用甚广，不可具述"。诗人咏萝卜说："熟登甘似芋，生

---

① 《饮膳正要》卷2，《食疗诸病》。
② 《居家必用事类全集》庚集，《肉下饭品·肉羹食品》。
③ 《饮膳正要》卷3，《鱼品》。
④ 《元史》卷169，《刘哈剌八都鲁传》。
⑤ 《农书·农桑通诀集之二·播种篇》。
⑥ 欧阳玄：《渔家傲·南词》，《圭斋文集》卷4。
⑦ 许有壬：《上京十咏·白菜》，《至正集》卷13。《至顺镇江志》卷4，《土产·蔬》。《大德南海志》卷7，《物产·菜》。按，《至顺镇江志》以为菘与蔓青一类，这是不对的，见李时珍《本草纲目》卷26，《菜部·菘》。又，贾铭《饮食须知》卷3，《菜类》说"北地无菘"，也是不对的。
⑧ 《农书·百谷谱集二、三、四、五》。下文引文述蔬菜品种等未注出者，皆见此。

广胜寺元代壁画中的卖鱼、宴饮场面（选自《中国古代服饰研究》）

荐脆如梨。老病消凝滞，奇功真品题。故园长尺许，青叶更堪虀。"① 冬瓜
"今在处园圃皆莳之"，"此瓜耐久，经霜乃熟，又可藏之弥年不坏。今人亦用
为蜜煎，其犀用于茶果，则兼蔬果之用矣"。黄瓜"生熟皆可食，烹饪随宜，
实夏秋之佳蔬也"。瓠"有甘苦二种，甘者供食，苦惟充器耳。……累然而生，
食之无穷，最为佳蔬，烹饪无不宜者"。韭"至春其芽早出，长可二三寸，以
为尝新韭。城府士庶之家，造为馔食，互相邀请，以为佳味。剪而复生，久而
不乏，故谓之'长生'。实蔬菜中易而多利，食而温补，贵贱之家，不可阙
也"。"至冬，移根藏于地屋荫中，培以马粪，暖而即长，高可尺许，不见风
日，其叶黄嫩，谓之'韭黄'，比常韭易利数倍，北方甚珍之"。明初，刘崧由
江南到北方，写下《北平十二咏》（朱元璋改大都为北平），其中之一咏韭黄：
"都人卖韭黄，腊月破春光。土室方根暖，冰盘嫩叶香。十金酬好价，一筋悭

①　许有壬：《上京十咏·芦菔》，《至正集》卷13。

初尝。何以江南种，青春雪里长。"① 可见韭黄在南北均已有之。"姜辛而不荤，去邪辟膻，蔬菜中之拂士也，日用不可阙。"别的菜"惟宜采鲜食之，经日则不美，惟蒜久而味不变，可以资生，可以致远"；"旅途尤为有功，炎风瘴雨之所不能加，食渴腊毒之所不能害"；"夏月食之，解暑，辟瘴气，北方食饼肉，不可无此"。当时人已经认识到了蒜的消毒防病功能。"葱之为物，中通外直，本茂而叶香，虽八珍之奇，五味之异，非此莫能达其美"。和姜、蒜、葱近似的有薤，也有辛辣的气味，就是藠子，"本出鲁山平泽，今处处有之"②。菌子也是南北兼有的食物。"中原呼菌为'蘑菇'，又为'莪'，又一种谓之'天花'。……虽南北异名，而其用则一"。有的文献则将菌子、蘑菇（菰）、天花分为三种③，但其同为可食用的菌类植物，则是没有问题的。菌子野生，也可以人工培植，"新采趁生煮食，香美。曝干则为干香蕈"。

以上说的是南、北都有出产的菜蔬。此外，主要出产在江、淮以北的有蔓菁，主要出产在江、淮以南的有竹笋、茭白等。还有两种菜蔬是应该特别提及的。一种是胡萝卜。明代李时珍说，胡萝卜"元代始自胡地来，气味微似萝卜，故名"④。但是在南宋的方志中已提及此物，说明李时珍的说法并不确切。⑤ 可以肯定的是，胡萝卜在元代才广泛传播开来，大江南北的很多地方都在种植，很快便在食用菜蔬中占有一席之地。另一种是回回葱，此名元代始见于记载，"其形如扁蒜，层叠若水精葱，甚雅，味如葱等，腌藏生食俱佳"。大都附近的"寻麻林最多"⑥。从上述文字叙述和当时文献中的图像看来，回回葱大概就是现在的洋葱。寻麻林是中亚回回工匠集中之地，回回葱显然是回回工匠喜爱的一种菜蔬，很可能就是由他们带来，并逐渐传向四方。

生长于草原的蒙古人，原来是不吃蔬菜的。进入中原以后，饮食方式发生重大变化，蔬菜开始成为他们食品的组成部分。宫廷饮食中各种"聚珍异馔"，涉及菜蔬有萝卜、胡萝卜、蘑菰（菇）、葵菜、山药、韭、韭黄、台子菜、蒲笋、黄瓜、蓼菜、蔓菁、芫荽、瓠等多种。其中用萝卜、蘑菰、胡萝卜的最多。一般说来，宫廷饮食"聚珍异馔"中，蔬菜用作辅料，而以肉类作主料。但也有少数以蔬菜作主料，如瓠子汤、葵菜羹、沙乞某儿（蔓菁）汤等。⑦ 宫

① 《槎翁诗集》卷4。
② 按，藠头现在用来作酱菜，产量不多。
③ 《饮膳正要》卷3，《菜品》。
④ 《本草纲目》卷26，《菜部·胡萝卜》。
⑤ 《绍定澉水志·物产门·菜》。
⑥ 《析津志辑佚·物产》。
⑦ 《饮膳正要》卷1，《聚珍异馔》。

廷饮食中出现为数颇多的菜蔬，显然来自两方面的影响。一方面是汉族饮食的影响，另一方面则是回回饮食和其他民族饮食的影响。例如，用羊肉、回回豆子、萝卜制成的八儿不汤是"西天茶饭"，也就是印度的食品。而以羊肉、蔓菁为主制成的沙乞某儿汤，显然是回回食品。"搠罗脱因"是"畏兀儿茶饭"，内有山药、胡萝卜和蘑菇。可以想见，宫廷以外的内迁农业区的蒙古人，在饮食上也发生了类似的变化。

总的说来，宫廷、贵族、官僚和富豪之家，是以肉食为主的，对于普通百姓来说，日常的副食便以蔬菜为主了，有的甚至连蔬菜都不可得。以京师大都来说，一面是"玉食罗膻荤"，"富馔有臭肉"[1]；另一面，当地的"经纪生活匠人等"，"菜则生葱、韭、蒜、酱、干盐之属"[2]，形成了鲜明的对比。

无论肉类或是蔬菜，进行烹饪加工时，都需要调味品。元代烹饪用的调味品主要有盐、酱、醋、糖、酒等。盐有海盐、池盐、井盐之分。海盐有晒制和煮制两种。元代的记载说："盐中多以矾、硝、灰石之类杂秽，须水澄复煎乃佳。河东天生成及晒成者无毒，其煎炼者不洁，有毒。"[3] 可知当时已经注意到各种盐之间的成分有别，而且开始对盐进行精加工。酱主要用豆或面粉制成，有豆酱、面酱之分。醋有酒醋、桃醋、葡萄醋、枣醋、米醋等，而以米醋为上。[4] 镇江金坛的醋"极酽且美"，是上供的贡品[5]，迄今醋仍是镇江的名产。中国古代的糖是由甘蔗汁加工而成的结晶体的冰糖，到了元代，开始制作颗粒状的砂糖。砂糖有黑、白之分[6]，白砂糖的制作，是埃及人传授的技术。[7] 甜的调味品，除了砂糖之外，还有蜜和饧。蜜是蜂蜜的加工品，饧则是用大麦芽和米加工制成的。元朝政府中设有砂糖局，"掌砂糖、蜂蜜煎造，及方贡果木"[8]。民间亦有制作砂糖和蜜的设施。有关酒的情况，将在本章第四节中叙述。调味品还有胡椒、豆豉、茴香、桂皮等。回回饮食常常使用马思答吉、咱夫兰、哈昔泥等外来香料。

食用油脂可以分为动物性油脂和植物性油脂两大部分。宫廷和民间饮食中常用"羊脂"，即羊的肥肉，高温化开就成了油。宫廷中广泛食用酥油，"牛乳

① 胡助：《京华杂兴诗》，《纯白斋类稿》卷1。
② 《析津志辑佚·风俗》。
③ 贾铭：《饮食须知》卷5，《味类》。
④ 《饮膳正要》卷3，《米谷品》。
⑤ 《至顺镇江志》卷4，《土产·饮食》。
⑥ 贾铭：《饮食须知》卷5，《味类》。
⑦ 《马可·波罗游记》，第191页。
⑧ 《元史》卷90，《百官志六》。

中取浮凝熬而为酥"，就成了酥油。① 这是蒙古人的习惯，普通蒙古人也是如此。前面说过，食用的家畜肉中猪肉占有重要地位，食用的动物性油脂中猪油无疑占很大比重，可惜这方面缺乏记载。植物性油脂主要是麻油（芝麻油，也称香油）、豆油和菜油。②

副食的又一大类是果品。元代常见的分布在江、淮南北的果品有梨、桃、李、梅、樱桃、柰、林檎、杏、枣、栗、柿、西瓜、葡萄、甜瓜等。有些类果品只生长于南方，如杨梅、甘蔗、橘、柑、柚、宜母（柠檬）、橄榄、香蕉、橙、荔枝、龙眼等。花生原是海外产物，分小粒型和大粒型两种。小粒型花生在元代已传入，被当时人收入果品的行列。③ 果类作物以生食为主，但也常用各种方法进行加工。常用的方法是加砂糖、蜜或其他辅料制成各种饮料（详见本章第五节）。用砂糖或蜜可煎造成长期贮藏的蜜（糖）煎果子。不少果类作物（柰、林檎、枣、柿等）可以曝干成脯。荔枝主要出产在福建、广东，龙眼只产于福建，先晒干，再用火焙，"以核十分干硬为度。收藏用竹笼，箬叶裹之，可以致远"，都用来作为"岁贡"之物。④

四　酒

元代的酒，比起前代来要丰富得多。就其使用的原料来区分，有马奶酒、果实酒和粮食酒几大类。

蒙古人从事游牧生活，因地制宜，马奶以及用马奶发酵而成的"忽迷思"（马奶酒）便成为他们喜爱的饮料。13 世纪到过蒙古的传教士鲁不鲁乞说："当他们收集了大量的马奶时——马奶在新鲜时同牛奶一样的甜——就把奶倒入一只大皮囊里，然后用一根特制的棒开始搅拌，这种棒的下端像人头那样粗大，并且是挖空了的。当他们很快地搅拌时，马奶开始发出气泡，像新酿的葡

① 《饮膳正要》卷 3，《诸般汤煎》。
② 贾铭：《饮食须知》卷 5，《味类》。
③ 贾铭：《饮食须知》卷 4，《果类·落花生》条："近出一种落花生，诡名长生果。味辛苦甘，性冷，形似豆荚，子如莲肉。"
④ 《农书·百谷谱集七·果属》。

萄酒一样，并且变酸和发酵。他们继续搅拌，直至他们能够提取奶油。这时他们尝一下马奶的味道，当它相当辣时，他们便喝它。……为了供贵族们饮用，他们也用这种方法酿造哈剌忽迷思，即黑忽迷思。"① 进入农业地区以后，蒙古人喜爱马奶酒的习惯一直保持下来。皇帝和贵族都养有专门供取乳用的马群。"车驾行幸上都，太仆卿以下皆从。先驱马出健德门外，取其肥可取马乳者以行，汰其羸瘦不堪者还于群。自天子以及诸王百官，各以脱罗毡置撒帐，为取乳室。车驾还京师，太仆卿先期征马五十酝都来京师。酝都，承乳车之名也。既至，俾哈赤、哈剌赤在朝为卿大夫者，亲秣饲之，日酿黑马乳以奉玉食，谓之细乳。每酝都，牝马四十。每牝马一，官给刍一束，菽八升。驹一，给刍一束，菽五升。菽贵，则其半以小稻充。自诸王、百官而下，亦有马乳之供，酝都如前之数，而马减四之一，谓之粗乳。" 历朝皇帝的陵墓，也"各有酝都，取马乳以供祀事，号金陵挤马"②。哈赤、哈剌赤是牧人的称呼，是一种世袭的职务。钦察人班都察，归附蒙古蒙哥汗，"其种人以强勇见信，用掌刍牧之事，奉马湩以供玉食。马湩尚黑者，国人谓黑为哈剌，故别号其人曰哈剌赤"③。为什么马乳尚黑？13 世纪中叶到过草原的南宋使臣曾加以说明："初到金帐，鞑主饮以马奶，色清而味甜，与寻常色白而浊、味酸而膻者大不同，名曰黑马奶，盖清则似黑。问之，则云：'此实撞之七八日，撞多则愈清，清则气不膻。'只此一次得饮，他处更不曾见。"④ 宫廷和官府的宴会，马奶酒是必备的饮料。"儒臣奉诏修三史，丞相衔兼领总裁。学士院官传赐宴，黄羊湩酒满车来。"黄羊是珍品，已见前述。"湩"是乳汁，"湩酒"即马奶酒。"修三史"指元顺帝纂修辽、宋、金三史。"相官马湩盛浑脱，骑士题封抱送来。传与内厨供上用，有时直到御前开"。"浑脱"指皮囊。马奶酒一般均用"浑脱"盛装，饮用时才打开。⑤ 在上都，"内宴重开马湩浇"；王孙出猎，有"皮囊乳酒"供饮用。⑥ 皇帝祭天和祭祀祖宗，要用马奶酒，以示不忘本之意。"祭天马酒洒平野，沙际风来草亦香。"⑦ "大驾留西内，兹辰祀典扬；龙衣遵质朴，马酒荐馨香。"⑧ 一般蒙古人同样喜爱马奶酒。受蒙古风俗的影响，汉族和其他少数民族中也有不少人对马奶酒发生了兴趣。契丹人耶律楚材写诗向人"乞马

① 《出使蒙古记》，第 116—117 页。
② 《元史》卷 100，《兵志三·马政》。
③ 虞集：《句容郡王世绩碑》，《元文类》卷 26。
④ 《黑鞑事略》。
⑤ 张昱：《辇下曲》，《张光弼诗集》卷 2。
⑥ 杨允孚：《滦京杂咏》卷下。
⑦ 萨都剌：《上京即事五首》，《雁门集》卷 6。
⑧ 周伯奇：《立秋日书事五首》，《近光集》卷 2。

乳"，诗中说："天马西来酿玉浆，革囊倾处酒微香"；"顿解老饥能饱满，偏消烦渴变清凉"。他向对方提出："愿得朝朝赐我尝。"① 元代后期诗人许有壬曾长期在朝廷中做官，不止一次来往于大都、上都之间。他的《上京十咏》之一是"马酒"，其中写道："味似融甘露，香疑酿醴泉。新醅撞重白，绝品挹清玄。"② 在另一首记述他来往于两都之间的诗篇中，他写道："悬鞍有马酒，香泻革囊春。"③

黑釉乳钵与乳棒，内蒙古自治区乌兰察布市察哈尔右翼前旗土城子出土
（选自《北方民族文物展》）

　　果实酒有多种，最重要的是葡萄酒。成吉思汗建国后，中亚畏兀儿首领亦都护首先归附。畏兀儿就是今天维吾尔族的祖先，当时生活在以哈剌火州（今新疆吐鲁番）和别失八里（今新疆吉木萨尔）为中心的地区，哈剌火州便是出产葡萄酒的地方。后来蒙古西征，征服了中亚的大片地区。随从西征的耶律楚材，在河中（阿母河和锡尔河二河之间，以布哈拉和撒马尔罕为中心的地区，今属乌兹别克）等地经常喝到葡萄酒："花开把榄芙渠淡，酒泛葡萄琥珀浓"；"葡萄架底葡

　　①　《寄贾搏霄乞马乳》、《谢马乳复用韵二首》，《湛然居士文集》卷4。
　　②　《至正集》卷16。
　　③　《雨中桓州道中》，《至正集》卷16。

萄酒，杷榄花前杷榄仁"①；"寂寞河中府，连甍及万家。葡萄亲酿酒，杷榄看开花"②。因此，蒙古宫廷中，便有来自中亚的葡萄酒，并得到蒙古贵族的青睐。欧洲传教士鲁不鲁乞在蒙哥汗的宫廷中看到有四种酒，其中之一是葡萄酒。③ 南宋使臣到草原时，"又两次金帐中送葡萄酒，盛以玻璃瓶，一瓶可得十余小盏，其色如南方柿漆，味甚甜。闻多饮亦醉，但无缘多饮耳。回回国贡来"④。南宋使臣特别记载葡萄酒，是因为当时江淮以南并无此物。所谓"回回国"，即指原在河中地区的花剌子模国，西征时已为蒙古所灭，此处沿袭旧称。

大约在金、元之际，山西也开始生产葡萄酒。山西安邑"多蒲桃，而人不知有酿酒法"。金贞祐年间（1213—1216 年），"一民家避寇自山中归，见竹器所贮蒲桃在空盎上者，枝蒂已干，而汁留盎中，薰然有酒气。饮之，良酒也。盖久而腐败，自然成酒耳。不传之秘，一朝而发之"⑤。此后安邑便以产葡萄酒闻名于世。蒙古统治北方农业区后，安邑葡萄酒便成了贡品。世祖中统二年（1261）六月，"敕平阳路安邑县葡萄酒自今毋贡"⑥。可见此前一直进贡。事实上，"毋贡"的命令并未真正实行。成宗元贞二年（1296）三月，"罢太原、平阳路酿进葡萄酒，其葡萄园民恃为业者，皆还之"⑦。说明山西在中统二年以后仍然进贡葡萄酒，而且生产葡萄酒的地区已不限于平阳安邑，至少还有太原。此后是否仍作为贡品，则是不清楚的。元代中期宫廷饮食著作中说："葡萄酒益气调中，耐气强志。酒有数等，有西番者，有哈剌火者，有平阳、太原者，其味都不及哈剌火者田地酒最佳。"⑧ "西番"泛指西部各民族聚居地区，难以确定其准确所在。可以认为，元代葡萄酒的主要产地，应是哈剌火州（哈剌火者）和山西的平阳、太原。

上面说到蒙古国时期宫廷饮用葡萄酒。进入元朝之后，葡萄酒与马奶酒并列为宫廷的主要用酒。南宋小皇帝一行到大都，忽必烈连续设宴款待，"第四排宴在广寒，葡萄酒酽色如丹"⑨。上都大宴会，"诸王舞蹈千官贺，高捧葡萄寿两宫"⑩。"诸王驸马咸称寿，满酌葡萄饮玉鍾"⑪。皇帝赏赐臣属，常用葡萄

① 《赠蒲察元帅七首》，《湛然居士文集》卷 5。

② 《西域河中十咏》，《湛然居士文集》卷 6。

③ 《出使蒙古记》，第 181、194 页。

④ 《黑鞑事略》。

⑤ 元好问：《葡萄酒赋》，《元好问全集》卷 1。

⑥ 《元史》卷 4，《世祖纪一》。

⑦ 《元史》卷 19，《成宗纪二》。

⑧ 《饮膳正要》卷 3，《米谷品》。

⑨ 汪元量：《湖州歌九十八首》，《增订湖山类稿》卷 2。

⑩ 萨都剌：《上京杂咏》，《雁门集》卷 6。

⑪ 朱有燉：《元宫词》，《辽金元宫词》，第 19—26 页。

酒。如至元十一年（1274），塔出攻宋有功，忽必烈"赐葡萄酒二壶"①。左丞相史天泽总大军攻宋，途中生病，"帝遣侍臣赐以葡萄酒"②。南宋小皇帝一行到大都后，"御厨请给葡萄酒"；因而当"客中忽忽又重阳"之时，能"满酹葡萄当菊觞"③。因此，宫廷中对葡萄酒的需要量是很大的。元代后期曾在朝廷中任职的杨瑀说："尚酝葡萄酒，有至元、大德间所进者尚存。"④ 至元、大德是世祖、成宗的年号，相当于 13 世纪后半期 14 世纪初。尚酝即大都尚酝局，"掌酝造诸王、百官酒醴"。另有大都尚饮局，"掌酝造上用细酒"⑤。上都亦设有同样的两个机构。由杨瑀所述，可知尚酝局中收藏不少贮存期长达半个世纪甚至更久的地方上贡的葡萄酒。尚饮局亦应如此。

上面说的是宫廷和官府饮用葡萄酒的情况，以及葡萄酒的来源。葡萄酒还在民间公开发售。大都地区，"自戊午年至至元五年，每葡萄酒一十斤数勾抽分一斤"；"及至六年、七年，定立课额，葡萄酒浆止是三十分取一"⑥。"戊午年"是蒙哥汗八年，即 1258 年；至元五年是 1268 年。也就是说，至迟在戊午年起，葡萄酒已在燕京（后来称大都）民间公开发售。大都地区出产葡萄，民间发售的葡萄酒，很可能是本地的产品。

元代中期，周权写了一首名为《葡萄酒》的诗，其中说："累累千斛昼夜舂，列瓮满浸秋泉红。数宵酝月清光转，秾腴芳髓蒸霞暖。酒成快泻宫壶香，春风吹冻玻璃光。甘逾瑞露浓欺乳，曲生风味难通谱。"⑦ 另据记载，哈剌火州葡萄酒的酿造方法是："酝之时，取葡萄带青者。其酝也，在三五间砖石瓮砌干净地上，作瓮瓷瓦缺嵌入地中，欲其低凹以聚。其瓮可容数石者。然后取青葡萄，不以数计，堆积如山，铺开，用人以足揉践之使平，却以大木压之，覆以羊皮并毡毯之类，欲其重厚，别无曲药。压后出闭其门，十日半月后窥见原压低下，此其验也。方入室，众力捽下毡木，搬开而观，而酒已盈瓮矣。"⑧ 可以看出，两者都是将葡萄捣碎，利用葡萄皮上带着的天然酵母菌，自然发酵。这和前代常见的用粮食和葡萄混酿的办法是不一样的。⑨

① 《元史》卷 135，《塔出传》。
② 《元史》卷 155，《史天泽传》。
③ 汪元量：《湖州歌九十八首》，《增订湖山类稿》卷 2。
④ 《山居新话》。
⑤ 《元史》卷 87，《百官志三》。
⑥ 《元典章》卷 22，《户部八·酒课》。
⑦ 《此山先生诗集》，卷 9。
⑧ 《析津志辑佚·物产·异地产贡》。
⑨ 元好问在《葡萄酒赋》中指出：安邑原来"多蒲萄，而人不知有酿酒法"；有人"摘其实并米炊之，酿虽成，而古人所谓'甘而不饴，冷而不寒'者，固已失之矣。"宋人朱肱《北山酒经》中记"葡萄酒法"，也是用米和葡萄混酿，还要加酒曲。

元代的果酒，见于记载的还有枣酒、椹子酒等。"枣酒，京南真定为之，仍用些少曲糵。""椹子酒，微黑色。京南真定等处咸有之。大热有毒，饮之后能令人腹内饱满。"① 其他地方亦应有各种果实酿造的酒。

尽管马奶酒、葡萄酒都很流行，但总的来说，元代以汉族为主的广大农业区，主要饮用的还是各种粮食酒。粮食酒的原料主要有糯米、黍（小米）等。"秫性粘而可酿酒。"② 秫就是糯米。江南出产的香糯米和卫辉路辉州（今河南辉县）出产的苏门糯米，都是酿酒的好材料。元朝中央政府中设置的醴源仓，"掌受香莎、苏门等酒材糯米，乡贡麴药，以供上酝及岁赐百官者"③。香莎糯米应即江南香糯米。苏门米被认为是酿酒的上品，"苏门者为上，酿酒者多用"。黍"可以酿酒，又可以作馈粥"；"白黍酿酒，亚于糯秫"④。元朝统一全国后不久，大都"京师列肆百数，日酿有多至三百石者，月已耗粮万石。百肆计之，不可胜算"⑤。这个数字显然是夸大的，但酿酒耗费大量粮食则是可以肯定的。当时天旱不雨，为了节省粮食，忽必烈便"申严大都酒禁，犯者籍其家资，散之贫民"⑥。但禁令是暂时的，很快便重新开放。大德八年（1304），大都酒课提举司管辖槽房（又作槽坊、酒坊，用粮食造酒的作坊）100 所，九年并为 30 所，"每所一日所酿，不许过二十五石以上"⑦。即以官府所限定额计，30 所槽房每日用粮即达 750 石，一年耗粮需 27 万石。到武宗至大三年（1310），增为 54 所。如按原限额计，则每年耗粮近 50 万石，约等于当年由江南海道运到大都的漕粮总数的六分之一强，和元朝政府在大都所设米肆的粜米数（供应一般平民食用）大致相等。大都槽房的酒，主要是供应一般居民饮用的。前面说过的大都尚饮局和大都尚酝局，除了酿造、储藏葡萄酒外，还大量酿造、储藏供宫廷、诸王、百官饮用的粮食酒。这两个机构都隶属于光禄寺。诸王、百官可以按规定到光禄寺领取官酒。有的记载说，"官人们"举办宴会，彼此商议说："酒京城槽房虽然多，街市酒打将来怎么吃！"于是便派人到光禄寺去"讨酒"。"讨酒"要有"勘合"文书。⑧ 由此可见，光禄寺酒的质量，要高于民间槽房制造的酒。因此，诸王、百官往往凭借权势到光禄寺强行索取，

① 《析津志辑佚·物产》。
② 《农书·百谷谱集一、二》。
③ 《元史》卷 87，《百官志三》。
④ 《农书·百谷谱集一、二》。
⑤ 姚燧：《姚文献公神道碑》，《牧庵集》卷 15。
⑥ 《元史》卷 9，《世祖纪六》。
⑦ 《元史》卷 94，《食货志三·酒醋课》。
⑧ 《朴通事谚解》卷上。

"宣徽所造酒，横索者众"①。光禄寺是宣徽院的一个下属机构，宣徽酒就是光禄酒。诗人写道："这样双鬟束御罗，叠骑骄马粉墙过；回头笑指银瓶内，官酒谁家索较多。"② 可见索取宣徽（光禄）酒是大都常见的现象。宣徽（光禄）酒的数量无从查考，可以肯定相当可观。槽房酒和宣徽（光禄）酒加在一起，元代大都粮食酒的生产量是很惊人的。

上面说的是大都粮食酒的生产情况。大都以外，其他农业地区也都大量生产粮食酒。据元代中期统计，包括大都在内的腹里地区酒课为 56000 余锭，而江浙行省近 20 万锭，河南行省 75000 锭，江西、湖广均为 58000 锭以上，可知以上各省的粮食酒产量都在大都之上。③ 元代后期吴师道说："利兴于榷酤而流于后世，虽欲禁民之无饮，不可得矣。今列肆饮坊，十室而九，糜谷作醪，不知其几倍于粒食也。斗争凌犯之讼，失业荡产之民，皆由于此。"④ 他认为酿酒消耗的粮食，已经超过了百姓食用之粮食。这个估计，是否符合实际，难以断定，但从前面所说大都的情况看来，他的说法不是没有根据的。也就是说，元代全国粮食酒的产量是很大的。

粮食酒常加药材和其他物件。见于宫廷之中的即有虎骨酒、枸杞酒、地黄酒、羊羔酒、五加皮酒、腽肭脐酒、小黄米酒等。⑤ 小黄米酒以酿酒所用粮食命名，其他则以与粮食同酿的药材（虎骨、枸杞、地黄、五加皮、腽肭脐）或其他物件（羊羔）命名。以药加入粮食酒作为滋补品，在当时是很流行的。元仁宗曾赐大臣察罕枸杞酒，表示"以益卿寿"⑥。元代诗人王恽咏五加皮酒："服食闽中土，加皮说异常。精华含五气，补益最多方。不羡黄金载，长浇白玉觞。"⑦ 羊羔酒"大补益人"⑧，它是将"精羊肉"蒸熟，用"糯酒"浸泡，再加工制成的。⑨ 羊羔酒被认为是美酒，元代杂剧里描写乡间酒店道："止不过瓦钵内斟村酿，那里有金盏内泛羊羔。"⑩ 类似的还有菊花酒、天门冬酒、菖蒲酒、紫苏子酒等。⑪

---

① 《元史》卷 140，《别儿怯不花传》。
② 迺贤：《京城春日二首》，《金台集》卷 1。
③ 《元史》卷 94，《食货志三·酒醋课》。
④ 《国学策问四十道》，《吴礼部集》卷 19。
⑤ 《饮膳正要》卷 3，《米谷品》。
⑥ 《元史》卷 137，《察罕传》。
⑦ 《五加皮酒》，《秋涧先生大全文集》卷 13。
⑧ 《饮膳正要》卷 3，《米谷品》。
⑨ 《居家必用事类全集》己集，《酒曲类》。有一种意见认为羊羔酒是白色的糯米酒，似不准确。
⑩ 武汉臣：《包待制智赚生金阁》，《元曲选》第 4 册，第 1727 页。
⑪ 陈直、邹铉：《寿亲养老新书》卷 2，《食治方》。

蒙古草原上不出产粮食酒。随着蒙古人向农业区扩展，他们接触到粮食酒并发生兴趣。13 世纪中叶，蒙古宫廷中已有粮食酒，与马奶酒、葡萄酒并列为饮料。① 蒙古人称粮食酒为"答剌苏"（darasun，又译作打剌酥、打剌孙、大辣酥等），这个词在元代普遍流行开来，在杂剧中便经常出现。例如，"去买一瓶打剌酥，吃着耍"②；"打剌孙喝上五壶"③。粮食酒的饮用者主要是汉族，但在蒙古族和其他民族中间也流行开来。

　　果酒和粮食酒采用蒸馏加工的方法，就成了阿剌吉（araq）酒。阿剌吉是阿拉伯语，原意为汗、出汗。用阿剌吉为酒名，是形容蒸馏时容器壁上凝结的形状。蒸馏器一般用上下相接的两个容器组成，下面的容器盛酒，加热以后，蒸汽上升，在上面的容器冷却凝结，"蒸而雨滴"，加以收集，便成了阿剌吉酒。④ 至少在元代中期，它已在宫廷饮食中出现。"阿剌吉酒，味甘辣，大热，有大毒，主消冷坚积，去寒气。用好酒蒸熬取露成阿剌吉。"⑤ 到了元代后期，已经普遍在民间传播开来。"其法出西域，由尚方达贵家，今汗漫天下矣"⑥。宫廷中的阿剌吉"用好酒蒸熬"，传入民间后，"虽败酒亦可为"⑦。用葡萄酒制作阿剌吉酒，在当时是常见的事。哈剌火州出葡萄酒，已见前述。"复有取此酒烧作哈剌吉，尤毒人。"⑧ 哈剌吉即阿剌吉。诗人咏葡萄阿剌吉说："西酝葡萄贵莫名，炼蒸成露更通灵。"⑨ 枣酒亦可"烧作哈剌吉，微烟气，甚甘，能饱人"⑩。粮食酒亦应可以蒸馏加工成阿剌吉酒，但是没有明确的记载。

　　蒸馏酒的出现，是中国酒制造史上的一大革命，引起酒的生产和消费的重大变化。"阿剌吉，酒之英，清如井泉花，白于寒露浆。"⑪ 它受到蒙古人和汉人的普遍欢迎。

① 《出使蒙古记》，第 181、194 页。
② 佚名：《小慰迟斗将认父归朝》，《元曲选》第 2 册，第 517 页。
③ 佚名：《阀阅舞射柳捶丸》，《元曲选外编》，第 1021 页。
④ 朱德润：《轧赖机赋》，《存复斋文集》卷 3。《居家必用事类全集》己集，《酒麹类·南番烧酒法》。
⑤ 《饮膳正要》卷 3，《米谷品》。
⑥ 许有壬：《咏酒露次解恕斋韵》，《至正集》卷 16。
⑦ 同上。
⑧ 《析津志辑佚·物产》。
⑨ 许有壬：《承赠葡萄阿剌吉感慰不能自已……》，《圭塘小稿》别集上。
⑩ 《析津志辑佚·物产》。
⑪ 黄玠：《阿剌吉》，《弁山小隐吟录》卷 2。

五　茶

　　茶是中国特有的传统饮料。至迟在唐代，已开始流行，宋代大盛。到了元代，饮茶已成为各民族各阶层的一种共同嗜好。著名学者王祯说："夫茶，灵草也。种之则利博，饮之则神清。上而王公贵人之所尚，下而小夫贱隶之所不可阙，诚生民日用之所资，国家课利之一助也。"① 当时流行的谚语："早晨起来七件事，柴米油盐酱醋茶。"② 可以说茶在家庭饮食生活中占有不可缺少的地位。

　　茶主要出产在江、淮之南。元代的名茶有福建建宁的北苑茶和武夷茶，湖州的顾渚茶，常州的阳羡茶，绍兴的日铸茶，庆元慈溪的范殿帅茶等。北苑、顾渚、阳羡、日铸都是前代的名茶，有"绝品"之称。其中顾渚茶在唐代曾作为贡品，宋代因制茶专用泉水涸竭而停产。元平江南之后，泉水复出，再次成为贡品。北苑茶是宋代宫廷用茶，元代仍享有盛誉，茶叶"闽、浙、蜀、荆、江、湖、淮南皆有之，惟建溪北苑为胜"；它专供进贡之用，被称为"御茶"③。"阳羡贡茶传四方"④，也是进贡朝廷的名茶。日铸茶产于浙东绍兴的日铸岭，在宋代就有"奇绝"之称。⑤ 元代诗人柯九思曾在宫中奎章阁任职，有诗云："旋拆黄封日铸茶，玉泉新汲味幽嘉。殿中今日无宣唤，闲卷珠帘看柳花。"⑥ 可见宫廷中亦饮用日铸茶。武夷茶和范殿帅茶在元代始出名。武夷茶产地武夷山，属建宁路崇安县。至元十六年（1279），江浙行省平章政事高兴过武夷，制"石乳"（茶名）数斤献给朝廷，这是元代武夷茶作为贡茶的开始。后来高兴之子高久住任福建邵武路总管，就近在武夷督造贡茶，创设焙局，称

① 《农书·百谷谱集十·茶》。

② 元代杂剧中常有此语，如武汉臣《李素兰风月玉壶春》、佚名《月明和尚度柳翠》等，见《元曲选》第 2 册，第 474 页；第 4 册，第 1335 页。

③ 《农书·百谷谱集十·茶》。

④ 吴克恭：《阳羡茶》，《元诗选》3 集，第 465 页。

⑤ 《嘉泰会稽志》卷 17，《日铸茶》。

⑥ 《春直奎章阁二首》，《草堂雅集》卷 1。

为御茶园。① 元朝政府设"建宁北苑武夷茶坊提举所，提领一员，受宣徽院札，掌岁贡茶芽，直隶宣徽"②。元代宣徽院掌管宫廷饮食，武夷茶和北苑茶一样，其精品主要供宫廷消费。范殿帅茶"系江浙庆元路造进茶芽，味色绝胜诸茶"。所谓范殿帅，就是曾任南宋殿前副都指挥使后来降元的范文虎，故有"殿帅"之称。元代庆元（今浙江宁波）方志记载："茶，出慈溪县民山，在资国寺冈山者为第一，开寿寺侧者次之。每取化安寺水蒸造，精择如雀舌细者入贡。"③ 明代慈溪的方志明确指出这就是范殿帅茶："造茶局，宋殿帅范文虎贡茶，元因之，就开寿寺置局。"④ 这种茶在明代仍是贡品。

王祯指出："茶之用者，曰茗茶，曰末茶，曰蜡茶。"茗茶实际上就是现在通行的散条形茶，摘取嫩叶，锅炒杀青而成。末茶则是将茶采摘以后，"先焙芽令燥，入磨细碾"。唐、宋时期，通常将末茶制成饼，饮时先将茶饼捣碎碾成末，然后饮用，元代依然如此。至于蜡茶，则是末茶中的精品。"蜡茶最贵，而制作亦不凡。择上等嫩芽，细碾入罗，杂脑子诸香膏油，调剂如法，印作饼子，制样精巧。候干，仍以香膏油润饰之。其制有大小龙团带胯之异。此品惟充贡献，民间罕见之。"⑤ 元代蜡茶的制作，与宋代无大区别。称之为"蜡"，是因为茶饼表面润饰香膏油，光滑如蜡。元代诗人卓元写道："制成雀舌龙凤团，题封进入幽燕道。黄旗闪闪方物来，荐新趣上天颜开。"⑥ 卓元描述的就是蜡茶进贡的情形。

元朝政府对行销的茶征收茶税，征税的茶分为"末茶"、"草茶"两大类，征收不同数额的钞。⑦ "草茶"一名在宋代已经出现，就是王祯所说的"茗茶"，亦即散条形茶。

"茗茶"（草茶）、"末茶"、"蜡茶"有不同的饮用方式。先说"茗茶"。王祯指出："凡茗煎者择嫩芽以汤去薰气，以汤煎饮之，今南方多效之。"⑧ 宫廷饮食中有"清茶，先用水泡过，滤净，下茶芽，少时煎成"⑨。根据这两条记载可知，"茗茶"（草茶）饮用时先用热水泡过滤净，然后再加水煎成。元

---

② 《元史》卷87，《百官志三》。
③ 《至正四明续志》卷5，《草木》。
④ 《天启慈溪县志》卷1，《县治》。
⑤ 《农书·百谷谱集十·茶》。
⑥ 《采茶歌》，《皇元风雅》卷28。
⑦ 《元史》卷94，《食货志二》。
⑧ 《农书·百谷谱集十·茶》。
⑨ 《饮膳正要》卷2，《诸般汤煎》。

代散曲中有"煮茶芽旋撮黄金"、"宾朋来煮嫩茶"等句①，都说明当时的"茗茶"（茶芽、嫩茶）用煎煮之法，与后来用开水泡饮有所不同。"末茶"饮用之法，王祯说："然则末子茶尤妙。先焙芽令燥，入磨细碾，以供点试。凡点，汤多茶少则云脚散，汤少茶多则粥面聚。钞（？）茶一钱七，先注汤，调极匀，又添注入，回环击拂，视其色鲜白，著盏无多痕力度。其茶既甘而滑。南方虽产茶，而识此法者甚少。"② 所谓"点"就是将沸水注入装有茶末的茶盏，"汤"就是煮沸的水；"粥面"是茶汤的表面，"云脚"即浮在茶汤表面的花沫。先在茶盏中放茶末一钱七分，注入少量的沸水，将茶末调匀，然后加添沸水，用专门的工具茶筅（竹制）加以搅动，"回环击拂"，可以达到表面汤花"色鲜白"的效果。茶面汤花紧贴盏沿不退，这就叫作"著盏无水痕"；汤花散退，盏的内沿就会出现水的痕迹，称为"水脚"。点茶是饮用末茶的一种方式。还有一种方式，则是将茶末和水同煎。唐代饮茶主要以茶末和水同煎。宋代点茶之法盛行，但煎茶仍然有之（有时点茶也称为煎茶）。从元代记载看，茶末和水同煎之法依旧存在。程以文的一首诗中写道："日铸新茶早得名，离离山谷泄云英。白金汤鼎形模古，黄阁风炉制度精。"这首诗的标题是《煮茶汤鼎甚佳，令依样成造》。③ 鼎在唐代便是煎茶时常用的工具。诗人张起岩的《煎茶》诗中，亦有"小团汤鼎发幽馨"之句。④

总起来说，元代饮茶，"茗茶"（草茶）一般采用加水煎的办法，"末茶"有的采用"点"即用沸水（汤）冲泡，有的则和水同煎。也可从另一个角度分类，即饮茶有"点"、"煎"之分。"点"茶即用沸水（汤）冲泡茶末，"煎"茶则是以茶末或茶芽和水同煎。至于现代通行的以沸水冲泡散条形茶的方法，则是明代以后的事情。

内蒙古赤峰市元宝山两座元墓的壁画中都出现了饮茶的场面。1号墓壁画反映的是研茶的情况，即将饼茶研成碎末供点茶之用。2号墓描绘的则是点茶的情景，即向茶盏中注入沸水。两幅壁画中出现的茶具有石臼、研杵、茶盏、茶罐、汤瓶、茶瓶、茶筅等。⑤ 散曲作家李德载的小令《【中吕】阳春曲·赠茶肆》中的"茶烟一缕轻轻扬，搅动兰膏四座香"；"黄金碾畔香尘细，碧玉

① 《全元散曲》，第623、1065页。
② 《农书·百谷谱集十·茶》。
③ 《诗渊》，第2册。
④ 《西岩集》卷8。
⑤ 项春松：《内蒙古赤峰市元宝山元代壁画墓》，《文物》1983年第4期；刘冰：《内蒙古赤峰市沙子山元代壁画墓》，《文物》1992年第2期。

瓯中白雪飞"①，描写的也是点茶情景。这些资料足以说明点茶之法在元代是相当盛行的。但是，"煎茶"特别是以茶末和水同煎的饮茶方式在元代日益普遍，而且显然在文人、艺术家中特别流行。"有客来，汲清泉，自煮茶芽"；"石鼎内烹茶芽，瓦瓶中添净水"②。可以说，"煮茶芽"已被视为文人闲适生活的一项重要内容。与宋代流行点茶相联系的是黑盏（黑釉茶盏）的风行，到了元代，青白茶盏增多，这正反映出饮茶方式的改变。上面引用过王祯"南方虽产茶，而识此法（点茶——引者）者甚少"的说法，显然是因为南方"煮茶芽"之法已占了上风。总之，可以认为，元代是我国饮茶方式的一个重要转变时期，前代的"点茶"和"煎茶（茶末）"之风依然盛行，但"煮茶芽"的方法已日益流行开来。

以上说的是纯粹饮茶之法。唐、宋时期，饮茶时常加其他佐料，如盐、姜、香药等，元代此风仍存。宫廷中有"香茶"，系以白茶、龙脑、百药煎、麝香"同研细，用香粳米熬成粥，和成剂，印成饼"③。显然，和前面所述"蜡茶"一样，这种"香茶"也是制成饼茶，饮用时碾细的。著名散曲作家乔吉有咏"香茶"作品一首："细研片脑梅花粉，新剥珍珠豆蔻仁，依方修合凤团春。醉魂清爽，舌尖香嫩，这孩儿那些风韵。"④可见"香茶"是用龙脑等珍贵香料、药材和茶配合制成的。⑤宫廷中又有"枸杞茶"，将枸杞和雀舌茶碾成细末，"每日空心用"⑥。这是用药材配茶的例子。民间流行的有"擂茶"，"将茶芽汤浸软，同去皮炒熟芝麻擂极细，入川椒末盐酥糖饼再擂匀细，如干，旋添浸茶汤。如无糖饼，斟酌以干面代之。入锅煮熟，随意加生栗子片、松子仁、胡桃或酥油，同擂细，煎熟尤妙。如无草茶，只用末茶亦可。与芝麻同擂亦妙"。至今江西南部等地仍保存了这种饮茶方式。它是茶添加食物形佐料的例子。现代中国北方流行花茶，即以植物的花香来增益茶味。对于花茶的起源，说法不一。元代有"百花香茶"，是将"木犀、茉莉、菊花、素馨等花"，放在茶盒上下"薰之"⑦。

---

① 《全元散曲》，第 1223 页。

② 《全元散曲》，第 114 页。马致远：《马丹阳三度任风子》，《元曲选》第 4 册，第 1677 页。

③ 《饮膳正要》卷 2，《诸般汤煎》。

④ 《【双调】卖花声·香茶》，《全元散曲》，第 633 页。

⑤ 《居家必用事类全集》己集《诸品茶》和《事林广记》别集卷 7（至顺本）均载有"脑麝香茶"和"法煎香茶"，前者置脑、麝于容器中薰之，后者则以脑、麝和茶芽、绿豆、山药一同细磨而成，可见"香茶"制法多种多样，但均用脑、麝作配料。"脑麝香茶"又称"龙麝香茶"，见《元曲选》第 2 册，第 629 页。

⑥ 《饮膳正要》卷 2，《诸般汤煎》。

⑦ 《事林广记》别集卷 7。《居家必用事类全集》己集《诸品茶》略有不同，如"草茶"作"茶芽"，"末茶"作"江茶"，"桔花"作"菊花"。

茶是家庭中必备的饮料。同时，在南北各地城乡中，遍布许多茶坊、茶楼、茶馆。以京师大都为例，"茶楼酒馆照晨光，京邑舟车会万光"①。前引李德载的"赠茶肆"小令，结尾是："金芽嫩采枝头露，雪乳香浮塞上酥，我家奇品世间无。君听取，声价彻皇都。"这简直就是在为茶肆做广告。马致远的杂剧《吕洞宾三醉岳阳楼》中，描写一对夫妻在湖湘名胜岳阳楼下"开着一座茶坊，但是南北往经商客旅"，都要来"茶坊中吃茶"②。这无疑是现实生活的写照。茶坊的经营者和服务人员，一般称为茶博士。在关汉卿的杂剧《钱大尹智勘绯衣梦》中，茶坊主人自称："自家茶博士，开了这茶坊。"茶坊除了卖茶之外，往往还供应各种汤饮（详见后述）。

在现代蒙古人的饮食生活中，茶是必不可少的饮料。而在 13 世纪初，蒙古人的饮料主要是马奶酒，还有各种家畜的奶。随着蒙古人向金朝统治下的农业区扩展，他们很自然便会接触到茶。茶的主要产地在江、淮以南，但是在金朝统治地区，"上下竞啜，农民尤甚，市井茶肆相属"③。这种习惯对蒙古人肯定会有影响。特别是在消灭南宋、统一全国以后，江南产茶之地尽入版图，蒙古人对茶有了更多的接触机会。前面说到，高兴进贡武夷茶，范文虎进贡庆元慈溪茶，显然都是为了迎合宫廷的需要。由于金沙泉的复出，顾渚茶在元代重新生产，已见前述。至元十五年（1278）正月，忽必烈赐金沙泉名瑞应泉。④对于金沙泉的兴趣，显然是出于对名茶的需求。这些情况说明，以忽必烈为首的蒙古上层人物，已经有了饮茶的嗜好。

元朝皇帝饮茶的明确记载，则自武宗海山始。"自至大（1308—1311 年）初，武宗皇帝幸柳林飞放，请皇太后同往观之。由是道经邹店，因渴思茶"，臣下用当地井水，"煎茶以进，上称其味特异内府常进之茶，味色双绝。……自后御用之水，日必取焉。所造汤茶，比诸水殊胜"⑤。由此可知，武宗时宫中已常以茶作饮料，而且武宗所饮，显然是不加其他佐料的清茶，否则难以品出茶的变化。元代中期名诗人马祖常写道："太官汤羊庆肥腻，玉瓯初进江南茶。"⑥"太官"指负责宫廷饮食的官员。皇帝在饱食肥腻的羊肉以后，已习惯饮茶来帮助消化。这和前面所引"内府常进"茶可以互相印证。元朝末代皇帝妥懽贴睦尔对饮茶有很大的兴趣。他的身边有"专司茗饮"的侍女，后来成为

① 马臻：《都下初春》，《霞外诗集》卷4。
② 《元曲选》第 2 册，第 618 页。
③ 《金史》卷 49，《食货志四·茶》。
④ 《元史》卷 10，《世祖纪七》。
⑤ 《饮膳正要》卷 2，《诸般汤煎》。
⑥ 《和王左司竹枝词十首》，《石田先生集》卷 5。

134

元成宗铁穆耳像 （选自《中国少数民族文化史图典》）

元世祖妻察必皇后像　（选自《中国少数民族文化史图典》）

上：夫妻对坐图　内蒙古自治区赤峰市元宝山元墓壁画　（选自《中国少数民族文化史图典》）

下：宴居图　内蒙古自治区凉城县后德胜村元墓壁画　（选自《中国少数民族文化史图典》）

上：绢质双鹦鹉衔花纹风帽
内蒙古自治区包头市达尔罕茂明安联合旗大苏吉乡水明村出土
（选自《中国少数民族文化史图典》）

下：纳石失辫线袄
内蒙古自治区包头市达尔罕茂明安联合旗大苏吉乡水明村出土
（选自《中国少数民族文化史图典》）

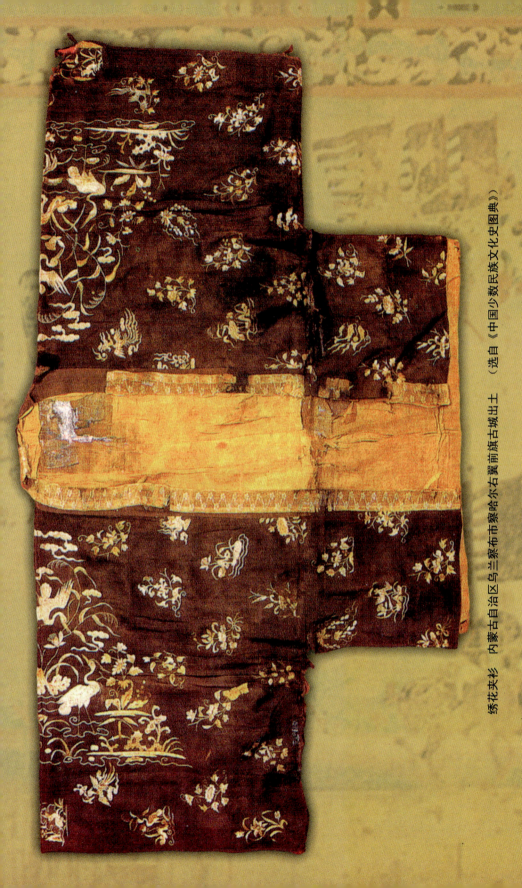

绣花夹衫 内蒙古自治区乌兰察布察哈尔右翼前旗古城出土 （选自《中国少数民族文化史图典》）

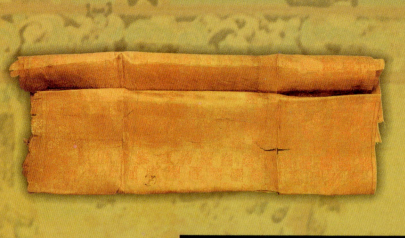

上：印花印金衣料　内蒙古自治区乌兰察布市察哈尔右翼前旗元集宁路遗址出土
（选自《中国少数民族文化史图典》）

中：双羊图案提花织锦被面　内蒙古自治区乌兰察布市察哈尔右翼前旗元集宁路遗址出土
（选自《中国少数民族文化史图典》）

下：绢质绣花靴套　内蒙古自治区包头市达尔罕茂明安联合旗大苏吉乡水明村出土
（选自《中国少数民族文化史图典》）

哈剌和林城遗址

■ 元代社会生活史

上：哈剌和林城遗址的石龟

下：元上都宫城东城墙遗址

皇后的高丽女子奇氏，便因担任这一职务得与顺帝亲近，因而受宠。①"自供东苑久司茶，览镜俄惊岁月加。纵使深宫春似海，也教云鬒点霜华"②。更多的"司茶"宫女，则在宫中寂寞地度过了青春。顺帝经常在内殿与宠臣哈麻"以双陆为戏。一日，哈麻服新衣侍侧，帝方啜茶，即啜茶于其衣"③。茶作为一种止渴、消食的饮料，适合以肉食为主的蒙古人需要，受到他们的欢迎是必然的。宫廷中如此，一般蒙古人也不会例外。

宫廷饮食中还有几种配加特殊佐料的茶。一种是炒茶，"用铁锅烧赤，以马思哥油、牛奶子、茶芽同炒成"。"马思哥油"就是从牛奶中提炼的奶油，"亦云白酥油"。一种是兰膏，"玉磨末茶三匙头，面、酥油同搅成膏，沸汤点之"。所谓"玉磨末茶"是以"上等紫笋［茶］"和"苏门炒茶""一同拌和匀，入玉磨内，磨之成茶"。还有一种酥签，"金字末茶两匙头，入酥油同搅，沸汤点之"。"金字末茶"系江南湖州所造进末茶，实即顾渚茶。④ 以上炒茶、兰膏、酥签虽然制作方法有所差别，但有一个共同点，便都是加进了酥油。这和中原原有的饮茶方式是有很大不同的。宫廷中还有"西番茶"，"味苦涩，煎用酥油"⑤。这里的"西番"，应该指藏族居住地区。所谓"西番茶"，应即藏族喝的酥油茶。藏族早在唐代已知饮茶，并按自己的生活方式进行改造。上述宫廷中的三种茶很可能是受"西番茶"的启发而造成的。当然也可能完全是蒙古人本身的创造。有趣的是，这些以酥油入茶的饮用方式，反过来又流传到汉族和其他民族中去。元代后期在大都做官的许有壬指出"世以酥入茶为兰膏"，并为此写下了诗篇。⑥ 杂剧《吕洞宾三醉岳阳楼》中，茶坊经营的饮料中有酥签，顾客喝了以后说道："你这茶里面无有真酥。"⑦ 杂剧《月明和尚度柳翠》（作者佚名）中，柳翠和月明和尚到茶房里说话，月明和尚要茶博士"造个酥签来"⑧。民间类书中也收录了"兰膏茶"和"酥签茶"的制法⑨，可见在当时是流传很广的。

---

① 《元史》卷114，《后妃传一》。
② 朱有燉：《元宫词一百首》。
③ 《元史》卷205，《哈麻传》。
④ 《饮膳正要》卷2，《诸般汤煎》。
⑤ 同上。
⑥ 《咏酒兰膏次恕斋韵》，《至正集》卷16。
⑦ 《元曲选》第2册，第621页。
⑧ 《元曲选》第4册，第1342页。
⑨ 《居家必用事类全集》己集，《诸品茶》。

六　其他饮料

除了酒、茶之外、元代还有多种饮料。

首先是家畜的奶。过着游牧生活，以牲畜为主要生产资料和生活资料的蒙古族，把家畜的奶作为日常的饮料。"如果他们有马奶的话，他们就大量喝它；他们也喝母羊、母牛、山羊甚至骆驼的奶。"牲畜奶不仅用来解渴，而且可以充饥。"在夏天，因为他们有很多的马奶，他们就很少吃肉"。对于一般贫苦牧民来说，更是如此。他们也用畜奶来招待客人。欧洲传教士在草原上旅行时，蒙古人就曾给他们牛奶喝，甚至供应几皮囊牛奶作为路上饮料。① 骆驼奶蒙古人称为爱剌，"性温味甘，补中益气，壮筋骨，令人不饥"②，是家畜奶中的珍贵之物。忽必烈曾赐有功将领饮驼乳，以此表示"他日不忘汝也"③。至于汉族，在各种家畜奶中饮用牛奶较多，"牛乳最宜老人，平时补血脉，益心长肌肉，令人身体康强润泽，面目光悦，志不衰。……此物胜肉远矣"④。马奶可制作马奶油，已见上述。用牛、羊奶可以制作乳酪和酥油。乳酪就是通常所说的奶皮子。"牛乳中取浮凝，熬而为酥"，就是酥油，也就是奶油。⑤ "牛酥真异品，牛乳细烹熬。坚滑黄凝蜡，冲融白泻膏。"⑥ 羊乳中也可以提取酥油。"三月五月尚清寒，新滴羊酥冻玉枰"⑦；"不须白粲备晨炊，乳酥羊酥塞北奇"⑧。乳酪、羊（牛）酥是蒙古人的食品，但不少汉人也对此发生兴趣，上引几首诗的作者都是汉人。酥、酪之外，又有乳饼。在草原上，"营盘风软净无沙，乳

---

① 《出使蒙古记》，第 17、18、125、129 页。
② 《饮膳正要》卷 3，《兽品》。
③ 《元史》卷 169，《谢仲温传》。
④ 《寿亲养老新书》卷 1，《食治老人诸疾方》。
⑤ 《饮膳正要》卷 2，《诸般汤煎》。
⑥ 程以文：《牛酥》，《诗渊》第 1 册，第 109 页。
⑦ 贡师泰：《寄颜经略羊酥》，《玩斋集》卷 5。
⑧ 杨允孚：《滦京杂咏》卷下。

饼羊酥当啜茶"①。"煮酪以为饼，圆方白更坚。斋宜羞佛供，素可列宾宴。"②
乳饼显然是用牛（羊）酥熬炼而成呈坚硬形状的奶食品。宫廷"食疗"诸方
中有乳饼面，系将"乳饼一个切作豆子样"，"用面拌煮熟，空腹食之"；"治
脾胃虚弱，赤白泄痢"。宫廷食谱中珍珠粉、台苗羹等都用乳饼。③汉人对乳饼
也很有兴趣，"刀落云英薄，羹翻玉版鲜。老夫便豆乳，得此倍欣然"④。贾铭
在《饮食须知》中著录了乳酪、酥油和乳饼（见卷 5《味类》）。贾铭是海宁
（今浙江海宁）人，可知这些奶制品在江南亦已流行。

　　另一类饮料是汤。汤主要用药材制成，也有用蜜饯果品制成的。有的是混
合碾成细末，有的是熬煎成浆，加开水冲开饮用。汤的名目众多，有桂浆、桂
沉浆、荔枝膏（汤）、五味子汤、仙术汤、杏霜汤、山药汤、枣姜汤、四和汤、
茴香汤、破气汤、白梅汤、木瓜汤、橘皮醒醒汤⑤、杏酩汤、凤髓汤、醍醐汤、
水芝汤、茉莉汤、木香苦汤、香橙汤、橄榄汤、豆蔻汤等。⑥汤作为饮料盛行
于宋代，当时的记载说："客至则设茶，欲去则设汤，不知起于何时。然自官
府下至闾里，行之莫废。有武臣杨应诚独曰：'客至设汤，是饮人以药也，非
是。'故其家每客至，多以蜜饯渍橙、木瓜之类为汤饮客。"⑦可见以药为汤在
当时盛行，以蜜饯果品为汤亦已有之。而汤与茶一样，都是招待客人必备的饮
料。这种风俗在元代继续了下来。在元代杂剧《冻苏秦》（作者佚名）中，苏
秦落魄后去见当丞相的张仪，侍从张千一说"点汤"，苏秦便说："点汤是逐
客，我则索起身。"⑧这段描写反映了元代仍有点汤逐客之俗。上举不少汤名见
于宫廷食谱，可见饮汤之风已进入宫廷之中。元朝民间茶肆在卖茶的同时也供
应汤。杂剧《吕洞宾三醉岳阳楼》中描写吕洞宾来到岳阳楼下茶坊中，头一盏
吃个木瓜（汤），第三盏吃个杏汤。⑨用药材制汤，有调和脾胃、生津止渴等
功能；用蜜饯果品制汤，也有生律止渴的作用。

　　还有一类饮料叫作舍儿别，则是从外国传入的。舍儿别是阿拉伯语、波斯
语 sherbet 的音译，又有舍里别、舍利别等同名异译。有的文献中意译为渴水、

————————

① 杨允孚：《滦京杂咏》卷上。
② 程以文：《乳饼》，《诗渊》第 1 册，第 109 页。
③ 《饮膳正要》卷 2、卷 1。
④ 程以文：《乳饼》，《诗渊》第 1 册，第 109 页。
⑤ 《饮膳正要》卷 2，《诸般汤煎》。
⑥ 《居家必用事类全集》己集，《诸品汤》。
⑦ 佚名：《南窗纪谈》。
⑧ 《元曲选》第 2 册，第 449 页。
⑨ 同上书，第 620—621 页。

137

解渴水。"舍里别，蒙古语曰解渴水也。凡果木之汁，皆可为之。"① 舍儿别"皆取时果之液，煎熬如汤而饮之。稠之甚者，调以沸汤，南人因名之曰煎"②。蒙古人是在征服中亚时接触到舍儿别的。"薛迷里贤在中原西北十万余里，乃也里可温行教之地。……太祖皇帝初得其地，太子也可那延病，公（马薛里吉思——引者）外祖舍里八马里哈昔牙徒众祈祷始愈，充御位舍里八赤、本处也里可温答剌罕。至元五年，世祖皇帝召公，驰驿进入舍里八，赏赉甚侈。舍里八，煎诸香果泉调蜜和而成。舍里八赤，职名词。公世精其法，且有验，特降金牌以专职。九年，同赛典赤平章往云南。十二年，往闽、浙，皆为造舍里八。"③ 薛迷里贤即今中亚乌孜别克共和国撒马尔罕，也里可温指基督教。也可那延是成吉思汗的第四子拖雷，也就是宪宗蒙哥、世祖忽必烈的父亲。马里哈昔牙（marhasia）指的是主教。由这篇文献可知，蒙古西征时，拖雷已经招用当地的基督徒为自己制作舍儿别，并为此在自己的怯薛中设置舍里八赤，即制作舍里八者。后来拖雷之子忽必烈又从薛迷里贤召来马薛里吉思，让他专门负责制作舍儿别。马薛里吉思先后到云南、福建、江浙等处"造舍里八"，供进贡之用，但也就将舍儿别的制作方法传播到这些地区。不久他被任命为镇江路达鲁花赤，舍儿别也就成为镇江上进宫廷的贡品。"舍里别四十瓶，前本路副达鲁花赤马薛里吉思备葡萄、木瓜、香橙等物煎造，官给船马入贡。"④ 元代宫廷怯薛中，一直设有舍儿别赤。⑤

从现有文献来看，进贡舍儿别的地方，除镇江之外，还有广州和泉州。"宜母子，一名黎檬子，状如□桔，味酸。大德三年，泉州路煎糖官呈：'用里木榨水，煎造舍里别。'里木即宜母子。今本路于番禺县城东厢地名莲塘，南海县地名荔枝湾，并置御果园，共二处，栽植里木树，大小共八百棵。大德七年罢贡。"⑥ 诗人吴莱有《岭南宜檬子解渴水歌》，即指用宜母子（柠檬）制成的舍儿别："广州园官进渴水，天风夏熟宜檬子。百花酝作甘露浆，南国烹成赤龙髓。"⑦ 泉州元代"土贡"砂硼唧，是用"金樱煎"的。⑧ 砂硼唧是舍里别的又一种异译。

舍儿别主要是用"时果之液"、"诸香果泉"和糖、蜜煎熬而成，已见上

---

① 《大德南海志》卷 7，《物产》。
② 朱震亨：《格致余论》。
③ 《至顺镇江志》卷 9，《僧寺》。
④ 《至顺镇江志》卷 6，《赋税·土贡》。
⑤ 详见陈高华：《舍儿别与舍儿别赤的再探讨》，《历史研究》1989 年第 2 期。
⑥ 《大德南海志》卷 7，《物产》。
⑦ 《渊颖吴先生文集》卷 2。
⑧ 《八闽通志》卷 20，《食货·土贡》。

述。也有一些则是用香药和糖、蜜煎熬。前者有木瓜煎、香园煎、株子煎、金橘煎、樱桃煎、桃煎、石榴煎①、林檎渴水、杨梅渴水、葡萄渴水②、桑椹煎、杏煎、金樱煎等。③ 后者有御方渴水、五味渴水④（五味子舍儿别⑤）等。还有宜檬渴水，已见前。可见种类是相当多的。舍儿别的作用是生津止渴，但元代名医朱震亨认为："味虽甘美，性非中和。且如金樱煎之缩小便，杏煎、杨梅煎、葡萄煎、樱桃煎之发胃火，积而久之，湿热之祸有不可胜言者。仅有桑葚煎无毒，可以解渴。"⑥ 中医的这种态度，可能是舍儿别在元代未能广泛流传并很快消失的重要原因。

元代大都还有一种奇特的饮料，那便是"树奶子"。据元代大都地方志记载："直北朔漠大山泽中，多以桦皮树高可七八尺者，㔉而作斗柄稍。至次年正、二月间，却以铜、铁小管子，插入皮中作瘿瘤处，其汁自下。以瓦桶收之，盖覆埋于土中，经久不坏，其味辛稠可爱。是中居人代酒，仍能饱人。此树取后多枯瘁。"⑦ 所谓"树奶子"实即白桦树汁，至今仍是俄罗斯人喜爱的饮料，其采取方法亦与以上记载大致相同。所谓"直北朔漠大山泽中"显然就是指俄罗斯土地。当时大都有不少斡罗思（即现在的俄罗斯）人，元文宗至顺三年（1330）曾收聚斡罗思人 1 万，设立宣忠扈卫亲军都指挥使司加以安置。⑧ 大都并不出产白桦树汁，这显然是为了满足居住在大都的斡罗思人的需要而从遥远的斡罗思土地运来的。白桦树汁出现在大都，不能不说是当时各族文化交流中的一件趣事。

① 《饮膳正要》卷 2，《诸般汤煎》。
② 《居家必用事类全集》己集，《渴水》。
③ 朱震亨：《格致余论》。
④ 《居家必用事类全集》己集，《渴水》。
⑤ 《饮膳正要》卷 2，《诸般汤煎》。
⑥ 朱震亨：《格致余论》。
⑦ 《析津志辑佚·物产·异土产贡》。
⑧ 《元史》卷 34，《文宗纪三》。

第七章

皇室住房与御用品

　　蒙古国时期，蒙古大汗和后妃等人大多数时间住在草原地区，只在出征作战时才涉足农耕地区。元朝建立之后，皇帝和皇室成员的生活习俗有了很大变化。忽必烈定立两都制度，都市宫殿成为皇帝和皇室成员的主要居住场所，但是他们每年都要从大都前往上都"避暑"，在上都周围的草原上狩猎、宴饮和进行各种娱乐活动，并经常住在帐幕中，以示不忘游牧生活的本俗。要描述蒙古皇室的居住条件，不能不从宫帐开始。

一　斡耳朵（宫帐）

　　斡耳朵是蒙古语 ordo 的音译，又译为斡鲁朵、斡里朵、兀鲁朵、窝里陀等，意为"宫帐"或"行宫"。成吉思汗时建立了四大斡耳朵，作为大汗和后妃的居住场所，以后，"凡新君立，复自作斡耳朵"①，形成了一套比较完整的斡耳朵制度。

斡耳朵有两种形式，一种是可以迁徙的，一种是固定不动的。后者比前者的规模要大得多。无论哪一种斡耳朵，都有一个环绕它的庞大的帐幕群。来自西方的传教士惊奇地看到蒙古人的帐幕伸展数里，就像一座大城市："在他们的语言中，宫廷称为'斡耳朵'，它的意思是'中央'，因为它总是在他的属民的中央"；"在宫廷的右边和左边，他们可以按照帐幕所需的位置，随意向远方伸展，只要不把帐幕安置在宫廷前面或后面就行"。在所有的驻营地点，居中南向的斡耳朵都"独居前列"，后妃的帐幕排列在斡耳朵稍后的左右侧，地位最尊贵的"正后"的帐幕列在最西边（蒙古人以右为上），在最东边的帐幕中居住的往往是地位最低的嫔妃。扈卫人员和官员僚属的帐幕，则排列在后妃帐幕稍后的左右边。每个帐幕之间的距离"为一掷石之远"，大约 30 米左右。②

经常迁徙的斡耳朵，可以直接装在车上拉走。有人在草原上曾见过宽 30 英尺的帐幕放在车上运送，两个车轮之间的距离为 20 英尺，装在车上的帐幕两边都超出车轮 5 尺。拉这样的车需用 22 头牛，均分成两横排，车轴犹如航船的桅杆。赶车人站在车上帐幕门口，驾驭车辆；帐中之人则可坐可卧。人们把这种帐与车的结合称之为"帐舆"，见过的人往往发出"车舆亭帐，望之俨然，古之大单于未有若是之盛"的感叹。"舆之四角，或植以杖，或交以板"，用以固定大帐。

斡耳朵迁徙，称为"起营"；选定地点扎帐，称为"定营"。徙帐的队伍，声势浩大，"如蚁阵萦纡，延袤十五里左右，横距及其直之半"，几乎所有的附属帐幕都要随同斡耳朵移动。在车队前边的往往是专职的占卜术士，他们负责选择新的扎营地点，并首先卸下他们自己的帐幕，为斡耳朵主人举行定营后的宗教仪式做准备工作；其后斡耳朵和其他帐幕才被卸下来，依次安置。驻营地点大多选在坡阜之下，"以杀风势"。斡耳朵迁徙的时间，"亦无定止，或一月或一季迁耳"，完全根据主人的意志。在寒冷的冬季，一般不起营，初春则开始移动。成吉思汗时，在卢驹河曲雕阿阑（今克鲁伦河阿布拉嘎河口附近）、土兀拉河黑林（今土拉河上游昭莫多之地）、萨里川哈老徒（地处今克鲁伦、土拉两河上游之间）和杭海岭北侧设置了四个大斡耳朵，此外还有一些斡耳

---

① 叶子奇：《草木子》卷 3 下，《杂制篇》。

② 《出使蒙古记》，第 112—113、144 页。《黑鞑事略》。《长春真人西游记》。下同。

朵。① 这些斡耳朵都是能够迁移的。

窝阔台即位后，建哈剌和林城，并于 1236 年在夏营地月儿灭怯土（今吉尔马台河源头附近）的山林中修建了一座可容一二千人的大帐。这个大帐据说"永不拆除"，称为"昔剌斡耳朵"（又译为失剌斡耳朵），意思是"黄色宫殿"，来自江南的南宋人则称为"金帐"②。这个固定不动的斡耳朵，后来成为蒙古大汗召集贵族、宗室聚会的一个重要场所。当然，窝阔台乃至后继的贵由、蒙哥，都还另建有可以迁徙的斡耳朵。

忽必烈即位后，不再以哈剌和林为都城，哈剌和林周围的四季行宫，包括昔剌斡耳朵，自然放弃不用。但是很快忽必烈就在上都城西面草原的山麓中新建了一座昔剌斡耳朵，"深广可容数千人"，并为它配建了一些宫殿，使之成为一组固定建筑群，用来举行"诈马宴"等活动。这座帐殿，又被人们称为"棕毛殿"、"毡殿失剌斡耳朵"、"西宫"、"西内"等。③ 在大都城内，亦有固定的斡耳朵。"元君立，另设一帐房，极金碧之盛，名为斡耳朵，及崩即架阁起"④。这些斡耳朵就设在大都宫城之内，皇帝去世之后，仍由其妃嫔居守，称为"火室房子"或"火失毡房"。"国言火室者，谓如世祖皇帝以次俱承袭皇后职位，奉宫祭管一斡耳朵怯薛、女孩儿，关请岁给不阙"，"即累朝老皇后传下宫分者"。由于先帝后妃每年都要随从在位皇帝前往上都避暑，均备有专门的车马，所以有人又将"火失毡房"解释为"累朝后妃之宫车"。火室房子的固定地点在大都宫城城门东华门内，在大明殿（详见后述）之东，也就是元人宫词中所说的"守宫妃子住东头，供御衣粮不外求；牙仗穹庐护阑盾，礼遵估服侍宸游"。到元朝后期，共有"十一室皇后斡耳朵"⑤。

在大都、上都之间的交通干线上，也设置了一些固定的帐幕和房舍，供皇帝及其随行人员使用，称为"纳钵"（"捺钵"的转译，又译写为"纳拔"、"纳宝"、"剌钵"等）。"捺钵"是契丹语的汉文音写，意为"行营"、"行在"或"行帐"，指辽朝皇帝出行时居住的帐幕，即所谓"皇帝牙帐"⑥。元人承用此词，专指"车驾行幸宿顿之所"⑦；如大都正北数十里处的太平庄，"乃世祖

---

① 详见陈得芝：《元岭北行省建置考》上，《元史及北方民族史研究集刊》第 9 期，第 31—44 页。

② 《史集》第 2 卷，第 70 页。《世界征服者史》上册，第 279—280 页。《黑鞑事略》。

③ 详见《元上都》，第 120—127 页。

④ 叶子奇：《草木子》卷 3 下，《杂制篇》。

⑤ 《析津志辑佚·岁纪》。杨允孚：《滦京杂咏》上。张昱：《辇下曲》。

⑥ 《辽史》卷 32，《营卫志》中。

⑦ 周伯琦：《扈从诗前序》，《扈从集》。

经行之地，营盘所在"①；居庸关南、北的龙虎台、棒槌店，"皆有次舍，国言谓之纳钵"②。纳钵的位置是固定的，其规模应小于斡耳朵。在大都与上都之间，共设有33处纳钵。③

除了上述固定的斡耳朵、纳钵外，元朝皇帝仍未放弃使用"行帐"。在漠北的所谓"太祖（成吉思汗）四大斡耳朵"仍予保留，由皇帝指定的蒙古宗王住守，人们习惯地称为"大帐"④。元朝皇帝"巡狩"和林时，亦可能就住在原有的斡耳朵里，所以在当时的宫词中就有"北狩和林幄殿宽"的词句。⑤

建在草原上的斡耳朵，是一种庞大的圆形建筑。"即是草地中大毡帐，上下层用毡为衣，中间用柳编为窗眼透明，用千余条索拽住，一门，阈与柱皆以金裹"，所以被称为"金帐"。⑥ 在大帐四周，树立着一道木栅，木栅上画有各种各样的图案。木栅开二门或三门，较大的一个门只有皇帝有权出入，"虽然这个门开着，却没有卫兵看守，因为没有人敢从这个门出入"；所有被获准进入斡耳朵的人都从另外的门进去，"这个门有手持剑和弓箭的卫兵看守"。守卫斡耳朵的卫兵是皇帝的怯薛（护卫），有"客卜帖兀勒"（宿卫）、"豁儿赤"（箭筒士）、"秃儿合兀惕"（散班）等名目。按照成吉思汗时订立的规矩，未经许可，任何人都不得进入大帐，禀报事务需由怯薛转奏；"如果任何人走近帐幕，进入规定的界线以内，如被捉住，就要被鞭打；如他跑开，就要被箭所射，不过这种箭是没有箭镞的"⑦。

斡耳朵的外部，一般由白毡或"白天鹅绒"搭盖，有时也用"红色天鹅绒"或者白、黑、红条纹相间的狮、豹皮搭盖。帐幕里面的帐顶与四壁，或覆以织锦，或衬以貂皮。牵曳大帐的绳索和大帐的门槛都不能触碰，违禁者要受到严厉处罚。帐幕中有数根柱子，起支撑作用，这些柱子或者贴上金箔，或者镏金雕花；柱子与横梁连接处皆以金钉钉之。早期的斡耳朵，内部一般不隔出厅室，后来则多用柱子隔开走廊和正厅，甚至在正厅后面，还专门隔出皇帝的卧室。

斡耳朵内的地面，铺着厚厚的地毯。在正北面用木板搭起一座高台，饰以金银，上面放置皇帝的"宝座"——胡床（详见下述）。"高台须拾级而登，它

① 《元史》卷100，《兵志三·屯田》。
② 《析津志辑佚·属县》。
③ 详见《元上都》，第40—49页。
④ 《元史》卷115，《显宗甘麻剌传》。
⑤ 杨维祯：《宫辞十二首》，《辽金元宫词》，第8—9页。
⑥ 《黑鞑事略》。
⑦ 《出使蒙古记》，第60、99页。《元朝秘史》卷9，第224—229节。

143

的背后呈圆形"。高台前有三道楼梯，当中的一道只有皇帝才能上下行走；两边的阶梯供贵族和其他地位较低的人行走。在宫廷宴会中，向皇帝敬酒的人"从一条阶梯走上去，从另一条阶梯走下来"。在高台的后面还有一道阶梯，"是供皇帝的母亲、妻子和家属上下高台的"。宝座旁有时放有皇帝正后的座位，高度低于宝座。在高台的左右两侧，各排列着几排座位，"高起像一个阳台"，但低于高台。在右边就座的是皇帝的儿子和兄弟，在左边就座的是他的后妃和女儿。此外还有一些条凳，供贵族、官员等坐；地位再低的人则坐在地毯上。在大帐门口，原来要摆放一些长凳，专门用来陈放饮料和食品，后来多放置皇室专用的大型饮膳器具。①

上述斡耳朵的布置主要是为蒙古皇帝议事和会客而设计的。在这样的大帐后面，排列着后妃的帐幕。这些帐幕稍小一些，但在人们眼中，亦是相当大并很华丽。整个帐幕的内壁往往全都用金布覆盖。帐中央置一火炉，帐内安置两张或数张床。皇帝到来后，与斡耳朵的主人同坐在一张床上，他们的子女则坐在后面的床上。②

离大帐约一至二箭射程，有固定的拴马处，蒙古语称为"乞列思"，"华言禁外系马所也"。窝阔台汗时特别做出规定，"凡来会，用善马五十匹为一羁，守者五人，饲羸马三人，守乞列思三人"；"诸人马不应绊于乞列思内者，辄没与畜虎豹人"。乞列思也不许随便闯入，不经许可，"没有一个人能走到停放马匹的地方去"。③

在离大帐一段距离处，往往停放着几百辆车子，用来收贮各种贡品和礼物，同时存放着准备分发给贵族的金、银、丝料等物品。这些车辆，也有专人守卫。

在大帐周围，分布着许多大小不等的帐幕。诗人用"白白毡房撒万星"来形容这种景象。像皇帝、后妃议事、生活所用的大型帐幕，毕竟是少数，多数帐幕较小，所以就有了"凭君莫笑穹庐矮，男是公侯女是妃"的诗句。④ 这些帐幕就是草原居民常住的场所，详情见后述。

---

① 《出使蒙古记》，第61—63、99、136—137、145、195页。
② 同上书，第172页。
③ 《元史》卷1，《太祖纪》；卷2《太宗纪》。《出使蒙古记》，第60页。
④ 杨允孚：《滦京杂咏》上、下。

二　皇城与宫城

　　蒙古国时期，以哈剌和林为都城；忽必烈即位后，以大都为首都，上都为陪都，哈剌和林则成为岭北行省的治所。在这三个都城内，都修建了宫城和宏伟的宫殿。它们有很多共同点，但因时间的先后和地区的不同，又各具特色。

　　在和林城中，没有建皇城，只有宫城。宫城坐落在和林城西南隅，宫城城墙用土筑成，周约二里。① 宫城开有四门，"一门为统治世界的皇帝开设，一门为他的诸子和族人开设，再一门为后妃公主开设，第四门作为黎庶进出之用"②。按照蒙古的传统习惯，皇帝出入的门应为南门，诸子、后妃等人当出入

哈剌和林城遗址发现的石柱础

---

① 详见前揭陈得芝文。
② 《世界征服者史》上册，第 277 页。

哈剌和林城遗址发现的石坐狮

于东西门，其他人则走北门。大都和上都都建有皇城，宫城建在皇城之内。

大都的皇城在城市南部的中央，城墙称为萧墙，也叫阑马墙，周围约20余里，墙外密植参天的树木。皇城城门都用红色，称为红门，共建十五门，正门为南墙正中的灵星门。入灵星门数十步有金水河，河上架三座白石桥，称为"周桥"，桥身雕刻龙凤祥云，明莹如玉，桥下有四白石龙，"绕桥尽高柳，郁郁万株"，被人赞为"禁柳青青白玉桥"①。皇城内除了建有宫城外，还有隆福宫、兴圣宫等太子、太后宫殿和御苑，并将太液池（今北京北海和中海）风景区包括在内。上都城的规模远小于大都，皇城在城的东南，正方形，每边长约1400米，皇城东、南墙乃是外城东南墙的一部分。皇城城墙用黄土板筑，表层用石块堆砌，高约6米，下宽12米，上宽2.5米。皇城四角建有高大的角楼。皇城共建六门，南北各一门，东西各二门，南门即正门称为明德门，所有皇城城门外都筑有方形或马蹄形的瓮城。与大都皇城不同的是上都的御苑未包括在皇城之内。②

大都宫城在皇城的东部，成长方形，"周回九里三十步，东西四百八十步，

① 陶宗仪：《宫阙制度》，《南村辍耕录》卷21。萧洵：《故宫遗录》。
② 详见《元大都》，第52—58页。《元上都》，第98—119页。下同。

南北六百十五步"。宫城城墙高 35 尺，用砖砌成，开设六门。南墙有三门，中央是崇天门，又称为午门；左右是星拱门和云从门。东、西、北墙各一门，分别是东华门、西华门和厚载门。"凡诸宫门，皆金铺、朱户、丹楹、藻绘、彤壁，琉璃瓦饰檐脊"。宫城四角都有角楼。上都宫城的形式与大都差不多，坐落在皇城的中央偏东，东西宽约 570 米，南北长为 620 米。城墙高约 5 米，用黄土板筑而成，外层在地基处铺半米厚的石条，上用青砖砌起。在青砖表层和土墙之间，还夹有一层残砖。上都宫城只在南、东、西墙各开一门，南门称御天门，东、西亦为东华门、西华门。宫城四角也有角楼。

崇天门和御天门是皇帝颁发诏旨的场所，在皇帝的日常生活中占有重要的地位。"崇天门下听宣敕，万姓欢呼万岁声"[1]；"御天门前闻诏书，驿马如飞到大都"[2]，都是描绘当时颁发诏旨的情形。在两门之旁，都有百官会集之所，称为"埚邻"[3]，官员上朝之前，需在这里等待。"御天门下百官多"的诗句[4]，记述的就是官员上朝时的情况。

宫城中的正殿，是皇帝与宗王、群臣会集议事、宴饮和接见各国使节的场所，也是皇帝的主要住所。和林城中的万安宫，大都城内的大明殿和上都城里的大安阁，是蒙元时期的三个具有不同风格的正殿。

万安宫坐落在和林宫城中央，南北 55 米，东西 45 米，殿柱 72 根（南北 9 行，东西 8 行），周边的 30 根是殿墙柱。宫中分为三层，一层专为蒙古大汗所用，一层供后妃使用，第三层供侍臣和奴仆之用。在宫殿的左右，还筑有专为宗王、护卫准备的房屋。万安宫是蒙古统治者修建的第一座宫殿，虽然在当时人眼中极为辉煌雄伟，但实际上还是比较简陋，无法与后建的大明殿和大安阁相比。

大明殿又叫长朝殿，坐落在大都宫城内的南部，落成于至元十年（1273）。大殿东西长 200 尺，深 120 尺，高 90 尺。大殿正门称为大明门，专供皇帝出入；左右有日精、月华两门，供文武百官上朝时出入。殿前的台基分为三级，用雕刻龙凤的白石阑围绕，阑柱下都有伸出的鳌头，十分壮观。在台基上有一坑地方，种植着从漠北原成吉思汗居地移来的莎草，称为"誓俭草"，是元世祖忽必烈为了使子孙不忘创业之难而特意安排的。"黑河万里连沙漠，世祖深思创业难；数尺阑干护春草，丹墀留与子孙看"的宫词，说得就是这誓俭草的来历。[5]

① 张昱：《辇下曲》，《张光弼诗集》卷 2。
② 胡助：《滦阳杂咏十首》，《纯白斋类稿》卷 14。
③ 陶宗仪：《内八府宰相》，《南村辍耕录》卷 1。
④ 郑彦昭：《上京行幸词》，《永乐大典》卷 7702。
⑤ 柯九思：《宫词》，《草堂雅集》卷 1。叶子奇：《草木子》卷 4 上，《谈薮篇》。

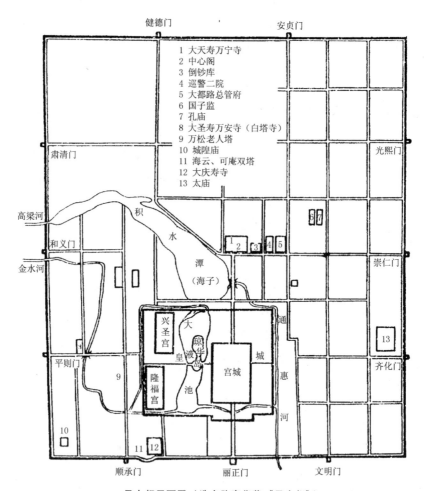

元大都平面图（选自陈高华著《元大都》）

大明殿作为皇帝"登极、正旦、寿节会朝之正衙"，建筑极为考究，"青石花础，白玉石圆磶，文石甃地，上籍重裀。丹楹金饰，龙绕其上。四面朱琐窗，藻井间金绘，饰燕石"。所谓丹楹（殿柱），"皆方柱，大可五六尺，饰以起花金龙云，楹下皆白石云龙，花顶高可四尺。楹上分间，仰为鹿顶斗栱，攒顶中盘黄金双龙"。而铺地的"文石"，"皆用浚州花版石甃之，磨以核桃，光彩若镜"。

大明殿之后有柱廊，"深二百四十尺，广四十四尺，高五十尺"，与寝宫相连。寝宫"俗呼为弩头殿"，"东西一百四十尺，深五十尺，高七十尺"，共置寝室11间，香阁3间。大明殿、柱廊、寝宫三个建筑合为一体，平面如"工"字形，四周由高35尺的100余间"周庑"环绕。在寝宫的东、西、后面都建有小殿，分别为文思殿、紫檀殿和宝云殿。

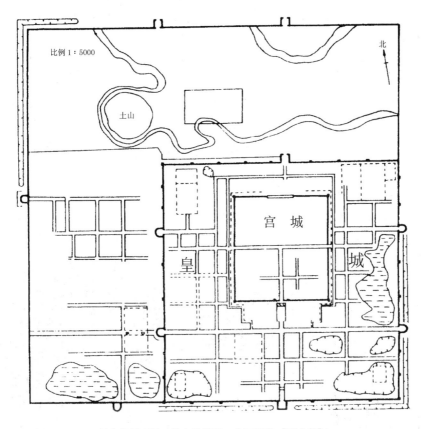

比例 1 : 5000

北

土山

宫 城

皇 城

元上都平面图（选自陈高华、史卫民著《元上都》）

大安阁坐落在上都宫城中央，乃"故宋汴熙春阁，迁建上京"①，迁建的时间为世祖至元三年（1266）。② 上都"宫城之内，不作正衙，此阁岿然，遂为正殿矣"③。在汴京时的熙春阁，"高二百二十尺，广四十六步有奇，从则如之"，"阁位与平座叠层为四，每层以古座通籍，实为阁位者三"④；也就是说，除了殿基之外，全阁分为上、中、下三层。熙春阁迁到上都之后，"稍损益之"，现存上都的宫城中央的一处宫殿遗址台基长宽约 60 米，高约 3 米，东、西、北三面有宽约 8 米的砖铺地面，殿前有阶梯上下，无疑就是大安阁的遗址。

大安阁的建筑，雄伟瑰丽，"大安御阁势岧亭，华阙中天壮上京"⑤；"大安

① 周伯琦：《扈从上京宫学纪事绝句二十首》，《近光集》卷1。
② 《元史》卷6，《世祖纪三》。王恽：《总管陈公去思碑铭》，《秋涧先生大全文集》卷53。
③ 虞集：《跋大安阁图》，《道园学古录》卷10。
④ 王恽：《熙春阁遗制记》，《秋涧先生大全文集》卷38。
⑤ 周伯琦：《次韵王师鲁待制史院题壁二首》，《近光集》卷1。

阁是广寒宫，尺五青天八面风"①；"大安阁是延春阁，峻宇雕墙古有之。四面珠帘烟树里，驾临常在夏初时"② 等诗句，表现了大安阁高入云霄的雄伟气势和精心雕琢的建筑风格。大安阁的上层，设有释迦舍利像，"曾甍复阁接青冥，金色浮图七宝楹"③，有时皇帝就命帝师等在阁中做佛事。元世祖去世后，原来存放衮带的衣篋留在大安阁中，放在阁的中层，并留下了"藏此以遗子孙，使见吾朴俭，可为华侈之戒"的圣训④，这与在大明殿前移植莎草的用意是一样的。大安阁的下层，是皇帝即位、会集百官宗王和宴饮的场所。

大安阁的后面，也建有柱廊和寝宫。⑤ 在大安阁遗址之北有高 2 米、长 30 米、宽 25 米的殿基，应该就是寝殿的遗址。

无论是万安宫，还是大明殿、大安阁，殿内的摆设都应该是相同的，与斡耳朵内的陈设基本一致。如大明殿，殿中央设"山字玲珑金红屏台"，"重陛朱阑"，台上设御榻与"后位"，"诸王、百僚、怯薛官侍宴坐床，重列左右"。夏

元上都宫殿建筑遗迹（选自《中国少数民族文化史图典》）

---

① 许有壬：《竹枝十首和继学韵》，《至正集》卷 27。
② 张昱：《辇下曲》，《张光弼诗集》卷 2。
③ 周伯琦：《扈从上京宫学纪事绝句二十首》，《近光集》卷 1。
④ 《元史》卷 204，《宦者传·李邦宁传》。
⑤ 《大元官制杂记》。

季殿壁"通用绢素冒之，画以龙凤"；冬季，"大殿则黄鼬皮壁障，黑貂褥；香阁则银鼠皮壁障，黑貂暖帐"。

寝宫的摆设也有一定规矩，一般是在寝室内并列三床或二床。寝室地面"席地皆编细簟，上加红黄厚毡"，也就是在竹席上铺厚地毯。忽必烈在位时，皇后察必还曾用羊臑皮"合缝为地毯"①，铺在寝宫内。寝宫的推窗，"间贴金花，夹以玉版明花油纸，外笼黄油绢幕，至冬则代以油皮"。

在大都、上都的宫城和皇城中，还建有其他的宫殿。大都内比较重要的宫殿有延春阁、隆福宫和兴圣宫；上都内较重要的有洪禧殿、水晶殿、穆清阁等。

延春阁在大明殿寝宫之北，"东西一百五十尺，深九十尺，高一百尺"，分为二层，下层为延春堂，上层为延春阁，堂东边建梯登阁。延春阁后面亦有柱廊与寝宫相连，柱廊的长度为一百四十尺，比大明殿柱廊短，寝宫则大于大明殿，"东西一百四十尺，深七十五尺，高如其深"。寝宫东、西、后分建慈福殿（东暖殿）、明仁殿（西暖殿）和清宁宫。在延春阁及其附属的宫殿周围，同样有100余间"周庑"。延春阁等宫殿的建筑格式，与大明殿一样。在延春阁内，经常举行佛事和道教的祠醮仪式。

大明殿和延春阁是大都宫城内的两个主体建筑。除此之外，在延春阁右庑之西，还有玉德殿（东、西分建香殿）和宸庆殿（东、西分建更衣殿）两组建筑。在宫城北门厚载门上，也建有高阁，阁前有舞台，每当皇帝等登阁游赏时，艺人就在舞台上表演歌舞。舞台的东、西侧分建观星台和内浴室。大明殿和延春阁的"周庑"，是嫔妃居住的地方，"各植花卉异石"，"每院间必建三东西向绣榻，壁间亦用绢素冒之，橘画以丹青"。

隆福宫和兴圣宫建在宫城之外，皇城之内，隆福宫在南，兴圣宫在北。隆福宫的主要建筑是光天殿，兴圣宫的主要建筑是兴圣殿。殿后都有柱廊和寝殿，亦有周庑围绕，建筑布局与室内陈设同大明殿、延春阁大体一致。隆福宫原是皇太子真金的住所，称为东宫或皇太子宫，真金、世祖去世后这里成为皇太后的住所，改名为隆福宫。兴圣宫是武宗时为皇太后建造的居所。在两宫周围，还建有一些小的宫殿。元廷专门收藏文物图书的奎章阁，建在兴圣宫内，后来改名为宣文阁，元后期又改为端本堂，成为皇太子读书的场所。

上都的洪禧殿、水晶殿、宣文阁等，建筑风格与大都宫殿基本相同，是皇帝处理政务、读书以及宴饮的重要场所。在上都宫城北墙上建有高阁，称为穆清阁，"连延数百间"，堪与大都宫城厚载门高阁相媲美。②

---

① 《元史》卷114，《后妃传一》。
② 权衡：《庚申外史》。

在大都和上都城内，都辟有御苑，专供皇室成员游赏。大都皇城内有御苑二处，一处在宫城之北，种植着各种奇花异草，并留出"熟地"8顷，专供皇帝"亲耕"时使用；另一处在隆福宫之西，建有石假山和流杯池等。上都御苑在皇城之北，基本保持了"高榆矮柳"、"金莲紫菊"的草原自然风貌。

著名的太液池在大都宫城之西，隆福宫和兴圣宫之东，包括现在的北海和中海。池中栽满芙蓉，并有龙船供皇帝、后妃等往来游赏。太液池内有两个小岛，南岛称为"瀛洲"，即今天团城的所在地，上面建有仪天殿（又称圆殿）；北岛即琼华岛，至元八年（1271）改名为万寿山（又名万岁山）。万寿山"高可数十丈"，用玲珑奇石堆叠而成，"四通左右之路，幽芳翠草纷纷，与松桧茂树荫映上下，隐然仙岛"。山顶建殿，名为广寒殿，"东西一百二十尺，深六十二尺，高五十尺"。殿中有小玉殿，摆设御榻与坐床，供皇帝与侍臣等游赏时使用。广寒殿是坐落在大都城地势最高处的宫殿，四望空阔，既可以远眺西山云气，也可以俯瞰大都的街衢市井，风景别具一格。万寿山与瀛洲之间有长达200余尺的白玉石桥相连，瀛洲东、西两侧又有长桥直通陆地，东为木桥，西为木吊桥。在万寿山和瀛洲上，还建有温泉浴室、厕堂以及"后妃添妆之所"胭粉堂等。太液池的东边，有皇家灵圃，"奇兽珍禽在焉"。

除了建在都城内的御苑外，元廷还在两都周围开辟了专供皇帝"校猎"的猎场。上都周围猎场尤多，"上都西北七百里外"有北凉亭，即所谓的"三不剌之地"；"上京之东五十里有东凉亭，西百五十里有西凉亭，其地皆饶水草，有禽鱼山兽，置离宫，巡守至此，岁必猎校焉"。上都之南的察罕脑儿（白海），亦有猎场，并建有行宫，称为亨嘉殿，"阙亭如上京而杀焉"①。

元代宫殿的建筑形式，讲究对称和装饰，以木结构建筑为主，普遍采用色彩绚丽的琉璃装饰等，基本承袭了中原传统的宫殿建筑风格，但也有一些宫殿别具匠心，体现了少数民族的建筑风格。将正殿与寝宫用柱廊连接，形成"工"字形建筑布局，显然是受了斡耳朵制度的影响，不失为一种创造。宫殿内的布置，正殿均设御榻、坐床及酒具等，寝宫"亦颇简朴"，普遍使用壁衣和地毯，明显地是照搬斡耳朵的内部陈设，具有鲜明的蒙古特色。蒙古皇帝即使身居深宫，仍不愿完全适应中原的居住习惯，时时不忘保持蒙古民族的"本俗"。

---

① 详见《元上都》，第37、130—133页。

三 宫室常用器具

全国统一之后，南北物资交流的障碍被彻底打破，各种生活用具，通过"进贡"、"御造"以及商人的"货卖"，流入宫廷和王府。皇帝、后妃以及其他皇室成员使用的生活用品很多，只能择要者介绍于下。

宫殿、斡耳朵内经常陈设、使用的器具，包括御榻、桌椅、被褥、扇子以及卫生、照明、取暖用具等。

蒙古国时期，设在各斡耳朵中的大汗"宝座"，"长而宽，好像一张床，全部涂成金色"；"用象牙制成，雕刻得异常精巧，并饰以黄金和宝石……还饰以珍珠"，皇帝和正后往往同时坐于其上。① 这种宝座，实际上就是饰以黄金、宝石的"胡床"，即江南人常说的"金裹龙头胡床"，形状"如禅寺讲座"②。忽必烈在中原建立都城、宫殿后，在正殿中仍然使用这样的用具，如大明殿中，设"七宝云龙御榻，白盖金缕褥，并设后位"；广寒殿中，设"金嵌玉龙御榻"；隆福殿内，设"缕金云龙樟木御榻"，等等。③ 这样的御榻，又称为"御座"、"座榻"、"御榻褥位"、"木榻"等④，实际成为宫中常用的座具，已失去了卧具的功能。在御榻的两旁，经常摆设数排"坐床"，供诸王、大臣就座。

在皇帝寝宫内摆置的"御床"、"龙床"（人们亦习称为"御榻"），才是真正的卧具，有白玉、楠木、紫檀、樟木等不同材料制成的各种御床。嫔妃的床则为"银床"或者"牙床"。在床前往往设有金屏障，"皆楠木为之，而饰以金"，"上仰皆为实研龙骨，方桷缀以彩云金龙凤"。"巫山隐约宝屏斜，朝着重锦画着纱；徒倚牙床新睡足，一瓶芍药当荷花。"⑤ 这段宫词描述的就是嫔妃房中的生活画面。在寝宫和嫔妃的住房内，"壁间每有小双扉，内贮裳衣"。

---

① 《出使蒙古记》，第63、145页。

② 《黑鞑事略》。《蒙鞑备录》。

③ 陶宗仪：《宫阙制度》，《南村辍耕录》卷21。萧洵：《故宫遗录》。下引史料未注明出处者，均引自此。

④ 《元史》卷67，《礼乐志一》。

⑤ 周伯琦：《宫词》，《近光集》卷1。

153

皇帝、皇后常坐于御榻之上，离不开坐褥。宫中通用四方坐褥，蒙古语称为"朵儿别真"①，简称为"方坐"，多用金锦制成，所以又称为"金锦方坐"②。在方坐之下，往往铺一条绿褥，称为绿可贴褥，亦用金锦制成，只不过颜色不同于方坐而已（方坐应为黄色）。

在各寝宫的御床上，"裀褥咸备"。"每用裀褥，必重数叠，然后上盖纳失失，再加金花贴薰异香，始邀临幸"。见于记载的裀褥有"藉花氄裀"、"金缕褥"、可贴条褥、蓝绫丝条褥、小可贴条褥、胖褥，等等。③"纳失失"是波斯语的音译，是来自中亚的一种华贵织金锦缎的名称，皇室成员常用纳失失做被子。除被褥外，床上自然少不了"绣枕"④，床边还挂着幔帐。⑤ 忽必烈提倡俭朴，不准用织金褥。太子真金体弱多病，一次忽必烈去看视得病的太子，见到太子床上铺着织金卧褥，忽必烈即不高兴地对太子妻伯蓝也怯赤说："我尝以汝为贤，何乃若此耶？"伯蓝也怯赤跪答道："常时不曾敢用，今为太子病，恐有湿气，因用之。"并马上将褥子换掉。⑥

蒙古皇帝与贵族、群臣会面、议事、聚饮，分坐在御榻、坐床和地毡上，多数情况下不用桌椅，只在大殿或大帐门旁摆一张"雕象酒卓（桌）"或"螺甸酒卓"，大致长8尺，宽7尺2寸，桌上"高架金酒海"。但是皇帝批改公文、读书以及举行册立皇后、太子等仪式，则不能没有桌椅；"十三宫女善词章，长立君王几案傍"，即可一证。⑦ 桌子有宝舆方案、香镫朱漆案、香案朱漆案、诏案、册案、宝案、表案、礼物案等种类。宝舆方案是皇帝处理日常公务时所用，"绯罗销金云龙案衣，绯罗销金蒙衬复，案傍有金涂铁鞠四，龙头竿结授二副之"。香镫朱漆案和香案朱漆案用来摆置香炉、香盒和烛台，分别罩以黄罗、绯罗销金云龙案衣。诏案、册案、宝案的形状、案衣与香案相同，在举行册立仪式时摆放诏书、册表和玉玺等。表案和礼物案桌面上有"矮阑"，罩以案衣，用来摆放群臣的表章和来朝觐人的礼物。⑧

宫中所用椅子，多为"金红连椅"，又称为"金椅"，实际上就是饰银涂金的交椅。另外，还有"金脚踏"，应该是饰银涂金的矮凳子。⑨

---

① 陶宗仪：《隆师重道》，《南村辍耕录》卷2。
② 《元史》卷78，《舆服志一》。
③ 《析津志辑佚·岁纪》。《元史》卷78，《舆服志一》。《宫阙制度》。《故宫遗录》。
④ 萨都剌：《四时宫词四首》，《雁门集》卷4。
⑤ 迺贤：《宫词八首，次偰公远正字韵》，《金台集》卷1。
⑥ 《元史》卷116，《后妃传二》。
⑦ 杨维桢：《宫辞十二首》，《辽金元宫词》，第9页。
⑧ 《元史》卷79，《舆服志二·仪仗》。
⑨ 《元史》卷79，《舆服志二·崇天卤簿·仪仗》。《故宫遗录》。

皇帝出行时，宝舆方案、香案、金椅、金脚踏以及案衣、蒙复、衬复等都有专人执把，随皇帝同行。

在都城的皇城内，有专门的浴室和厕堂。尤其是大都太液池万寿山山左"万柳"丛中的"温石浴室"，规模最大。浴室"前有小殿，由殿后左右而入，为室凡九，皆极明透，交为窟穴，至迷所出路。中穴有盘龙，左底印首而吐吞一丸于上，注以温泉，九室交涌，香雾从龙口中出，奇巧莫辨"，是皇室成员洗温泉浴的极好场所。诗人笔下的"浴罢温汤人意懒，柳阴分坐晚凉天"，就是他们浴澡情景的生动写照。①

皇帝常用的卫生用具，有金水盆、金水瓶、鹿庐、金净巾、金香球、金香盒、金唾壶、金唾盂、金拂等。水盆"黄金涂银妆钑为之"；水瓶"制如汤瓶，有盖，有提，有觜，银为之，涂以黄金"。鹿庐即取水用的辘轳，"制如乂字，两头卷，涂金妆钑，朱丝绳副之"。净巾"绯罗销金云龙，有里"。这些物品都是备皇帝等洗漱时所用。香球和香合用银制成，涂以黄金。香球"为座上插莲花炉，炉上罩以圆球，镂细缊旋转文于上"；香盒则为直径7寸的圆盒。唾壶和唾盂亦用银制而涂金。唾壶"宽缘，虚腹，有盖"；唾盂"形圆如缶，有盖"。在大帐和宫殿中严禁随地吐痰，所以唾壶和唾盂是必不可少的用具。金拂用来驱赶蚊蝇，用红牦牛尾或"洁白细冗软牛毛"制成，"黄金涂龙头柄"，"亦有染色者不一"。瓶、巾、盆、壶、盂、拂等卫生用具，都有专人掌管，皇帝出行时也要执拿从行。② 皇宫厕堂中用纸，似乎已成习惯。真金妻伯蓝也怯赤侍候皇后时，"不离左右，至溷厕所用纸，亦以面擦，令柔软以进"，就是一个典型的例子。③

宫中照明，主要用蜡烛。在中书省工部之下，设有出蜡局提举司，"掌出蜡制造之工"。在大都的皇城内，设仪鸾局，"掌殿庭灯烛张设之事及殿阁浴室门户锁钥"，下置蜡烛局。上都亦设有仪鸾局。为皇帝掌管灯烛的人称为"烛剌赤"，由仪鸾局管辖。④ 所以有人说"供张都入仪鸾掌，官烛颁来大似椽"⑤。蜡烛底座往往用银制成，称为"银台"；台下有时还有"银缸"。宫词中有这样的点灯情景："银台烛烬香销鼎，因倚屏风脱舞衣"；"晓灯垂焰落银缸，犹自春眠近小窗"⑥。

---

① 史梦澜：《全史宫词》，《辽金元宫词》，第134页。
② 《元史》卷79、80，《舆服志二、三》。《析津志辑佚·岁纪》。
③ 《元史》卷116，《后妃传二》。
④ 《元史》卷85、90，《百官志一、六》。
⑤ 陆长春：《辽金元三朝宫词》，《辽金元宫词》，第92页。
⑥ 朱有燉：《元宫词一百首》，《辽金元宫词》，第22、26页。

皇帝出行时使用灯笼。每年皇帝在大都、上都之间往返，都是在夜里经过居庸关，"列笼烛夹驰道而驱"的情景，给人们留下了"烛炬千笼列火城"的深刻印象。① 皇后、嫔妃等人的宫车返回大都宫殿时，往往已是黄昏，"禁人俱以金龙红纱长柄朱漆龙杖，挑担大红灯笼罩烛而迎入矣"②。各宫晚上也用灯笼，前引"更深怕有羊车到，自起笼灯照雪尘"的宫词，就是宫人用灯笼照明的真实写照。除大红灯笼外，还有所谓"银灯"，是用白色灯罩的灯笼，有宫词为证："清夜宫车出建章，紫衣小队两三行。石阑干畔银灯过，照见芙蓉叶上霜。"③

宫廷中用柴、炭、煤生火做饭和取暖。在大都和上都设有柴炭局、掌薪司等机构，承办采薪烧炭等事务。④ 尤其值得一提的是当时中国北方已普遍使用煤炭。在大都等地居住多年的来自西方的马可·波罗指出："契丹（中国）全境之中，有一种黑石，采自山中，如同脉络，燃烧与薪无异。其火候且较薪为优，盖若夜间燃火，次晨不息。其质优良，致使全境不燃他物。所产木材固多，然不燃烧。盖石之火力足，而其价亦贱于木也"；"此种石燃烧无火焰，仅在初燃时有之，与燃桴炭同。燃之以后，热度甚高……其地固不缺木材，然居民众多，私人火炉及公共浴场甚众，而木材不足用也。每人于每星期中至少浴三次，冬季且日日入浴。地位稍高或财产能自给之人，家中皆置火炉，燃烧木材势必不足，至若黑石取之不尽，而价值亦甚贱也。"⑤ 大都附近就有"石炭煤"出产，"出宛平县西四十五里大谷山，有黑煤三十余洞。又西南五十里桃花沟，有白煤十余洞"⑥。"城中内外经纪之人，每至九月间买牛装车，往西山窑头载取煤炭，往来于此。新安及城下货卖，咸以驴马负荆筐入市，盖趁其时。冬月，则冰坚水涸，车牛直抵窑前；及春则冰解，浑河水泛则难行矣。往年官设抽税，日发煤数百，往来如织。二三月后，以牛载草货卖。北山又有煤，不佳，都中人不取，故价廉。"⑦ 从"夜深回步玉阑东，香烬龙煤火尚红"的诗句，可知当时宫中用煤已经是很普通的现象。⑧

皇室使用的扇子，有导驾用的朱团扇和扇凉用的大、中、小雉扇及青沥水

---

① 《析津志辑佚·属县》。杨允孚：《滦京杂咏》。

② 《析津志辑佚·岁纪》。

③ 萨都剌：《秋词》，《雁门集》卷4。

④ 《元史》卷85、87，《百官志一、三》。

⑤ 《马可·波罗游记》，冯承钧译本，第407—408 页。

⑥ 《元一统志》卷1，《大都路》。

⑦ 《析津志辑佚·风俗》。

⑧ 柯九思：《宫词十首》，《辽金元宫词》，第6 页。

牡丹纹缂丝团扇（选自《中国古代史参考图录》）

扇等。① "泥金历水顺飘扬，掌扇香吹殿角凉。不是内官亲执御，太平无用镇非常。"② 在炎热的夏天，扇子是宫中的必备用品。每年端午节前三日，中书省礼部都要向皇室进奉御扇，"扇面用刻丝作诸般花样、人物、故事、花木、翎毛、山水、界画，极其工致，妙绝古今"；有的扇子以玉为柄，有的扇团用银线缠绕，各色各样，"制俱不同"。将作院也要进奉彩画扇、翠扇、金碧山水扇等。后妃、诸王等都可以分到进奉的扇子，准备在夏季使用。③

① 《元史》卷79，《舆服志二·仪仗》。
② 张昱：《辇下曲》，《张光弼诗集》卷2。
③ 《析津志辑佚·岁纪》。

四　皇室餐饮具

蒙古皇帝重视宴饮，所以餐饮具非常讲究。

大都、上都的皇城内，都有御膳房、御膳亭或庖人之室。① 御膳分由大、小厨房烹调。"小厨房则内人八珍之奉是也，大厨房则宣徽所掌汤羊是也。由内及外，外膳即毕，群臣始入奏事。"② 所谓八珍，即醍醐、麆沆、野驼蹄、鹿唇、驼乳麋、天鹅炙、紫玉浆和元玉浆（马奶子），"都出小厨房"③；大厨房则烹调羊肉、黄羊肉及黄鼠肉等。④ 当时人对大、小厨房供膳情况有不少记载，如"御厨酒肉按时供"；"有训不教忘险阻，御厨先饭进黄粱"；"大官羊膳两厨供"，等等。⑤

在皇帝坐殿上，常立"主膳"20 人，蒙古语称为"博儿赤"，即"亲烹饪以奉上饮食者"⑥；又有"主湩"20 人，蒙古语称为"哈剌赤"，也就是"用掌刍牧之事，奉马湩以供玉食；马湩尚黑者，国人谓黑为哈剌，故别号其人曰哈剌赤"，任者多为钦察人。⑦ 有人说元世祖时，给皇帝传送食品的人，需用面纱或绸巾遮住嘴、鼻，防止他们呼出的气触及食物。⑧ 也有人说这种习惯始于仁宗时，"元仁宗宴长春殿，内臣进馔有咳病，帝恶其不洁，命为叠金罗半面围之，许露两眼，下垂至胸，后以为例"⑨。为保证卫生，宫廷中磨米面的磨都是特制的。"尚食局进御麦面，其磨在楼上，于楼下设机轴以旋之。驴畜之蹂践，人役之往来，皆不能及，且无尘土臭秽所侵。乃巧工瞿氏造者。"⑩

---

① 陶宗仪：《宫阙制度》，《南村辍耕录》卷 21。
② 杨允孚：《滦京杂咏》上。
③ 陆长春：《辽金元三朝宫词》，《辽金元宫词》，第 93 页。
④ 史梦澜：《全史宫词》，《辽金元宫词》，第 135 页。
⑤ 张昱：《辇下曲》，《张光弼诗集》卷 2。
⑥ 《元史》卷 80，《舆服志三·仪卫》；卷 90，《兵志二·宿卫》。
⑦ 虞集：《句容郡王世绩碑》，《元文类》卷 26。
⑧ 《马可·波罗游记》，第 100 页。
⑨ 高士奇：《天禄识余》。
⑩ 陶宗仪：《尚食面磨》，《南村辍耕录》卷 5。

按照马可·波罗的记载，在忽必烈御膳房的中央，置有专门的餐桌，桌高8腕尺。离桌子不远，放着一个碗橱，里面摆放着全部餐具。① "上苑含桃熟暮春，金盘满贮进枫宸。醍醐汲透水浆滑，分赐阶前傫直人。"② 餐具中既有大量名贵的金银器皿，也有不少制作精巧的瓷器、漆器。除了宫廷制作的器具外，还有来自各地乃至外国的进贡精品。

元朝宫廷的饮酒器具，更能引起人们的兴趣。

如前所述，在蒙古大汗的大帐内，往往置放一张长凳或"酒桌"，置放各种饮料和器皿。贮酒的容器，称为"酒局"，蒙古语称作"秃速儿格"，后来成为盛酒大壶、皮囊、罐瓶、大瓮的通称。③ 建国初期，蒙古贵族多用皮囊和罐子贮酒，喝酒则用大碗，称作"蒙忽儿"。窝阔台即位后，命令金匠用金银制造象、虎、马等兽形贮酒器具，"在每一个兽形器具前安置一个银盆，酒从兽形器具的口中流入盆内"④。这可能就是所谓的"酒槽"，或大酒瓮，有的用纯金制成，"重数千两"；有的实际上用铁制成。窝阔台晚年饮酒成癖，辅臣耶律楚材"持酒槽之金口以进，曰：'此乃铁耳，为酒所蚀，尚致如此，况人之五脏，有不损耶？'窝阔台乃敕近臣"日进酒三鍾而止"⑤。鍾，就是金酒盅，当是一种高脚大杯，已是当时皇室成员与贵族常用的饮酒器具，取代了"蒙忽儿"的地位。⑥

蒙哥汗即位后，鉴于在大帐门傍摆放皮囊极不雅观，命令来自巴黎的工匠威廉设计制造了一个大型多用容器，放在蒙古大汗的宫帐里。这架容器的主体是一棵大银树，树的根部是四只银狮子，每个狮子的嘴里含着一根管子，管子通向帐外专藏饮料的房间。四根管子，可分别泻出葡萄酒、黑马乳（马奶酒）、蜜酒和米酒，置银盆于狮嘴之下，盛接美酒。在树顶上，还装了一个手持喇叭的天使，由藏在树下地穴中的人控制。如果饮料将尽，即吹响喇叭，马上会有人将饮料倾入管内，通过管子流入银盆，供帐内之人饮用。⑦ 这架容器虽然制作精巧，但完全由人工操作，而且在大帐之外需毗连专门贮藏饮料的帐幕，亦有其不方便的地方。

忽必烈于至元二十二年（1285）命造大樽，"樽以木为质，银内，而外缕

① 《马可·波罗游记》，第76页。

② 迺贤：《宫词八首，次傁公远正字韵》，《辽金元宫词》，第9页。

③ 详见韩儒林：《元代漠北酒局与大都酒海》，《穹庐集》，第140—144页。

④ 《史集》第2卷，第69页。

⑤ 陶宗仪：《切谏》，《南村辍耕录》卷2。宋子贞：《中书令耶律公神道碑》，《元文类》卷57。

⑥ 《史集》第2卷，第87、103页。

⑦ 《出使蒙古记》，第194—195页。

以云龙，高一丈七尺"，实即"木质银裹漆瓮"，"贮酒可五十余石"，也就是人们常说的"酒海"。按照马可·波罗的说法，这架酒海形似方柜，宽广各三步，柜中置精金大瓮一具贮酒，柜四角各置一小瓮，分盛马乳、驼乳等饮料。我们无须怀疑这一传说是否可靠，因为擅长饮宴的蒙古人确实喜欢大型贮酒器。今北京北海公园旁的团城上的玉瓮亭，陈放着元世祖至元二年（1265）制造的渎山大玉海（见本书彩色插图），高 70 厘米，直径 135 厘米，重约 3500 公斤，由黑色整玉雕成，乃是一个实实在在的大酒瓮。①

宝石蓝金彩瓷匜，河北省保定市出土（选自《中国古代史参考图录》）

马可·波罗指出，皇帝使用一种金杓，容量甚大，盛满酒浆，足够供 8 人或 10 人之饮，在列席酒宴的每两人前放置一把这样的金杓。② 张昱的诗也证明了"杓"的使用："黄金酒海赢千石，龙杓梯声给大筵。殿上千官多取醉，君臣胥乐太平年。"③ 杓应是一种放在人们身边的容器，从酒海中舀出酒后即倒入杓内，人们再从杓内把酒倒入大金钟，随斟随饮。所谓的"杓"，应当就是"匜"，金匜现无实物可考，河北省保定市曾出土元代宝石蓝金彩瓷匜，形状即类似一把大杓。

---

① 详见上引韩儒林文。
② 《马可·波罗游记》，第 98—100 页。
③ 张昱：《辇下曲》，《张光弼诗集》卷 2。

釉里红印花堆螭高足转杯，江苏省高安县出土（选自《文物精华》1990）

"静瓜约闹殿西东，颁宴宗王礼数隆。酋长巡觞宣上旨，尽教满饮大金锺。"大金锺应当就是金质高足杯，另外流行的还有高足瓷杯，有出土文物为证明。高足金杯，在我国最早见于北魏司马金龙的墓中，其后在西安隋李静训墓、内蒙古土默特左旗水磨沟隋唐古墓及西安南郊何家村唐代窖穴等地均有出土。1976年，内蒙古自治区乌兰察布盟兴和县五股泉公社五甲地村元墓出土了高足金杯。在甘肃省漳县元代汪世显家族墓和江苏省丹徒县元代窖藏瓷器中，有高足杯或高足碗出土；浙江省武义县则出土了元代龙泉窑点彩高足杯。无论是金杯还是瓷杯，形制基本相同。此外，还有高足转杯，更为精巧。如1980年11月江西省高安县出土的釉里红印花堆螭高足转杯，通高12.8厘米，口径10.4厘米，撇口，深腹，竹节状高圈足。杯底和圈足以子母榫相衔接，可自由旋转而不脱落。施青白釉及釉里红彩斑。下腹壁堆塑一螭龙，杯内模印折枝梅花、缠枝菊和回纹。

平底酒杯亦受到人们的欢迎。1976年内蒙古自治区乌兰察布盟兴和县五股泉公社五甲地村元墓出土的平底金杯，高5厘米，口径12.5厘米，底径8.2厘米。金杯花式口，口沿外有一半圆形把手，把手下接一圆圈。器内底和把手上面，平錾牡丹、忍冬等花纹，口外沿饰二方连续的忍冬花纹一周。此杯与陕西省西安市南郊何家村唐代窖穴出土的"仕女狩猎纹八瓣银杯"风格相近。金杯的花纹，见于内蒙古四子王旗元代墓地上的景教墓顶石上。内蒙古正蓝旗汉克拉公社、察右前旗桑布拉格公社龙头、卓资县庙湾村等地均出土过与此杯形制完全相同的平底铜杯。① 1955 年安徽省合肥市出土的章仲英款海棠式金杯，也是平底酒杯，把手的形状略有不同。

章仲英款海棠式金杯，安徽省合肥市出土（选自《中国古代史参考图录》）

酒杯还有其他样式。1964 年河北省保定市出土的定窑白釉瓷杯和宝石蓝金彩酒杯，形状类似于碗，是一种较小巧的饮具。1987 年浙江省杭州市出土的蓝釉金彩爵杯，通高 4.8 厘米，造型仿青铜器，施蓝釉，内外均绘金彩梅枝新月纹。另有朱碧山款银槎杯，造型更别具一格。

元人张昱在题名为《辇下曲》的宫词中，有"教坊白马驮身后，光禄红箫送酒车"的诗句，说明宫中的酒是由光禄寺用酒车运送进去的。光禄寺隶于"掌供玉食"的宣徽院之下，专掌起运米麴等务，"领尚饮、尚酝局、沿路酒坊、各路布种事"，酿酒和送酒自然是它的本务。②

---

① 详见盖山林：《兴和县五甲地古墓》，《内蒙古文物考古》第 3 期，第 109—112 页。
② 《元史》卷 87，《百官志三》。

元代社会生活史

宝石蓝金彩酒杯，河北省保定市出土（选自《中国古代史参考图录》）

蓝釉金彩爵杯，浙江省杭州市出土（选自《文物精华》1990）

五　宫廷车舆

蒙古大汗出行，原来大多坐在可以迁移的斡耳朵内，详情已见前述。自忽必烈即位之后，皇帝出行改为乘"象辇"。

"皇帝马棰开云南，始得一象来中国。"[1] "丁酉年（1237）元日进大象，一见，其行似缓，实步阔而疾掉，马乃能追之。高于市屋檐，群象之尤者。"[2] 驾辇的象最先来自云南，后来缅国、占城、交趾、真腊以及金齿、大小车里等处陆续贡来驯象。"至元十七年（1280）三月二十日，南诏进象过安肃州，军户老殷为象鼻束而死"，贡象旅途中还曾发生过事故。[3] 到元朝末年，仍有来贡象者，如"丁酉年（1357）正月一日，内八府宰相领礼部中书省相国，以外国大象进上"[4]。在京城的驯象，都养育于"析津坊海子之阳"，即今北京积水潭和什刹前后海之南，"房甚高敞"，"行幸则蕃官骑引，以导大驾，以驾巨辇"；"庚子年（1360年），象房废"[5]。

所谓"象辇"，实际上是架在四只大象背上的大木轿子，轿上插有旌旗和伞盖，里面衬着金丝坐垫，外包狮子皮，每象有一名驭者；在狭窄的山路上行走或穿过隘口时，皇帝独乘一象或坐在由两只象牵引的象辂里。[6] 所以，象辇又称作"象轿"或"象舆"，是从至元十七年（1280）十月开始制造的。[7] "当年大驾幸滦京，象背前驮幄殿行"[8]；"黄金幄殿载前驱，象背驼峰尽珠宝"[9]；"鸳鸯坡上是行宫，又喜临歧象驭通"[10]，象辇这种交通工具，给当时的

① 魏初：《观象诗》，《青崖集》卷 1。
② 《析津志辑佚·物产》。
③ 王恽：《哀老殷辞》，《秋涧先生大全文集》卷 8。
④ 《析津志辑佚·岁纪》。
⑤ 《元史》卷 79，《舆服志二·仪仗》。《析津志辑佚·物产》。
⑥ 《马可·波罗游记》，第 84—85 页。《史集》第 2 卷，第 352 页。
⑦ 《元史》卷 11，《世祖纪八》；卷 30，《泰定帝纪二》；卷 78，《舆服志一·舆辂》。
⑧ 张昱：《辇下曲》，《张光弼诗集》卷 2。
⑨ 柯九思：《宫词十首》，《辽金元宫词》，第 5 页。
⑩ 杨允孚：《滦京杂咏》上。

人留下了深刻的印象。象辇虽然舒适，但安全性能较差。至元十九年（1282），吏部尚书刘好礼向中书省进言："象力最巨，上往还两都，乘舆象驾，万一有变，从者虽多，力何能及。"不久就发生了象惊几乎踩伤从者的事件。① 无独有偶，数年之后，在忽必烈围猎归途上，有"伶人"表演狮子舞迎驾，惊了舆象，"奔逸不可制"，幸得参乘的侍从官贺胜及时投身向前挡住象的去路，后至者断靮纵象，才避免了一场灾祸。② 虽然如此，元朝皇帝始终未放弃这种工具。泰定二年（1325）正月，宫廷中依然在"造象辇"③，就是明证。

除象辇外，皇帝还备有各种舆辂。辂皆为二轮车，颜色因造辂材料不同而各异。如玉辂为青色，辂马皆用青马，鞍辔鞦勒等皆青色；而金辂则为红色，象辂用黄色，革辂用白色，木辂用黑色，等等。车厢内安置一张靠背龙椅，椅上置"方坐子"和"可贴"（金锦）褥各一，厢底置"方舆地褥"。勾阑内亦放置各种褥被，以备不时之需。车厢上层"左画青龙，右画白虎，前画朱雀，后画玄武"，并置有"云龙门帘"。各辂上都还装有"朱漆轼柜"，摆放金香球、金香盒等物。④

皇后、嫔妃和太子、诸王、大臣等人随皇帝出行，大多乘坐"宫车"，有时则骑马。"宫车次第起昌平，烛炬千笼列火城"；"榆林御苑柳丝丝，昨夜宫车又黑围"；"先帝妃嫔火失房，前期承旨达滦阳。车如流水毛牛捷，鞍缕黄金白马良"。宫车的数量是极大的，所以能给人们留下如此深刻的印象。驾车的牲畜，有马、牛和毛牛，并有大量的骆驼。"翎赤王侯部落多，香风簇簇锦盘陀。燕姬翠袖颜如玉，自按辕条架骆驼"⑤；"春游到处景堪夸，厌戴名花插野花。笑语懒行随凤辂，内官催上骆驼车"。骆驼除了用来驾车外，还用来驮装金银锦缎和珠宝等，以备皇帝赏赐之用，类似"驼装序入日精门"等诗句⑥，就是记载骆驼驮物的景象。宫车的样式与草原上通常使用的毡车大致相同，详见后第九章第三节所述。

皇帝外出，尤其是狩猎，有时也要骑马，所以各种马具要由专人执拿随行。皇帝专用的有鞭桶、蒙鞍等物。另外，还有"金杌子"，蒙古大汗和元朝皇帝皆用之，是一种四脚小床，"银饰之，涂以黄金"，专供他们上马时

---

① 《元史》卷167，《刘好礼传》。

② 《元史》卷179，《贺胜传》。

③ 《元史》卷29，《泰定帝纪一》。

④ 《元史》卷78，《舆服志一·舆辂》。

⑤ 杨允孚：《滦京杂咏》上。

⑥ 张昱：《辇下曲》，《张光弼诗集》卷2。柯九思：《宫词十首》，《辽金元宫词》，第5页。下同。

踩踏。①

皇帝出行，前面有皂纛、驼鼓和马鼓开道。皂纛即黑旗，蒙古语称为"如秃"，"凡行幸，则先驱建纛，夹以马鼓"。驼鼓是双峰骆驼，前峰绑树皂纛，后峰树小旗，"毛结缨络，周缀铜泽小镜，上施一面铜扐小鼓"，由一人乘驭。"凡行幸，先鸣鼓于驼，以威震远迩，亦以试桥梁伏水而次象焉。"马鼓则是在马背绑缚四足小架，上置皮鼓一面，马首、后勒和当胸"皆缀红缨拂铜铃"，由一人徒步牵引而行，"凡行幸，负鼓于马以先驰，与纛并行"。在驼鼓、马鼓的后面，乃是一支庞大的仪仗队。② 每年皇帝一行从上都返回时，都有人先驾鹅往返传信，这就是诗人们所说的"天上驾鹅先有信，九重鸾驾上京回"；"驾鹅风起白毡毹，秋夏跟随驾往回"③。

皇帝外出，随行人员甚多，提供脚力和拉驮物品的马、牛、驼数量极大，供人们食用的牛羊亦不能少。在大队人马出发之前，牛羊畜群大多已启行。"翠华慰民望，时暑将北巡。牛羊及骡马，日过千百群。庐岩周宿卫，万骑若屯云。毡房贮窈窕，玉食罗腥荤。珍缨饰驼象，铃韵遥相闻"，就是当时人们笔下皇帝出行时的真实写照。④

皇帝在宫中往来，主要乘坐腰舆和羊车。腰舆就是轿子，用香木制成，"后背作山字牙，嵌七宝妆云龙屏风"，屏风下置雕镂云龙床，坐前有踏床，龙床上备有坐褥。⑤ 羊车是皇帝入夜临幸后宫、嫔妃住所时乘坐的。"离宫夜半羊车过，别院秋深鹤驾遥"；"十二琼楼浸月华，桐华移影上窗纱。帘前莫插盐枝竹，卧听金羊引小车"等诗句⑥，生动地表现了羊车在宫廷生活的地位。

元顺帝时，又制作了"五云车"，用于宫中游幸。"车有五箱，以火树为槛式，乌棱为轮辕，顶悬明珠。中箱为帝座，外四箱为嫔妃座。每晦夜幸苑中，御以此行，不用灯烛。"⑦

蒙古国时期，大汗、贵族乘马外出，即用棍子撑一把伞或"小帐幕"，用来遮阳；后来又有了大汗专用的遮阳伞，"上面全部饰以宝石"，"亦用红黄为之"⑧。忽必烈即位之后，御用伞、盖逐步齐全，有大伞、紫方伞、红方伞、华盖、曲盖、导盖、朱伞、黄伞、葆盖、孔雀盖等种类。"诸伞盖，宋以前皆平

---

① 《元史》卷79，《舆服志二》。
② 同上。
③ 杨维祯：《宫辞十二首》。张昱：《辇下曲》。
④ 胡助：《京华杂兴诗二十首》，《纯白斋类稿》卷2。
⑤ 《元史》卷78，《舆服志一·舆辂》。
⑥ 萨都剌：《四时宫词四首》，《雁门集》卷4。杨维祯：《宫辞十二首》。
⑦ 陶宗仪：《元氏掖庭记》。
⑧ 《出使蒙古记》，第56、62页。《蒙鞑备录》。

顶，今加金浮屠。"在各种舆辂上，则用栲栳轮盖。①

六　灯漏和日历

　　除了上述生活用品外，皇帝为掌握时间、宣诏等，亦需备有专用的物品。

　　在大都大明殿中，陈放着一台大型计时器七宝灯漏。② 这架灯漏是当时的大科学家郭守敬设计制造的。灯漏高1丈7尺，以金为架，共分四层，"饰以真珠，内为机械"，"其机发隐于柜中，以水激之"。漏中有12个小木偶人，代表12神，各执相属时牌，"每辰初刻，偶人相代开小门出灯外板上，直御床立，捧辰所属以报时"。又有一木偶人站在门内，"常以手指其刻数"。在灯漏下层的四角，各立一木人，分执钟、鼓、钲、铙，一刻鸣钟。二刻敲鼓，三刻响钲，四刻鸣铙。③ 这架精美的计时器，颇为时人所称赞。④ 后来元顺帝妥懽贴睦尔又亲自设计制造了一架宫漏，"约高六七尺，广半之，造木为匮，阴藏诸壶其中，运水上下。匮上设西方三圣殿，匮腰立玉女，捧时刻筹，时至，辄浮水而上。左右列二金甲神人，一悬钟，一悬钲，夜则神人自能按更而击，无分毫差。当钟、钲之鸣，狮、凤在侧者皆翔舞。匮之西东有日月宫，飞仙六人立宫前。遇子、午时，飞仙自能耦进，度仙桥达三圣殿，已而复退立如前。其精巧绝出，人谓前代所鲜有"⑤。在其他宫中，也有一些小型宫漏。"铜漏之外，又有灯漏、沙漏，皆奇制也。"⑥

　　在大明殿上"掌直漏刻"的，有擎壶郎二人。在殿外则有司辰郎二人，又称"鸡人"或"唱鸡人"，一人立在左楼上候北面鸡鸣，另一人站在楼下，即时"捧牙牌趋丹墀跪报"。在司天监下，专设漏刻科，掌管皇室宫漏事务。⑦

---

　　① 《元史》卷78、79，《舆服志一、二》。
　　② 陶宗仪：《宫阙制度》，《南村辍耕录》卷21。
　　③ 柯九思：《宫词十五首》，《辽金元宫词》，第5页。《元史》卷48，《天文志一·大明殿灯漏》。
　　④ 姚燧：《漏刻钟铭》，《元文类》卷17。
　　⑤ 《元史》卷43，《顺帝纪六》。
　　⑥ 叶子奇：《草木子》卷3下，《杂制篇》。
　　⑦ 《元史》卷80，《舆服志三》；卷90，《百官志六》。

元阶梯式灯漏（选自《中华古文明大图集》）

司辰郎的报时，宣告当天宫廷活动的开始，正像诗人所描绘的那样："鸡人报晓五门开，卤簿千官泊虎台"；"方朝犹是未明天，玉戚轮竿已俨然。百兽蹲威绘幡下，万臣效职内门前。东楼绯服唱鸡人，击到朱鼟第几声。楠寐奉常先告备，驾行三叩紫鞘鸣"①。

元代"历有四等"，即国子历、畏兀儿字历、回回历和授时历。其中尤以郭守敬主持修订的授时历最为简易准确。每年冬至，太史院都要向宫廷进献下一年的历书，所以这一天又称为"历日"。献给皇帝的历书用光白厚纸印成，"用彩色画成诸属相"，封面题写蒙古文。"授时历进当冬至，太史舁官近御

---

① 杨维桢：《宫辞十二首》；张昱：《辇下曲》，《辽金元宫词》，第 8、11 页。

前。御用粉笺题国字，帕黄封上榻西边"。回回历等也要进奉给皇帝，回回历"用紫色印之"①。除皇帝外，太子、后妃、诸王以及中书省、枢密院、御史台等各官府皆得新历。有人用这样的宫词来形容当时进历的情况："珠宫赐宴庆迎祥，丽日初随彩线长。太史院官进新历，榻前一一赐诸王。"②

---

① 张昱：《辇下曲》。《析津志辑佚·岁纪》。
② 柯九思：《宫词十五首》，《辽金元宫词》，第 5 页。

第八章
城市居民的居住条件

城市居民的居住条件，不仅指他们的住房情况，还应包括城市的基本设施如城墙、城门、街道、钟鼓楼、桥梁、隅坊等，居民的购物场所市场，以及保证卫生环境的设施和为文化娱乐活动建立的公共场所等。

一　城市基本设施

蒙古初兴时，"无城壁栋宇"①，进入中原之后，对城市惟知焚掠破坏。但随着时间的推移，蒙古统治者越来越认识到城市的重要性，于是不仅保留了大多数已存的城市，还新建、改建了一批城市，尤其是在草原游牧地区修建了数座重要的城市。城市生活条件的逐步恢复和完善，为各族城市居民提供了便利的条件。

---

① 《黑鞑事略》。

元朝时期进行的最大规模的城市建设，是对大都、上都城的修筑，实际上是用巨大的人力、物力建造了两座新城。其他城市的建设，则多为旧有城市设施的修复或重建，规模要小得多。各城市的基本设施，如城墙、街道、桥梁、园林及输水、行船设施等，一般比较齐全，但是多数城市的城墙、街道等年久失修，不像新建的大都城那样雄伟、整齐、壮丽。

　　按照城市市区的占地面积，元朝城市可以分为大、中、小三等。市区方圆50里以上的城市，无疑是大城市。根据当时人的记载，大都"城方六十里"（也有人说城市方圆为38公里）①，南方的杭州"方圆一百六十公里"，苏州和成都都"方圆三十二公里"②。这四个城市，都应该算是大城市。其他如扬州、建康（今南京）、汴梁（今开封）、西安等也是大城市。方圆10里以上、50里以下的城市，应算作中等城市。北方的中等城市，占地面积一般少于南方，这是因为北方人口数量少，人口密度大大低于南方，不需要太大的城池安置常住人口。南方则相反，需要较大的城区安置数量较大的常住人口。像北方草原城市上都，城区方圆仅10里左右，哈刺和林城城区方圆约12里；而南方的绍兴城，"城之周徊四十五里"，镇江城"周徊二十六里"③，都比上都等北方城市占地面积大得多。方圆10里以下的城市，则为小城镇。一般情况下，行省机构的所在地选择大城市，至少是中等城市；路的治所，大多是中等城市；州、县的官衙，多数在小城镇，少数在中等城市。

　　城墙和城门是城市的标志。城墙限制着市区的大小和形状。如大都城，东、西城墙各长5555米，南、北城墙各长3333米，因此全城呈长方形。④ 再如上都城，四面城墙的长度基本相等，均为2200米，所以全城基本为正方形。⑤ 在元代城市中，方形城池占绝大多数。城墙都是底阔上窄，按照元代的技术标准，墙的底宽、墙高和顶宽的比例大致是3：2：1⑥，大都城墙就是按照这个比例修筑的，底宽24米，高16米，顶宽8米。上都也是一样，现存城墙遗址下宽10米，高约5米，顶宽2米。元朝末年修筑的绍兴城新城，"城之址厚四寻（32尺），去其厚寻有四尺（12尺），以为城身之高；去其高七尺，以为城面之广"⑦，比例亦基本上相同。

　　元代新建城市的城墙，大多采用我国传统的板筑技术，用夯土筑成。和林、

①　《元史》卷58，《地理志一》。
②　《马可·波罗游记》，第138、174页。
③　《至顺镇江记》卷2，《地理·城池》。
④　详见《元大都的勘查和发掘》，《文物》1972年第1期。
⑤　详见贾洲杰：《元上都调查报告》，《文物》1977年第5期。
⑥　瞻思：《河防通议》卷上，《筑城物料》。
⑦　黄溍：《绍兴路新城纪》，《金华黄先生文集》卷9。

大都、上都等城市都是如此。土城被雨水浸泡后容易倒塌，北方雨坏城墙的情况比较严重，尤其是大都城墙，所以有人建议改用砖石砌墙①，甚至还有人自告奋勇，表示愿意"自备己资，以砖石包裹内外城墙"，但均因条件所限，未能实现，只是西城角上"略用砖而已"。元朝前期曾用过披苇防水的办法，"大都土城岁必衣苇以御雨"，"立苇场，收苇以襄城，每岁收百万，以苇排编，自下砌上，恐致摧塌，累朝因之"。元文宗时，为防止敌对势力烧苇攻城，取消了这种做法。② 苇城实际上并没有解决土墙防雨问题，雨水透过苇草，仍会对城墙发生腐蚀作用。有元一代，大都城墙的崩塌和修补次数很多，耗费了大量的人力和物力。

元大都和义门瓮城遗迹（选自《中国古代史参考图录》）

　　大都城共有 11 个城门（参见本书 148 页插图），东面为光熙、崇仁、齐化三门，南面有文明（又称哈达）、丽正、顺承三门，西面有平则、和义、肃清三门，北面是建德、安贞二门③，"憧憧十一门，车马如云烟"④。十一门并不是都

---

①　赵孟𬸚：《靳公墓志铭》，《松雪斋文集》卷9。
②　《析津志辑佚·城池街市》。《元史》卷169，《王伯胜传》。
③　《元史》卷58，《地理志一》。
④　迺贤：《京城杂言六首》，《金台集》卷1。

城的定制，和林城只有四门，上都城设七门（参见本书 149 页插图），东、南、北各二门，西墙一门。城门均建有瓮城，有的是方形，有的是马蹄形。城墙之外，有宽深的护城河。

忽必烈在统一全国之后，曾下令"堕天下城郭"，"元混一海宇，凡诸郡之有城郭，皆撤而去之，以示天下为公之义"。除都城外，其他城市的城墙大多被拆毁，只留下了城门。① 到了元朝末年，农民起义骤起，各地官员、士绅为求自保，纷纷筹款筑城。尤其是江南地区，一时修建城池成风。

每个城市几乎都建有鼓楼或钟鼓楼。在鼓楼上，置有钟、鼓、角、壶漏等。壶漏是计时仪器，钟、鼓、角是报时工具。"其上则昼谨时刻，夜严鼓角，所以警动其民之观听而时其作息之节，四系之重盖如此，非直为观美以资游览者也。"② 大都的钟鼓楼是分建的，地处城市中心区，鼓楼在南，又称齐政楼，钟楼在北，"层楼拱立夹通衢，鼓奏钟鸣壮京畿"③。其他城市一般只建一楼，分置钟、鼓等于上④，有的建在市中心，有的建在子城上或城市的一角，与谯楼合而为之。

鼓楼既起报时作用，又往往是全城的制高点，可以居高临下地观察四方动静。元朝沿袭前代的宵禁制度，"一更三点，钟声绝，禁人行。五更三点，钟声动，听人行"⑤。除了钟、鼓报时外，城里还有打更人，入夜后依更点敲击木梆和铜锣。南方城市往往将打更人与守桥者结合起来，在每座重要桥梁上都建有哨棚，设十人守卫，轮流值勤。每个守卫配有一个木梆和一面响锣。哨所内设壶漏计时，"夜间一更时，守卫即敲梆、锣各一下，告知附近居民，此乃第一更；二更时，各敲二下，其后即依更次而递增。守卫不许睡觉，须时刻保持戒备状态。至晨则同夜晚一样，复始第一下的敲击，并依时辰顺序敲下去"⑥。

因为不少城市依河而建或有河流穿过城区，所以桥梁往往成为城市中必不可缺的建筑。像地处北方、河流较少的大都城内，见于记载的桥梁就有 100 余座。江淮以及江南地区，城市内河道往往成网络状，桥梁更多。如镇江城内 50余座桥梁，既有建在"漕渠"、"市河"上的，也有横跨"诸沟"的。按照马可·波罗的记载，杭州市内的大小桥梁达 12000 座。

城市内的桥梁，多有正式名称，但也有一些无名桥。有的桥虽有正式名称，

① 《至顺镇江记》卷 2，《地理·城池》。
② 虞集：《抚州路重建谯楼记》，《道园学古录》卷 37。
③ 张宪：《登齐政楼》，《玉笥集》卷 9。
④ 程矩夫：《安仁县新公署记》，《雪楼集》卷 12。
⑤ 《元典章》卷 57，《刑部十九·禁夜》。
⑥ 《马可·波罗游记》，第 182—183 页。

但民间不常使用，而给其一个更便利易记的俗名。如大都城内的朝阳桥，地址离枢密院不远，遂被称为"枢密院桥"；通明桥在光禄寺附近，俗名"酒坊桥"；保康桥在皇家柴房东，乃被称为"柴垛桥"或"柴场桥"；神道桥又被称为"烧饭桥"、"烧饭园桥"，等等。① 大多俗名和坊名一样，因街道或附近的主要建筑而命名。

　　桥梁的样式，有平形、拱形两种。中原、陕川城市内多造平形桥，江南城市中则多造拱桥。石桥和石木合成的桥居多，纯粹的木桥较少，一般是小桥。② 北方造桥技术颇受南方影响，如大都城内的石桥，"多用西山白石琢凿阑干、狻猊等兽，青石为砖，甃砌大方，样如江南，镜面砖光可鉴人"，并且"俱以生铁铸作锭子，陷定石缝"③。成都市内的桥梁则别出一格，是一种带顶并排有店铺的平型桥。"从桥的一端至另一端，双排大理石桥柱，支撑桥顶。桥顶为木质结构，装饰红色图案，并铺以瓦片。桥面排列工整房间与店铺，经营各种生意。" 四川、云南等地城市中建有不少这种样式的桥梁。至于拱桥，主要建在河道与大街相连之处，"桥拱都建得很高，建筑精巧。同一时间内拱桥下可以通过竖着桅杆的船只，拱桥上面，又可行驶车马。而且，从街道的桥顶坡度递减，设计得恰到好处"④。为行船的方便，在城市中还有码头、渡口的建筑，并有水闸等设施。

二　街道和隅坊

　　街道和街区，是城市内部最基本的交通和居住设施。草原、中原、江南以及陕川地区的地理环境虽然有所不同，但在城市街道和街区的安排上则大体一致，只不过道路铺设材料与附设的排水系统略有不同而已。

　　大多数城市的主要街道都是纵横竖直，互相交错；相对的城门之间，都有

---

① 《析津志辑佚·河闸桥梁》。
② 黄溍：《昌平县石桥记》，《金华黄先生文集》卷9。虞集：《兴云桥记》，《道园学古录》卷9。
③ 《析津志辑佚·风俗》。
④ 《马可·波罗游记》，第138、175—176 页。

宽广平直的大道。马可·波罗指出，大都城内"街道甚直，此端可见彼端，盖其布置，使此门可由街道远望彼门"。杭州城也是"百十里街衢整齐"，主要街道都贯穿全城，从一端笔直地伸展到另一端①；其他城市的情况也大致相同。需要说明的是，都城的主要街道，因受皇城和宫城的限制，不能不有所变动，在纵横之中又有曲折，有些街道作"丁字形"，甚至还有"斜街"，上都和大都都存在这种情况。

各城市主、次街道的宽度各有统一标准。如大都城，大街阔 24 步，小街阔 12 步，另有"三百八十四火巷，二十九衢通（胡同）"②；"论其市廛，则通衢交错，列巷纷纭，大可以并百蹄，小可以方八轮"③。杭州城的主要街道，按照马可·波罗的说法，宽达 40 步，由于市区街道十分宽阔，所以运送各种货物的车辆可以畅通无阻地往来其间。但是一般城市的街道，尤其是中等城市，大致只有几条主要街道和一些巷子，如镇江城就只有 7 条街和 82 条巷子。小城镇大多只有一两条街道，一条街一般是穿城而过，两条街则在市中心合成十字。各条小巷都与街道相连。

城市街道的路面，多用石头、石子或砖块铺砌。有的城市因缺少石料，除铺有少部分石路外，其他都是土路，大都城就是如此。土路平时尘沙弥漫，"轮蹄纷往还，翳翳黄尘深"④；"长风一飘荡，尘沙涨天飞"⑤。下雨时，土路即成泥路，"泥涂坎陷，车马不通，潢潦弥漫，浸贯川泽"⑥，给人们留下"燕山积雨泥塞道"之叹。⑦ 上都城都是土路，情况更为严重。下雨之后，"市狭难驰马，泥深易没车"，"天街暑雨没青泥"⑧；经常是"雨声才断日光出"，街道上已经"黑淖如糜拨不开"，以至于行人"羸马巡檐行堪踔"⑨。为解决道路泥泞的问题，除了铺砌石块等材料外，有的地方使用了路面高出地面几十厘米的办法，使得污泥雨水不至于淤积在路面上，而是流向两旁，既保证了路面干净，又有助于滋润道路两旁的树木。在大都城御苑内的草场上的道路，就是这样处理的。用石块和砖块铺设的道路，也要解决排水清泥问题。以杭州为例，

① 《马可·波罗游记》，第 96、176 页。关汉卿：《【南吕】一枝花·杭州景》，《全元散曲》，第 171 页。
② 《析津志辑佚·城坊街市》。
③ 黄文仲：《大都赋》，《天下同文集》前甲集卷 16。
④ 周权：《都城暑夕》，《周此山先生文集》卷 8，古书流通处刻元四大家集本。
⑤ 胡助：《京华杂兴诗》，《纯白斋类稿》卷 2。
⑥ 王恽：《冯君祈晴诗序》，《秋涧先生大全文集》卷 43。
⑦ 文天祥：《移司即事》，《文山先生文集》卷 14。
⑧ 袁桷：《上京杂咏》，《清容居士集》卷 15。胡助：《滦阳杂咏十首》，《纯白斋类稿》卷 14。
⑨ 宋本：《上京杂诗》，《永乐大典》卷 7702。

街道用石块和砖块铺成，并设有拱形的排水沟，以便将雨水排入邻近的河流，使路面经常保持干燥。由于骑马在石头路面上疾驰容易滑倒，还特别在道路的一边留有沙土路。南方城市的主要街道大致都是这样的。①

各城市的街道都有专门的名称，如大都城内有千步廊街、丁字街、十字街、钟楼街、半边街、棋盘街、五门街、三叉街、斜街等街道。镇江城中的街道有五条街、十字街、上河街、下河街、税务街、屏风街、新街等名称。像十字街、丁字街、钟楼街（或鼓楼街）这样的街名，不少城市都有。巷子的名称往往与附近居民的职业或家族有关，如在镇江城内，就有周豆粉巷、木场巷、馒头巷、汤圆巷、斗笠巷、腰带巷、木勺巷、布袋巷、琉璃巷、香饼巷、磨刀巷、杀猪巷等名称。而金坛县的 14 条巷中，则有近一半是以姓氏命名的。

各城市纵横交错的街道之间，就是街区。街区主要用来安置城市居民的住房、市场以及官衙等。有的城市街区很少，如和林城，只有两个街区，一为回回人区，一为汉人区，市场在回回人区内。但多数城市都有十个以上的街区，如大都城，街区称为坊，城内分为 50 坊，坊各有门，门上署有坊名。坊名往往与坊内或附近的主要建筑有关，如玉铉坊，"按《周易》鼎玉铉大吉，以坊近中书省，取此义以名"；保大坊，"武有七德保大定功，以坊近枢密院，取此义以名"；福田坊，"坊有梵刹，取福田之义以名"；阜财坊，"坊近库藏，取虞舜南风歌阜民财之义以名"；睦亲坊，"地近诸王府，取尚书以亲九族，九族既睦之义以名"，等等。② 其他城市也有坊的建置，根据城市的大小确定坊的多少。较小的县城有时只有两个坊。有的城市，除了坊以外，还有"隅"的设置，如镇江城入元时设 7 隅 27 坊，后来由于"比年以来差调烦重，岁事不登，逃亡消乏，户数减少，故七隅并而为五，由五而四"；至顺二年（1331）又并为 2 隅。隅设隅正，坊设坊正，"凡官府排办造作、祗应杂务、羁管罪人、递运官物、闭纳酒课、催办地钱"等等，都由隅正、坊正负责。③

① 《马可·波罗游记》，第 181 页。
② 《析津志辑佚·城坊街市》。《元一统志》卷 1，《大都路》。
③ 《至顺镇江记》卷 2，《地理·城池》。

三　市场与节庆山棚

城市既是某一地区的政治、文化中心，又是手工业制造和商业贸易活动的中心，各种财富大量向城市集中。如有人歌咏杭州为："普天下锦绣乡，寰海内风流地。大元朝新附国，亡宋家旧华夷。水秀山奇，一到处堪游戏。这答儿忒富贵，满城中绣幕风帘，一哄地人烟凑集。"[①] 所以无论大小城市，市场总是必不可缺的。城市居民不但能够从市场上买进生活必需品和各类食品，还可以在市场上卖出部分自己生产的手工业品。在每一个城市中，都有固定的商业区。在商业区内及大小街道旁的固定铺面经商的人，当时称为"坐商"，其经商活动即称为"坐铺"或"坐肆贾卖"[②]。贾卖各种物品的"市"，大多集中在商业区内，少数分布在城门内外和主要街道两旁。以大都为例，城内有两个主要的商业区，一个是城市中心的钟鼓楼周围，另一个是城市西部顺承门内的羊市角头，又简称为羊角市；在这两个商业区中，设置了十几个市。在大都南城和中书省、翰林院等衙门附近，还有一些较小的集市。各城门外，亦有不同的集市。按照马可·波罗的说法，杭州有十个大商业区，每区间隔六里；在城内的各条街道上，还排列着不计其数的店铺。建康、镇江等城市的情况大致相同，镇江城内设有大市、小市、马市、米市、菜市五市，主要集中在"商贾所聚"的税务街一带。

市场的建筑形式，有几种类型。一种以大都钟、鼓楼商业区为代表，在钟、鼓楼周围的主要街巷建筑楼舍，作为店铺的所在地。北方有些城市采用的就是这种建筑形式。一种以杭州商业区为代表，划出方形地域，每边长800米，四周环绕高楼，楼的下层开设店铺，上层存货和住人。采用这种建筑形式的城市，在元代是不会太多的。还有一种最为普遍，就是在城市的主要街道两旁排列各种店铺。像山东临清这样的小城，"当其盛时，北至塔湾，南至头锸，

① 关汉卿：《【南吕】一枝花·杭州景》，《全元散曲》，第171页。
② 孔齐：《屠剑报应》，《至正直记》卷2。

绵亘数十里，市肆栉比"①，更不用说大、中城市了。如大都城内，"官大街上坐朝南半坡屋，或斜或正，于下卖四时生果、蔬菜，剃头、卜算、碓房磨，俱在此下"②。

元代城市中，出售同一种物品的店铺往往集中在一起，所以形成了多种专门的"市"。按照市的性质，大致可以分为两大类，一类主要经营日常生活用品，满足城市居民的一般生活需要；另一类主要经营珠宝珍玩等高级商品，满足权贵富豪奢侈生活的特殊需求。

经营日常生活用品的市主要有以下几种：

米市和面市。城市居民吃粮，主要靠米市、谷市和面市等粮食市场，每个城市都离不开它们。粮食市往往建在城市中心或离粮仓较近的地方。粮价的涨落，首先取决于年景收成的好坏，一旦碰上自然灾害，粮食歉收，城市中就会出现"米价日腾涌"的情况；其次取决于商人向城市输送粮食的多少，"来的多呵贱，来的少呵贵有"③，尤其是北方城市。自元廷组织大规模漕运粮食后，后一种情况才有所好转。

菜市和果市。每个城市对蔬菜和水果都有很大的需求量，所以不能不设菜市和果市。大都城的菜市建在几个城门内外，如丽正门三桥、哈达门丁字街与和义门外，都有菜市；果市则分布在顺义门、安贞门与和义门外，只有一处与菜市建在一起。有些城市将菜市与果市合而为一，亦多建在城门内外。蔬菜和水果市场依城门而设是有一定道理的，因为它们与城郊的产地接近，便于运输和贮存。④

牲口市。大都城的羊角市，实际上应是牲口市的总称，包括羊市、马市、牛市、骆驼市、驴骡市等。其他城市也有羊市、马市或牛马市等。在这些市场里，既可以买到食肉用的牲口，也可买到拉车、骑乘的"脚力"。此外，有的城市还专门设有"猪市"。多数城市的牲口市设在城门外。既然有食肉的需要，当然离不开屠宰场。杭州城内即有许多屠宰场，其他城市亦应相同。在城市中，专有"以屠刽致温饱"，"每坐肆中卖猪肉"和其他家畜肉的屠夫；他们宰杀的牲畜，有的买自牲口市，有的则自己出城收购。⑤

鱼市和家禽市。鱼和各种家禽、野味，往往也是城市生活中不可缺少的食物，尤其是富裕人家。南方城市，鱼的需求量极大。以杭州为例，"每日都有

① 《临清县志》。

② 《析津志辑佚·风俗》。

③ 胡祗遹：《五月十五日夜半急雨，喜而不寐》，《紫山大全集》卷1。

④ 《析津志辑佚·城池街市》，下文所述大都城内市场情况未特别注明者，皆本于此。

⑤ 孔齐：《屠刽报应》，《至正直记》卷2。

大批鱼从离城二十四公里的海边经河道运入城中，湖中亦产大量的鱼"；"鱼的种类，随季节不同而有差异。当你看到运来如此多的鱼，很会怀疑它们是否能完全售出，但事实上是用不了多少时间就会一售而空，因为城里居民人数过多，而那些追求口福、餐餐有鱼有肉的富裕人家，就已相当可观了"①。南方城市都有鱼市或鱼店，自不待言。像大都等北方城市，也有鱼市。鹅鸭市或鸡鸭市，在较大的城市都有专设，中、小城市则可能与牲口市或鱼市等合在一起，或者设有专门的店铺。杭州设有野味市，和家禽市在一起，其他大城市可能也是如此。

鞋帽市和纱布市。大都城内设有帽子市、皮帽市和靴市。靴市"就卖底皮、西甸皮，诸靴材皆出在一处"。其他城市不一定专建鞋帽市，而是与杂货市等合在一起。南方城市中多专设纱市，买卖各种丝织品。

杂货市。出售日用小商品的店铺，有的城市也集中在一起，如大都城内钟楼前的十字街口，就是杂货贸易的场所。更多城市的杂货店铺，则是分布在大小街道上。有的店铺，只卖一种商品，如镇江城内一肉铺旁，即有"以木梳为业"的店铺。

柴炭市与草市。如前文所述，城市取暖、做饭，离不开柴、炭，所以不能没有柴炭市和草市。大都城内，有四处柴炭集市，一处在顺承门外，一处在钟楼旁，一处在千斯仓，一处在枢密院官衙附近。此外，还有专门的煤市，设在修文坊前。每个城门外都有草市。

木工泥瓦市。为满足城市的建筑需要，各城市中往往辟有专门的木市或泥瓦市。如大都城内，"木市街停塌大权、叉木柱、大小檀椽桷并旧破麻鞋"，砖瓦、石灰、青泥、麻刀等建筑用料都在这里出售。在大都出售的青泥，出自西山，被人们称为"真青泥"，不是用黑煤调和石灰做成的代用品。破麻鞋在水中洗净晒干后，用刀斫烂，即如麻苎，成为可用的建筑材料。

经营高级商品文化用品的主要有珠宝市、胭脂市等。珠宝市一般建在城市内最繁华的街区内。在大都钟楼前街西第一巷，就设有珠子市和沙剌（珊瑚）市，"一巷皆卖金、银、珍珠、宝贝"，各种精器珍玩都集中在这里出售。出售文化用品等的店铺也往往集中在一起，如大都淇露坊"自南而转北，多是雕刻、押字与造象牙匙筯者，及成造宫马大红鞦辔、悬带、金银牌面、红绦与贵赤四绪绦、士夫青匾绦并诸般线香。有作万岁藤及诸花样者，此处最多"②。

有些城市中还设有穷汉市和人市。大都城内有五处"穷汉市"，"一在钟楼

① 《马可·波罗游记》，第177页。
② 《析津志辑佚·风俗》。

后，为最；一在文明门外市桥；一在顺承门城南街边；一在丽正门西；一在顺承门里草塔儿"。所谓"穷汉市"，当是雇工市场，寻觅活计、提供劳力的人集中在这里。在元朝初期，大都城内还有"人市"，设在羊角市，买卖驱口奴婢等，后来被元廷取缔，但仍保留其建筑，"姑存此以为鉴戒"。

除了固定的市场与店铺外，每个城市还有一批游动商贩，穿街走巷，贩卖各种物品。"贩夫逐微末，泥巷穿幽深，负戴日呼叫，百种闻异音"的诗句，描述的就是商贩的活动情况。① 游动商贩大多是小商人或生活无着不得不参加零卖活动的手工业者、农民、士兵等。游动商贩主要挑卖蔬菜、水果、鱼禽、熟食、柴草等，出售的物品有的是自己生产的，有的则是从市上成批买来，再挑到城内叫卖，为不愿远行购物的人提供方便。官员宅院和富户人家，是游动商贩经常光顾的地方，并使官员、富人的妻妾和家人养成了"倚门买鱼菜之类"的习惯。② 受季节和城内市场的影响，游动商贩的生计极不稳定，多数人生活贫寒。有人在上都见到一个卖薪老兵，因柴市兴旺而受到冷遇，就很具有代表性："老兵缚薪穿市卖，双手如龟布衣坏。低头望日南阶行，背负槎牙北风杀。大车轮困小车聚，我薪不如一培土。黄公炉前烟雾高，挥手相讥不相顾。暮归置薪眠土层，望月清歌声断续。"③

为了满足城市居民食饮的需求，每个城市都有酒馆和茶楼。酒馆又称为酒肆、酒楼、酒坊等。门前的"酒旗"是酒馆的标志，在北方的草原城市中也是如此，前往上都的人留下了相关的诗篇："滦水桥边御道西，酒旗闲挂暮檐低"④；"滦河美酒斗十千，下马饮酒不计钱；青旗遥遥出华表，满堂醉客俱年少"⑤。酒馆门多画春申君、孟尝君、平原君、信陵君四公子像，"以红漆阑干护之，上仍盖巧细升斗，若宫室之状"。门两旁大壁上，"并画车马、驺从，伞仗俱全"。门阁"间画汉钟离、唐吕洞宾"。门前立金字牌，"如山字样，三层"，称为"黄公炉"。北方城市夏季置大冰块于大长石枧中，以消冰之水酝酒。⑥

有人记载道："元自世祖以来，凡遇天寿圣节，天下郡县立山棚，百戏迎引，大开宴贺。"⑦ 其实除皇帝诞辰的天寿节外，其他节日，如春节、元宵节、

① 胡助：《京华杂兴诗》，《纯白斋类稿》卷2。
② 孔齐：《奸僧见杀》，《至正直记》卷3。
③ 袁桷：《卖薪行》，《清容居士集》卷16。
④ 张昱：《塞上谣》，《张光弼诗集》卷3。
⑤ 马祖常：《车簇簇行》，《石田文集》卷5。
⑥ 《析津志辑佚·风俗》。
⑦ 叶子奇：《草木子》卷3下，《杂制篇》。

元代社会生活史

《九流百家街市图》，河北省石家庄市毗庐寺壁画（选自《中华古文明大图集》）

端午节等，各城市"市利经纪之人，每于诸市角头以芦苇编夹成屋，铺挂山水、翎毛等画"，也就是所谓的"芦苇夹棚"，出售食品和日用品。因节日的不同，画的内容与所售商品各异。这样的山棚，实际上是城市商人的临时售货点，与专门用作宴饮的山棚不同。后者在城市中也很普及，遇有重大节日，"宫廷宰辅、士庶之家咸作大棚"，张挂图画，"盛陈瓜、果、酒、饼、蔬菜、

181

肉脯"，邀请亲属、好友等宴饮庆贺。①

　　为保证城市的供应，仓库是必不可少的，其中既有政府开设的仓库，也有商人、官员等私人开设的仓库。为防止盗窃，政府所设仓库大多有围墙保护，如大都城内的八座司仓库，"除正门外，周围院墙筑打高厚，其墙上裹外多用棘针椿查，使贼人不能上下出入。将顿物敖门壁饰用砖垒砌，门窗锁钥坚牢"。此外，还有一人专司守卫仓库之职。②

　　城市中的市场、酒馆、茶楼等，不但为市民生活提供了便利的条件，亦造就了独具风格的城市风貌。如当时江南第一大城杭州城，被人们称为"销金锅"。有人记道："杭民尚淫奢，男子诚厚者十不二三，妇人则多口口腹为事，不习女工。至如日用饮膳，惟尚新出而价贵者，稍贱便鄙之，纵欲买又恐贻笑邻里。"但是一旦遇到突然事变，商品尤其是粮食来源断绝，就会出现市民大批饿死的惨相。至正十九年（1359），杭州城被乱军包围三个月，"各路粮道不通，城中米价涌贵，一斗直二十五缗。越数日，米既尽，糟糠亦与常日米价等，有赀力人则得食，贫者不能也。又数日，糟糠亦尽，乃以油车家糠饼捣屑啖之。老幼妇女，三五为群，行乞于市，虽姿色艳丽而衣裳济楚，不暇自惭也。至有合家父子、夫妇、兄弟结袂把臂，共沉于水，亦可怜已。一城之人，饿死者十六七"③。这个例子，既说明了市场在调剂城市居民生活方面起着相当重要的作用，也表明城市与乡村确实有着密不可分的经济关系。

四　城市能源与卫生安全设施

　　燃料问题，用现在流行的术语来说，就是能源问题。城市人口集中，要维持他们的生活，需要大量的燃料。

　　如本书前面所述，大都等城市已经用煤作为燃料，但就全国城市而言，木炭和柴草等仍然是主要的燃料。大都附近虽有产煤区，但政府经营的煤窑场，

---

① 《析津志辑佚·岁纪》。
② 《元典章》卷51，《刑部十三·防盗》。
③ 陶宗仪：《杭人遭难》，《南村辍耕录》卷11。

主要供应宫廷用煤；每年由"经纪人"拉入大都市内的煤、炭等，是供"货卖"的，一般市民未必能够享用，所以柴草依然是重要的燃料。① 宫廷中也不完全是用煤作燃料，在大都城外设立的苇场，所收芦苇既供"蘘城"之用，亦要"供内厨之需"；大都城内有烧饭桥，"内府御厨运柴苇皆于此人"②，可知在宫廷中苇草还是重要的燃料。一般市民更是仰仗柴草烧饭、取暖，有人写道："白苇生寒沙，残沙摇敝帚；燕都百万家，借尔作薪樵。"③ 苇草的作用显然不容忽视。

元代后期，有人想把西山的煤通过水路运进大都，改变城内的燃料结构。顺帝至正二年（1342），中书省右、左丞相上奏："京师人烟百万，薪刍负担不便。今西山有煤炭，若都城开池河上，受金口灌注，通舟楫往来，西山之煤，可坐致于城中矣。"顺帝采纳了他们的建议，调发民夫开金口河，但因设计不善而告失败。④

其他北方城市无煤可用，烧饭取暖则主要用柴、炭和马粪等。上都城内的居民，主要烧松柴。上都之北"阴阴松林八百里"，"采薪人"往往争相前往，取柴入城货卖。⑤ 多数人用车拉柴入城，有时会出现"柴车击毂断东街"的场面⑥，少数人缚薪穿市叫卖。

南方城市燃料亦以柴、炭、草为主，极少燃粪做饭、取暖。对烧柴的选择是有讲究的，"山阳之薪，有焰光能发火力。山阴之木，无焰光，然烹之际，不若山阳者佳"；"又困月采薪，虽生湿之木亦可燃"⑦。

各城市中都有柴草市，已见前述。柴草的价格，往往随季节浮动。北方城市冬季柴草价格较高，不但一般市民买不起，就是中小官吏也难以承受。如在朝廷中任职的文人王恽，就曾因冬季柴草太贵，只好挨冻，写下了"薪如束桂米量珠，二月中旬冻未苏"的感怀诗句。⑧

城市居民的卫生保健，是城市居住条件的重要因素。卫生设施应包括公共澡堂、厕所和垃圾、污水的处理场所。按照马可·波罗的记述，中原人一星期至少洗三次热水澡，有条件的甚至一日一浴。江南人习惯冷水浴，每日一次。⑨

---

① 详见陈高华：《大都的燃料问题》，《元史研究论稿》，第432—435页。
② 《析津志辑佚·城池街市·河闸桥梁》。
③ 袁桷：《舟中杂咏十首》，《清客居士集》卷3。
④ 权衡：《庚申外史》卷上。
⑤ 袁桷：《松林行》，《清容居士集》卷15。
⑥ 宋本：《上京杂诗》，《永乐大典》卷7702。
⑦ 孔齐：《山阳之薪》，《至正直记》卷3。
⑧ 王恽：《大都即事》，《秋涧先生大全文集》卷28。
⑨ 《马可·波罗游记》，第177页。

这实际上只能是指家境比较好的人家，多数城市居民达不到这一标准，甚至有人指出"妇女颇不洁，盖杭人常习也"①。即便如此，并不是每个想洗浴的人都可以在家中建有浴室，所以公共澡堂是需要的。杭州街道上有冷浴澡堂，并有男女仆役为来客服务。在这些澡堂中，亦设有专供热水的浴室，为不适应冷水浴的人服务。如前第4章所述，大都城内也设有专门的澡堂。

流经城市的河流和城里的湖泊，往往是居民取水或洗衣服的主要场所。如大都城中有两条水道，一条是由高梁河、海子、通惠河构成的漕运系统，另一条是由金水河、太液池构成的宫苑用水系统。这两条水道，都有专门用途。城内一般居民的生活用水主要是井水，有时利用海子洗衣服，海子"东西南北与枢密院桥一带人家妇女，率来洗涤衣服、布帛之属，就石捶洗"②。

大都城内有相当完整的排水系统。对大都的考古发掘，发现了当时南北主干大街两旁的排水渠。排水渠为明渠，用石条砌成，宽1米，深1.65米，某些部分顶部覆盖了石条。干渠的排水方向，与大都城内自北而南的地形坡度完全一致。在城墙底部，有石砌的排水涵洞，用来将城中的废水排出城外。③

元代时浙西流行"年年防火起，夜夜防贼来"的民谚。④ 由于城市土木建筑较多，容易失火，尤其是南方城市，所以必须有相应的防火和报警措施。为防止偷盗、民变等突然事变的发生，还要制定严格的城市治安规定和采取一定的保安措施。在城市中，元廷不但实行宵禁，还建有巡防系统。

如前所述，元廷规定的宵禁是从一更三点至五更三点，以钟声为信号。在宵禁时间内，禁止居民出行，就是节日也不例外。遇到紧急情况，如有孕妇分娩或有人得了急病，必须外出请医生，可做例外情况处理，但外出人必须提灯。违禁上街的人，要受到严厉处罚。南方城市原来夜间还有灯火管制，至元二十九年（1292）六月，因"江南归附已后一十八年，人心宁一，灯火之禁，似宜宽驰"，正式解除了灯禁。⑤

江北城市的治安巡察，由本城录事司官员负责，选派弓手等轮流值班。江南城市的安全保卫工作，原来由驻军负责。"江南新附城池，俱有镇守营军衙门，难同腹里路分。官军头目日夜差拨头目、军人等守把街巷，禁钟之后往来巡绰。其录事司不曾巡禁，亦无所设弓手。"至元二十年（1283）做出了新的

① 孔齐：《松雪遗事》，《至正直记》卷1。
② 《析津志辑佚·风俗》。
③ 详见《元大都》，第64—66页。
④ 孔齐：《浙西谚》，《至正直记》卷2。
⑤ 《元典章》卷57，《刑部十九·禁夜》，"讲究开禁灯火"条。

规定，由驻军和弓手共同进行治安巡察，军官和录事司官员一同负责城市安全。①

尽管有各种防范措施，有些灾祸还是难免的，尤其是火灾。以杭州为例，从大德八年（1304）到泰定四年（1327）间，曾发生较大火灾四次，每次都要烧掉几百家。特别是至正元年（1241）四月，杭州发生特大火灾，"毁官民房屋公廨寺观一万五千七百五十五间，烧死七十四人"。次年四月，杭州又发生大火灾，"数百年来浩繁之地，日就凋敝"②。

五　官府衙门和庙观学校

所有城市，都少不了官衙，因为即使较小的城市也往往是县治或州治的所在地，而大、中城市则往往是行省或路的所在地，更不用说中央机构所在的都城。

中书省、枢密院、御史台等机构，在大都城内都建有正式衙署。中书省衙门在丽正门内，枢密院在东华门外，御史台在文明门内。这些衙署都建有围墙和外仪门、中仪门及内仪门，"高门垣墙整峻"。外仪门上挂着本衙的牌匾，内仪门则分为中、左、右三门。入门后即为五间大正厅，"宽广高明，锦梁画栋，若屏障墙"。厅旁建东西耳房，"画山水林泉，灿然壮丽"。耳房是官府正官处理日常公务的地方，一般春季和冬季在东耳房，夏季、秋季在西耳房。正厅之后，建五间穿廊，又称为"直舍"，"舍之左右，咸植花果杂木"。穿廊与五间正堂相连。官府的下属机构，有的建在外仪门内，有的建在穿廊之后。在衙署内，有时还建有碑亭和假山。③

各行省在省治所在城市中建立的衙署，"视都省稍降杀焉"④，建筑规格略低于中书省。

各路、州的衙署，建筑大致相同，"谯楼仪门，厅以听政，堂以燕处；厅

①　《元典章》卷50，《刑部十二·捕盗》。
②　《元史》卷50，《五行志一》。陶宗仪：《火灾》，《南村辍耕录》卷9。
③　《析津志辑佚·朝堂公宇》。
④　柳贯：《重修省府记》，《柳待制文集》卷14。

翼两室，右居府推，左居幕府，吏列两庑；架阁、交钞、军资诸库与夫庖厩，各自为所"①。县一级的衙门，则往往"左典史舍，右架阁吏房"②。按照当时的定例，路府州县衙署的"廨宇"有级别的差异：路的衙署，正厅一座五间，七檩六椽；司房东西各五间，五檩四椽；门楼一座，三檩两椽。州衙正厅一座，五檩四椽，并附设东西耳房各一间；司房东西各三间，三檩两椽。县衙正厅一座，五檩四椽，没有耳房，司房与州衙相同。③ 实际上各地官衙往往根据当地情况安排廨宇，不一定严格实行上述定例。以县衙为例，小的县衙只有廨宇15室，大的可以有50余间甚至100余间。不论大小，议事、听事的大厅或大堂（均坐正北南向），表示官府威严的府门（仪门），官府正官的住所以及吏房、庖厨、马厩等都是一应俱全的。④ 重要的衙门，往往建在城市中心或者主要街道旁。⑤ 尤其是县衙，经常与谯楼建在一起，所以修县衙时，往往也重修或者新建谯楼。⑥

公廨内的用具，于各衙门"年销钱内和买成造"。各路按察司公廨内的"铺陈什物"，包括"毡毯、灯油、床榻、书案、案衣、砚卓（桌）并经历、知事、知法、书史、书吏等公用卓、床、荐席"⑦。其他官府衙门的内部陈设应该是大致相同的。

无论是大城市，还是中小城市，都有寺院、道观等宗教建筑。从蒙古国到元朝时期，不仅对原来的庙宇等进行维修或重建，还新建了一批寺庙。

在蒙古统治者的大力支持下，各地原有的佛教寺庙纷纷进行维修、改建或重建。如位于大都的庆寿寺，建于金世宗大定二十六年（1186），元世祖至元十二年至十九年（1275—1282）重修，"京师佛寺自来甲天下，庆寿重修之后，完整雄壮，又为京都之冠"⑧。在重修佛教建筑时采用了一些新的建筑技术。如山西洪赵县的广圣寺下寺正殿，重建于元武宗至大二年（1309），殿内使用了减柱法和移柱法，增加了殿前的活动空间，并且使用了斜梁，节省了一条

① 姚燧：《圣元宁国路总管府兴造记》，《牧庵集》卷6。

② 程钜夫：《金谿县厅壁记》，《雪楼集》卷11。

③ 《元典章》卷59，《工部二·造作·公廨》。

④ 胡祗遹：《平阳府临汾县新厅记》，《紫山大全集》卷9。袁桷：《鄞县兴造记》、《定海县重修记》，《清容居士集》卷8。

⑤ 程钜夫：《昌平县新治记》，《雪楼集》卷9。黄溍：《东阳县门楼记》，《金华黄先生文集》卷9。《至顺镇江志》卷13，《公廨·治所》。

⑥ 王恽：《平阳府临汾县新廨记》，《秋涧先生大全文集》卷37。程钜夫：《安仁县新署记》，《雪楼集》卷12。《至顺镇江志》卷13，《公廨·金坛县》。

⑦ 《元典章》卷59，《工部二·造作·公廨》。

⑧ 《元一统志》卷1，《大都路》。

大梁。①

在吐蕃僧人的影响下，佛教密宗教派喇嘛教的寺庙在中原、江南地区大量出现。元朝时在大都兴建的兴教寺、大护国仁王寺、大圣寿万安寺，以及上都的乾元寺、帝师寺等，都是密宗僧侣主持修建的。② 任江淮诸路释教都总摄的唐兀人杨琏真加，为了扩大喇嘛教的影响，将杭州城内的原南宋宫室改建成尊胜塔和报国、兴元、般若、仙林、尊胜五个寺院。③ 在吐蕃地区兴建的寺院，往往与城堡结合在一起。13 世纪中叶兴建的萨迦寺，分为南北两处，南寺建在平坦的河谷平原上，周围用厚墙围绕成城堡，大经堂布置在城堡中心，周围是低矮的僧房。北寺建在山上，萨迦万户的衙门亦建在其中。14 世纪中叶兴建的夏鲁万户府，也有城墙环绕，夏鲁寺在城中占了三分之一以上的面积。夏鲁寺的主要建筑是夏鲁杜康，由门廊、经堂和佛殿三部分组成，建筑结构用木柱、密梁、平顶，但某些部分采用了汉族形式的屋顶，上覆琉璃瓦，屋顶结构手法如斗拱等也是元代内地的典型式样。④

道教徒同样进行了大规模的改建、重建、新建庙观的工程。全真教受到蒙古大汗的重视，教众乃大兴土木，广建宫观。重阳万寿宫（陕西周至）、永乐纯阳万寿宫（山西永济，即永乐宫）、朝元宫（河南开封）、白云观（大都）等全真道祖庭陆续兴建。⑤ 尤其是永乐宫中的三清殿，屋顶使用黄绿二色琉璃瓦，台基处理手法新颖，是元代建筑中的精品。三清殿内还有精美的壁画，构图宏伟，题材丰富，线条流畅生动，堪称元代壁画的代表作品。元朝皇帝重视玄教，玄教道士分别在大都和上都兴建了崇真万寿宫，作为宗师和道众居住和从事宗教活动的场所。

伊斯兰教的回回寺或礼拜寺及基督教的十字寺（教堂）等，亦分布在不少城市中，教徒在这些寺院中从事各种宗教活动。⑥

宗教建筑与附近居民的日常生活常有密切的关系。城市居民几乎每年都要到寺庙中烧香参拜，并观看甚至参加各种宗教典礼。如武宗至大二年（1309）二月，安西路开元寺举行万僧水陆斋戒大会，前后七昼夜，"聚集山东、河南、冀宁、晋宁、河中并凤翔迆西等处僧众万人，及扇惑远近俗人男子妇人前来受

① 详见刘敦桢主编：《中国古代建筑史》，中国建筑工业出版社 1984 年版，第 270 页。
② 详见《元上都》，第 194—202 页。
③ 详见陈高华：《略论杨琏真加和杨暗普父子》，《西北民族研究》1986 年第 1 期，第 55—63 页。
④ 《中国古代建筑史》，第 272 页。
⑤ 详见郭旃：《金元之际的全真道》，《元史论丛》第 3 辑，第 205—218 页。
⑥ 详见周良霄：《元和元以前中国的基督教》，《元史论丛》第 1 辑，第 137—163 页。

戒,观者车马充塞街衢,数亦非少,僧俗混淆,男女淆乱"①。其他如都城中的游皇城、庙会等,亦成为每年都要举行的大型活动,详见本书第 16 章的叙述。

元代中央有国子学,地方有路、府、州、县学,后者可统称为地方官学。学校的种类,除了儒学外,还有蒙古字学、医学、阴阳学、书院和社学(农闲学校)。学校大多建在城市或市镇中。各地儒学的大小规模不等,但基本形制相同。"郡县莫不有学,学皆有孔子庙",儒学均与先圣庙(孔庙)建在一起,所以人们常称儒学为庙学。一般说来,儒学可分为"庙"和"学"两个部分。有的以"庙"为主体,学校的教学和生活设施都在"庙"的周围。有的"左庙右学",如杭州路学,属于"庙"的部分有大成殿和从祀廊庙,以及殿前的道路、泮水、仪门、灵星门等;属于"学"的部分有讲堂、生员斋舍、学官厅舍、尊经阁(书库)、仓库、庖厨等。书院的结构与儒学大致相同,也有殿堂、门庑、斋舍、庖厨等,但书院经常建在"先儒过化之地,名贤经行之所",所以往往有与该院有关的"先贤"或"名贤"的祠堂。医学、蒙古字学、阴阳学等也是庙学合一,如医学中建三皇庙,蒙古字学中建帝师殿,供奉创制蒙古新字的帝师八思巴。学校既是生徒学习的地方,也是祭祀先贤等的重要场所,更是文人经常聚会的地方,在城市生活中亦有其不可忽视的地位。②

六 城市居民的住房

元代城市居民的住房,因居者所在地区和贵贱贫富的不同,有着很大的差别。

城市住房面积受到城区、街区和城市人口的影响,不能不有所限制。如大都城建成后,元廷即规定"以地八亩为一分","贵戚、功臣悉受分地以为第宅"。权贵者的房屋多,院落大,往往超出规定,甚至侵占街道,朝廷不得不特别颁旨,严禁城市造房侵占官街,"如违即便将侵街垣墙房屋拆毁,仍将犯

---

① 《元典章》卷 57,《刑部十九·禁聚众》。
② 详见陈高华:《元代的地方官学》,《元史论丛》第 5 辑,第 160—189 页。

人断罪"①。但是各地的豪富人家往往无视朝廷的规定，如有人在武宗至大三年（1310）的报告中指出："江南三省所辖之地，民多豪富兼并之家，第宅、居室、衣服、器用僭越过分，逞其私欲，靡所不至。"② 城市住房面积的限制，往往导致城市地价和租房费用的上涨，在一些大城市特别是京城这一问题尤为突出。杭州城内，"万余家楼阁参差，并无半答儿闲田地"③。大都是元代的京城，"京师地贵"，往往使来自外地的人感到"毕竟京师不易居"，并发出"豪家尽有厦连云，自是诗人嫌日短"的感慨。"嫌日短"是当时流行于大都的一句俗话，"到月终房钱嫌日短"④。

元大都居民住房遗迹（选自《中国古代史参考图录》）

城市中官员、贵族、巨商的住房，往往连在一起，构成城市中的特殊居住区。如大都城内，"西宫后北街，系内家公廨，率是中贵人居止。每家有阉人，非老即小，自朝至暮司职，就收过马之遗。皇后酒坊前，都是槽坊。各处名望馆，凡栉不间，于内多有产次，此地别无他经纪"⑤。又如镇江城内的大、小围

① 《通制条格》卷27，《杂令·侵占官街》。
② 《元典章》卷57，《刑部十九·禁豪霸》。
③ 关汉卿：《【南吕】一枝花·杭州景》，《全元散曲》，第171页。
④ 宋褧：《初至都书金城坊所僦屋壁》，《燕石集》卷8。
⑤ 《析津志辑佚·风俗》。

桥附近，有本路总管脱因、万户胡都鲁不花、平江路同知扎马剌丁、会昌知州康济的宅院；竹竿巷有本路达鲁花赤斡鲁欢牙里和广东副都元帅的住宅；皇佑桥北有两浙运使可马剌丁和广东宪司经历董邦用的住宅；夹道巷则有胡都鲁不花的另一处宅院及副达鲁花赤薛里吉思的住宅，等等。① 本书第4章所述的杭州八间楼为回回富商住所，也属于这种情况。

贵族、官员与富家私宅，房间多，院落大，如大都考古发掘的后英房遗址，住宅的主院及两侧的旁院东西宽度近70米，主院北屋进深13.47米，建筑讲究，还有精美的瓷器和漆器等生活用品和用水晶、玛瑙等制成的各种玩物摆设。这样的宅院，只能是中上层人物的住宅。② 在这样的院落内外，还有不少附加设施。院门外摆放石狮子或铁狮子的做法比较流行，"都中显宦税硕之家，解库门首，多以生铁铸狮子。左右门外连座，或以白石凿成，亦如上放顿"。此外，还有"皮帽屋"等建筑，"显宦之宅外门内，多做皮帽屋，以其似皮帽之制也"③。

在各地任职的官员，或者在"系官房舍"内居住，或者买房、租房居住，有的则"借住"在民户家中。

由官府掌握的房屋，称为"系官房舍"，除了官府办公用房和仓库外，一般还有一批房屋。这些房屋，一部分用作现任官员的住宅，一部分由官府出租，"召人赁住"。按照朝廷的规定，"腹里除诸衙门公廨、局院房舍申准上司明文方许标拨及各官自来相沿交代元任官房外，其余系官宅院房舍，召人赁住，获到房钱逐旋解纳。如有损坏去处，估计合用工物，申覆合干上司，体覆完备，于赁房钱内就用修补"。江南地区官府接收了大量的原南宋政府机构的房屋，如至元二十三年七月浙西道按察司给御史台的公文中即指出"本道所辖八路，系官房舍甚多，皆是亡宋官员廨宇及断没、逃避房屋"。朝廷特别规定到江南任职的官员优先居住系官房舍，并且不交纳房钱，"江淮等处系官房舍，于内先尽迁转官员住坐，分明标注，任满相沿交割"。官员住房外如还有空房，允许出租，"其余系官宅院并不应占住之人，验市井紧慢去处，照依市价一体征收房钱"④。

官员住在系官房舍中，会遇到两个方面的问题。一是房屋损坏后的修理费用问题。有的地方采取从官府赁房费中出钱为任官修理住房的方法，但到成宗时明确做出了规定，"见任官员住坐官房，若有损坏，合令各官自备工物修理，

---

① 《至顺镇江志》卷12，《居宅》。
② 详见《北京后英房元代居住遗址》，《考古》1972年第6期。
③ 《析津志辑佚·风俗》。
④ 《元典章》卷59，《工部二·公廨》，下文所引资料未注出处者，皆本于此。

须要坚完，任满相沿交割"。二是房屋内的家具、摆设的保管问题。至元二十一年十一月，御史台官员指出："亡宋归附之后，所在府、州、司、县系官廨宇、馆驿、园圃、亭阁，各有什物，不移而具。近年以来，迁转官员礼任之初，因而借用，及去任之日，私载而归，以致十去八九，阙用不敷，或因公宴及使臣安歇，一床一卓，未免假动四隅，科扰百姓。"由此特别做出了以下规定："迁转官员、使臣人等将各处府、州、司、县系官廨宇、馆驿、园圃、亭阁应顿物件，若有借使，或私载还家，就便追理施行。仍行移合属官司，将应有系官房舍元有什物查照旧来数目，委自正官提调，置立文簿，拘籍别立什物库，分于上刊写字号，令人专一掌管，依理公用，相沿交割，不得似前搬移，时有损坏。"

系官房舍是不准买卖的，但是官员可以在民间购买房屋居住。元军攻占南宋城市后，官员、军官等大量从民间购买房屋，并出现了强占民房、以低价收买房屋等现象。至元十五年（1278），朝廷特别颁旨，规定官吏不得收买百姓房屋；已经收买的房屋，应"回付"原主人，由原主按买价赎回。至元二十一年四月，又重申了这一规定。但是不少房屋无法赎还，"盖缘江南归附之初，行使中统钞两，百物价直低微。成交之时，初非抑逼，亦无竞意。目今百物踊贵，买卖房舍价增数倍，致起贪人侥幸之心"。物价变化是一个重要因素，有的房屋已被多次转手，买主又进行过修理，既没有了原买主，又无法按原买价回赎。如龙兴路居民范大鼎，至元十二年（1275）将一处空屋卖给翟镇抚。至元二十三年（1286），"范大鼎为见元卖价低，翟镇抚又行添贴价钱四锭，重行给据立契成交"。后翟镇抚将房屋卖给了马万户，马万户又转卖给杜经历。大德元年（1297），范大鼎到官府陈告以低价买房，不肯回赎。经过官府核查，翟、马、杜三人先后修房用去工食费等30余锭，且历经三主，"若拟回赎，实亏买主"，只能维持现状。[①] 又如南宋末年溧阳有一豪民造楼于城内东桥东侧，不久家败，房产等被官府没收。元军占领溧阳后，在州府任幕官的襄阳人王经历看中了这所楼房，以官价购买，居住30年后又转卖给市民周某。[②] 像这样的情况，同样谈不上回赎。

朝廷明令禁止官员强行占据民房，但是禁而不止。至元二十三年，御史台官员指出："江南自归附以来，所在路、府、州、县有系官房舍，往往礼任官员因为官房无主眷守，却于民户处借什物，以此故倚气力，一面遽将民户梯己房舍、田园地上占住，不惟有妨买卖，又且老小出入不便。甚至屋主什物，悖

① 《元典章》卷19，《户部五·房屋》。
② 孔齐：《宋末豪民》，《至正直记》卷2。

强夺要，不敢争取。但是官员占住以后，接踵相承，视为传舍，上下蒙蔽，多不理问。"对这种现象，朝廷只能再次强调"礼任官员到来，止于系官房舍安住，毋得似前占住百姓人等房舍"，并没有更多的措施。

租房居住的官员，大多是品位较低的官员。顺帝时封为太师的马札儿台，"为小官时，尝赁屋以居"①，即为一例。所赁房屋，有的就是系官房舍，以赁者的职务虽然不能享受无偿居住官房的待遇，至少能够用较低的租金解决住房问题。当然，更为普遍的还是租赁民房。

官员的所谓"借住"民房，实际上是江南地方豪强交结官员的一种手法。"亡宋监司、郡守、县令以下，各有官舍，其屋虽撤，其基尚存，未曾修理。凡有新官到来，必须于百姓房子内安下。有一等权豪富户之家，专一修饰房舍，创造花园，伺候新官到来，百计延请于家住坐，诸事应付，通家往来，计会左右，揣摩意况，大开管事之门，交通关节，败坏官府，全无廉耻之心，全无官民之分。"为了堵塞上下交通的弊病，仁宗延祐元年（1314）特别规定官员不许借住百姓房屋，要求江南各路"照勘亡宋大小官舍地基、白莲堂数目，候农隙约量修理，今后新官礼上，并仰于官舍住坐"。

在城市中居住的手工业者、小商贩、小官吏以及各衙门的仆役、儒士和"闲汉"等，住房与达官贵人相差甚远。南宋的一个宦官，宋亡后被带到大都，因病被批准在宫外居住，仅住一室，"起卧饮食皆在焉"，屋内仅有"小娃灶一，几一"②。无独有偶，在北京第 106 中学曾发掘出一间低狭的元代房基，房内仅有一灶、一炕和一个石臼，墙壁用碎砖块砌成，地面潮湿不堪。③ 大都城内一般市民的住房，大致应与此差不多。

上都城内一般市民的住房，也很简陋，并且是"土房"。土房又称"土屋"、"板屋"或"地屋"，"屋宇矮小，多以地窨为屋。每掘地深丈余，上以木条铺为面，次以茨盖上，仍种麦、菜，留窍出火"，土屋四周则有土墙。④ 土屋中，建有生火的土炕，供取暖和做饭之用。诗人用"土房通火为长炕"⑤，"土床长伏火，板屋颇通凉"⑥ 等来形容屋内的情形。这种土屋很不牢固，经过冬天冰冻、春天融化之后，往往会变形，东倒西歪，"腊冻彻泉地坟起，土

① 孔齐：《脱脱还桃》，《至正直记》卷1。
② 孔齐：《罗太无高节》，《至正直记》卷1。
③ 《元大都的勘查与发掘》，《考古》1972 年第 6 期。
④ 严光大：《祈请使行程记》。
⑤ 马祖常：《上京翰苑书怀》，《石田文集》卷3。
⑥ 周伯琦：《上京杂诗十首》，《近光集》卷1。

膏春动消成洼。千条万条壁缝拆，十家九家屋山斜"①。

　　大都和上都简陋的砖房和土房，应是黄河以北一般城市居民的典型住房。火炕的使用，自辽、金以来已经在北方地区普及，北方城市住房中有火炕，在元人眼中已不是稀奇之事。

————————

　　①　宋本：《上京杂诗》，《永乐大典》卷 7702。

第九章
乡村居民和草原居民的居住条件

元朝时期，在乡村居住的人口远多于城镇。不少"富豪大室"和读书人家，宁愿住在乡间，取其自由闲逸。甚至有人认为，选择常居之所，"乡村为上，负郭次之，城市又次之"①。乡村居民的居住条件，应该包括住房、房内装饰、房屋的附加设备（如院墙、鸡舍、羊圈）以及村社、祠堂、家庙等公共活动场所等。大多数蒙古人和部分色目人，仍然视草原、大漠为主要活动场所，"以黑车白帐为家"，其所居所用，自然不同于城市和乡村的居民。

一 村社、乡都组织与乡村公共设施

与城市相同，乡村也建有一些公共设施，并自然形成了一些乡民聚集的

① 孔齐：《卜居近水》，《至正直记》卷2。

场所。

乡间的村落，大多是自然形成的。村落的人口差距很大，大村落往往有上百户或者几百户人家，小的村落有的仅有几户人家。一个村的居民，往往大多是同姓的族人，或者几个姓的家族住在一起，当然也会有少数外姓人住在其中。

元朝承袭前朝制度，从世祖至元六年（1269）八月开始，在北方乡村推行村社制度。至元七年（1270）二月，元廷颁布了劝农立社法令十五款，对村社的建置和作用做出了具体的规定。这十五款的大致内容如下：

（1）立社和社长。社的基本组织是"诸县所属村疃，凡五十家立为一社，不以是何诸色人等，并行入社。令社众推举年高、通晓农事、有兼丁者，立为社长。如一村五十家以上，只为一社；增至百家者，另设社长一员。如不及五十家者，与附近村分相并为一社。若地远人稀不能相并者，斟酌各处地面，各村自为一社者听，或三村或五村并为一社，仍于酌中村内选立社长"。社长的职责是"专一照管教劝本社之人务勤农桑，不致惰废。如有不肯听从教劝之人，籍记姓名，候提点官到彼，对社众责罚。所立社长，与免本身杂役。年终考较，有成者优赏，怠废者责罚"。

（2）劝农措施。社长要"各随风土所宜，须管趁时农作"；"仍于地头道边各立牌橛，书写某社某人地段，仰社长时时往来点视，奖劝诚谕，不致荒芜"。

（3）广栽桑枣树或榆柳树，各社还要广种苜蓿。

（4）兴修水利，利国便民。

（5）近水之家应得鱼鸭水产之利。

（6）社众之间和社与社之间在生产上互相协助。

（7）开垦荒地。

（8）各社立义仓，社长主之。

（9）奖勤措施。"本社内若有勤务农桑、增置家产、孝友之人，从社长保举官司，体究得实，申覆上司，量加优恤。"

（10）罚懒措施。"若有不务本业、游手好闲、不遵父母兄长教令、凶徒恶党之人，先从社长叮咛教训，如是不改，籍记姓名，候提点官到日，对社众审问是实，于门首大字粉壁书写不务本业、游惰、凶恶等名称。如本人知耻改过，从社长保明审官，毁去粉壁。"

（11）每社设立学校一所，于农闲时令子弟入学。

（12）共同消灭虫蝗灾害。

（13）过去颁发的条画作废，按现颁条例施行。

（14）量力推行有益于农桑水利、防治灾害的措施。

（15）社长接受当地提点官的督促和考察。

按照这个规定以自然村基础编立的社，便成为内容严密的地方基层组织。全国统一之后，村社制又推行到江南地区。

在"劝农"的名义之下，元政府将社众置于社长的管理之下，使社成为治理农村的机构，既是征调赋役的工具，又是防范和压制人民反抗的手段。元廷后来又颁发了一些法令，扩大社长的权力和职责。如至元二十八年宣布："诸论诉婚姻、家财、田宅、债负，若不系违法重事，并听社长以理谕解，免使妨废农务，烦扰官司。"① 据此，社众的一般诉讼纷争，都应在社内听凭社长解决。此外，社长还负有监视社众的责任。"为盗之人须有住处，若在编社之内，社长力能觉察。" 有的地方官府还把刑法格例刊印成《社长须知》，让社长每月聚老幼听读。如果有社众犯禁违法，社长知情故纵或失于察觉，则用"连坐"的办法处罚。政府之所以给社长这样的权力，是因为它可以减省官府的事务。尽管如此，社的职权范围毕竟是有限的，仅限于处理村社的日常事务。

从名义上讲，社长由社众推举产生，但实际推举社长时，往往会考虑其资产情况，因为官府还是愿意由有资产"抵保"的人出任社长。在通常情况下，社长多半是由地方官吏或当地有势力的人家指派有点资产而又乐于为官府和势家效力的户家充任。

在村社之上，设有乡、都二级组织。"乡、都之设，所以治郊墅之编氓，重农桑之庶务。"② 乡、都的负责者是里正和主首。乡设里正，都设主首，主要负责催办差税和维持地方治安。有的地方只设里正，或者只设主首。"元各都设里正、主首，后止设里正，以田及顷者充，催办税粮。"③ 地方治安的维持，亦有明令规定。如延祐四年（1317）五月，中书省行文宣布："近为诸处城邑、村坊、镇店多有一等游手末食之民，不事生业，聚集人众，祈赛神社、赌博钱物，以尝遍行禁治去讫"；"坊里正、主首、社长有失矜束，知而不行首告者，减为从者罪一等"④。

里正、主首等行使的是基层政权的职能，他们本身就是基层政权的职事人员。但是，里正和主首都不是官职，而是职役。里正、主首按照田地资产多寡摊派，依制应由上户充当。⑤ 对于一些富豪大家来说，承当里正、主首之类差

---

① 《通制条格》卷16，《田令》。《元典章》卷23，《户部九·农桑》。
② 《至顺镇江志》卷2，《乡都》。
③ 《永乐大典》卷2277，《吴兴续志》。
④ 《元典章》卷57，《刑部十九·禁聚众》。
⑤ 《元典章》卷26，《户部十二·赋役》。《至顺镇江志》卷2，《地理·坊巷》。

役，是他们把持地方、鱼肉乡里的大好机会，可以利用职权，为所欲为。还有一些人则希望依仗豪强，仗势欺人，愿意充任里正、主首。如浙江宁海一带，"大家以资结长吏，天子租税俾小民、佃者代输，里正因而渔利"，就是很典型的例子。① 但是由于政府摊派的赋税太重，官吏还要从中取利，承当里正、主首、坊正、隅正有时不仅无利可图，弄得不好还要赔补，因此许多富户不再愿意充任里正等差役，并想方设法逃避差役。元廷不得不申严规定，以保证基层组织工作的运转。如大德七年十一月宣布："各路令亲民州县提调正官、首领官吏，将本处既管见科税粮簿籍，从实挨照每乡、都诸色户若干，内税高富实户若干，税少而有蓄积人户若干，并以一石之上为则，一体当役。若有税存产去而无蓄积者及一石之下人户，俱不在当役之限"；"依验粮数令人户自行共同推唱供认。如是本都粮户极多，愿作两三年者，亦听自便。上下轮流，周而复始。仍每年于一乡内自上户轮当一乡里正。各都主首如自愿出身雇役者，听从自便。如该当之人愿自亲身应役者亦听，仍从百姓自行推唱。定愿认役人户粮数、当役月日，连名画字入状，赴本管州县司，更为查照无差，保勘是实，置立印押簿籍一本，付本都收掌；一本于本州县收掌，又一本申解本路总管府，类申行省，牒呈本道廉访司照验，严加体察"。皇庆元年（1312）四月又重申了"官从公推，排粮多极等，上户殷富者充里正，次等充主首，验力挨次，周而复始"的原则。② 尽管如此，里正、主首等缺乏合适人选的问题，还是不能很好的解决。人们常把里正、主首称为"乡司"，视作卑职，"专与乡里大家理田亩丈尺、税赋等则收入，谓之乡司，至贱之职也"③。

在全国普遍实行村社乡都制后，各地村落的名称大多改换，以社名为村落名称的现象在各地都可以看到。

为了解决村民荒年歉收时的生活问题，元代也采取了前代的义仓制度，做出了以下规定："每社立义仓，社长主之。如遇丰年收成去处，各家验口数，每口留粟一斗，若无粟，抵斗存留杂色物料，以备欠岁就给各人自行食用。官司并不得拘检借贷动支，经过军马亦不得强行取要。社长明置文历，如欲聚集收顿，或各家顿放，听从民便。社长与社户从长商议，如法收贮，须要不致损坏。如遇天灾凶岁不收之处，或本社内有不收之家，不在存留之限。"义仓作为村社的一种备灾自救设施，有一定作用，但不能估计过高。社长和豪富之家往往利用义仓盘剥百姓。元朝中期有人明确指出："义仓之设，已历四十年之

---

① 方孝孺：《童贤母传》，《逊志斋集》卷21。
② 《元典章》卷26，《户部十二·赋役》。
③ 孔齐：《广德乡司》，《至正直记》卷2。

久，各社之长擅自出纳，名实相诬，殊无成效。"①

元代城市居民，盛行火葬，"不祠祖祢"；农村则依然以土葬为主，并且大多保持着祠堂、家庙的建筑和辟有专门的坟茔地。宗族祠堂或家庙，一般建在村落中心或家族居住地的中心；各家的祠堂，则一般设在"正寝之东"。祠堂、家庙既是祭祖的场所，也是聚集族人议事的地方。祠堂、家庙中排列着祖先牌位，由族长、家长掌管，"春秋祭祀"。乡间祭祖是一年中的大事，各种器具要求整齐干净，有人特别指出："凡祭祀庖厨锅釜之类，皆别置近家庙、祠堂之侧最好，庶可精洁感神。贫不能置者，亦先三日涤器釜洁净，此人家当谨之事。"②

为教育后代而兴办的学校，除了"各路府州司县在城关厢已设长学外"，农村各社亦设"冬学"，但是水平很低，教学之人"多系粗识文字之人，往往读随身宝衣服杂字之类，枉误后人"③。

二　乡村住房

乡间地阔，住房面积因人而异，不像城市那样受到种种限制，但由于建筑材料的缺乏，乡村住房的质量一般低于城市住房。

在乡间居住的富户和读书人，很讲究房址的选择。在确定房址前，先要"卜居"、"卜宅"或"卜筑"④。有的人自己卜算，有人则要专请看风水的人来卜定房址。按照当时的风俗，房址选择不当，不但影响家运，还可能招来病、死等灾难。"卜居"的内容，首先是住房的周围环境。有人认为："卜居近水最雅致，且免火盗之患，然非地脉厚者不可居，只可为行乐之所"；"山少而秀、水潆而澄者可作居，山多而顽僻者不可居，盖岚气能损人真气也"⑤。

乡间房屋的好坏和占地面积的大小，贫富之间的差别是很大的。文人笔下

---

① 《通制条格》卷16，《田令·农桑》。《元典章》卷21，《户部七·义仓》。
② 孔齐：《祭祖庖厨》，《至正直记》卷2。
③ 《通制条格》卷5，《学令·传习差误》。
④ 胡祗遹：《宿潭口驿》，《郭西卜宅闻嗣子以邻墙未定有感而作》，《紫山大全集》卷1。
⑤ 孔齐：《卜居近水》，《至正直记》卷2。

元代社会生活史

198

上：琉璃龙纹瓦和滴水　元上都遗址出土　（选自《中国少数民族文化史图典》）

下：兽头琉璃瓦当　元上都遗址出土　（选自《中国少数民族文化史图典》）

上：元大都遗址

下：元中都遗址

（选自《中国少数民族文化史图典》）

上：元中都遗址出土的汉白玉螭首

下：渎山大玉海 现藏北京市北海公园团城

（选自《中国少数民族文化史图典》）

元代社会生活史

上：白釉瓷 内蒙古自治区鄂尔多斯市出土
（选自《中国少数民族文化史图典》）

下：「内府」字小口瓶 （选自《中国少数民族文化史图典》）

上：錾花高足金杯
内蒙古自治区包头市达尔罕茂明安联合旗大苏吉乡出土
（选自《中国少数民族文化史图典》）

下：錾耳金杯　内蒙古自治区锡林浩特市正蓝旗征集
（选自《中国少数民族文化史图典》）

上：龙柄银杯　内蒙古自治区赤峰市敖汉旗出土
（选自《中国少数民族文化史图典》）

下：金马鞍　内蒙古自治区锡林浩特市镶黄旗乌兰沟出土
（选自《中国少数民族文化史图典》）

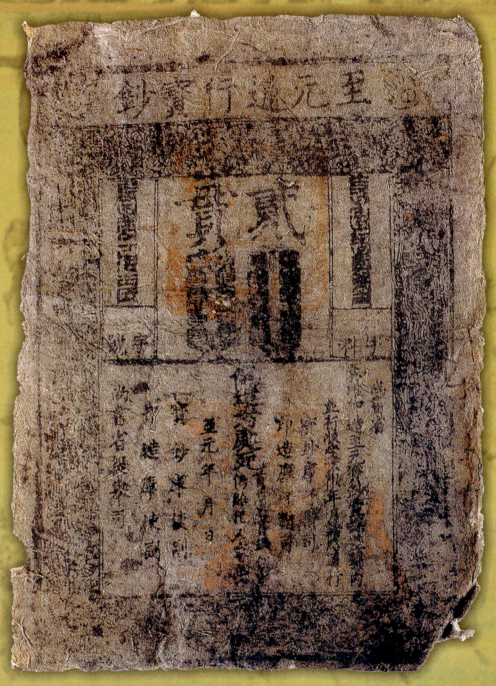

至元通行宝钞　（选自《中国少数民族文化史图典》）

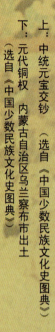

元代社会生活史

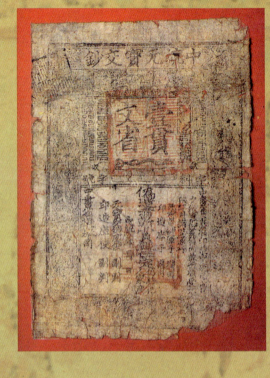

上：中统元宝交钞　（选自《中国少数民族文化史图典》）
下：元代铜权　内蒙古自治区乌兰察布市出土
（选自《中国少数民族文化史图典》）

的所谓"三顷田,五亩宅"或"二顷良田一区宅"①,只有家境比较好的人家才能做到。富贵人家多愿买田置房,喜好深宅大院,雕梁画栋,讲究排场,及时行乐。但也有人认为,"人生虽富贵,但住下等屋,穿中等衣,吃上等饭"。所谓下等屋,"非茅茨、土阶也,惟不垩壁不雕梁也",不必为了"不好看"而大兴土木,建新房屋,只要便于居住和能够接待宾客就行了。② 贫穷人家的房宅则条件很差,如有人对一个渔夫的住宅就有这样的描述:"见一簇人家入屏帐,竹篱折补苔墙,破设设柴门上张着破网。几间茅屋,一竿风旆,摇曳挂长江。"③

比较讲究的乡村住宅,往往注意用树木等来美化环境,当时人的诗句中有不少这方面的描述,如"窗中远岫,舍后长松。十年种木,一年种谷"④;"门前栽柳,院后桑麻。有客来,汲清泉,自煮茶芽"⑤;"翠竹边,青松侧,竹影松声两茅斋";"三径修,五柳栽"⑥;等等。这样的生活环境,很受文人的称道,不少人满足于"田园日成趣,庐舍亦粗完"的简朴形式,并对"移竹出高笋,种蔬日芳新"的所谓"草堂"生活津津乐道。⑦ 从宦海退隐的人也强调:"但得黄鸡嫩,白酒热,一任教疏篱墙缺茅庵漏,则要窗明炕暖蒲团厚。"⑧ "窗明炕暖",实际上亦是对典雅、干净的舒适居住条件的追求,所以,有人咏道:"炕暖窗明草舍底,谁及,周公枕上梦初回。呀,直睡到上三竿红日。"⑨

农村住房往往都有篱笆或院墙围绕。"乡中风俗,中户之家皆用藩篱围屋;上户用土筑墙,覆以上草。至元纪年(后至元年号,1335)之后,有力之家患盗所侵,皆易以碎石,远近多效之。"⑩ 用篱笆围屋的人家,往往在篱旁种各种花草或蔬菜,尤其是爬蔓植物,利用藩篱为支架,形成"瓠食满篱落,禾黍过墙屋"的景象。⑪ 篱笆或院墙的门,一般通称为"柴门"。

在乡村中居住的富户,宅院中往往建有园圃、池塘等。"若作圃,须要水四分,竹二分,花药二分,亭馆二分,然后能悦人耳目,可游可息。"⑫ 这只是

① 马致远:《【南吕】四块玉·恬退》,《全元散曲》,第 233 页。
② 孔齐:《人生从俭》,《要好看三字》,《至正直记》卷 1、2。
③ 杨果:《【仙吕】赏花时》,《全元散曲》,第 8 页。
④ 元好问:《【黄钟】人月圆·卜居外家东园》,《全元散曲》,第 1—2 页。
⑤ 卢挚:《【双调】蟾宫曲》,《全元散曲》,第 114 页。
⑥ 马致远:《【南吕】四块玉·恬退》,《全元散曲》,第 233 页。
⑦ 胡祗遹:《题陶令归来图》,《郭西草堂独坐》,《紫山大全集》卷 2。
⑧ 不忽木:《【仙吕】点绛唇·辞朝》,《全元散曲》,第 76 页。
⑨ 无名氏:《【双调】皂旗儿》,《全元散曲》,第 1776 页。
⑩ 孔齐:《乡中风俗》,《至正直记》卷 2。
⑪ 胡祗遹:《酷暑怀赵禹卿》,《紫山大全集》卷 1。
⑫ 孔齐:《卜居近水》,《至正直记》卷 2。

一般人，尤其是读书人的理想境界，在巨富人家看来则是很简陋的。"发土筑垣墉，坎深作莲池；种蔬平凹叠，因高为亭基。亲友笑荒陋，僮仆不告疲；游观与栖息，我心惬所宜"①，就是一个居官隐退后的文人对自己园圃的描述。文人墨客愿意在园中安置书斋和会客场所，并给园池起一个文雅的名字。如隐士顾瑛的园池中，就有可诗斋、读书舍、问会亭和书画舫，合称为"小桃源"，又自号为玉山佳处。② 没有能力建筑这么多亭馆的人自然是多数，只能把简陋的书斋称为"草堂"、"茅屋"之类。富豪大家的园圃，自然别是一番景象。有的"入其门则深庭别院，举木天也"，"其园池之胜，林木蔚翁，水石联络"③。

元人亦承继了前代的"暖屋"之礼，迁居前要宴饮一番。"今之入宅与迁居者，邻里酿金治具，过主人饮，谓曰暖屋，或曰暖房。"④

乡村不像城市那样市场集中，但是能够吃上新鲜粮食和蔬菜、瓜果等，这些食品，有的是自己生产的，有的是在乡间购买的。酒等饮料亦可以自己酿造或在村坊的酒店购买。元人散曲中，有不少有关的描写。如卢挚就写道："雨过分畦种瓜，旱时引水浇麻。共几个田舍翁，说几句庄稼话"；"野花路畔开，村酒槽头榨，直吃得欠欠答答"；"沙三伴哥来嗏，两腿青泥，只为捞虾。太公庄上，杨柳荫中，磕被西瓜"⑤。曾居乡间的马致远和刘敏中亦分别写道："酒旋沽，鱼新买"⑥；"酒旗只隔横塘，自过小桥沽去"⑦。乡村商品经济不发达，能满足人们的基本需要，已经使文人们满意了。

三 草原帐幕与车辆

帐幕，或称为穹庐、毡帐，是草原居民不可缺少的居住场所。为适应游牧

---

① 胡祗遹：《草堂隐几诗》，《紫山大全集》卷2。
② 杨维祯：《小桃源记》，《玉山佳处记》，《东维子文集》卷18。
③ 杨维祯：《五桧堂记》，《东维子文集》卷15。
④ 陶宗仪：《暖屋》，《南村辍耕录》卷11。
⑤ 卢挚：《【双调】沉醉东风·闲居》，《【双调】蟾宫曲》，《全元散曲》，第113—115页。
⑥ 马致远：《【南吕】四块玉·恬退》，《全元散曲》，第233页。
⑦ 刘敏中：《【正宫】黑漆弩·村居遣兴》，《全元散曲》，第217页。

生活的需要，一般居民的毡帐都是可以移动的。

蒙古国时期前往草原出使的南宋人见过两种不同的毡帐。"燕京之制，用柳木为骨，正如南方罘罳，可以卷舒，面前开门，上如伞骨，顶开一窍，谓之天窗，皆以毡为衣，马上可载。草地之制，以柳木织成硬圈，径用毡挽定，不可卷舒，车上载行，水草尽则移。"两种毡帐的不同，就在于一种比较轻便，能够折叠（卷舒），即"能够迅速拆开并重新搭起来，且以牲畜驮运"；另一种不能折叠，必须用车辆搬运。车载帐幕有大有小，一般视帐幕主人的社会地位和经济实力而定。较小的帐幕，一头牛拉的车就可以载走；较大的帐幕则要用三头、四头甚至更多的牛拖曳。蒙古骑士远行时随身携带的"小帐"，则更为轻便和容易折叠搭建。①

如南宋使者和其他人所见，草原上的毡帐都是圆形的。毡帐的骨架用交错的柳枝扎成。草原上缺树木而多高柳，建帐材料能够充分保证，而且柳枝柔韧，可以弯成圆形而不折断。骨架顶端为一小圆圈，由圆圈往下全用白毡覆盖，固结在骨架上。草原居民"常常在毛毡上面涂以石灰、白黏土和骨粉，使之更为洁白"。小圆圈不用毡覆盖，即所谓"天窗"，"以便射入光线，同时也使帐内的烟可以出去"，保持帐内空气新鲜。在"天窗"周围的毛毡上，人们常饰以多彩的图案。毡帐门全部朝南开，用柳条扎成门框，门框下端绑一根横木，作为门槛，任何人不得踩踏。门框上吊着用毛毡制成的门帘，饰以鸟、兽、树、葡萄藤等图案，这些图案是用各种着色的毛毡缝在门帘上的。由于草原上很少发生偷盗事件，所以帐门都不加锁，也不需栅门等防盗设备。

可以折叠的轻便小帐，类似伞盖，较低，在帐中人往往不能直立，一般用作临时住所，在草地常住的居民大多数在较大的帐幕中生活。

毡帐内的装饰很简单，主要是神像和供品。蒙古人大多崇信萨满教，主要供奉天神和地神。天神称为"腾格力"，地神称为"额秃格"②。在贵族和富裕人家的帐幕中央，常设置一个神龛，放置神像和供品。一般牧民将神像放在帐门两侧，并配以毛毡制成的牛、马、羊乳房，用来祈求神祇对家畜的保护；在帐幕男、女主人寝处上方帐壁上，各挂一个像小娃娃一样的毛毡神像，作为主人的保护神；在这两个偶像的上方，挂一瘦小偶像，象征"腾格力"，作为整个帐幕的保护神；女主人寝处脚下显眼处，置"额秃格"神像，常放一具塞满羊毛或其他东西的皮袋，因为"额秃格"是"保佑牲畜收获并一切土产"之

① 《黑鞑事略》。《蒙鞑备录》。《出使蒙古记》，第9—17、112—121、179页。下引史料未注出处者，皆出自此三书。

② 岷峨山人：《译语》。《元朝秘史》，第113节。

神。神像多用绸布或毛毡制成。

在帐幕中，男主人的寝处置于帐北的正中或偏西，主妇的寝处居于他的左侧。当男主人面南而坐时，主妇的位置在他的东侧。男人进帐后，绝不能将箭袋等挂在妇女这一侧，必须挂在西侧帐壁上。贵族和富裕之家，帐中有床，贫苦牧民则只能在地上铺毡而睡。寝具俱用毛毡制成，可铺可盖，天冷时可加盖皮袍等衣物。帐中地面皆铺地毡，中央只留一小块空地作为火塘。多数人家没有炉子或火盆，烧火的燃料是晒干的牛粪和马粪。帐内没有洗澡或洗衣服的用具，"其俗多不洗手而拿攫鱼肉，手有脂腻则拭于衣袍上"，但衣服大多"至损不解浣涤"，因为草原上的人认为晾晒衣服会使上天发怒而遭雷打，所以他们不仅自己不洗衣服，也不允许别人洗衣服，"甚至鞭打那些洗衣服的人，并把他们驱逐出去"。"当他们要洗手或洗头时，他们就在嘴里含满一口水，将水一点一点地从嘴里吐到手中搓洗，并用它来弄湿头发"。在帐幕中也没有便器，因为帐中严禁便溺，在帐外广袤的草原上，自然不需要专门的厕所。

为便于迁徙和放牧，草原居民必备各种车辆和优良轻便的马具。蒙古人称车辆为"帖儿坚"。根据不同的用途，草原车辆大致可以分为乘坐和载物两大类。

草原上一般人乘坐的车辆通称为黑车或毡车，蒙古语称为"合剌兀台·帖儿坚"①。所谓"黑车"，就是黑毡篷车，"是一种双轮上等轿子车，质量优良，上覆黑毡甚密，雨水不透，架以牛、驼"②。已婚妇女往往为自己制造一辆美丽的篷车，在黑毡上装饰各种图案。还有的人将神像供放在他们帐幕前的一辆美丽毡车内。涉足草原的人，如不习惯骑马，一般都乘坐毡车。

载物车应包括搬载帐幕的大车和装运各种杂物的驮车。搬载帐幕的车，蒙古语称为"合撒黑·帖儿坚"（大车）或者"格儿·帖儿坚"（帐房车、房车、室车)③，我们前面提到的"帐舆"，就是这类车的一种；但是，以几十头牛拉的车在草原上并不多见，常见的还是一头牛或数头牛、驼拉行的小型车辆。这种车的特点就是车上帐内可以乘人，将乘人和拉物结合在一起。需要说明的是，由于已有专门供人乘坐的毡车，一般情况下帐幕搬迁时人们不留在帐中。

装运杂物的驮车有多种，见于记载的有"农合速秃·帖儿坚"（羊毛车）、"撒斡儿合·帖儿坚"（有锁的车）等。④ 所谓有锁的车，应该是载运箱子的车

---

① 李志常：《长春真人西游记》。叶子奇：《草木子》卷3下，《杂制篇》。《元朝秘史》，第101节。

② 《马可·波罗游记》，第62页。

③ 《元朝秘史》，第64、121、232、278节。

④ 同上书，第85、86、124节。

元代社会生活史

辆。西方传教士详细记载了这种箱车的式样："他们用细长的劈开的树枝编成像一个大保险箱那样大小的正方形东西，然后在它上面，从这一边到那一边，他们用同样的树枝编成一个圆顶，在前面做成一个小门。做成以后，他们用在牛油或羊奶里浸过的黑毛毡覆盖在这个箱子或小房子上面，以便防雨。在黑毛毡上，他们也同样地饰以多种颜色的图案。他们把所有的寝具和贵重物品都收藏在这些箱子里，把它们捆绑在高车上，用骆驼拉车，以便能够渡过河流而不致弄湿。这些箱子从来不从车上搬下来。当他们把帐幕安置在地上时，他们总是把门朝向南方，然后将装着箱子的车子排列在两边，距离帐幕半掷石之远，因此帐幕坐落在两排车子之间，仿佛是坐在两道墙之间一样"；"一个富有的蒙古人或鞑靼人有一二百辆这样的放置箱子的车子"①。这种箱车显然是可以加锁的，但多数时间没有这种必要。在草原上运送粮食、食品的车辆，大多无篷，类似中原地区的平板车或者架子马车。

草原上亦有"婴儿车"，蒙古语称为"斡列格"（摇车）。有人记载到："鞑靼耆婆在野地生子才毕，用羊毛揩抹，便用羊皮包裹，束在小车内，长四五尺，阔一尺，耆婆径挟之马上而行。"②

草原行车，速度很慢。一只牛和骆驼拉的车，一名妇女可以赶二三十辆。赶车人将这些车子一辆接一辆拴在一起，然后坐在第一辆车上驾驭，后面拴定的牛、驼会顺从地拉着车跟进。碰到难行地段和过河时，则需将车子解开，一辆辆拉过去。用数十头牛牵引的大车，驾车的也仅为一主一仆二人，"叱咤之声，牛骡听命惟谨"③。在车的前方，都有一根横木，称为"辕条"，"按之，则轻重前后适均"④。

在广袤的草原上行走，除了乘车和骑马外，别无他途，所以有人"往来草地，未尝见有一步行者"。为了便于控驭马匹和骑乘，草原住户多备有灵便、坚固的马具（参见本书彩色插图及 238 页、239 页、240 页插图）。"其鞍辔，轻便以便驰骋，重不盈七八斤；鞍之雁翅，前竖而后平，故折旋而髀不伤。镫圆，故足中立而不偏；底阔，故靴易入。缀镫之革，手揉而不硝，灌以羊脂，故受雨而不断烂；阔才逾一寸，长不逮四總，故立马转身至顺"⑤。除鞍、镫外，还有缰绳、绊马索、套马竿、马鞭等用具。在马具上饰以金、银物的做法，蔚然成风。据一位西方传教士的估计，"有许多匹马的马衔、胸带、马鞍、

---

① 《出使蒙古记》，第 112—113 页。
② 《元朝秘史》，第 60 节。《黑鞑事略》。
③ 周密：《癸辛杂识》续集上。
④ 杨允孚：《滦京杂咏》上。
⑤ 《黑鞑事略》。

马鞍上所饰黄金，约值二十马克"①。

草原居民常选择河流、湖泊旁的地点驻帐，以解决取水问题。冬季则主要靠化雪取水。但是在戈壁滩上，水源缺乏，往往难以立帐长住。窝阔台汗即位之后，下令在草原、戈壁上无河流、湖泊的缺水处打井②，此后在草原城市或比较固定的驻帐地都有了水井，为居民就近取水提供了便利的条件。当然，即便有了水井，由于水源不足，在缺水处水依然是很宝贵的，一般不能供人洗浴。来自中原的人，即因上都附近的草原居民"悭水"，留下了"汲井佳人意若何，辘轳浑似挽天河；我来涤足分余滴，不及新丰酒较多"③ 的感叹。

---

① 《出使蒙古记》，第60页。
② 《元朝秘史》，第281节。
③ 杨允孚：《滦京杂咏》上。

第十章

民间主要生活用具

从元代民间使用的生活用具，可以看出不同民族文化和传统习俗的影响。本章将结合部分文物考古资料，重点介绍汉族餐饮具、存储器、家具、室内装饰品及部分文化用品对蒙古族的影响。

一　餐饮具

碗和盘是民间使用的主要餐具。

元朝时期最常用的碗应是白瓷碗和青瓷碗。在蒙古人和畏兀儿人居住的地区，亦有人使用瓷碗，这一点已被考古发现所证实。如内蒙古自治区乌兰察布市察右前旗巴音塔拉土城子出土的元代白瓷碗，高9厘米，口径17.5厘米，底径5.8厘米。①

---

① 日本经济新闻社1983年制作、发行：《中国内蒙古——北方骑马民族文物展》，第112页。

在新疆维吾尔自治区高昌故城则发现了元代的青瓷碗。① 此外，还有釉里红缠枝莲大碗等种类。高足碗亦被普遍使用，现存实物有枢府窑印花双龙高足碗、青花云龙纹高足碗等。青花云龙纹高足碗（见本书 207 页插图）通高 11.4 厘米，口径 13 厘米，侈口，深腹，竹节状高圈足，口沿内绘青花唐草纹，内壁印两行龙，外壁一青花行龙，衬以火焰纹。②

盘有金盘、漆盘和瓷盘等种类。

青瓷碗，新疆维吾尔自治区高昌故城出土（选自《中国古代史参考图录》）

釉里红缠枝莲大碗（选自《中国古代史参考图录》）

① 新疆博物馆：《新疆伊犁地区霍城县出土的元青花瓷等文物》，《文物》1979 年第 8 期。
② 中国文物交流中心编：《中国文物精华》，文物出版社 1990 年版，图 182。

1955 年安徽省合肥市出土的章仲英款海棠式金盘和江苏省吴县元墓出土的金盘，为我们了解当时金盘的形制提供了实物资料。①

青花云龙纹高足碗（选自《文物精华》1990）

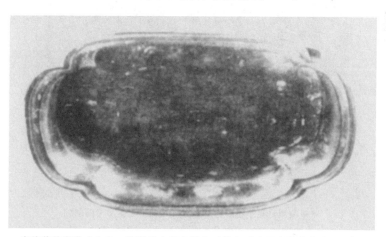

章仲英款海棠式金盘，安徽省合肥市出土（选自《中国古代史参考图录》）

① 详见吴兴汉：《安徽合肥市区发现一批元代金银器皿》，《文物》1956 年第 6 期；《介绍安徽合肥发现的元代金银器皿》，《文物》1957 年第 2 期。江苏省文物管理委员会：《江苏吴县元墓清理简报》，《文物》1959 年第 11 期。

近年来元代漆盘也屡有发现，精品首推张成、杨茂制造的漆盘。张成是元末嘉兴西塘杨汇的雕漆名家，与同里的杨茂齐名而技艺更高。剔红栀子花圆盘是张成的代表作品。圆盘直径 16.5 厘米，高 2.6 厘米。栀子纹肥腴圆润，布满全盘，深处见黄色漆地，是所谓"繁文素地"雕法。盘背面雕香草纹，足内有"张成造"针划款。另有云纹剔犀盘一件，直径 19.2 厘米，高 3.3 厘米。刀口竣深，留肉肥厚，黑漆中露红线，是所谓"乌间朱线"的作法。盘底正中刻"乾隆年制"四字款，系后刻。该盘与张成造剔犀盒对比，如出一手，亦应为元代制品。杨茂的作品有观瀑图剔红八方盘（见本书彩色插图），直径 17.8 厘米，高 2.6 厘米。盘心雕殿阁长松，老者立近栏杆，面对石上流泉。天、地、水采用三种不同锦纹表现。盘边雕花卉。足内有"大明宣德年制"款，系后刻，"杨茂造"针划原款隐约可见。① 此外，1970 年在北京市后英房元大都遗址发现的广寒宫图嵌螺钿漆盘残片（见 209 页插图），直径约 37 厘米。日本东京国立博物馆所藏中国元代海水龙纹嵌螺钿莲瓣式盘，直径 33 厘米，高 1.8 厘米。②

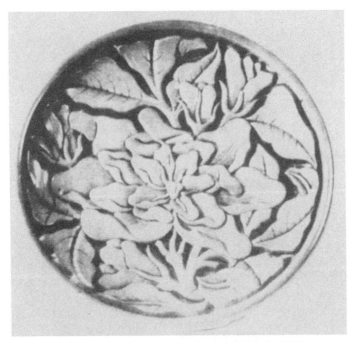

张成款剔红栀子花圆盘（选自《中国古代史参考图录》）

---

　　① 详见魏松卿：《元代张成与杨茂的剔红雕漆器》，《文物》1956 年第 10 期；李鸿庆：《明清漆器和元代雕漆》，《文物》1957 年第 7 期。
　　② 王世襄编著：《中国古代漆器》，文物出版社 1987 年版，图 46、119。高桂云：《元代"内府官物"漆盘》，《文物》1985 年第 4 期。

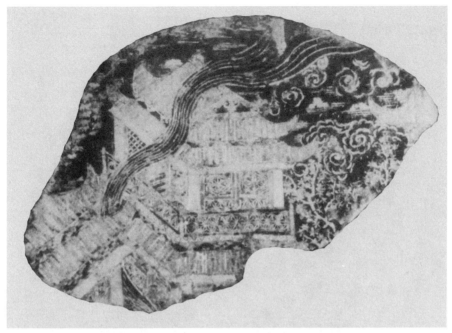

广寒宫图嵌螺钿漆盘残片，北京市后英房元大都遗址出土

（选自《中国古代史参考图录》）

元代瓷盘也多有发现，精品有 1956 年湖南省常德市出土的景德镇窑青花双鱼莲池纹盘（见 210 页插图）和内蒙古自治区乌兰察布市察右前旗土城子出土的青瓷印双鱼纹盘。青瓷印双鱼纹盘直径 20.5 厘米。①

托菜、放碗的托盘，多以漆木为之，北方城市则多用"高丽椵子木刳成或旋成，大小不等，极为朴质，凡碗、碟、盂、盏、托，大概俱有"②。南方城市富户人家还有银盘等用具，并在盘底刻上家族名氏。③ 此外，还有用柳条、竹枝编成的"荆盘"、"竹盘"等，乃是城市一般居民常用的物品。

食盒在北方和南方的城市都很流行。食盒多为"红漆四方盒，有替者盛诸般果子，仍以方盘铺设案上。官员、士庶、妇人、女子，作往复人情，随意买送，以此方盘不分远近送去。此盒可以蔽风沙，并可收拾"④。

北方城市中，"人家多用木匙，少使筋，仍以大乌盆、木杓就地分坐而共食之"，大户人家才备有齐备的碗筷。在大都城内淇露坊一带，"多是雕刻、押

---

① 详见冯先铭：《十四世纪青花大盘和元代青花瓷器的特点》，《文物》1959 年第 1 期。孙瀛洲：《元代白釉印花云龙八宝盘》，《文物》1963 年第 1 期。

② 《析津志辑佚·物产》。

③ 孔齐：《袁氏报应》，《至正直记》卷 1。

④ 《析津志辑佚·风俗》。

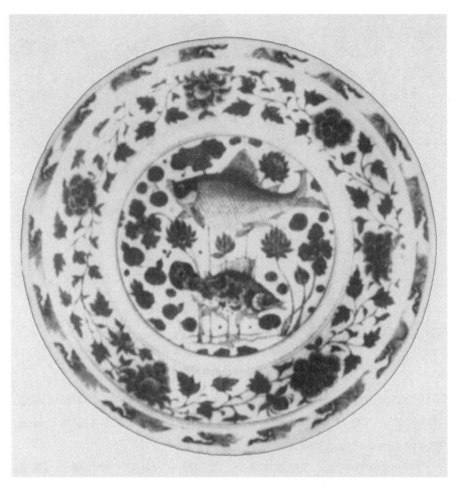

景德镇窑青花双鱼莲池纹盘，湖南省常德市出土（选自《中国古代史参考图录》）

字与造象牙匙筋者"①，买主大多应是家境比较好的人家。南方城市居民家中一般都备有碗筷，富户所用餐具比较精致讲究，还有"止筋"等物品。"宋季大族设席几案间，必用筋瓶、查斗，或银或漆木为之，以筋置瓶中，遇入座则仆者移授客人。人有止筋，状类笔架而小，高广寸许，上刻二半月弯以置筋，恐坠于几而有污也，以铜为之。"② 元代亦当保留了此风俗。

草原居民的餐饮具与中原地区居民略有不同。草原上煮肉、熬茶、煮粥等，都离不开铁锅。常用铁锅有大圆底锅和较小的三脚锅。草原原来缺铁，通过边境的榷场从金朝境内得到铁钱等，熔化后制作各种铁器。"后灭回

① 《析津志辑佚·风俗》。
② 孔齐：《止筋》，《至正直记》卷1。

东篱采菊图雕漆盒，上海市出土（选自《中国古代史参考图录》）

杨茂款剔红牡丹山茶花查斗（选自《中国古代史参考图录》）

回，始有物产，始有工匠，始有器械，盖回回百工技艺极精"；"后灭金虏，百工之事，于是大备"①。铁锅等日用品的制造，当然是"百工"产品的一项重要内容。

游牧民的食饮比较简单，餐具也不很多，常用的有盘、碗、杯、匙和刀、叉等。小刀尤为重要，"北人茶饭重开割，其所佩小篦刀，用镔铁定铁造之，价贵于金，实为犀利，王公贵人皆佩之"②。草原居民进餐时既不用桌布，也没有餐巾，手上的油脂擦在衣袍、裹腿或草上，只有少部分地位较高的人备有小块布片，用来擦手。锅、碗、匙等炊具和餐具不用清水清洗，而是用煮沸的肉汤或粥汤涮洗。富家帐中往往有小桌或条凳，放在门内，摆放饮料和食品。③

二 存储器

无论是城市居民，还是乡村居民，家中贮米、存水、装菜等，往往需要备有专用物品。贮米用的米囤、无底圈，用荆条编成；量米、盛米的斗升和"撮米斗"，则是"以柳条纽编成器"。取水的井桶、担水斗，也有用柳条制成的。存水用瓮或罐。盛放蔬菜的有筐、挑菜筐、瓜篮、车箕筐等。此外，还有各种瓶、壶等用具。

由于瓷器较少，草原居民多用牛皮等制成各种容器。最常见的容器是皮囊。"北人杀小牛，自脊上开一孔，逐旋取去内头骨肉，外皮皆完，揉软用以盛乳酪酒湩，谓之'浑脱'。"④ 这是一种大皮囊，制造马奶酒时必须使用这种容器，除了这种大皮囊外，还有方、圆形小皮袋，用来盛放饮料和各种食品，便于取放和携带。蒙古人不喝清水，远行时必带几皮囊牛奶。草原妇女大多会制造各种皮制品，毛皮用加盐的浓酸羊奶鞣制。羊胃也不丢弃，专门用来收藏奶油。⑤

除了皮制容器外，草原居民亦使用瓷器，尤其是贵族、官宦之家，往往有

① 《黑鞑事略》。
② 叶子奇：《草木子》卷3下，《杂制篇》。
③ 《出使蒙古记》，第17—18、114—117页。
④ 叶子奇：《草木子》卷4下，《杂俎篇》。
⑤ 《出使蒙古记》，第17—18、114—117页。

龙泉窑荷叶盖大罐，江苏省溧水县出土（选自《文物精华》1990）

来自中原、江南等地的各种存储器，如罐、瓮、钵、瓶、壶等。这一点，也有不少出土的元代实物可以证明。

北方主要使用的应是黑釉罐和白釉罐。1958 年 7 月，在内蒙古自治区乌兰察布盟察右前旗巴音塔拉土城子出土了元代的黑釉刻花罐和白釉剔花飞凤牡丹纹罐，前者高 36 厘米，后者高 22.5 厘米。在北方地区出土的瓷罐还有白釉龙凤罐（北京市）、白釉画花罐（内蒙古赤峰市初头朗）、内府款黑釉罐等。这些瓷罐大多是不带盖子的。江、淮地区则发现了不少元代青花釉带盖瓷罐。如

青花釉里红镂花大罐，河北省保定市出土（选自《中国古代史参考图录》）

1984 年江苏省溧水县出土的龙泉窑荷叶盖大罐（见 213 页插图），通高 30 厘米，口径 24 厘米，直口鼓腹，荷叶形盖，有纽；器身施青绿色釉，通体饰数道弦纹，釉色晶莹。1980 年江苏省淮安市出土的青花缠枝牡丹纹双兽耳盖罐，通高 43.5 厘米，口径 16 厘米。盖顶圆凸，直檐。罐的肩部对称塑一对兽耳，器身绘 12 层青花纹饰，以缠枝牡丹为主体，辅以菊花纹、双体莲瓣纹。1974 年江西省景德镇出土的影青青花釉里红塔式盖罐，通高 22.5 厘米，口径 7.7 厘米。罐盖纽为塔形，平口，短颈，腹部上鼓下收，平底。腹部堆塑四灵，均以青花、釉里红点缀。胫部饰变体莲纹。肩部款"刘大使宅凌氏用""大元至

白地铁绘花卉文壶，内蒙古自治区包头市固阳县出土（选自《北方游牧民族文物展》）

元戊寅（1278）元月壬寅吉置"。这是迄今所见唯一有纪年的青花釉里红瓷器。
1980 年江西省高安县出土了青花云龙纹兽耳盖罐和青花云龙纹荷叶盖罐，青花
云龙纹兽耳盖罐通高 47 厘米，口径 14.6 厘米，罐盖纽为莲包形，直口，肩部贴
塑兽首双耳，通体依次绘青花莲瓣、缠枝菊、杂宝、云龙、牡丹、连钱等共十
二层纹饰。青花云龙纹荷叶盖罐通高 36 厘米，口径 21 厘米。罐有荷叶式盖，莲
杆形盖纽。盖顶以纽为中心，绘青花叶脉纹，并绘鳜鱼、螃蟹、青鱼、鲶鱼。
肩部绘缠枝牡丹纹，腹部绘双龙戏珠纹，胫部绘变体莲瓣纹。青花釉瓷罐在北
方也有发现，如河北省保定市就出土了元代的青花釉里红镂花大罐（见 214 页
插图）。

白地铁绘花卉文壶，内蒙古自治区鄂尔多斯市十二连城出土（选自《北方游牧民族文物展》）

钵和瓮亦受到草原居民的欢迎。内蒙古乌兰察布市察右前旗土城子出土了高20.5厘米的白釉画花钵。尤其值得一提的是还出土了黑釉乳钵与捣乳棒（见本书124页插图），乳钵高5.2厘米，口径14厘米，底径15厘米；乳棒头高3.5厘米，当是专为制作马奶酒而制造的用具。阿拉善盟额济纳旗黑城子出土的黑釉骚落瓮，高41厘米，口径27厘米，底径22.8厘米，亦应与制作和存放奶制品等有关。

文壶和铜壶等在北方草原地区也多有发现。内蒙古乌兰察布市察右前旗土城子出土的元代白地搔落飞凤牡丹文壶，高22厘米，口径12厘米，底径9厘米。包头市固阳县和鄂尔多斯市（前伊克昭盟，下同）伊克昭盟十二连城都出土了白地铁绘花卉文壶（见 215 页和 216 页插图），前者高 37 厘米，口径 18 厘米，底径 12.6 厘米；后者高 31 厘米，口径 5 厘米，底径 11 厘米。包头市郊区麻池公社燕家梁收集到的青花牡丹唐草文壶，高 29 厘米，口径 22 厘米，腹径 35 厘米，底径 19 厘米。铜壶则出土于乌兰察布市兴和县卜沟，壶高 20.5 厘米。此外，还在北京市发现了元代的青花扁壶（见 218 页插图），在河北保定市出土了元代宝石蓝金彩瓷匜（见 160 页插图）。这些器具，应当都与存水和饮料有关。

青花牡丹唐草文壶，内蒙古自治区包头市麻池征集（选自《北方游牧民族文物展》）

　　在草原地区还发现了不少元代瓷瓶。在内蒙古自治区首府呼和浩特市，出土了钧窑镂空座瓶。乌兰察布市察右前旗巴音塔拉土城子出土的元代黑釉瓶，高 23 厘米；白釉瓶高 26.5 厘米，瓶上还有"苗兵下白平"汉文刻字，当是元末或明初流进草原地区的。尤为引人注意的是此地还出土了黑釉四系油瓶和黑釉酒瓶。油瓶高 24 厘米，内盛植物油。黑釉酒瓶高 43 厘米，口径 9 厘米，底径 9.3 厘米，瓶上还阴刻着"葡萄酒瓶"铭文（见本书彩色插图）。除瓷瓶外，还有铜瓶。1957 年，在内蒙古乌兰察布盟兴和县魏家村出土的高 19.8 厘米的元代铜瓶，亦应属于盛酒器具一类。

青花扁壶，北京市出土（选自《中国古代史参考图录》）

三　家具、取暖设备和祭器

　　城市居民家中，往往要摆设一些家具。在北方城市中，常用的家具有大小木柜、橱、矮桌、镫檠（灯架）、桤架（花架）等。① 南方城市亦大致相同。在江南富家的正厅内，则经常摆置匡床、胡椅、圆炉、台桌等家具。②

　　北方城市住房中，取暖和做饭的设备往往合为一体，如上述火炕，炕前即

————————

① 《析津志辑佚·物产》。

② 叶子奇：《草木子》卷 3 下，《克谨篇》。

盘有炉灶，做饭时烧火亦可取暖。一般居民家中都应是如此。只有达官贵人之家才辟有专门的厨房和准备专用于取暖的铁炉。南方的铁炉，有的还镀上一层锡，如镇江所产铁器，"作温器、烧器等物，以锡镀之，其色如银而耐久可用，他郡称之"①。

取火和照明的用具也有所发展。镇江出产的火石，"如玛瑙，击之火生，人多取以为用"②。杭州则已有了"发烛"的使用。"杭人削松木为小片，其薄如纸，熔硫黄涂木片顶分许，名曰'发烛'，又曰'淬儿'，盖以发火以代灯烛用也。"发烛的发明，是在后周时期，在民间广泛使用和"货易"，则在宋元时期。③

"全宁路三皇庙"铜祭器（选自《中国古代史参考图录》）

香炉在汉族地区早已普遍使用。从出土文物看，草原地区在元代时期也常在室内使用香炉。1956年10月在内蒙古乌兰察布盟四子王旗城卜子出土的元代铜香炉，高16厘米。同时出土的还有高19厘米的铜香插。1970年呼和浩特市白塔村出土的钧窑香炉（见本书彩色插图），高42.7厘米，口径25.5厘米，

① 《至顺镇江记》卷4，《土产·器用》。
② 同上。
③ 陶宗仪：《发烛》，《南村辍耕录》卷5。

上有题记"己酉年九月十五日小宋自造香炉一个"。己酉年为武宗至大二年（1309）。包头市固阳县葛舍沟出土的高8.8厘米的元代绿釉炉，也是香炉一类的用具。

汉族家庭对祭祀宗庙、祖先的祭器和礼器颇为重视。蒙古族和其他少数民族也受到了影响，开始制造并使用中原形制的祭器和礼器。如1957年秋季内蒙古自治区赤峰市猴头沟出土的"全宁路三皇庙"铜祭器（见219页插图），就是弘吉剌部贵族专门制造的祭器。这件祭器高9.2厘米，长31厘米，底径14.5厘米。祭器上刻有汉文铭文"皇姊大长公主施财铸造祭器永充全宁路三皇庙内用"。

四　文具和装饰品

出土元代文物中，有一些文具，可使我们略知当时笔墨等文具的情况。出土文物内有临川窑牙白釉镂空龙凤纹笔筒（见221页插图）和青花笔架水盂。青花笔架水盂通高8.9厘米，笔架为四峰形，峰顶有明月和云朵，下塑海浪。左侧为鱼蛙形水盂，背上有小孔。云朵、海浪、鱼蛙的双眼及部分山石用青花描绘。1956年10月内蒙古自治区昭乌达盟（现分为赤峰市和通辽市）宁城县大明城出土的陶砚，长12.8厘米，盖内有"至元七年（1270）八月"汉文铭文1行。1958年7月内蒙古自治区乌兰察布盟察右前旗土城子出土的铜镇尺，长32厘米。陕西省西安市元安西王府遗址出土了阿拉伯数码方盘（见222页插图），表明蒙古人不但使用来自中原、江南地区的文具，也使用来自中亚等地的文具。

花瓶是点饰室内气氛的重要摆设品。宋元时期，各地瓷窑都能烧制精美的花瓶。花瓶有春瓶、梅瓶等不同种类。春瓶一般高度在30厘米左右，瓶口口径在8—10厘米之间。如湖南省常德市出土的元代青花人物故事玉壶春瓶（见223页插图），通高30厘米，口径8.4厘米。瓶的形制为侈口，长颈，胆形腹，腹部绘青花人物五人，一武将头戴凤尾高冠，正襟危坐，身后一武士举旗，旗上书"蒙恬将军"，背景有怪石、花木点缀。广东省出土的青花人物纹玉壶春瓶，通高30.3厘米，口径8厘米，腹部绘青花人物，上下各辅以蕉叶纹、卷草纹和变体莲瓣纹。此外，还有青花云龙玉壶春瓶、玉溪窑青花鱼藻纹玉壶春

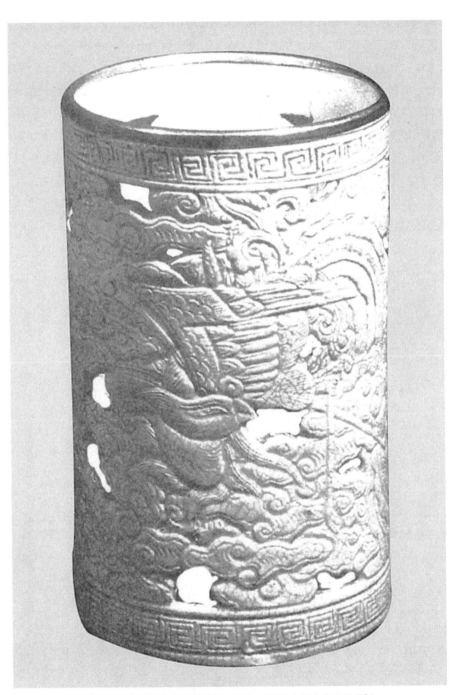

临川窑牙白釉镂空龙凤纹笔桶（选自《中国古代史参考图录》）

瓶、釉里红缠枝菊玉壶春瓶，等等。梅瓶一般比春瓶高，但瓶口细，直径一般
在3—6厘米之间。如江西省高安县出土的元代青花云龙纹带盖梅瓶，通高48
厘米，口径3.2厘米，瓶盖呈杯形，瓶身绘青花卷草、变形莲瓣、凤穿牡丹和
云龙纹。同地出土的青花缠枝牡丹纹带盖梅瓶通高48.7厘米，口径3.5厘米，
形制、釉料和工艺特点类似于青花云龙纹带盖梅瓶，盖中心有一直管，扣合时
插入瓶内，纹饰多达九层，腹部绘缠枝牡丹纹，另有卷草纹、莲花纹等。浙江
省杭州市出土的孔雀釉内府铭带盖梅瓶（见224页插图），通高35厘米，口径
6厘米，瓷胎呈土黄色，粗松厚重，胎上施白色化妆土，外施孔雀蓝釉，近底
足无釉，上有覆钵形盖，肩部釉下书"内府"二字。

　　草原地区也发现了不少花瓶，说明室内（或帐内）摆放鲜花的做法传入这
一地区，并得到一些人的欣赏。1970年呼和浩特市白塔村出土的青瓷牡丹唐草

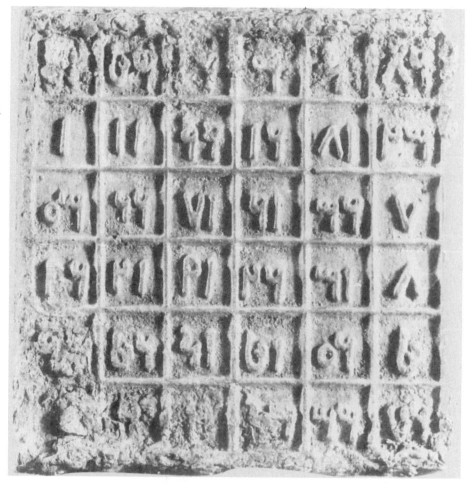

阿拉伯数码方盘，陕西省西安市元安西王府遗址出土（选自《中国古代史参考图录》）

青花人物纹玉壶春瓶，湖南省常德市出土（选自《中国古代史参考图录》）

孔雀釉内府铭带盖梅瓶，浙江省杭州市出土（选自《文物精华》1990）

青瓷牡丹唐草文花瓶，内蒙古自治区呼和浩特市白塔村出土（选自《北方游牧民族文物展》）

文花瓶（见 225 页插图），高 50.4 厘米，口径 26 厘米，底径 15 厘米，是一种大花瓶。1954 年呼和浩特市郊区托克托县伞盖村出土的黑釉玉壶春瓶，高 33.5 厘米，口径 9.5 厘米，底径 4.8 厘米。1957 年乌兰察布盟兴和县魏家村出土的青白瓷划花玉壶春瓶，高 23.7 厘米。春瓶的形制，与江南地区的基本相同。

　　小的瓷器动物和人物造型，亦受到人们的喜爱，并常摆在室内观赏、把玩。内蒙古自治区乌兰察布市察右前旗巴音塔拉元代土城子遗址出土了高 11.5 厘米的小石狮、高 4.2 厘米的赭釉骑马人和高度分别为 4.2 厘米、5.7 厘米的两只白瓷小羊。原属乌兰察布盟现属呼和浩特市的和林格尔县土城子出土了高 2.7 厘米的白瓷小鸭。这些物品的发现，表明了草原居民同样喜爱各种精致的工艺品。

第十一章

交通与通讯

交通和通讯，是社会生活中不可缺少的因素。即使在比较封闭的古代社会，城乡之间的人口流动和人们的相互交往不像今天这样频繁、便利，但也有一套相对发达的交通系统和比较固定的通讯方式，元代亦不例外。由于蒙古统治势力远达西亚和俄罗斯等地，又将中国再次统一起来，并很快建立了四通八达的"驿路"和星罗棋布的大小驿站，把各地区同元朝统治的心脏大都紧密联系在一起，所以元代的交通系统远比前代发达和完善。除了继承前朝的公文传递和通讯方式外，元朝在通讯方面亦有所创新。

一　交通路线的开辟与维护

交通路线的开辟和道路、桥梁等的修建和维护，是保证交通畅通的基本工程。元朝的统治者在这些方面倾注了不少心血，并取得了较好的成果。

蒙古统治势力进入中原之后，很快接受了中原旧有的驿传制度，不但在一些地区恢复了驿站等设置，还开辟了一些新的驿路。窝阔台即位之后，扩大了驿站的规模，建立了贯通整个大蒙古国疆域的站赤系统。其后，随着蒙古统治区域的不断扩大，新的交通路线不断开辟、延伸，到忽必烈灭宋统一全国之后，终于形成了以大都为中心、水陆结合的网状交通系统。

两都交通示意图（选自陈高华、史卫民著《元上都》）

陆路交通干线中，最重要的是连接大都和上都的交通路线。"大抵两都相望，不满千里，往来者有四道焉，曰驿路，曰东路二，曰西路。东路二者，一由黑谷，一由古北口"①。由大都至上都的驿路，全长 800 余里，设有昌平、榆林、洪赞、雕窝、龙门、赤城、独石口、牛群头、明安、李陵台、桓州等 11 处驿站，大致上是从大都经居庸关西行至怀来，转而北上，翻越枪杆岭、偏岭等，进入草原，直趋上都。② 驿路是一般官员及商人等来往两都之间的主要通道。黑谷东路，俗称"辇路"，全长 750 余里，设有 18 处"纳钵"，是皇帝往来两都之间的专道，"每岁扈从，皆国族大臣及环卫有执事者，若文臣仕至白

① 周伯琦：《扈从集·前序》。
② 详见《元上都》，第 32—49 页。

首，或终身不能至其地也"①。该路出居庸关后继续北上，经过今延庆县，翻山越岭，进入草原，在牛群头与驿路会合。经古北口赴上都的另一条东路，全程870 余里，也是一条"禁路"，专供监察御史和军队使用。西路全长1095 里，大致先沿着今京包铁路线至张家口，然后北上赴上都。这条道路，在蒙古国时期是驿道正路，被人们称为"孛老站道"。② 世祖中统三年（1262），驿路改线，孛老道变成"专一搬运段匹、杂造、皮货等物"的运输道路。③ 元代皇帝每年巡幸上都，大多"东出西还"，即由东道辇路赴上都，经西道返回大都，所以在西道设立了24 处"纳钵"。④

如本书第一章所述，元代设立了辽阳、岭北、河南、陕西、甘肃、四川、云南、江浙、湖广、江西等10 个行省，并由中书省直接管理"腹里"地区，宣政院直接管辖吐蕃地区。沟通各行省省治并直达大都的驿道，是元代主要的交通干线。以各行省省治所在城市为枢纽建立的驿道，构成了省内路、府、州、县之间的交通系统，并进而与邻省的驿道相接，互通往来。"腹里"地区南部和河南、陕西、四川、甘肃、湖广、江浙、江西等行省的驿道，大多是利用原有的交通路线，并根据需要增加了一些通路，改建或新设了驿站。岭北、辽阳、云南行省和吐蕃地区的驿道，则大多是新开辟的交通线。

大都和上都间的驿路，又是通往岭北行省省治和林的"兀鲁思两道"（官道）的一段。从上都北上，经鱼儿泊、克鲁伦河上游至和林，是蒙古国时期燕京通和林的旧道，元代成为"兀鲁思两道"中的东道，称为"帖里干站道"。由上都西行，过庆和路（今河北省张北县）、大同路北境，自丰州（今内蒙古呼和浩特市东）西北出天山（今大青山），北历净州、沙井（今内蒙古自治区乌兰察布市四子王旗境内）入岭北行省，是"兀鲁思两道"的西道，称为"木怜站道"。帖里干站道和木怜站道在上都西南的李陵台合而为一。和林往西，有通往察合台封地的驿路；西北有通往谦河流域（今叶尼塞河上游）的吉利吉思等部的驿路。此外，在岭北行省境内，还有从称海到"北境"的站道和从称海到也儿的石河的通路，等等。⑤

大都和上都，又都有驿路通往辽阳行省。大宁（今内蒙古自治区赤峰市宁城县）是驿路的汇合点；从大宁向东，历广宁（今辽宁省北镇县）等地至辽

---

① 周伯琦：《扈从集·前序》。

② 张德辉：《纪行》，载《秋涧先生大全文集》卷100。

③ 《经世大典·站赤》，《永乐大典》卷19416。

④ 周伯琦：《扈从集·后序》。

⑤ 详见陈得芝：《元岭北行省诸驿道考》，《元史及北方民族史研究集刊》第1 期，第16—25 页。

阳。在辽阳行省境内，既有通往东道蒙古诸王驻地和通向高丽的驿道，也有通往兀者、水达达等部的驿道。①

云南和吐蕃地区的驿道，在忽必烈即位前后陆续开通。云南行省的驿道，以省治中庆（今云南省昆明市）为枢纽，北通四川行省，东通湖广行省，南通安南、缅国，并建立了沟通省内各少数民族的主要聚居区间的交通路线。② 吐蕃乌思藏地区的驿道，从汉蕃交界处向乌思藏腹地延伸，直达萨迦；从乌思藏到纳里速古鲁孙（阿里三区），也有驿道相通。③

以陆路为主的交通干线，碰到河流，或有桥梁，或用渡船。此外，还有专门的水路交通线。水路交通线，分为内陆河道和海运航道。水路交通线主要用来运输粮食和其他物资，亦有不少人利用水路交通线旅行，尤其是江南地区。

元代最重要的内陆河道是沟通南北的运河。南宋灭亡后，江南物资的北运，主要是利用隋代开凿的运河。当时运河的走向是由杭州至镇江，过长江北上入淮水，西逆黄河至中滦（今河南省封丘县），然后陆运货物等至淇门（今河南省淇县东南），通过御河（今卫河）、白河水道达通州（今北京市通州区），再陆运至大都。这条路线，水陆并用，曲折绕道，极其不便。为解决内河运输问题，元廷在至元二十六年（1289）和至元二十八年（1291）先后开凿了会通河和通惠河，贯通了南起杭州、北至大都、纵贯南北的大运河。新运河采用南北取直的弦线，总程比隋代的运河缩短了九百公里。运河开通之后，"江淮、湖广、四川、海外诸蕃土贡、粮运、商旅、懋迁毕达京师"④，为南北交通提供了便利条件。

元代先后开辟了三条南北海运航线。第一条航线是至元十九年（1282）开辟的，自刘家港（今江苏省太仓市浏河镇）起航，北经崇明州入海，历万里长滩（今江苏省如东县东），靠近沿海山屿北行至成山（今山东半岛东端），然后西航入渤海，沿界河（今海河）至杨村码头（今天津市武清县），航程13350里。这条航线曲折迂回，沿途多浅沙，被视为险恶的水路，航行时间需用两个月。第二条航线是至元二十九年（1292）开辟的，过万里长滩后历青水洋、黑水洋至成山，入渤海至界河。这条航线从万里长滩至成山一段是远海航行，线路较为径直，又绕开了沿海的浅滩，大大缩短了航行时间，顺风半个月可驶完全程，风水不便则需要一个月或四十天以上。第三条航线是至元三十年（1293）开辟的，避开了万里长滩，直接从崇明东行入黑水洋，均取远海航行，又缩短了航期，顺风

---

① 《析津志辑佚·大都东西馆马步站》。《经世大典·站赤》，《永乐大典》卷 19417。
② 详见方铁：《元代云南驿传的特点及作用初探》，《思想战线》1988 年第 1 期。
③ 详见洛桑群觉、陈庆英：《元朝在藏族地区设置的驿站》，《西北史地》1984 年第 1 期。
④ 《元朝名臣事略》卷 2，《丞相淮安忠武王》。

十日即可驶完全程。从刘家港到直沽口的航线是元代海运的主航道，此外还有福建通往江浙、广东的航道和直沽通往辽东、高丽的航道等。①

《卢沟运筏图》（选自《中华古文明大图集》）

---

① 详见高荣盛：《元代海运试析》，《元史及北方民族史研究集刊》第 7 期，第 40—64 页。

元朝政府既重视交通路线的开辟，也重视交通路线的维护。淤塞的河道，在元代大多进行了治理，为航运畅通提供了一定的保证。驿路的维修，更受到特别的关注，成吉思汗曾明令"从大路上和作为公路的大道上清除枯枝、垃圾和一切有害的东西，不准长起荆棘和有枯树"①。忽必烈即位后，更要求各地官员督促百姓在"城郭周围并河泊两岸、急递铺道店侧畔各随风土所宜，栽植榆、柳、槐树，令各处官司护长成树"，严格禁止军人及"权势诸色人"放牲口啃咬树木和随意砍伐树木。② 各地官府都负有维修道路的职责，并有一系列的规定："河渠、堤岸、道路、桥梁，每岁修理"；"津梁道路，仰当该官司常切修完，不致陷坏停水，阻碍宣使车马客旅经行"；"九月间平治道路，合监督附近居民修理，十月一日修毕。其要路陷坏停水，阻碍行旅，不拘时月，量差本地分人夫修理"③。危险的路段，有时还要专门派人修理或拓宽、改建。如大都和上都之间的道路，大半为山路，元廷常派军人修路、造桥。至正十四年（1354），又特别修砌了"北巡所经色泽岭、黑石头河西沿山道路"，并建造了龙门等处的石桥。④

二 旅行设施

驿站是元代官办的旅行设施，按照官方的统计，在中书省直辖的腹里地区和河南、辽阳、江浙、江西、湖广、陕西、四川、云南、甘肃行省共设立了1400 处驿站，⑤ 通往岭北行省的三条主要站道共设置驿站 119 处，⑥ 宣政院管辖的吐蕃地区设置了 27 处驿站。⑦

驿站为官方来往人员提供交通工具、休息场所和饮食服务，"于是四方往

① 拉施特：《史集》第 1 卷第 2 分册，第 359 页。
② 《元典章》卷 23，《户部九·农桑》；卷 59，《工部二·造作》。
③ 《通制条格》卷 30，《营缮·堤渠桥道》。
④ 《元史》卷 43，《顺帝纪六》。
⑤ 《经世大典·站赤》，《永乐大典》卷 19422、19423。
⑥ 《经世大典·站赤》，《永乐大典》卷 19421。
⑦ 《汉藏史集》，第 166—170 页。

来之使，止则有馆舍，顿则有供帐，饥渴则有饮食，而梯航毕达，海宇会同"①。交通有陆路和水路，驿站因此分为陆站和水站两大类。陆站亦称为旱站，主要提供马、牛、驴、车、轿等交通工具，所以又分为马站、牛站、驴站、车站、轿站等。在辽阳行省北部设有狗站，以狗作为站赤的交通工具；还有的地方用骆驼作为站赤的交通工具，因而又有了帖麦赤（牧骆驼者）驿的设置。水站提供的交通工具是船。无论是陆站还是水站，都有专门的"站舍"，或者称为"馆舍"，为来往人员提供住处，并设有"厩舍"或船坞。有的地方，尤其是江南地区，水站和陆站的馆舍是建在一起的。如镇江的丹阳驿，"馆舍共一百九楹，使客之驰驿而至者，则西馆处焉；其乘鲌而至者，则东馆处焉。马厩在西馆之西，凡四十五楹"；丹阳县的云阳驿，"水马使客咸莅焉，屋凡二十七楹；厩舍在云阳桥漕渠之西，屋凡四十一楹"；同县的吕城驿，"为屋大小二十九楹，水马馆亦并置。厩舍在馆之南，屋四十一楹"②。

驿站为官方来往人员提供的饮食、灯油、柴炭等，蒙古语称为"首思"，汉语意译为"祗应"。对祗应的数额和供应方法，元廷有一系列的规定。

来往使臣祗应"分例"的确定，是逐步制度化的。窝阔台汗时规定，"使臣人等每人支肉一斤，面一斤，米一升，酒一瓶"。世祖中统四年（1263）又做出了更具体的规定："乘驿使臣换马处，正使臣支粥食、解渴酒，从人支粥。宿顿处，正使臣白米一升、面一斤、酒一升、油盐杂支钞一十文"；"随从阔端赤不支酒肉、油盐杂支钞，白米一升、面一斤"。冬季时驿站还要为使臣每日支炭五斤，"自十月初一日为始，至正月二十日住支"③。至元二十一年（1284），因使臣每日支油盐菜钞十文"市易不敷"，中书省决定"正使臣每员油盐菜等日支增钞二分，通作三分"，并对"首思"的定例做了更明确的说明："每月乳酪于分例酒肉内准折，应付正使宿顿，支米一斤、面一斤、羊肉一斤、酒一升、柴一束、油盐杂支钞三分，经过减半。从者每人支米一升，经过减半。"④ 各官府派出的公干人员，司吏、曳剌等每日支米一升、面一斤、杂支钞一分、柴一束，从人支米一升、杂支钞一分、柴一束；巡盐官吏，每日支米一升，马粟三升，刍一束，"虽多不过十人。草青之时，不支刍粟"。原来蒙古军官在祗应方面享受优待条件，"蒙古万户、千户、百户远近出征，经过及聚会去处，合用饮食，令有官署州县照依定例应付"。最初的定例是万户日支酒三十升、羊肉三十斤、面三十斤、米三斗；千户日支酒二十升，羊肉、米、面等

① 《元史》卷101，《兵部四·站赤》。
② 《至顺镇江志》卷13，《公廨·驿传》。
③ 《经世大典·站赤》，《永乐大典》卷19416。《元典章》卷16，《户部二·分例》。
④ 《经世大典·站赤》，《永乐大典》卷19418。

按万户祗应分例的一半供给；百户日支酒十升，肉、面、米比千户少一半。至元十六年（1279）做出新的规定，万户日支酒三瓶，千户二瓶，百户一瓶。次年，又因军官已有俸禄，取消了军官在驿站停留时的肉、米、面供应，酒则仍按规定供给。①

各地驿站原来使用的量具不同，"斤重多寡不一"，朝廷乃特别做出规定，1 石米要酿制干好酒 90 升，并按照尚酿局的造酒升勺特制出"铁钉木升"，发给各地，作为标准升，要求各地制造并使用同样的量具；小麦 1 石，应出白面70 斤，各地驿站"不得应付宣使人等不堪食用面货，亦不得克减斤重"。驿站供肉，问题颇多。北方驿站有的能够供应羊肉，有的只能提供猪、牛、马肉，但是某些来往人员坚持要羊肉，供给羊肉又嫌肉瘦；"回回使臣到城，多称不食死肉，须要活羊"。江南地区羊少，"每一口羊用七八十两钞"，而且主要是山羊，驿站或者供应山羊肉，或者供给猪肉、鱼、雁、鹅、鸭、鸡等，一些从北方来的使臣则不但要吃羊肉，还"不要山羊，只要北羊"。对这些做法，朝廷称之为"刁蹬公事"，规定不得因食肉问题骚扰站赤，禁止强行索要活羊、北羊，各地可根据物产提供猪肉和鱼，不许供给鹅、雁、鸭等飞禽。②

驿站供应首思，是有时间限制的。世祖时规定驿站只为使臣提供两日的祗应，成宗时确定用驿分大事、小事，"大事八日，小事三日，许支铺马、祗应"；事关军情要务和各投下的，供应首思的时间以半个月为限；禁止拖延时间，长期住在站内支取分例。③

驿站为使臣等提供交通工具和首思，负担很重，所以朝廷不得不限制使臣及随行人员的数目，规定三品以上官员的随行人员不许超过五人，四品、五品官的随从不许超过四人，六品至九品官的随从不得超过三人，并对使用交通工具的数额加以限制，详见下述。

驿站是政府兴办的交通系统，专供政府使用，不许民间使用。乘骑驿马或站船，使用车辆，要有官府的证明或诸王的令旨。官府证明分为铺马圣旨（又称铺马札子、御宝圣旨）、金字圆符（铁制，又称圆牌）、银字圆符三种。"朝廷军情大事奉旨遣使者，佩以金字圆符给驿，其余小事止用御宝圣旨。诸王、公主、驸马亦为军情急务遣使者，佩以银字圆符给驿，其余止用御宝圣旨。"④蒙古诸王的钧旨，也可以起发站马。站赤验符、旨给驿和供应首思，持圆符者有优先的权利。元朝政府原规定的给驿范围很严格，"除朝廷军情急速公事外，

---

① 《经世大典·站赤》，《永乐大典》卷 19417。《元典章》卷 16，《户部二·分例》。
② 《元典章》卷 16，《户部二·分例》。
③ 《经世大典·站赤》，《永乐大典》卷 19418。
④ 《元史》卷 103，《刑法志二·职制下》。

毋得擅差铺马"①。但是无论是贵族、高级僧侣，还是各级官吏，都千方百计觅取铺马圣旨和圆符，要求享受免费供应的站马和首思，利用当时最完善、最便利的交通体系，其结果是给驿站带来过重的负担，造成了"给驿泛滥"的局面，使在驿站服役的站户不堪承受。元朝时期，站户的数量在30万之上。站户既要保证提供交通工具，饲养马、牛、驴、骆驼等，充当马夫或船夫，又要向来往使臣等供应首思，所以有人说"民之受役，莫重于站赤"②。政府虽然采取了救济贫穷站户、限制给驿等措施，但始终未能解决站户消乏甚至大量逃亡的问题。

管理站赤的中央机构，原来是诸站都统领使司，后来改名为通政院。至大四年（1311），撤销通政院，站赤归由中书省兵部管理。但不久即重设通政院，专管蒙古地区的站赤，兵部负责管理"汉地"站赤。延祐七年（1320），又恢复了通政院管理全国站赤的制度。各驿站设置提领、副使、百户等站官，管领站务。大都、上都之间的驿站，因为"每岁车驾行幸，诸王百官往复，给驿频繁，与外郡不同"，所以在提领之上，还设有驿令、丞等官。各路的达鲁花赤、总管等，一般负有提调本路站赤的职责。③ 在重要的驿站，还设有脱脱禾孙（查验者），"掌辨使臣奸伪"，专门负责检查过往使臣符札，核实使用铺马、船只的数量和搜检违例驮运的物品等。④

港口的建设在元代亦受到重视。以海港为例，刘家港、庆元烈港（今浙江省宁波市沥港）、澉浦港（今浙江省澉浦）、泉州港等，都是当时重要的港口。为保证船只的安全，在刘家港附近和江阴州等地的浅沙暗礁处，均设立过用于导航的号船，为过往船只指示沙礁的位置。在直沽海口的龙山庙前，高筑土堆，竖立旗杆，"昼则悬幡，夜则挂烛"，作为海航终点的标识。⑤ 无论是运粮、运货的海船，还是载人的"客船"，都要由港口官员验查"券信"后方能入港停泊。⑥

元朝政府亦为民间的交通往来提供了一定的保障。各城市县镇都有客栈馆舍，为商旅提供住宿和饮食。按照政府的规定，乡村和渡口也要设置村店、店舍等，并要专门差人充当弓手，保证过往商旅的人身和财物安全。"州县城子相离窎远去处，其间五、七十里所有村店及二十户以上者，设巡防弓手，合用

① 《经世大典·站赤》，《永乐大典》卷 19417。
② 黄溍：《定国忠亮公神道第二碑》，《金华黄先生文集》卷 24。
③ 详见陈高华：《论元代的站户》，《元史论丛》第 2 辑，第 125—143 页。
④ 《元典章》卷 36，《兵部三·脱脱禾孙》。《元史》卷 91，《百官志七》。
⑤ 详见高荣盛：《元代海运试析》，《元史及北方民族史研究集刊》第 7 期，第 40—64 页。
⑥ 《元史》卷 195，《忠义传三·樊执敬传》。

器仗，必须备足，令本县长官提控。若不及二十户者，依数差补。若无村店去处，或五、七十里创立聚落店舍，亦须要及二十户数；其巡军另设，不在户数之内。关津渡口必当设置店舍、弓手去处，不在五、七十里之限。若沿边州县及相去地里窵远去处，从行省就便定夺"。既然有村店等设置，官方即要求商旅等投店住宿，如至元元年（1264）八月颁发的圣旨规定："往来客旅、斡脱、商贾及赍擎财物之人，必须于村店设立巡防弓手去处止宿。其间若有失盗，勒令本处巡防弓手立限根捉，如不获者，依上断罪。若客旅、斡脱、商贾人等却于村店无巡防弓手去处止宿，如值失盗，并不在追捕之限。"商旅等出行，要持有官府的许可证明，在要道路口和渡口等处查验后方许通行。"诸斡脱、商贾凡行路之人，先于见住处司县官具状召保给公凭，方许他处勾当。若公引限满，其公事未毕，依所在倒给"；"经过关津渡口，验此放行，经司县呈押。无公引者并不得安下。遇宿止，店户亦验引，明附店历"①。

为方便来往旅客，在河流的渡口都有摆渡船，尤其是在黄河、长江的渡口，官、民等都要搭乘渡船。重要的渡口，往往由官府打造船只，"召募惯熟知水势梢工撑驾，遇有押运官物公差使臣及往来官宦，即与摆渡。其余百姓、客旅、车骑、行货、孳畜，依验旧例，定立船资"。收取的船资，一半用来维修渡船，另一半用来赡养梢工。船资各地规定不同，如长江西津渡，原来的船资是中统钞 50 文，仁宗时做了新规定，"过往百姓、客旅，依验每人、车骑、孳畜各定立船资中统钞三钱，老弱贫穷者毋得取要"。黄河渡口的摆渡船钱以至元钞计算，每人收至元钞一分，"凡随挑搭负戴之物及老幼贫穷之人，并不算数"；过渡车辆、马匹等也要收船钱，"重大车一辆钞二钱，空大车一辆钞一钱；重小车一辆钞五分，空小车一辆钞二分；驮子一头钞二分，空头匹一头钞一分，羊猪每五口钞二分"。在船资之外，按规定不许再多要钱和索取物品，但有的梢工"往往刁蹬过往客旅，取要船钱，停滞人难；亦有乘驾船只直至中流，倚恃险恶，勒要钱物，延误不行，以致或因潮来，或因风起，害伤人命"。朝廷为此特别要求各地官府"先将本管境内河道建桥处依例趁时官为搭盖，令车程客旅通行，不得取要钱物。其大河深流巨浸必须用船去处，斟酌宜用坚壮大船，召募惯习熟知水势梢工撑驾，从朝抵暮，守渡其船"，并将船钱分例等"沿河上下镇店摆渡处所两岸张挂，晓谕通知"，严禁梢工等额外取要钱物。河道上的闸门，亦应由管闸人按规定时间放行过往船只，但有的使臣、富商、权要人物不按规定等待开闸，逼迫管闸人随时开启闸门，甚至拷打闸人；还有人

---

① 《元典章》卷 51，《刑部十三·防盗》。

擅自在河道内筑坝，破坏闸门。这些做法，都曾被朝廷明令禁止，但收效颇微。①

三 交通工具

马、牛、车、船等主要的交通、运输工具，大多集中在元朝政府手中，供驿站和漕运使用。"凡站，陆则以马以牛，或以驴，或以车，而水则以舟"②。按照官方的统计，中书省及河南、辽阳、江浙、江西、湖广、陕西、四川、甘肃行省的驿站共计使用站马 44301 匹，牛 8889 头，驴 6007 头，站车 4037 辆，轿子 378 乘，船 5921 只。③

马是陆路交通的主要工具，养马即成为马站户的主要职责。北方的马站户，一般是 3 至 5 户养正马 1 匹，贴马 1 匹；南方站户，按税粮数当役，以纳粮 70 石出马 1 匹为准则，纳粮 10 石以下的站户八九户共养马 1 匹，纳粮二三十石之上的站户两三户共养马 1 匹，纳粮 70 石以上的站户则 1 户养马 1 匹；四川地区站户贫困者多，所以 30 户合养 1 匹马。站马或由站户自备，或由官府征发、购买，交给站户饲养。马、牛的价钱，南、北地区不同，中统元年（1260）时，燕京附近为站赤购买的马匹，每匹合元宝钞 20 贯。至元十年（1273），北方 1 匹马价银 30 两，牛 1 头价银 20 两。④ 江南地区，"朝廷立法，以田粮七十石买一马"⑤。

由于驿站站马使用频繁，站马倒毙现象经常发生，朝廷不得不限制来往人员使用站马的数额。原来规定一品官出使可用站马八匹，正二品官六匹，从二品官五匹，三品官四匹，四品官三匹，五品官以下三匹或二匹。世祖至元三十年（1293）调整为一品官用站马五匹，正、从二品官四匹，三四品官三匹，五品以下官员二匹。成宗大德元年（1297）又略作改动，规定官员"三品以上正

---

① 《元典章》卷 59，《工部二·船只》。
② 《元史》卷 101，《兵志四·站赤》。
③ 《经世大典·站赤》，《永乐大典》卷 19422、19423。
④ 《经世大典·站赤》，《永乐大典》卷 19416。
⑤ 《大德南海志残本》卷 10，《水马站》。

从不过五人，马不过五匹；四品、五品正从不过四人，马不过四匹；六品至九品正从不过三人，马不过三匹；令译史、通事、宣使等正从不过二人，马不过二匹"。武宗时，又恢复了至元三十年的旧例。①

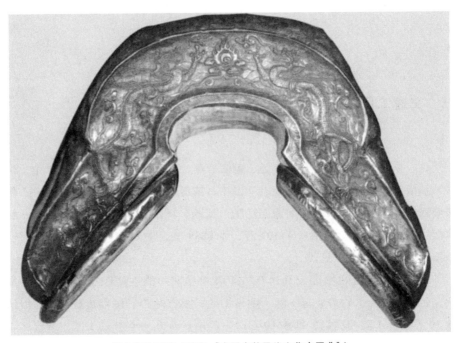

双龙戏珠马鞍（选自《中国少数民族文化史图典》）

按照政府的规定，各驿站"车马船只，明附文簿，轮番走递，不致偏负"。各马站应置"总差文簿一扇，附写马数，凡遇起马，照依元附文簿，自上而下挨次点差。仍每匹出给堪合印贴一张，并置堪合簿一扇，于贴簿上该写某人马匹起送是何使臣，分付管军军官，令各牌依上置历，附写过贵，付养马人夫收管、递送。其站官日逐书押，须要周而复始，轮流走递，不得越次偏重，重并差遣"②。

某些驿站准备的轿子，分为坐轿、卧轿两种。在江浙行省，还设有专门的轿站。轿子主要在山区使用，因为道路狭窄，马匹、车辆不宜通行，用轿子则比较方便。卧轿是专为年老、体弱的人准备的，一般使臣只能乘坐轿。

如上所述，各地水站使用的站船达5000余只。成宗大德元年（1297），特别规定了来往使臣、官员使用站船的数量："一品、二品给三舟，三品至五品给二舟，六品至九品、令译史、通事、宣使等给一舟；身故官妻子验元受品职

① 《经世大典·站赤》，《永乐大典》卷19419、19420。
② 《元典章》卷36，《兵部三·给驿》。

与先拟回任官一体应付。"①

辽阳行省设立的 15 处狗站，原有站户 300 户，用狗 3000 只，"后除绝亡倒死外，实在站户二百八十九，狗二百一十八只"②。在冰上行驶的站车，由 4 只狗或 6 只狗拖拽。"高丽以北名别十八，华言连五城也。罪人之流奴儿干者必经此。其地极寒，海亦冰，自八月即合，至明年四五月方解，人行其上，如履平地。征东行省每岁委官至奴儿干给散囷粮，须用站车，每车以四狗挽之，狗悉谙人性"。根据马可·波罗的记载，这种站车底部是平的，前面翘起为半圆弧，构造适合在冰上奔跑。"每一辆车子需要六只狗成对地拉着，车上有一个管狗的赶车工。"每辆车只能搭乘一至二人。③

元代马镫（选自《中华古文明大图集》）

①　《经世大典·站赤》，《永乐大典》卷 19419。
②　《经世大典·站赤》，《永乐大典》卷 19422。
③　《马可·波罗游记》，第 268—269 页。

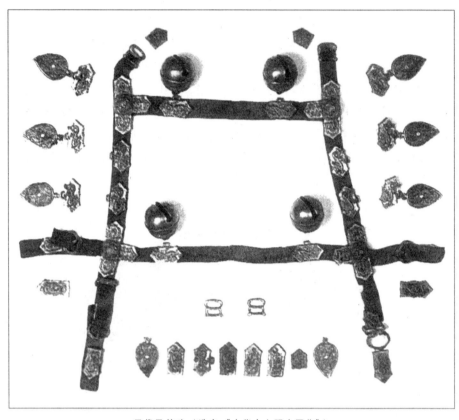

元代马笼头（选自《中华古文明大图集》）

　　民间的交通工具，也是使用马、牛、车、驴、船等，出行的人要"雇觅"交通工具后方能上路。在江南地区，船是主要交通工具，并有专门的客船往来行驶。"江淮上下及淮浙等处小河，往来客船相望不绝"，但是官府经常强行征用民船，给民间客运和货运船只带来了沉重打击。至元二十年（1283）御史台的两份公文都指出了问题的严重性："诸处官司指以雇船装载官粮、官物为名，故纵公吏、祗候、弓手人等强行拘刷捉拿往来船只，雇一扰百，无所不为，所以客船特少，以致物价腾贵，盗贼公行"；"近岁天旱，中原田禾薄收，物斛价高，百姓艰食，诸处商贾搬贩南米者极多。体知得随处官司遇有递运，将贩卖物斛车船一概拘撮拖拽，以致水陆道路涩滞难行，南北米货不通，民间至甚不便"。针对这种现象，朝廷特别发出了不许遮当籴贩客船的禁令，规定"江淮等处米粟任从客旅兴贩，官司毋得阻当，搬运物斛车船并免递运，不以是何人等毋得拘撮拖拽，仍于关津渡口出榜晓谕。如遇籴贩物斛船车经过，不得非理遮当搜检，妄生刁蹬，取要钱物，违者痛行治罪"。至元二十九年，又明令官船损坏由所在官府修理，不得借机征用民船。① 在政府的保护下，民间客运得以维持下来。客运船只不仅白天活动，夜间亦经常往来于江河之间，"凡篙师于城埠市镇人烟凑集去处，招聚客旅，装载夜行者，谓之夜航船。太平之时，在处有之"②。雇用和搭乘船只，要履行签订雇约和登录文簿的手续，如至元三十一年江西行省发布的榜文即明确要求："今后凡雇乘船之人，须要经由管船饭头人等三面说合，明白写立雇船文约，船户端的籍贯姓名，不得书写无籍贯并长河船户等不明字样及保结。如揽载已后，倘有疏失，元保饭头人等与贼人一体断罪。仍将保载讫船户并客旅姓名、前往何处勾当，置立文簿，明白开写，上、下半月于所属官司呈押，以凭稽考。"③

四 通讯状况

元朝政府在全国范围内设置的急递铺（又称为"邮传"），构成了最便利的通讯系统。

中统元年（1260）四月，忽必烈先派人从燕京到开平起立急递站铺，"凡有合递文字，依已前体例，严立限次递送"；随即命令"自京兆府直至开平府验地里远近、人数多寡立急递站铺"。五月，"令随处官司直接邻境两界安置传递铺驿至本路宣抚司，宣抚司置铺接连至朝省"。后来形成了定制，"十里或十五里、二十五里，设一急递铺，十铺设一邮长，铺卒五人"④。急递铺的房舍有特殊标志，铺内装有测时装置等，"铺之屋不等，多不过四楹，前植候亭，缭以女墙，傍以绰楔，标以英竿。设盘于台，以测日景；列牌于庭，以识时刻"⑤。

急递铺是朝廷设置的邮传系统，专司"转送朝廷及方面及郡邑文书往来"。中统二年（1261）颁发的圣旨已经明确规定，"所递文字，除申朝者并本路行

① 《元典章》卷59，《工部二·船只》。
② 陶宗仪：《夜航船》，《南村辍耕录》卷11。
③ 《元典章》卷59，《工部二·船只》。
④ 《经世大典·急递铺》，《永乐大典》卷14575。本节所引资料未注出处者，皆本于此。
⑤ 《至顺镇江志》卷13，《邮传》。

241

移官司文字外，其余闲慢文字不许入递，亦不得私自夹带一毫物件"。但是各地官府往往无视朝廷规定，不但传送文书的内容越来越滥，还"不时于急递铺内转递丝货、钞数、弓箭、军器、茶墨等物"。至元八年（1271），朝廷重申急递铺专门转送各衙门文书，"丝货、钞数、弓箭、军器、茶墨等物，令各路顺便脚力捎带"。至元二十八年（1291）十二月，中书省鉴于"近年衙门众多，文字繁冗，急递之法大不如初"，对急递文书的种类做出了一些限制规定。大德五年（1301）五月，为减轻急递铺的负担，又确定了中书省、御史台、枢密院、宣政院等79种官衙文书可以通过急递铺传送，新旧运粮提举司、各投下总管府等20种官衙的文书不许经由急递铺传送。①

急递铺令牌（选自《中华古文明大图集》）

由急递铺传送的文书等，分为两种包装。一种盛在匣子里递送，专门用于紧急公文。"若系边关急速公事，用匣子封锁，于上重别题号，及写某处文字、发遣时刻，以凭照勘迟速。其匣子长一尺，阔四寸，高三寸，用黑油红字书号。"匣子的尺寸"俱系营造小尺，上以千字文为号，仍将本管地境、置立铺驿卓望地名，各各开坐，递相行移邻接官司"。另一种是纸袋包装，用于一般文书。原来各地递铺使用的是薄纸封袋，"沿路递传，易为擦磨损坏"，所以改用厚纸信封。各衙门的公文，"先用净检纸封裹于上，更用厚夹纸印信封皮。其张数少者，每角不过五件；多者各令封缄，上标写入递时刻"。包装好的文书，在传递时用油绢、夹板和邮袋加以保护，"以绢囊贮而版夹之，又裹以小漆绢"。由于来往公文过多，"应有转递文字，每日少者不下千百余件"，为减

① 《元典章》卷34，《兵部四·递铺》。

少烦琐的登记和不必要的差遣铺兵，从至元二十八年（1291）十二月开始将发往各地的公文等合为一缄，统一发送，规定"今后省、部并诸衙门凡入递文字，其常事皆付承发司，随所投下去处，各各类为一缄（谓如江淮行省不以是何文字，通为一缄，余官府准此），日一发遣，如此附写不繁，转递亦便"。为减轻铺兵的负担，还特别规定 10 斤以上的帐册等不许由急递铺转递。

公文邮件的传递速度，"定制一昼夜走四百里"。负责递送邮件的铺兵，"各备夹板一幅，铃攀一副，缨枪一，软绢包袱一，油绢三尺，蓑衣一领，回历一本"。铺兵执行公务时，"腰革带，带悬铃、手枪，挟袱襆，赍文书以行，夜则持火炬焉。道狭车马者、负荷者闻铃则遥避诸旁，夜亦以惊虎狼，不若又响及所之铺，则铺人出以俟其至。囊版以护文书，不破碎，不襞积；摺小漆绢、袱襆，以御雨雪，不濡湿；枪以备不虞"。

公文邮件的转递，有一套严格的程序。首先，各递铺必须有人昼夜值班，随时准备传递过往邮件，所以"每遇夜，常明灯烛"。其次，来往公文、邮件等必须登记。各铺内必备的物品有"十二时辰轮子一枚，红绰屑一座并牌额，铺历二本，上司行下一本，诸路申上一本"。铺历是登记来往邮件的总册，"各处县官，置文簿一道付铺，遇有转递文字，当传铺所即注名件到铺时刻及所辖转递人姓名，置簿，令转送人取下铺押字交收时刻还铺"。牌子用于邮件的编号，"其文字，本县官司绢袋封记，以牌书号。其牌长五寸，阔一寸五分，以绿油黄字书号"。再次，邮件到后，不许拖延，需马上递送。"凡有转递文字到，铺司随即分明附籍，速令当该铺兵，裹以软包袱，更用油绢卷缚，夹版束系，赍小回历一本，作急走递，到下铺交割附历讫，于回历上令铺司验到铺时刻，并文字总计角数，及有无开拆、摩擦损坏或乱行批写字样，如此附写一行，铺司画字，回还"。为了节省时间，避免邮件"每一铺开写一遍，迟滞一二时辰，不能转送，每昼夜转送不及百里"的现象，大德六年（1302）又确立了总铺制度，在各路设立总铺，各总铺之间传送的邮件开包登记，一般递铺只负责往来递送，不需开包的邮件不再繁琐登记、检查。此外，对邮件的安全亦有严格的要求。"铺兵私下将所递文字开封发视者，根究得获，责付合属牢固收管，听候申部呈省详断"。丢失或损坏邮件，也要受到惩处。按照政府的规定，铺兵"须要本户少壮人力正身应役"，但是各地的铺兵，"多是乡村农叟，不识利害"，"老幼充应，多不堪役"，所以朝廷不断要求各地官府整顿递铺，禁止铺兵雇人代役，淘汰老弱铺兵，并对铺兵的衣粮供应等做出了相应的规定。

急递铺为官方的通讯联络提供了便利条件，但是在政府的限制下，民间无法享用这一系统，所以民间的通信往来，在元代依然处于不便的状态。

第十二章

医疗和养生

从蒙古国到元朝，由于统治者提倡各种文化兼容并蓄，医疗手段和医疗措施等不断丰富和发展，不但出现了一些新的治病方法，还引进了不少新药。更值得称道的，是在元代出现了集中国传统养生术大成的养生专著。

一　影响寿命的几种因素

生、老、病、死，是社会的正常现象。如果社会稳定，有较完善的医疗系统作为保障，少有所育，老有所养，病有所医，非正常死亡现象就会大大减少。社会不稳定，战乱不已，灾变频仍，饥寒交迫，疾病流行，必然出现大量人口非正常死亡的现象。战争和自然灾害，是社会面临的两大问题，元代亦不例外。

从公元 1206 年蒙古建国，到 1368 年元朝灭亡，前后 160 余年，经历了两大战乱时期。第一个时期从 1211 年开始，大规模兼并战争先在中原地区展开，随后延伸到江南地区，到 1279 年元军在广东崖山消灭残宋势力方告结束。第二个时期从 1351 年红巾军起义开始，到 1368 年明军攻占大都、元廷北徙为止。在这两个时期人口死亡的数字是相当惊人的。以第二个时期为例，至正十六年（1356），淮安被围，粮道断绝，"城中饿者仆道上，即取啖之，一切草木、螺蛤、鱼蛙、燕鸟，及桦皮、鞍鞯、革箱、败弓之筋皆尽，而后父子夫妇老稚更相食，撤屋为薪，人多露处，城陌生荆棘"①。至正十八年（1358），"京师大饥疫，时河南北、山东郡县皆被兵，民之老幼男女，避居聚京师，以故死者相枕藉"；"至二十年四月，前后埋瘗者二十余万"②。至正十九年，杭州被围，粮道不通，"一城之人，饿死者十六七。军既退，吴淞米航凑集，藉以活，而又大半病疫死"③。两个战乱期之间的 70 年，是元代社会相对稳定的时期，尽管发生过一些局部地区的战争，但因战争而死伤的人毕竟是大大减少了。

相对和平时期，灾荒问题比较突出。较大的灾荒，如黄河决口、虫灾、旱灾、地震等，同样产生大量饥民、流民，并导致疾病流行。大德十一年（1307），江南发生特大饥荒，"越民死者殆尽，人相食以图苟安"④；"闽、越饥疫，露骸横藉"⑤。武宗至大年间，中原地区连续遭受蝗灾、旱灾袭击，"累年山东、河南诸郡，蝗旱荐臻，疹疫暴作，郊关之外，十室九空"⑥。仁宗延祐年间，"朔漠大风雪，羊马驼畜尽死，人民流散，以子女鬻人为奴婢"⑦。文宗天历二年（1329）到至顺二年（1331），发生了持续三年的全国性大饥荒，"天历、至顺间，天下大旱蝗，民相食"⑧，仅以天历二年而言，腹里和河南行省的饥民达 67 万户，江浙行省饥民 70 余万户，陕西行省的凤翔府即有饥民 19 万。⑨ 顺帝至正四年（1344），黄河决口，"河南北大饥，明年又疫，民之死者过半"⑩。政府虽然对灾民有所赈济，并且采取了一系列的救荒措施，使灾荒的危害有一定的缓解，但总的说来，收效不是很大。⑪

---

① 《元史》卷 194，《忠义传二·褚不华传》。
② 《元史》卷 204，《宦者传·朴不花传》。
③ 陶宗仪：《杭人遭难》，《南村辍耕录》卷 11。
④ 吾衍：《闲居录》。
⑤ 刘埙：《王公墓志铭》，《水云村泯稿》卷 8。
⑥ 张养浩：《时政书》，《归田类稿》卷 2。
⑦ 《元史》卷 136，《拜住传》。
⑧ 揭傒斯：《甘景行墓铭》，《揭文安公文集》卷 13。
⑨ 《元史》卷 33，《文宗纪二》。
⑩ 余阙：《书合鲁易之作〈颍川老翁歌〉后》，《青阳集》卷 5。
⑪ 详见陈高华：《元代的流民问题》，《元史论丛》第 4 辑，第 132—147 页。

针对战乱和灾变，元代文人发表过许多议论，统治者亦常以"触犯天威"等自责，并有过减膳、大臣避位等举动。空泛的议论和做做样子的自责，当然解决不了实际问题。

根据文献的记载，我们可以发现，从蒙古国时期到元朝，皇室成员的寿命有明显下降的趋势。

首先来看一下蒙古大汗和元朝皇帝的情况。蒙古国时期的四个大汗，成吉思汗终年 66 岁，窝阔台汗终年 56 岁，贵由汗终年 43 岁，蒙哥汗终年 52 岁。元朝的皇帝中，忽必烈的寿命最长，终年 80 岁。忽必烈以下皇帝的终年为：成宗铁穆耳 42 岁，武宗海山 31 岁，仁宗爱育黎拔力八达 36 岁，英宗硕德八剌 21 岁，泰定帝也孙铁木儿 36 岁，明宗和世㻋 30 岁，文宗图帖睦尔 29 岁，宁宗懿璘质班 7 岁，顺帝妥懽贴睦尔 51 岁。其中贵由汗、英宗、明宗为非正常死亡（死于帝位争夺），宁宗年幼夭折，除了忽必烈外，蒙元的大汗、皇帝，没有一个人的寿命超过成吉思汗。皇帝在位时间长短不一，体弱多病者大有人在，如成宗就是多病之人，经常是皇后"居中用事"①；武宗、仁宗、文宗等，也都不是身体强健之人。

皇室成员的情况也大致相同。以忽必烈子孙为例，太子真金，43 岁去世。真金长子甘麻剌，终年 40 岁；次子答剌麻八剌，终年 29 岁。自成宗以下，皇子夭折者颇多。成宗子德寿，大德九年（1305）六月立为皇太子，十二月即去世。② 早亡的还有仁宗次子兀都思不花，泰定帝的四个儿子，文宗的三个儿子，顺帝子真金（两岁即死亡）等。③

一些蒙古显贵家族亦存在同样情况。以功臣木华黎家族为例，木华黎终年 54 岁，子孛鲁终年 32 岁，孛鲁子塔思终年 28 岁……木华黎的后人，寿命超过 40 岁的只有脱脱、安童、朵儿只、朵儿直班等数人，且多未达到 50 岁。④ 同样的趋势在部分色目显贵家族也表现出来。

影响蒙古皇室、贵族寿命的因素是很多的，水土不服和近亲繁殖应该是两个重要的客观因素。中原和江南地区的暑热，使习惯于草原气候的蒙古人难以适应，容易患病，所以皇室成员每年都要到地处草原的上都去度夏。即便是出生在中原或江南地区的蒙古人，对当地的气候条件和生活方式也要有一个适应过程。蒙古部族之间的固定婚姻关系，是近亲繁殖的温床，而大量的近亲繁殖显然不利于子孙的健康。

① 《元史》卷 114，《后妃传一》。
② 《元史》卷 21，《成宗纪四》。
③ 《元史》卷 107，《宗室世系表》；卷 114，《后妃传一》。
④ 《元史》卷 119，《木华黎传》；卷 126，《安童传》；卷 139，《朵儿只传》、《朵儿直班传》。

元代社会生活史

蒙古贵族的一些生活习俗，亦有损于身体健康，尤其是大量饮酒，对身体有极大的损害。窝阔台"素嗜酒，晚年尤甚"，大臣耶律楚材"数谏不听，乃持酒槽之金口曰：'此铁，为酒所蚀，尚致如此，况人之五脏，有不损耶？'"①道理归道理，风俗如此，很难改变。甚至有人已经认识到酒的危害，从不饮酒，亦要在皇帝的要求下不得不参加宴饮。如英宗时右丞相拜住，素不饮酒，"太官以酒进，则忧形于色"；"一日入内侍宴，英宗素知其不饮，是日强以数卮。既归，母戒之曰：'天子试汝量，故强汝饮，汝当日益戒惧，无酗于酒。'"②像拜住母亲这样要求子女的，在蒙古人中确实是难得的。此外，无节制的畋猎和纵欲，也对身体不利。如文宗时的权臣燕铁木儿，"前后尚宗室之女四十人，或有交礼三日遽遣归者，而后房充斥不能尽识"；"荒淫日甚，体羸溺血而薨"③。

　　城乡流行的各种疾病，自然是社会各阶层人身体健康的大敌，所以一套从中央到地方的医疗体系很快建立了起来。

二　医疗条件和医疗手段

　　蒙古统治势力进入中原之后，很快发现中原传统的医疗系统对统治者有利，所以对从事医疗的人采取保护态度，在所谓"屠城"时"医"和工匠等都在赦免之列。在蒙古大汗、皇子以及部分贵族身边，亦有了专门的医官。④忽必烈即位之后，正式设立太医院，并在各地建立了惠民药局等机构。至元三年（1266）五月，"敕太医院领诸路医户、惠民药局"⑤。至元二十年，改太医院为尚医监，二十二年正月又改为太医院，设提点、院使、副使、判官等职。英宗至治二年（1322）定制，太医院设院使十二员，同知、金院、同金、院判各二员。太医院的下属机构有广惠司、御药院、御药局、惠民药局等，各分工

① 《元朝名臣事略》卷5，《中书耶律文正王》。
② 《元史》卷136，《拜住传》。
③ 《元史》卷138，《燕铁木儿传》。
④ 《长春真人西游记》卷下。
⑤ 《元史》卷6，《世祖纪三》。

不同，广惠司"掌修制御用回回药物及和剂"，御药院"掌受各路乡贡、诸蕃进献珍贵药品，修造汤煎"，御药局"掌两都行箧药饵"，惠民药局"掌收官钱，经营出息，市药修剂，以惠贫民"。也就是说，广惠司、御药院、御药局等是为宫廷服务的，只有惠民药局是为民间服务的。① 在太医院供职的行医者，被称为"尚医"②或"太医"③。

专门从事医疗活动的医户，按朝廷规定免除差役等。医户归太医院管辖，由各路提领医人提举司（简称官医人提举司或官医提举司）或提领所具体管理。为了保证医户的稳定，至元八年（1271）十月太医院要求医户人家分家后，仍然名列为医户，与一般民户不同，得到批准。从军队中出来改在太医院系统任职的人，不但本人军役免除，家人也跟着从军户变成了医户。大德七年（1303），枢密院官员指出这种做法"减了军的数目"，朝廷特别颁旨，规定遇到此种情况，只改变当事人及其家庭的军户身份，其兄弟和原来的贴军户等不能改变身份。④ 医户治病、卖药，是要收取费用的，并得到朝廷的认可。中统三年（1262）的圣旨即规定："若有诸投下、官员人等于本路医人处收买药物，依理给价，无得抑勒取要。"⑤

中统二年五月，太医院使王猷上言："医学久废，后进无所师授，窃恐朝廷一时取人，学非其传，为害甚大。"忽必烈乃派太医院副使王安仁等前往各路设立医学。⑥ 至元九年，设立医学提举司，"掌考校诸路医生课义，试验太医教官，校勘名医撰述文字，辨验药材，训诲太医子弟，领各处医学"⑦。各地所设医学，由当地的官医人提举司或提领所负责管理，路医学设教授一员，学正一员；上州、中州医学设教授一员，下州设学正一员；县医学设教谕一员。

医学教授人员等需经过保举、考核等手续方能录用。"本路总管府并管医人提举司令众选委的学问该博、医业精通、众医推服、堪充师范之人，具籍贯、姓名、年甲、角色，仍令保定教授亲笔书写医愈何人病患脉、证、治法三道，连申尚医监。又行体覆试验考较优劣，委的相应，准保施行。"⑧ 朝廷还不时出题目考试各地医学的教授人员。

① 《元史》卷13，《世祖纪十》；卷88，《百官志四》。
② 《元史》卷155，《史天泽传》；卷157，《郝经传》。
③ 《元史》卷81，《选举志一》。、
④ 《通制条格》卷3，《户令·医户析居·太医差役》。
⑤ 《元典章》卷32，《礼部五·医学》。
⑥ 《元史》卷81，《选举志一》。
⑦ 《元史》卷88，《百官志四》。
⑧ 《元典章》卷9，《吏部三·医官》，下同。

医生主要来自医户子弟，按规定"将系籍医户并应有开张药铺行医货药之家子孙弟侄选拣堪中一名赴学。若有良家子弟才性可以教训愿就学者听"。入学的医生免除杂泛差役，由医官记录其籍贯姓名和所学科目，学业完成后上报太医院，酌情录用。

医生的学业，有明文规定："已设医学去处，教授人员见教生徒，照依每年降去一十三科题目，令医生每月习课医义一道，年终置簿申覆尚医监，考较优劣有无成绩。"朝廷每三年进行一次太医选试，八月在各路总管府考试，中选者第二年赴大都参加中书省组织的考试。通过省试的人，可在太医监内任职；通过府试的人，可充任路医学学官。

医学教授除了设堂教学外，还承担监督本地行医之人的职责。"各路及州县除医学生员外，应有系隶籍医户及但有行医之家，皆是医业为生，拟合依上每月朔望由本处官聚集三皇庙前焚香，各说所行科业、治过病人，讲究受病根因、时月运气，用过药饵是否合宜，仍仰各人自写曾医愈何人病患、治法药方，具呈本路教授，据州县医学人每月具呈学正、教谕，候年终类呈本路医学教授，考较优劣，备申擢用，以革假医之弊"。

按照元末人陶宗仪的记载，"医有十三科"[1]。大德九年（1305）五月中书省礼部正式颁发的医学科目，只有以下 10 科（其中 3 科又各兼 1 科，所以陶宗仪所言不误）：（1）大方脉杂医科；（2）小方脉科；（3）产科兼妇人杂病科；（4）口齿兼咽喉科；（5）风科；（6）正骨兼金镞科；（7）眼科；（8）疮肿科；（9）针灸科；（10）祝由书禁科。[2]

通用的医学著作，有《素问》、《难经》、《神农本草》、《伤寒论》、《圣济总录》、《铜人针灸经》、《千金翼方》等。

行医人的医铺门外，一般都挂着特殊的标志，表明医生的专长。如大都城内，"市中医小儿者，门首以木刻板作小儿，儿在锦褓中若方相模样为标榜。又有稳婆收生之家，门首以大红纸糊篾筐大鞋一支为记，专治妇人胎前产后以应病症，并有通血之药"[3]。游方医生，则往往在身上标有特殊标记。如山西省右玉县宝宁寺所藏元代水陆画中，就有一个眼科医生的图像，帽子、衣服以及医包上都画着眼睛。[4] 除了为人治病的医生外，城市内往往还有专门的兽医。兽医主要为马、牛治病。"医兽之家，门首地位上以大木刻作壶瓶状，长可一丈，

① 陶宗仪：《医科》，《南村辍耕录》卷 15。
② 《通制条格》卷 21，《医药·科目》。
③ 《析津志辑佚·风俗》。
④ 《中国古代服饰研究》，第 369 页，图 147。

以代赭红之。通作十二柱，上搭庐以御群马。灌药之所，门之前刻大马为记"①。为了加以区别，"世以疗马者曰兽医，疗牛者曰牛医"②。

有人曾指出："元惠民有局，养济有院，重囚有粮，皆仁政也。"③ 惠民药局、养济院等确实受到过重视，成宗时还特别强调："各路置惠民药局，择良医主之，庶使贫乏病疾之人不致失所。"④ 此外，元朝政府还要求各地驻军建立"安乐堂"，收治病伤军人。⑤

治病离不开药材，太医院的药材，主要来自"乡贡"与"和买"。所谓"乡贡"，就是各地每年向朝廷贡纳本地出产的药材。贡纳的药材，既要求质量好，也要完成太医院规定的数量。成宗大德八年（1304），太医院官员奏报："各处乡贡药物，自大德元年至今，每岁照依出产地面科取，除已纳外，有全然拖欠不行送纳数目，亦有令人顺带前来，不堪支用，以致急缺，深为未便。今将各处排年未纳药物开坐前去，请催贡事。"中书省礼部的官员认为："急缺药味，官司已行和买应副"，如果催纳积年拖欠药物，必将增加百姓的负担，因此决定将以往各地拖欠的贡纳药物尽行革去，并规定"今后如遇有科坐急缺药味，须要本处官司趁时收采新鲜精粹药物，令官医提举司辨验无伪，打角差官赴院贡纳"⑥。

除了使用汉地传统的药材外，元代还引进了不少新药，尤其是从中亚地区引进了"回回药物"，并翻译了《回回药方》（见 251 页插图）。延祐七年（1320）七月，"回回太医进药曰打里牙，给钞十五万贯"⑦，说明朝廷对回回药物的重视。著名的回回药物还有火失剌把都，"其形如木鳖子而小，可治一百二十种证，每证有汤引"⑧。

元廷对毒药是严加控制的。至元五年（1268）已有"开张药铺之家"不得将毒药"寻常发卖与人"的明确规定；因为"毒药治痛的药里多用着，全禁断呵不宜也"，大德二年（1298）又做了补充规定，"医人每买有毒的药治病呵，着证见买者，卖的人文历上标记着卖与者。不系医人每、闲杂人每根底休卖与者"。被列为毒药的有砒霜、巴豆、乌头、附子、大戟、莞花、梨芦、甘遂、侧

① 《析津志辑佚·风俗》。
② 陶宗仪：《兽医》，《南村辍耕录》卷9。
③ 叶子奇：《草木子》卷3下，《杂制篇》。
④ 《通制条格》卷21，《医药·惠民局》。
⑤ 《元典章》卷34，《兵部一·病故》。
⑥ 《元典章》卷32，《礼部五·医学》。
⑦ 《元史》卷27，《英宗纪一》。
⑧ 陶宗仪：《火失剌把都》，《南村辍耕录》卷7。

子、天雄等 12 种药物。①

　　庸医、假医和假药，往往误人生命，但是在民间却颇有市场。至大四年
（1311）时有人向朝廷奏报："比年以来，一等庸医不通《难》、《素》，不谙脉

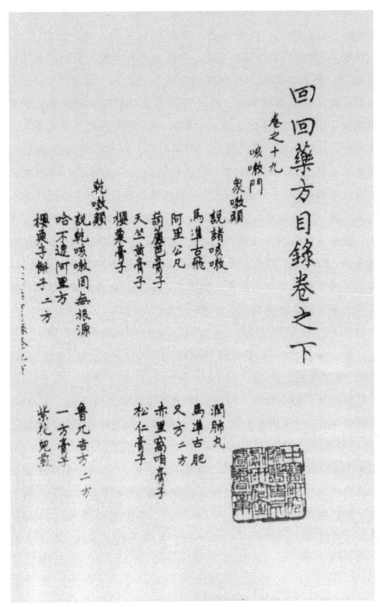

《回回药方》书影

　　① 《元典章》卷 57，《刑部十九·禁毒药》。

理，至如药物君臣佐使之分，丸散生熟炮炼之制，既无师傅，讵能自晓，或日录野方，风闻谬论，辄于市肆大扁儒医，以至闾阎细民不幸遭疾，彼既寡知，谩往求谒。庸医之辈，惟利是图，诊候中间，弗察虚实，不知标本，妄投药剂，误插针灸，侥幸愈者，自以为能，谬误死者，皆委于命。"① 除了这些"不通医书，不知药性，欺诳俚俗，假医为名，规图财利"的人外，还有"一等妇人，专行堕胎药者"。卖假药者亦随处可见，"街上多有卖假药及用米面诸色包裹诈妆药物出卖"②，甚至在都城中也有卖假药者活动，如"大都午门外，中书省、枢密院前及八匝儿等人烟辏集处，有一等不畏公法假医卖药之徒，调弄蛇禽傀儡、藏挨撇钹、刣花钱击鱼鼓之类，引聚人众，诡说妙药。无知小人，利其轻售，或丸或散，用钱赎买，依说服之，药病相反，不无枉死"。对假医一类的活动，元廷是坚决禁止的，明确规定"除诸科目人各令务本业，遇有患人依经方对证用药或针灸看治外"，严格禁止"不知药性，妄行针药"的人行医。"当街聚众，施呈小技，诱说俚俗，货卖药饵"的卖假药行为，亦在明令禁止之列。③

诊脉、服药、针灸等中医传统的医疗手段，不但在元代继续发挥其效用，还陆续出现了一批名医，使治疗手段有所发展，我们不妨列举一些实例。

成吉思汗时，蒙古军攻占灵武，随军的耶律楚材收集大黄两驮。"既而军士病疫，惟得大黄可愈，所活几万人。"④

被称为医学"金元四大家"之一的李杲，在蒙古国时期行医，"其学于伤寒、痈疽、眼目病为尤长"，治病以补脾胃之气为主，以"补土派"著名于世，"当时之人，皆以神医目之"⑤。

忽必烈朝的著名儒臣窦默，曾在逃避战乱时遇到名医李浩，学习铜人针法，后返回乡间教学，"邑人病者来谒，无贫富贵贱，视之如一，针石所加，应手良已"⑥。

绛州曲沃人许国祯，祖传业医，精通医术，被召到漠北专为拖雷家族掌医药事。忽必烈饮马奶酒过度，得足疾，许国祯配药味苦，忽必烈不愿服用。后足疾复发，忽必烈对许国祯说道："不听汝言，果困斯疾。"忽必烈即位后，以许国祯提点太医院事。许国祯子忽鲁火孙，先后任尚医太监、提点太医院事等

① 《元典章》卷32，《礼部五·医学》。
② 《元典章》卷57，《刑部十九·禁毒药》。
③ 《通制条格》卷21，《医药·假医》。《元典章》卷57，《刑部十九·禁毒药》。
④ 《元朝名臣事略》卷5，《中书耶律文正王》。
⑤ 《元史》卷203，《李杲传》。
⑥ 《元朝名臣事略》卷8，《内翰窦文正公》。

职，继续为宫廷服务。①

"金元四大家"中的另一位名医朱震亨，行医于元代中、后期，被学者尊为丹溪翁，治疗病人以养阴为主，精于伤寒、肺痨、妇科，并特别研制了越鞠丸、太补阴丸、琼玉膏等新药。朱震亨兼采诸医学名家之长，受到时人的信赖和欢迎，"翁之医益闻四方，以病疾迎者辐辏于道，翁咸往赴之"；"一时学者咸声随影附"②。

元代中、后期的名医还有擅长医治肺痨的葛乾孙，使用止血、止咳去痰等10余种验方；精于麻醉和骨折复位手术的危亦林，不但能够实施全身麻醉，还采用了悬吊复位法和用大桑树皮固定等方法。

蒙古人和色目人亦带来了一些特殊的治病方法。因外伤失血过多而昏迷，是蒙古人经常遇到的情况，所以有专门的应付方法。西征时，布智儿身中数箭，成吉思汗令人将箭拔去，布智儿血流满体，昏迷不醒，成吉思汗"命取一牛，剖其腹，纳布智儿于牛腹。浸热血中，移时遂苏"③。这种疗伤方法，一直沿传到现代。回回人亦有医疗奇术，如大都有一儿童患头疼症，"有回回医官用刀划开额上，取一小蟹，坚硬如石，尚能活动，顷焉方死，疼亦遄止"④。顺帝元统元年（1333），驸马刚哈剌"因堕马得一奇疾，两眼黑睛俱无，而舌出至胸。诸医罔知所措。广惠司卿聂只儿，乃也里可温人也，尝识此证，遂剪去之。顷间，复生一舌，亦剪之，又于真舌两侧各去一指许，却涂以药而愈"⑤。

三　养生著作与养生方法

成吉思汗曾与全真道人邱处机讨论过长寿问题，邱处机明确说明"有卫生之道而无长生之药"，清心寡欲，不嗜杀人，就能长寿，这实际上是在介绍养

① 《元史》卷168，《许国祯传》。
② 戴良：《丹溪翁传》，《九灵山房集》卷10。
③ 《元史》卷123，《布智儿传》。
④ 陶宗仪：《西域奇术》，《南村辍耕录》卷22。
⑤ 陶宗仪：《奇疾》，《南村辍耕录》卷9。

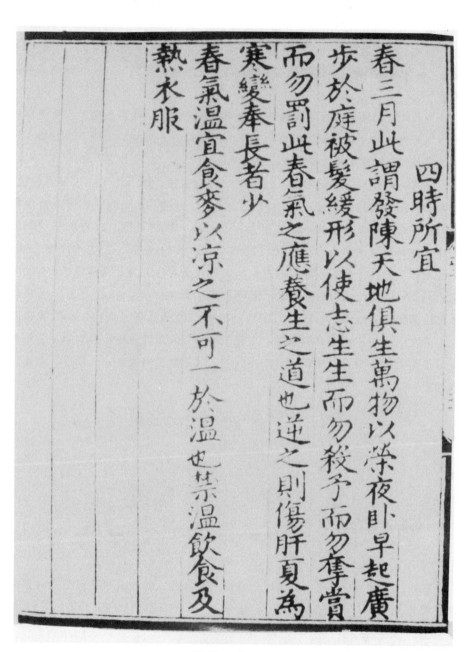

四時所宜

春三月此謂發陳天地俱生萬物以榮夜卧早起廣
步於庭被髮緩形以使志生生而勿殺予而勿奪賞
而勿罰此春氣之應養生之道也逆之則傷肝夏為
寒變奉長者少

春氣溫宜食麥以凉之不可一於溫也禁溫飲食及
熱衣服

《饮膳正要》书影

254

生的道理。而在养生方面最好的例子就是邱处机劝成吉思汗少出猎，这虽然与蒙古人的传统习惯相悖，但还是得到了成吉思汗的赞许。① 养生，在汉人中已有一套成熟的理论和方法，但对蒙古人来说，还是新事物。从蒙古国时期到元朝，介绍养生的著作不断出现，如邱处机的《摄生消息论》，邹铉续增宋陈直的《寿亲养老新书》，李鹏飞的《三元延寿参赞书》，等等。而最有名的著作，当推回回人忽思慧编辑的《饮膳正要》（见 254 页插图）一书。忽思慧在仁宗朝任过饮膳太医，他不但吸收各族的饮食经验，从食品营养的角度出发，总结出了许多菜谱，还对有关人体健康的养生知识进行了总结。

"世祖皇帝食饮必稽于本草，动静必准乎法度，是以身跻上寿，贻子孙无疆之福焉"②。饮食既要讲究营养，又要讲究科学进食和饮食卫生，乃是《饮膳正要》主要讨论的问题。按照忽思慧的说法，世祖忽必烈之所以长寿，就是因为有饮膳太医为他的饮食进行了合理的安排，"于本草内选无毒、无相反、可久食补益药味，与饮食相宜调和五味；及每日所造珍品御膳必须精制，所职何人，所用何物；进酒之时，必用沈香木、沙金、水晶等盏，斟酌适中；执事务合称职，每日所用标注于历，以验后效；至于汤煎琼玉、黄精、天门冬、苍术等膏，牛髓、枸杞等煎诸珍异馔，咸得其宜"③。科学的饮食方法，应该是"先饥而食，食勿令饱；先渴而饮，饮勿令过；食欲数而少，不欲顿而多；盖饱中饥，饥中饱，饱则伤肺，饥则伤气"；"一日之忌暮勿饱食"；"凡早皆忌空腹"。饮食卫生亦有丰富的内容，如饱食后不要马上睡卧，不要洗头，热食有汗勿吹风，饭后用温水漱口免生齿疾口臭，等等。④

蒙古人有醉酒的习惯，最与养生之道相悖，所以忽思慧专门有酒忌的论述。"一月之忌晦勿大醉"，"醉饮过度，丧生之源"。醉酒之后，应该注意的事项颇多，忽思慧列举了醉后不可走马、跳跃、高呼、饮冷水、饮酪、忍大小便、当风、露卧、澡浴等禁忌事项。

"安乐之道，在乎保养；保养之道，莫若守中"；"善服药者，不若善保养；不善保养，不若善服药"；传统的养生道理，既注重生活环境，也注意主观调理。忽思慧强调的，也是这一套道理。坐、立、行、卧都有讲究。坐、立应该姿势正确，"凡人坐必要端坐，使正其心"；"坐不可久坐，伤血"。"凡人立必要正立，使直其身"；"立不可久立，伤骨"。出门更要量力而行，"行不可久行，伤筋"；"大风、大雨、大寒、大热，不可出入妄为"；"夜行勿歌唱大叫"；"一岁之忌暮

---

① 李志常：《长春真人西游记》卷上、下。《元史》卷 202，《邱处机传》。
② 虞集：《饮膳正要序》，《道园学古录》卷 22。
③ 忽思慧：《饮膳正要》前附，《进书表》。
④ 忽思慧：《饮膳正要》卷 1，下同。

勿远行"。睡眠好坏，更与人的身体健康息息相关，"服药千朝不若独眠一宿"；卧不可久卧，伤气"；"卧不可有邪风"；"夜勿燃灯睡"。此外，还要保护视力，"视不可久视，伤神"；"勿望远极目观，损眼力"；"如患目赤病，切忌房事"，等等。

忽思慧还介绍了一些简单易行的保健方法，如自我按摩，"凡夜卧，两手摩令热，揉眼，永无眼疾"；"凡夜卧，两手摩令热，摩面，不生疮野"；"一呵十搓，一搓十摩，久而行之，皱少颜多"。又如洗目、刷牙、梳头的保健作用，"凡清旦以热水洗目，平日无眼疾"；"凡清旦刷牙，不如夜刷牙，齿疾不生"；"凡清旦盐刷牙，平日无齿疾"；"凡夜卧，被发梳百通，平日头风少"；等等。

第十三章

丧葬习俗

丧葬方式和祭奠方法，因民族不同而各异。在元代民族大杂居的现状下，政府采取的是各依本俗的方针，但对于入乡随俗的做法，尤其是一部分少数民族人受儒家节、孝思想影响，坚持"守制"的做法，基本上不予干涉。宫廷丧葬大体依照蒙古族传统习俗，但是祭祀等活动在中原传统制度影响下，形成了一种双轨仪制。

一　蒙古民族的传统丧葬习俗

蒙古人盛行土葬，但是在地面上不留坟冢，并伴以"烧饭"等仪制。根据各种文献资料的记载，我们大致可以看出蒙古人丧葬和祭奠的程序。

按照草原上的习俗，与死者接触过的人，在一段时间内不能进入蒙古大汗和贵族的帐幕。涉足草原的西方传教士记下了这种独特的风俗。鲁不鲁乞指出："当任何人死亡时，他们高声痛哭，表示哀悼，以后死者家属可以免于纳税，直至年底。如果任何人在一个成人死亡时在场，他在一年以内不得进入蒙哥汗的帐幕；如果死亡的是一个小孩，他在一个月内不得进入蒙哥汗的帐幕。"约翰·普兰诺·加宾尼亦记道："当任何人得了病而医治不好时，他们就在他的帐幕前面树立一枝矛，并以黑毡缠绕在矛上，从这时起，任何外人不敢进入其帐幕的界线以内。当临死时的痛苦开始时，几乎每一个人都离开了他，因为在他死亡时在场的人，直至新月出现为止，谁也不能进入任何首领或皇帝的斡耳朵。"①

南宋人郑所南在《心史》中有关于蒙古人处理死者尸体的记载："鞑靼风俗，人死，不问父母子孙，必揭其尸，家中长幼各鞭七下，咒其尸曰：'汝今往矣，不可复入吾家！'庶断为祟之迹。及茶毗，刀断手足肢体为三四段，刀破搅腹肠，使无滞恋之魂。若葬，亦以刀破腹翻涤肠胃，水银和盐纳腹中，刀断手足肢体，叠小，马革裹尸，乃入棺。"② 其他记载未见鞭尸断肢之说，郑所南记下的这种风俗，可能在某些地方流行，不一定是草原上通行的习俗。

蒙古人"刳木为棺"，并有一定的随葬品。"北俗丧礼极简，无衰麻哭踊之节，葬则刳木为棺，不封不树，饮酒食肉无所禁，见新月即释服。"③ 官僚贵族的随葬品中，往往有金银器皿等，如元世祖忽必烈时的大臣玉昔帖木儿死后，就是"刳香木为棺，锢以金银，被葬于怯土山之原"④。

蒙古人的葬地是对外保密的，地面上不留坟冢等标志。蒙古国时期，前往草原的南宋使者记道："其墓无冢，以马践蹂若平地。"⑤ 约翰·普兰诺·加宾尼更对葬埋死者的程序做了详细的描述，现转引于下：

> 当他死去以后，如果他是一个不很重要的人物，他就被秘密地埋葬在他们认为是合适的空地上。埋葬时，同时埋入他的一顶帐幕，使死者坐在帐幕中央，在他前面放一张桌子，桌上放一盘肉和一杯马乳。此外，还埋入一匹母马和它的小马、一匹具备马笼头和马鞍的马。另外，他们杀一匹马，吃了它的肉以后，在马皮里面塞满了稻草，把它捆在两根或四根柱子上；因此，在另一个世界里，他可以有一顶帐幕以供居住，有一匹母马供他以马奶，他有可能繁殖他的马匹，并且有马匹可供乘骑。……他们在埋

---

① 《出使蒙古记》，第 123、13 页。
② 《郑思肖集》，第 182—183 页。
③ 黄溍：《答禄乃蛮氏先茔碑》，《金华黄先生文集》卷 28。
④ 阎复：《太师广平贞宪王碑》，《元文类》卷 23。
⑤ 《黑鞑事略》。

元代社会生活史

葬死人时，也以同样方式埋入金银。他生前乘坐的车子被拆掉，他的帐幕被毁掉，没有任何人敢提到他的名字，直至第三代为止。

至于埋葬他们的首领，则他们有一种不同的方法。他们秘密地到空旷地方去，在那里他们把草、根和地上的一切东西移开，挖一个大坑，在这个坑的边缘，他们挖一个地下墓穴。在把尸体放入墓穴时，他们把他生前宠爱的奴隶放在尸体下面。这个奴隶在尸体下面躺着，直至他几乎快要死去，这时他们就把他拖出来，让他呼吸；然后又把他放到尸体下面去，这样他们一连搞三次。如果这个奴隶幸而不死，那么，他从此以后就成为一个自由的人，能够做他高兴做的任何事情，并且在他主人的帐幕里和在他主人的亲戚中成为一个重要人物。他们把死人埋入墓穴时，也把上面所说的各项东西一道埋进去。然后他们把墓穴前面的大坑填平，把草仍然覆盖在上面，恢复原来的样子，因此，以后没有人能够发现这个地点。上面所描述的其他事情，他们也同样地做，只是他们把他生前的帐幕丢在空地上，而不埋入墓中。

在他们的国家里，有两个墓地。一个是埋葬皇帝们、首领们和一切贵族的地方，不管这些人死在什么地方，如果能合适地办到的话，都把他们运到那里去埋葬。另一个墓地是埋葬在匈牙利战死的人，因为很多人在那里丧了命……

死者的亲属和住在他帐幕内的所有人都必须用火加以净化。这种净化的仪式是以下列方式实行的：他们烧起了两堆火，在每一堆火附近树立一枝矛，用一根绳系在两枝矛的矛尖上，在这根绳上系了若干粗麻布的布条；人、家畜和帐幕等就在这根绳及其布条下面和两堆火之间通过。有两个妇女，在两边洒水和背诵咒语。如果有任何车子在通过时损坏了，或者，如果在通过时有任何东西掉落地上，那么这些东西就归魔法师所有。如果任何人被雷电击毙，住在他帐幕里的所有人都必须按照上述方式在两堆火之间通过；没有一个人接触他的帐幕、床、车子、毛毡、衣服或他拥有的任何其他这类东西，它们被所有的人认为是不洁之物而予以摈弃。①

用"烧饭"的方式祭祀死者，是北方游牧民族的传统习俗，蒙古人也不例外，所以有人说"元朝人死，致祭曰烧饭，其大祭则烧马"②，详情见后述。

尽管蒙古人在地面不堆坟冢，但还是把固定的地方划为墓地。草原上的墓

---

① 《出使蒙古记》，第13—15页。
② 叶子奇：《草木子》卷3下，《杂制篇》。

地，尤其是皇室、贵族的墓地，往往有人守护。鲁不鲁乞记道："在他们埋葬贵族的地方，附近总是有一座帐幕，看守坟墓的人就住在里面。"这些墓地严禁人们进入，违禁者要受到严惩。约翰·普兰诺·加宾尼指出："除了被委派在那里看守墓地的看守人以外，没有一个人敢走近这些墓地。如果任何人走进这些墓地，他就被捉住、剥光衣服、鞭打并受到严厉的虐待。我们自己曾经无意之中走进了在匈牙利战死者的墓地的界线以内，看守人冲向我们，并要用箭来射我们，但是，由于我们是外国使节，而且不知道这地方的风俗，因此他们就让我们自由地走开了。"①

在漠南的草原上，还可以看到另一种墓葬，"其形状犹如大场院，地上铺着大而平坦的石块，有圆的，有方的。在场院的四面，有四块高而垂直的石头，朝向四方"②。这种墓地，大多是汪古部人的。墓上铺石块，是突厥人的习俗。汪古部是突厥人的后裔，所以保留了这种墓葬风俗。1976 年，内蒙古文物考古队对位于内蒙古自治区乌兰察布盟兴和县五股泉公社五甲地村西北约 2 公里处的元代汪古部墓地的 4 个墓葬进行调查和发掘。1 号墓位于墓地西边，墓顶原来堆着乱石，石下为黑土，由墓表到墓底深约 2 米。从该墓出土了随葬的高足金杯、铜带饰、铁马蹬、铁刀和铁镢等。2 号墓，位于 1 号墓东南，深约 2 米，在杂土中发现了织锦残片、棺钉和铁环等遗物。3 号墓位于 2 号墓东南数步，出土铜饰件等。系统发掘的是 4 号墓。4 号墓位于墓地东南部，墓地有一圆形石堆，石堆下为坚硬的黑土。墓为长方形土坑竖穴式，头向北偏西 20°，墓口与墓底尺寸相同，长 2.1 米，宽 0.75 米，深 2.12 米。木棺已朽，尸骨保存较好，系仰身直肢葬；随葬物品有金器、银器、铁器、桦树皮器和木器等。③

汪古部人祭奠死者的方式亦不同于其他蒙古人。南宋使者称汪古部人为"白鞑靼"，并记下了他们的一些习俗："所谓白鞑靼者，容貌稍细，为人恭谨而孝，遇父母之丧，则劖其面而哭。尝与之联辔，每见貌不丑恶而腮面有刀痕者，问曰：'白鞑靼否？'曰：'然。'"④

涉足草原之外的蒙古人，一般死后归葬草原。"其从军而死也，驰其尸以归，否则磬其资橐而瘞之。"南宋使者徐霆记道："其死于军中者，若奴婢能自驰其主尸首以归，则止给以畜产。他人致之，则全有其妻奴畜产。"⑤ 成宗时，

---

①　《出使蒙古记》，第 14、123 页。

②　同上书，第 123 页。

③　详见盖山林：《兴和县五甲地古墓》，《内蒙古文物考古》第 3 期（1984 年 3 月出版），第 109—112 页。

④　《蒙鞑备录》。

⑤　《黑鞑事略》。

封汪古部人阔里吉思为高唐王，领兵出征西北叛王，死于西北边地。武宗即位后，阔里吉思子术安对家臣表示："先王旅殡卜罗，荒远之地，神灵将何依，吾痛心欲无生，若请于上，得归葬先茔，瞑目无憾矣。"家臣通过枢密院官员向皇帝提出请求，武宗即派专人前往西北，找到了阔里吉思的尸体，由 500 名士兵护送返回，埋葬在汪古部的墓地。① 类似的例子，还有不少。

二 皇帝的葬地——起辇谷

自成吉思汗开始，蒙古大汗有了专门的陵地。这块陵地，在元代汉文文献中称为"起辇谷"，成为皇室成员的专用陵地。

根据波斯史家拉施特的记载，成吉思汗生前就已经选定了自己的墓地："有一次成吉思汗出去打猎，有个地方长着一棵孤树。他在树下下了马，在那里心情喜悦，他遂说道：'这个地方做我的墓地倒挺合适！在这里做上个记号吧！'举哀时，当时听他说过这话的人，重复了他所说的话，诸王和异密（官员）们遂按照他的命令选定了那个地方。"按照拉施特的说法，成吉思汗的葬地在不儿罕合勒敦山。② 出使草原的南宋使者徐霆记道："霆见忒没真（成吉思汗）墓在泸沟河之侧，山水环绕。相传云，忒没真生于此，故死葬于此，未知果否。"③《元史》记载成吉思汗"葬起辇谷"④。这些记载，并不矛盾，据现代学者考证，"起辇谷"是《元朝秘史》中的"古连勒古"的译写，而古连勒古正在不儿罕合勒敦山南，具体地方应在今蒙古国肯特省曾克尔满达勒一带。⑤

成吉思汗逝世在西夏境内，属下按照他的旨意，秘不发丧、举哀，将灵柩

---

① 《元史》卷 118，《阿剌兀思剔吉忽里传》。

② 《史集》第 1 卷第 2 分册，第 322—323 页；第 1 卷第 1 分册，第 259—260 页。

③ 《黑鞑事略》。

④ 《元史》卷 1，《太祖纪》。

⑤ 关于成吉思汗的葬地，有很多讹传，最具代表性的是将从漠北移到鄂尔多斯的祭祀成吉思汗的"八白室"，当成了成吉思汗的陵墓；对"起辇谷"，也有不少错误的解释，详见亦邻真：《起辇谷和古连勒古》一文（《内蒙古社会科学》1989 年第 3 期，第 88—91 页）的考辨。

261

运回漠北。为了保密，运送灵柩的队伍将遇到的人畜全部杀死。在漠北为成吉思汗举行了隆重的哀悼仪式，"成吉思汗四大斡耳朵，每个斡耳朵都为死者举哀一天。讣闻传到远近地区时，后妃、诸王奔驰多日从四面八方来到那里哀悼死者。由于某些部落离那里很远，大约过去三个月后，他们还陆续来到那里哀悼死者"。①

按照蒙古人的传统习俗，成吉思汗陵墓中的随葬品中不乏金银和马匹等。据波斯史学家志费尼的记载，还有 40 名用珠玉、首饰和贵重衣服装扮的美女陪葬。②

成吉思汗的陵墓和其他蒙古贵族的墓地一样，地面上不留痕迹。据说原来是孤树的地方，后来成了一片大树林，即便是守护那里的老守林人，也无法找到成吉思汗的确切埋葬地点。③ 但是成吉思汗的墓地，成为草原上的"大禁地"，蒙古语称为"也可·忽鲁黑"，有专人保护。"若弑没真之墓，则插矢以为垣，逻骑以为卫"④。被指定守护"大禁地"的，是兀良哈部的一个千户。⑤

成吉思汗以后的窝阔台汗、贵由汗、蒙哥汗及拖雷等人，都是埋葬在起辇谷，并且遵从成吉思汗死后的葬仪。如蒙哥汗去世之后，"阿速带斡忽勒把军队交给浑答海那颜统率，亲自带着父亲的灵柩，把他运送到了斡耳朵。在四处斡耳朵中轮流为他举哀：第一天在忽秃黑台哈敦的斡耳朵中，第二天在忽台哈敦的斡耳朵中，第三天在这次随同他出征的出卑哈敦的斡耳朵中，第四天则在乞撒哈敦的斡耳朵中。每天将灵柩放到另一斡耳朵中的座上，众人对他放声痛哭哀悼。然后，他们把他葬在被称为'也可·忽鲁黑'的不儿罕合勒敦地方的成吉思汗和拖雷汗的陵寝的旁边"⑥。

忽必烈及以后的元朝皇帝，死后也都北上归葬在起辇谷。在丧葬仪制中，依然按蒙古旧俗行事。王恽记道："至元三十一年（1294）岁次甲午，正月廿二日癸酉亥刻，帝崩于大内紫檀殿，既殓，殡于肖墙之帐殿，从国礼也。越三日乙亥寅刻，灵驾发引，由建德门出，次近郊北苑。有顷，祖奠毕，百官长号而退。"⑦ 汉人官僚不能参加蒙古皇帝的丧葬仪式，所以将灵驾送到大都建德门外就必须止步了。宫室棺椁和埋葬、祭奠方式，与蒙古国时期基本相同。"凡

---

① 《史集》第 1 卷第 2 分册，第 321—323 页。
② 志费尼：《世界征服者史》上册，第 220 页。
③ 《史集》第 1 卷第 2 分册，第 322—323 页；第 1 卷第 1 分册，第 259—260 页。
④ 《黑鞑事略》。
⑤ 《史集》第 1 卷第 2 分册，第 257—260 页。
⑥ 《史集》第 2 卷，第 270—271 页。
⑦ 王恽：《大行皇帝挽辞八首》，《秋涧先生大全文集》卷 13。

元代社会生活史

左：葡萄酒瓶
内蒙古自治区乌兰察布市察哈尔右翼前旗元集宁路遗址附近的元代墓葬出土
（选自《中国少数民族文化史图典》）

右上：青花鸳鸯纹大盘
（选自《中国少数民族文化史图典》）

右下：青花龙凤纹高足杯
内蒙古自治区赤峰市翁牛特旗出土
（选自《中国少数民族文化史图典》）

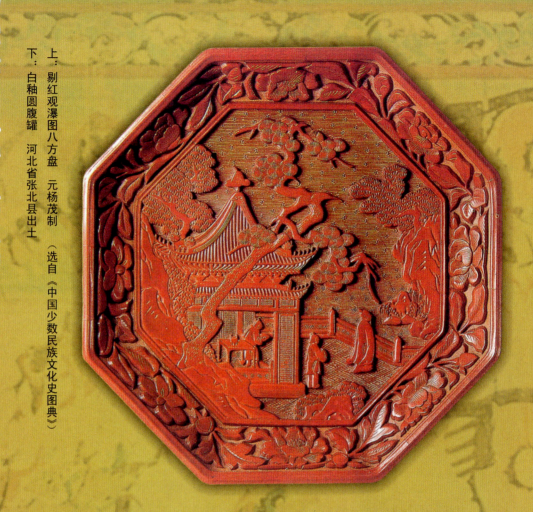

元代社会生活史

上：剔红观瀑图八方盘　元杨茂制　（选自《中国少数民族文化史图典》）

下：白釉圆腹罐　河北省张北县出土

上：成吉思汗陵　（选自《中国少数民族文化史图典》）

下：元代祭祖石刻　内蒙古自治区包头市达尔罕茂明安联合旗
　　（选自《中国少数民族文化史图典》）

元代祭祀白玉石雕人坐像　内蒙古自治区锡林浩特市正蓝旗羊群庙出土　（选自《中国少数民族文化史图典》）

钧窑大香炉
内蒙古自治区呼和浩特市白塔村元丰州古城遗址出土
（选自《中国少数民族文化史图典》）

上：马球图　内蒙古自治区赤峰市三眼井元墓壁画　（选自《中国少数民族文化史图典》）

下：猎归图　内蒙古自治区赤峰市三眼井元墓壁画　（选自《中国少数民族文化史图典》）

大行散樂忠都秀在此作場

上：元人演戏壁画　山西省洪洞县广胜寺明应灵王殿
（选自《中国少数民族文化史图典》）
下：元杂剧陶俑　河南省焦作市元墓出土
（选自《中国少数民族文化史图典》）

宫车晏驾，棺用香楠木，中分为二，刳肖人形，其广狭长短，仅足容身而已。殓用貂皮袄、皮帽，其靴袜、系腰、盒钵，俱用白粉皮为之。殉以金壶瓶二，盏一，碗碟匙筯各一。殓讫，用黄金为箍四条以束之。舆车用白毡青缘纳失失为帘，覆棺亦以纳失失为之。前行，用蒙古巫媪一人，衣新衣，骑马，牵马一匹，以黄金饰鞍辔，笼以纳失失，谓之‘金灵马’。日三次，用羊奠祭。至所葬陵地，其开穴所起之土成块，依次排列之。棺既下，复依次掩覆之。其有剩土，则远置他所。送葬官三员，居五里外。日一次烧饭致祭，三年然后返"。"凡帝后有疾危殆，度不可愈，亦移居外毡帐房。有不讳，则就殡殓其中。葬后，每日用羊二次烧饭以为祭，至四十九日而后已。"[1] "元朝宫里，用梡木二片，凿空其中，类人形大小合为棺。置遗体其中，加髹漆毕，则以黄金为圈，三圈定，送至其直北园寝之地深埋之，则用万马蹴平，俟草青方解严，则已漫同平坡，无复考志遗迹。"[2] 按照郑所南的说法，元代送皇帝北葬时，亦将路遇之人杀死："虏主及虏主妇死，剖大木刳其中空，仅容马革裹尸纳于中，复合其木，僭用金束之于外，皆归于靼靼旧地，深葬平土，人皆莫知其处。往葬日，遇行路人，尽杀殉葬。"[3]

三　宫廷祭典

受中原王朝祭祀"太庙"仪制的影响，元朝宫廷的祭祖仪式既有按蒙古族传统习俗确定的"国俗旧礼"，也有按中原王朝传统制度设计的"太庙"祭礼，并在其中加入了"国俗"的内容。

国俗旧礼，主要内容是祭天、祭祖和烧饭。

蒙古人敬天、畏天（详见后第十四章），非常重视祭天活动。"每岁，驾幸上都，以六月二十四日祭祀，谓之‘洒马奶子’。用马一，羯羊八，彩段练绢各九匹，以白羊毛缠若穗者九，貂鼠皮三，命蒙古巫觋及蒙古、汉人秀才达官

---

① 《元史》卷77，《祭祀志六》。陶宗仪：《金灵马》，《南村辍耕录》卷30。
② 叶子奇：《草木子》，卷3下，《杂制篇》。
③ 《郑思肖集》，第182—183页。

四员领其事，再拜告天。又呼太祖成吉思御名而祝之，曰：'托天皇帝福荫，年年祭赛者。'礼毕，掌祭官四员，各以祭币表里一与之；余币及祭物，则凡与祭者共分之。"① 祭天之后不久，又要举行祭祖活动。"岁以七月七日或九日，天子与后素服望祭北方陵园，奠马酒，执事者皆世臣子弟。"② 祭祖一般在上都的"西内"（即失剌斡耳朵）举行，如顺帝后至元三年七月，"丙午，车驾幸失剌斡耳朵。丁未，车驾幸龙冈，洒马奶以祭"③。"丙午"与"丁未"是相连的日子，可知顺帝是先到失剌斡耳朵，次日到附近的龙冈祭祖，以马奶酒为祭品。

烧饭仍然是元朝宫廷中的重要祭祖仪式。"每岁，九月内及十二月十六日以后，于烧饭院中，用马一，羊三，马湩，酒醴，红织金币及裹绢各三匹，命蒙古达官一员，偕蒙古巫觋，掘地为坎以燎肉，仍以酒醴、马湩杂烧之，巫觋以国语呼累朝御名而祭焉。"④

在上都附近，还有蒙古皇室的"家庙"。至元十三年（1276），南宋的少帝、皇太后等被送到上都去觐见忽必烈。在抵达上都的第三天，"早出西门五里外，太后、嗣君、福王、隆国夫人、中使作一班在前，吴坚、谢堂、刘岊并属官作一班在后。北边设一紫锦罘罳，即家庙也。庙前两拜，太后及内人皆膜外，福王、宰执如常礼。又一人对罘罳前致语，拜两拜乃退"⑤。

忽必烈即位之后，在汉人谋士的推动下，很快着手太庙的建筑。中统四年（1263）三月，"诏建太庙于燕京"。至元三年（1266）十月，太庙建成。由于很快兴建了新的大都城，原来修建的太庙成为一个临时性的祭祖场所。至元十四年（1277）八月，忽必烈下令在大都城内建太庙。至元十七年（1280）十二月，新的太庙建成，旧太庙中的"神主"（祖宗牌位）等全迁入新庙，并将旧庙拆毁。⑥ 按照中原王朝都城"庙东社西"的传统布局，新建太庙位于大都皇城之东，"在都城齐化门之北"⑦。太庙的建筑风格，亦依照"前庙后寝"的原则，建正殿东西 7 间、南北 5 间，寝殿东西 5 间、南北 3 间，"环以宫城"；"左右连屋六十余间"，是齐班厅、省馔殿、斋室、雅乐库、神厨等附属建筑。英宗时，"增广庙制"，另建大殿 15 间于太庙前，将原庙正殿改为寝殿。新建

---

① 《元史》卷 77，《祭祀志六》。
② 周伯琦：《立秋日书事五首》，《近光集》卷 1。
③ 《元史》卷 39，《顺帝纪二》。
④ 《元史》卷 77，《祭祀志六》。
⑤ 严光大：《祈请使行程记》，《钱塘遗事》卷 9。
⑥ 《元史》卷 5、11，《世祖纪二、八》；卷 74，《祭祀志四》。
⑦ 《元一统志》卷 1，《中书省·大都路》。

的正殿，"中三间通为一室，余十间各为一室，东西两旁际墙各留一间，以为夹室"。齐班厅、省撰殿、斋室、雅乐库、神厨等均南移，增建附属建筑50余间。[①]

太庙中用的"神主"，共有两种。一种是由刘秉忠在至元三年考古制设计的木神主，用栗木制成。一种是由八思巴在至元六年奉旨制成的"木质金表牌位"，称为"金主"。后来太庙中用的祖宗牌位，多是"金主"。

忽必烈在位时，确定在太庙中供奉的祖宗牌位分为八室，烈祖也速该、太祖成吉思汗、太宗窝阔台、定宗贵由、宪宗蒙哥及术赤、察合台、拖雷，都在祭享之列。忽必烈去世之后，后继的皇帝为明确皇统，以成吉思汗在太庙中居中为第一室，并突出拖雷、忽必烈一系的沿承，不断为忽必烈的子孙在太庙中安排位置。

太庙的祭礼，主要是汉儒按照中原王朝传统仪制设计的典礼仪式，但糅进了蒙古族的特点。"其祖宗祭享之礼，割牲、奠马潼、以蒙古巫祝致辞，盖国俗也。""每岁，太庙四祭，用司禋监官一员，名蒙古巫祝。当省牲时，法服，同三献官升殿，诣室户告腯，还至牲所，以国语呼累朝帝后名讳而告之。明旦，三献礼毕，献官、御史、太常卿、博士复升殿，分诣各室，蒙古博儿赤跪割牲，太仆卿以朱漆盂奉马乳酹奠，巫祝以国语告神讫，太祝奉祝币诣燎位，献官以下复版位载拜，礼毕。""太庙荐新，春行享礼，曰祠。四孟以大祭，雅乐先进，国朝乐后进，如在朝礼。每月一荐新，以家国礼"；"初献，勋旧大臣怯薛完真；亚献，集贤大学士或祭酒；终献，太常院使；并用法服"。祭品中也加入了蒙古因素，如"天鹅、野马、塔剌不花（其状如獾）、野鸡、鸧、黄羊、胡赛儿（其状如鸠）、潼乳、葡萄酒，以国礼割奠，皆列室用之"[②]。

除了在太庙祭祀祖宗牌位外，在大都城内的寺院中，还有专门祭祀元朝皇帝"御容"的影堂，后来改称为"神御殿"。"所奉祖宗御容，皆纹绮局织锦为之"。忽必烈和太子真金的影堂在万安寺，堂中还收藏着玉册和玉宝等物。另外如成宗影堂在万宁寺，武宗影堂在福元寺，仁宗影堂在普庆寺，英宗影堂在永福寺，明宗影堂在延圣寺，等等。"其祭之日，常祭每月初一日、初八日、十五日、二十三日，节祭元日、清明、蕤宾、重阳、冬至、忌辰。"此外，太祖、太宗、睿宗（拖雷）的"御容"，藏在翰林国史院，"院官春秋致祭"[③]。

①　《元史》卷74，《祭祀志三》。《析津志辑佚·太庙》。
②　《元史》卷74、77，《祭祀志三、六》。《析津志辑佚·岁纪》。
③　《元史》卷75，《祭祀志四》。《析津志辑佚·祠庙》。

四　汉族及其他民族的丧葬习俗

元廷强调"国家以风俗为本，人道以忠孝为先"，为维护汉族传统丧葬礼制作出过一系列规定。

汉族传统的五服和守丧仪制，按照元廷丧葬各依本俗的原则，早已得到认可，后来又正式定为法令。"国家初得天下，服制未行。大德八年（1304），饬中外官吏丧其亲三年。至治以来，《通制》成书，乃著五服之令。"① 《通制》即《大元通制》，是元代官修的法典，英宗至治三年（1323）颁行。② 斩衰、齐衰、大功、小功、缌麻五服，根据与死者的亲疏关系，都有具体规定，对正服、义服、加服、降服、报服的"服制"也有具体说明。③ "江淮之间，习俗丧服有戴布幞头、布袍为礼者。"仁宗延祐二年（1315），中书省特别对丧服式样做出规定，"除蒙古、色目人各从本俗，其余依乡俗以麻布为之"，并严禁比依公服式样制造丧服。④

元代汉族，以土葬为主，坟地称为坟院、坟园、坟所、墓所等，既有家族坟地，也有类似现在公墓的公共坟地，以前者为多。元杂剧中，关于家族坟地的描述颇多，仅举一例。武汉臣撰杂剧《老生儿》中，就有关于这方面的场景。张郎表白："时遇清明节令，寒食一百五，家家上坟祭祖。我将着这春盛担子，红干腊肉，同着社长上坟去来。"接着对夫人说："浑家，每年家先上你刘家的坟，今年先上俺张家的坟罢。"夫人表示要先到刘家坟地上坟，社长即指出："大嫂，你差了也。你便姓刘，你丈夫不姓刘。你先上张家的坟，才是个礼。"张生也说："浑家，你嫁了我，百年之后，葬在俺张家坟里，还先上俺张家坟去。"⑤ 这个场景说明家族坟地有着不可忽视的地位。坟地一般选在高地，并要讲究风水。如杂剧《货郎担》中，就有"大嫂亡逝已过，便须高原选

---

① 《经世大典序录·宪典总序》，《元文类》卷42。

② 详见黄时鉴：《〈大元通制〉考辨》，《中国社会科学》1987年第2期。

③ 徐元瑞：《吏学指南》，第88—89页。

④ 《元典章》卷30，《礼部三·丧礼》。

⑤ 《元曲选》第1册，第377页。

地，破木造棺，埋殡他入土"的说法。① 从元朝初年开始就有明确规定，贫民无地葬者，可以在系官荒地中埋瘗；无人收葬者，由各地官府负责埋瘗，所以在各地都有公共墓地。② 这种做法到元朝末年依然有效，如至正十八年（1358），京城大饥荒，皇后奇氏"出金银粟帛命资正院使朴不花于京都十一门置冢，葬死者遗骸十余万，复命僧建水陆大会度之"③。城市的墓地是划定范围的，如至元六年（1269）特别规定原都城北面、东面禁止殡葬，新亡者可葬在西面和南面，这应该是考虑大都城扩建的需要。大都城建成后，这种限制当被取消，但是城郊的墓地还是要指定具体区域。

对官员和一般百姓墓地的大小，元朝政府参照传统仪制做了规定：一品官墓地九十步，二品八十步，三品七十步，四品六十步，五品五十步，六品四十步，七品以下二十步。庶民墓地九步，"庶人墓田，四面去心各九步，即是四围相去十八步。按式度地，五尺为步，则是官尺每一向合得四丈五尺，以今俗营造尺论之，即五丈四小尺是也"④。后来定制，一品官坟地四面各三百步，二品二百五十步，三品二百步，四品、五品一百五十步，六品以下一百步。庶民和寺观的坟地，各三十步。对坟地的石人等"葬仪"，亦有规定："一品用石人四事，石柱二事，石虎、石羊各二事；二品、三品用石人、石柱、石虎、石羊各二事；四品、五品用石人、石虎、石羊各二事。"⑤ 列数坟地的石人、石柱、石虎和石羊的数量，就可以知道坟内人生前的身份。按照规定，墓上不得盖房屋。江南有些地区的"豪民"盛行"皆用石墙围祖墓，以绝樵采"；还有人"于里茔建庵，命僧主之"，"浙东西大家，至今坟墓皆有庵舍，或僧或道主之"。对后一种风俗，有人是不以为然的。久居乡村的文人孔齐认为："予尝谓茔墓建庵，此最不好。既有祠堂在正寝之东，不必重造也，但造舍与佃客所居，作看守计足矣。至如梵墓以石墓前建拜亭之类，皆不宜。此于风水休咎有关系，慎勿为之可也。"⑥

中原、江南地区的官员、富户人家，都有厚葬的习俗，各地还流行用纸做成房子等物随葬，"每家费钞一两锭"。至元七年（1270），朝廷特别规定："除纸钱外，据纸糊房子、金钱、人马并彩帛、衣服、帐幕等物"尽行禁断。⑦

---

① 《元曲选》第 4 册，第 1642 页。

② 《元典章》卷 30，《礼部三·葬礼》。

③ 《元史》卷 114，《后妃传一》。

④ 《元典章》卷 30，《礼部三·葬礼》。

⑤ 《大元通制（节文）》，黄时鉴辑点《元代法律资料辑存》，浙江古籍出版社 1988 年版，第 74 页。

⑥ 孔齐：《乡中风俗》，《僧道之患》，《茔墓建庵》，《至正直记》卷 1、2。

⑦ 《元典章》卷 30，《礼部三·丧礼》。

武宗至大元年（1308），江西行省转给中书省的一份公文指出："江南流俗，以侈靡为孝。凡有丧葬，大其棺椁，厚其衣衾，广其宅兆，备存珍宝、偶人、马车之器物，亦有将宝钞藉尸殓葬，习以成风，非惟甚失古制，于法似有未应。每见厚葬之家，不发掘于不肖子孙，则开凿于强切盗贼，令死者暴骸露尸，良可痛哉。如蒙备申上司，禁治今后丧葬之家，除衣衾棺椁依礼举葬外，不许辄用金银、宝玉、器玩装殓，违者以不孝坐罪，似望无起盗心，少全孝道。"中书省参照至元七年的规定，重申禁约厚葬之令。① 朝廷的约束，显然没有起到改变风俗的作用，厚葬之风，依然盛行如故。

元代还风行移墓重葬的做法。移墓或是与风水有关，或是子孙贪图钱财，出售墓地等。如江西行省官员所说："江西风俗浇薄，为人后者，不务勤俭，破荡财产，及至贫乏，不自咎责，反谓先茔风水不利"；"士民之家，止图利己，莫恤祖宗，往往听信野师俗巫妄以风水诳惑，曰某山强则某支富，某水弱则某支贫；或曰兹山无鼎镬之似，安得出一品之贵；又曰兹山无仓库之似，安得致千金之富。于是，有一墓屡迁而不已者。又有子孙不肖，贫穷不能固守，从而堕师巫之诱，但图多取价钞，掘墓出卖剖分者有之；其富税之家贪图风水，用钱买诱使之改掘出卖者有之；又有图葬埋之金银，破祖宗之棺椁并骸骨于水火者有之"。朝廷当然不能无视这种伤风败俗的做法，曾多次下令禁止出卖祖宗墓地，并且不得随意砍伐或出售墓地的树木。②

盗墓之风也愈演愈烈。盗墓者贪图墓中的随葬品，如武宗至大三年（1310），江西行省吉州路官府破获了一起盗墓案，盗墓者从墓中掘出银唾盂、银香炉等银器 12 件及黑漆犀皮镜匣等物品。③ 朝廷对盗墓者是严加打击的，但灾荒兵乱时往往是盗墓盛行的时候。孔齐记道："天历己巳年（1329）旱欠后，诸处发冢之盗，公行不禁"；"至正乙未（1355）以后，盗贼经过之所，凡远近墓冢，无不被其发者"④。

办理丧事的程序，元代汉族与前代基本相同。

人死后，一般在头或脚放油灯一盏，称为"随身灯"，备死者前往阴曹地府时照路用。将钱放在死者口中、身下，称为"口含钱"和"垫背钱"。以衣服、布帛装殓尸体，称为"装裹"或"妆裹"。死者入棺后，灵柩停放待葬，称为"停柩"。这些风俗，在元代杂剧中都有描述。一些地区盛行停尸不葬的

① 《元典章》卷 30，《礼部三·葬礼》。
② 《元典章》卷 50，《刑部十二·发冢》。
③ 同上。
④ 孔齐：《棺椁之制》，《至正直记》卷 1。

元代社会生活史

习俗。"江南风俗，但有亲丧，故将尸棺经年暴露，不肯埋葬。"①"近闽中此风盛行，停丧不葬，经一二十年，有一家累至三四柩者"。朝廷虽三令五申，禁止停丧不葬，但显然没有起到移风易俗的效果。②

汉族地区重视丧葬，出殡仪式往往颇为隆重。不但要烧抛纸钱（俗称买路钱），还有路祭等仪式，富户人家尤甚。有人曾指出："无学之人，恃其豪富，凡遇丧事，不以哀戚为念，而以奢侈为务。普破布帛，岂念亲疏，彩结翚楼，宝装坛面，布设路祭，乱动音乐，施引灵柩，远绕正街，为孝者虽有哀容，洋洋自得。"办丧事既可夸富，亦能收礼。"父母兄长初亡，殡葬之际，彩结丧车，翠排坛面，鼓乐前导，号泣后随，无问亲疏，皆验赙礼多寡，支破布帛，少不如意，临丧争竞。"有的地方出殡时还往往以官府差人为仪从，陕西汉东道按察司官员即曾指出："所辖城郭内，值丧求亲之家往往尽皆使用祗候人等，掌打茶褐伞盖、银裹校椅、仪仗等物送殡。权势之家，官为差拨；士庶之户，用钱雇请。"元廷曾明令"不得彩结舆车神楼路祭，及不得用大乐坛面，亲者依轻重破服，疏者但助送死之资，不破孝服。寔可止往，由当街巷出送"。朝廷还做出规定，官员丧葬，按品级规定的仪从人数送殡，一般百姓不得雇请官差充当仪从人员。③

死者出殡后，每隔七日做一次佛事，先后七次，至四十九日止，称作"累七"（"垒七"）或"累七修斋"、"垒七追斋"。佛事做完，称作"断七"。这种风俗，在元代汉族中亦很盛行。

居丧期间的宴饮之风，更是长盛不衰，正如江南行御史台官员所说："近年以来，江南尤甚。父母之丧，小殓未毕，茹荤饮酒，略无顾忌。至于送殡，管弦歌舞导引，循柩焚葬之际，张筵排宴，不醉不已。"中原地区也是如此。尤其是"累七"时，"又以追斋累七食品数多为之孝道"；"及追斋累七，大祥小祥，祭祀之日，遇其迎灵，必须置备酒食，邀请店铺亲朋人等，务以奢靡相尚，遂用百色华丽采段之物，纷然陈列，装锦绣梳洗影楼，金银珍翠坛面，杂以僧道，间以鼓乐，服丧之人随之于后，迎游街市以为荣。既至作斋寺观，复用采结金桥之类。其斋食，每个有近一斤者为美斋"。针对这些现象，朝廷亦曾做出规定："居丧送殡，不得饮宴动乐，违者诸人首告得实，示众断罪；所在官司申禁不严，罪亦及之。"④

汉族地区本盛行土葬，但受到佛教和契丹、女真人的影响，北方和南方的

① 《大元通制（节文）》，《元代法律资料辑存》，第74页。
② 《元典章》卷30，《礼部三·葬礼》。
③ 《大德典章遗文》，《元代法律资料辑存》，第50—51页。《元典章》卷30，《礼部三·丧礼》。
④ 《元典章》卷30，《礼部三·丧礼》。《大德典章遗文》，《元代法律资料辑存》，第50—51页。

汉族亦有实行火葬的。如地处辽阳行省的北京路，"百姓父母身死，往往置于柴薪之上，以火焚之"①。大都城内，"城市人家不祠祖祢，但有丧孝，请僧诵经，喧鼓钹彻宵。买到棺木，不令入丧家，止于门檐下，候一二日即舁尸出，就檐下入棺。抬上丧车，即孝子扶辕，亲戚友人挽送而出，至门外某寺中。孝子家眷止就寺中少坐，一从丧夫烧毁，寺中亲戚饮酒食肉，尽礼而去。烧毕，或收骨而葬于累累之侧者不一。孝子归家一哭而止，家中亦不立神主。若望东烧，则以浆水、酒饭望东洒之；望西烧，亦如上法。初一、月半，洒酒饭于黄昏之后"②。元人杂剧中，也有不少关于火葬的描述。如郑德辉撰杂剧《㑇梅香》中，就有"削一条柳椽儿"，"把你来火葬了"的说法。③ 无名氏撰杂剧《赚蒯通》中，则有"便做有春秋祭飨，也济不得他九泉之下魂魄凄凉。不如早将我油烹火葬，好和他死生厮傍"的唱词。④ 尸体焚烧后，将骨灰（当时称为"骨殖"、"灰骨"等）放在匣子（称为"骨殖匣"或"骨匣"）或瓶子（称为"葬瓶"）里面。如元杂剧《哭存孝》中，就有"我将这引魂幡执定在手中摇，我将这骨殖匣轻轻的自背着"的唱词。⑤ 杜仁杰在散曲中，则有"楮树下梯要摘梨，葬瓶中灰骨是个不自由的鬼"的说法。⑥ 骨殖匣或葬瓶，或者埋葬，或者存放在寺庙中。火化尸体后再行埋葬，当时合称为"烧埋"。关汉卿撰杂剧《蝴蝶梦》中，有"我叫化了些纸钱，将着柴火烧埋孩儿去呵"的说词⑦，可为证明。对火葬的习俗，元廷因"四方之民，风俗不一"，不能一体禁约，所以只规定土著汉人不许火葬，需按礼制葬埋。⑧

阵亡军人，按规定由官府埋葬。延祐七年（1320），又特别规定镇守和林、甘肃、云南、四川、福建、广海的新附汉军"死者给烧埋银中统钞二十五两，拘该州县凭准管军官印署文于本处课程钱内随即支付，候有同乡军人回还，就将骸骨送至其家"⑨。

按照元廷的规定，色目人丧俗各从本俗。色目人葬俗不同，既有土葬，也有火葬、天葬、水葬等。就是以土葬而言，亦有不同的仪制。如伊吾庐人塔本

① 《元典章》卷30，《礼部三·丧礼》。
② 《析津志辑佚·风俗》。
③ 《元曲选》第3册，第1155页。
④ 《元曲选》第1册，第82页。
⑤ 《元曲选外编》第1册，第55页。
⑥ 《【般涉调】耍孩儿·喻情》，《全元散曲》，第33页。
⑦ 《元曲选》第2册，第644页。
⑧ 《元典章》卷30，《礼部三·丧礼》。
⑨ 《元典章》卷2，《圣政一·抚军士》。

去世前"遗命葬以纸衣瓦棺"①，就是希望按本族习俗埋葬。畏兀儿人的土葬，一般要具备"棺子上贴的、画的、打磨子刻来由太岁头支祭物单祭物有者，合胲上、乳头上、肚脐上放的金子，牵驼、驮马根前拿大麦盘子的，挂甲的走灵马、唱的孝车前承应的，浇奠路祭的，坟上盖答的、立坟地的、埋葬的"，可知其随棺亦有从葬品，并且有出殡、路祭等仪式，但仪制显然与汉族不同。服丧时，女儿、媳妇等带白孝、散头发；男子当和尚的在肩甲上挂白财帛，俗人散头发；享祭的茶饭等均为素食。但是入居内地的畏兀儿人，往往受汉族风俗的影响，有人特别指出："畏吾儿田地里从在先传留下底各自体例有来。这汉儿田地里底众畏吾儿每，丧事体例有呵，自己体例落后了，随着汉儿体例，又丧事多宰杀做来底勾当。"为维护畏兀儿的传统习俗，元廷规定不管是在哪里居住的畏兀儿人，都必须按照本族体例办丧事，不得追随汉人丧葬习俗，并强调"休推着做享祭的茶饭，杀马、杀牛、杀羊者，伴灵聚的人每根底与素茶饭者"。畏兀儿人也有实行火葬的，丧葬仪式由和尚主持，朝廷亦规定"烧了收骨殖呵，休似人模样包裹者"②。

云南大部分地区原来盛行火葬，"亲死则火之，不为丧祭"。如爨人，"人死，浴尸，束缚令坐，棺如方柜，击铜鼓送丧，以剪发为孝，哭声如歌而不哀。既焚，盛骨而葬"。罗罗人"酋长死，以豹皮裹尸而焚"。末些人"人死，则用竹箦舁至山下，无棺椁，贵贱皆焚一所；非命死者，则别焚之"。还有一些民族实行传统的悬棺葬。如土僚蛮"人死，则以棺木盛之，置于千仞巅崖之上"。回回人赛典赤赡思丁在云南任职期间，曾大力推行土葬，"死者为之棺椁奠祭"，被当时人奉为倡行儒教的楷模。③

色目人的祭祖习俗亦与汉族、蒙古族不同。如钦察人燕铁木儿曾在上都祭奠其先人石像，"像琢白石，在滦都西北七十里地，曰'旭泥白'。负重台架小室贮之，祭以酒湩。注彻，则以肥胾周身涂之，从祖俗也"④。向石像灌酒和用肥肉涂抹石像全身，应该是钦察人祭祖的传统习俗。

① 《元史》卷124，《塔本传》。
② 《元典章》卷30，《礼部三·丧礼》。
③ 李京：《云南志略》。《元史》卷125，《赛典赤赡思丁传》。
④ 许有壬：《陪石大夫太平王祭太师石像》，《至正集》卷16。

271

五　官员守制问题

官吏人家有丧事，是否按照中原王朝的传统做法，三年服丧丁忧，朝廷最初没有明确的说法，只是默认汉人官吏可以服丧丁忧。至元二十八年（1291），对官员“奔丧”做出了正式规定：官员如遇祖父母、父母丧亡，给假30日，并刨除往返路程时间，奔丧期间照发俸禄；为祖父母、父母迁坟，给假20日。① 直到成宗大德八年（1304）时才规定：“三年之丧，古今通制。今后除应当怯薛人员、征戍军官外，其余官吏父母丧亡丁忧，终制方许叙仕，夺情起复不拘此例，蒙古、色目人员各从本俗，愿依上例者听。”② 所谓三年之丧，实际时间为27个月。仁宗即位后又特别宣布：“官吏丁忧，已尝著令，今后并许终制（实27个月），以厚风俗。朝廷夺情起复，蒙古、色目、管军官员，不拘此例。”③ 后来又有不少具体规定，如确定丁忧时间从官员闻丧之日起算，以13个月为小祥，25个月为大祥；军府中的迁转官员如知事等，亦允许服丧丁忧；官吏等“因事取受”，事发到官，遇父母之丧，可以丁忧终制后再追问，但是有侵吞官钱等行为的官员，不能同“取受”一样对待，虽遇父母丧制，照样追问，不准服丧丁忧；民间犯罪之人，在服丧期间同样要问罪处罚。英宗时，有人指出；“旧例居丧夺情起服之官，或是朝廷顾问儒臣，或是必用耆旧。迩来权臣紊坏典故，至于富室少年、庸书小吏、在官之人，动以择恃起服”，于是特别规定“果是顾问儒学之臣，或是必用之耆旧，特奉圣旨，方许起服”，以堵塞“小人”的侥幸之心。④

在蒙古国时期和元朝前期一些迁入中原地区居住的蒙古人和唐兀人、畏兀儿人、回回人等，习染华风，逐渐接受中原的伦理道德观念，并习惯于按照汉人的行为准则办事，在丧葬礼制上表现的尤为突出。如被人们称为“廉孟子”的畏兀儿人廉希宪，在母亲去世后，“力行丧礼，水不入口者三日，每恸呕血

① 《元典章》卷10，《吏部四·职制一·假故》。
② 《元典章》卷10，《吏部四·职制一·赴任》。
③ 《元典章》卷11，《吏部五·职制二·丁忧》。
④ 《元典章新集·吏部·职制》。

毁瘠，几至灭性。既葬，藉草枕块，必于终制"。中书省官员因忧制未定，欲起其议事，"未至庐所，闻其哭声之哀，不忍言而退"，不得不由忽必烈下诏书"夺情起复"。不久，廉希宪父亲又去世，希宪"力请终制，上不听，强起之，墨衰即事"①。

————————
① 元明善：《平章政事廉文政公神道碑》，《元文类》卷15。

第十三章 丧葬习俗

第十四章

伦理道德与社会禁约

人们的社会行为，往往既受一定的伦理道德观念支配，又被各种禁忌和禁令所约束，并由此产生出一些普遍被人们接受的一般行为准则。在谈及社会生活时，不能不重视当时的伦理道德观念和社会禁约的作用。

蒙古建国之后，统治者要求臣民遵循蒙古传统道德观念行事，并将这一规定列入了律令之中。在改建"大元"国号前后，受中原儒士的影响，蒙古统治者又接受了汉族传统道德观念中的部分重要内容，并使之成为支配各族臣民的基本道德规范。

社会禁约包括两个方面的内容，一是约定俗成的民间禁忌，二是政府对全社会颁布的各种禁令。对在各地生活的人来说，国家禁令具有普遍的意义，而当地的风俗和禁忌亦不能忽视。

一　蒙古人的传统道德观念

成吉思汗曾经说过这样一段话："凡是一个民族，子不尊父教，弟不聆兄言，夫不信妻贞，妻不顺夫意，公公不赞许儿媳，儿媳不尊重公公，长者不保护幼者，幼者不接受长者的教训，大人物信用奴仆而疏远周围亲信以外的人，富有者不救济国内人民，轻视'约孙'（习惯）和'札撒'（法令），不通情达理"，就会国弱民穷，并导致亡国。这是成吉思汗对蒙古传统道德观念的总结和发展，并用法律形式为建国后新的蒙古社会制定的基本道德规范，包括恪守"约孙"和"札撒"、尊重长者、为人忠诚、约束滥饮、禁止淫盗等内容。①

成吉思汗规定蒙古人的言行，需受"约孙"和"札撒"的约束。"古来的习惯"即传统禁约是"约孙"的主要内容，成吉思汗的言语则构成了"札撒"的主要内容。也就是说，既要尊重传统习俗，也要服从君主的意志，成了建国以后指导蒙古人行为的基本道德准则。

北方游牧民族，素有"贱老而贵壮"的风俗，蒙古人也不例外。但是，长者能够不断地用"约孙"即所谓"古来的习惯"来教育下一代人，我们在《元朝秘史》中就看到了不少蒙古老人"引证着古语"教训年轻人的事例，所以在蒙古人中对于不尊重长者的行为是不能饶恕的。成吉思汗还特别留下了这样的教诫："到长者处时，长者未发问，不应发言。长者发问以后，才应做适当回答。因为如果他抢先说了话，长者听他的话那倒还好，否则他就要碰钉子。"由尊重长者又引申出了敬重贤者的观念。"经过三个贤人评定的话，可以在任何场所一再重复地说，否则就不可靠。要将自己的话、别人的话同贤人们的话进行比较，如果合适的话，就可以说，否则就不应当说"。成吉思汗要求臣民慎言和主动约束自己，他不但希望人们"说话时要想一下，这样说妥当吗？无论是认真地说出去或者开玩笑地说出去，再也收不回来了"；还强调"能清理自身内部者，即能清除国土上的盗贼"。

在"约孙"中，对妇女的约束是比较严格的，成吉思汗也做了如下归纳：

---

① 《史集》第1卷第2分册，第354—356页。下同。

"妇女在其丈夫出去打猎或作战时，应当把家里安排得井井有条，若有使者或客人来家时，就能看到一切有条有理，她做了好的饭菜，并准备了客人所需要的一切东西。这样的妇女自然为丈夫造成了好名声，提高了他的声望，而她的丈夫在社会集会上就会像高山般耸立起来。人们根据妻子的美德来认识丈夫的美德。如果妻子愚蠢无知、放荡不羁，人们也还是根据她来看丈夫的。"用这样的道德观念教育出来的蒙古妇女，往往具有顺从、勤劳的品质，受到外来人的称赞。

和睦族人在蒙古人中已有传统，并形成了朴实的相互合作和尊重的风俗。来自西方的传教士对此大加赞赏："他们很少互相争吵，或从来不互相争吵，并且从来不动手打架。在他们中间，殴打、口角、伤人、杀人这类事情从来没有遇到过。……他们相互之间表示相当尊敬，十分友好地相处。……他们不互相嫉妒，在他们之间实际上没有诉讼；没有人轻视别人，而是帮助别人。"① 这种"无私斗争"的风俗②，自然被统治者认可。成吉思汗还增入了新的内容，规定构乱皇族、挑拨是非、助此反彼者要严加处罚。③

蒙古人历来重视誓言，蔑视谎言。草原各部早就流行这样的说法："咱达达每答应了的话，便是誓一般，若不依着呵，同伴里也不容"；"约会的日期，虽是有风雨呵也必要到"④。成吉思汗在建立大蒙古国前就以"英勇果决，有度量，能容众，敬天地，重信义"而享名于草原各部。⑤ 对于说谎欺骗者，"其一法最好，说谎者死"⑥；所以在蒙古人中说谎话的人很少。

进入阶级社会之后，人与人之间只重信誓、不说谎话，显然是不够的，还要有体现上下尊卑的等级观念。"人的身体有头呵好，衣裳有领呵好"，一般百姓不能"无个头脑管来，大小都一般"⑦。在确定了主从关系之后，事主尽忠的观念随之产生。成吉思汗本人就非常赞赏忠心侍主的行为，哪怕是自己的敌人。对于背叛主人的人，"自的正主敢拿的人"，则严惩不贷。⑧ 如果下级敢于冒犯上级，要遭到鞭打。⑨ 由此而形成的蒙古人对主人的恭敬和对上司命令的绝对服从，给当时的人留下了深刻的印象，并反映在他们的记述中："其赏罚

---

① 《出使蒙古记》，第15—16页。
② 《蒙鞑备录》。
③ 王鹗：《至元改元诏》，《元文类》卷9。
④ 《元朝秘史》卷3，第108节。
⑤ 《蒙鞑备录》。
⑥ 《黑鞑事略》、《蒙鞑备录》。
⑦ 《元朝秘史》卷1，第33—35节。
⑧ 《元朝秘史》卷8、9，第188、200节。
⑨ 《出使蒙古记》第18页。

则俗以任事为当然，而不敢以为功。其相与告诫，每曰其主遣我火里去或水里去，则与之去"①；"他们的服从和恭顺，达到如此地步，一个统帅十万人马的将军，离汗的距离在日出和日没之间，犯了些过错，汗只需派一名骑兵，按规定的方式处罚他，若要他的头，就割下他的头；若要金子，就从他身上取走金子。"② 蒙哥汗即位后，又特别诫谕大臣忙哥撒儿后人："惟天惟君，是敬是畏；立身正直，制行贞洁，是汝之福；反是勿思也"；"而母而妇，有谗欺巧佞构乱之言，慎勿听之，则尽善矣"③。这些话不失为尽忠观念的一次极好阐释。

蒙古人有醉酒的习惯，不少人因此伤身害命。这种恶习的泛滥，早就引起统治者的注意。成吉思汗即指出酒是一种麻醉剂，"喝酒既无好处，也不增加智慧和勇敢，不会产生善行美德"；"国君嗜酒者不能主持大事、颁布必里克和重要的法令；异密（官员）嗜酒者不能掌管十人队、百人队或千人队，卫士嗜酒者将遭受严惩"。他推崇戒酒或节饮的做法，并希望臣民接受这种观点。④

蒙古人有禁止淫欲和盗窃的传统风俗，"相与淫奔者，诛其身"；"其犯寇者，杀之；没其妻子、畜产以入受寇之家"；"鞑俗真是道不拾遗，然不免有盗，只诸亡国之人为之"⑤。这种风俗在草原社会的盛行，实际上后来成了蒙古人及其他居住在草原地区的外族人的共同道德行为标准。

对上述伦理道德观念的述说，大多收入了"札撒"之中，成为指导大蒙古国臣民行为的准则，并影响到元朝的皇室贵族。进入元朝后，不但"天子即位之日，必大会诸侯王，读太祖宝训"⑥；"凡大宴，世臣掌金匮之书者，必陈祖宗大札撒以为训"⑦；还要求成吉思汗的子孙们确实记熟这些训诫，能够熟练地背诵出来。⑧ 蒙古人的传统道德观念，因为札撒的留存和遵奉，一代代传了下去。

---

① 《黑鞑事略》。
② 志费尼：《世界征服者史》上册，第 33 页。
③ 《元史》卷 124，《忙哥撒儿传》。
④ 《史集》第 1 卷第 2 分册，第 357—358 页。
⑤ 《黑鞑事略》。
⑥ 黄溍：《中书右丞相（拜住）神道碑》，《金华黄先生文集》卷 24。
⑦ 柯九思：《宫词》，《草雅堂集》卷 1。
⑧ 《史集》，第 2 卷，第 376 页。

二 程朱理学影响下的汉族伦理道德观念

　　理学肇始于北宋时期，到南宋时由朱熹集大成，成为儒学的主流派。金元之际，理学在北方亦广为传播并有所发展，元朝前、中期先后出现了鲁斋、静修、草庐、北山、徽州等学派。尽管派别不同，理学家们诠释的道德观念，大多还是以尊圣贤、褒忠义、奖孝悌、重贞节、慎行止、恤黎民为基本内容。在元朝统治的特定历史时期，受理学思想左右的汉人官员和儒士等一方面要以理学学说影响统治者，促进蒙古人及其他民族接受汉族传统伦理道德观念，另一方面要继续在中原、江南等地的汉族聚居地区维护理学思想的至尊地位，保证传统伦理道德观念的延续。但是，受到蒙古族和其他民族风俗的影响，某些地区"大家"、"富豪"的作为已逐渐背离传统伦理道德，开始出现一些新的风尚。如"浙间妇女，虽有夫在，亦如无夫，有子亦如无子，非理处事，习以成风"；"浙西风俗之薄者，莫甚于以女质于人，年满归，又质而之他，或至再三，然后嫁。其俗之弊，以为不若是，则众诮之曰：'无人要者。'盖多质则得物多也，苏杭尤盛"。原来家中"谨门户"、"严内外"的习俗也被打破。"浙西富家，多以母妻之党中表子弟使之入室混淆"；"乡中大家皆用刀镊者入内院，虽妇人、女子，咸令其梳剃"。主仆之别亦受到了挑战。如浙中、浙东地区的富豪子弟，常与家仆之子相戏，"谩骂喜怒必相敌"，父母亦不呵禁，只称"小儿无知"；幼女亦经常与仆人之子"群聚"，或者由仆人抱出去游玩；至幼女长大出嫁后，"其仆于外必谈及女之疾病、好恶、嬉戏之类，盖其幼而见之也"①。

　　针对这些所谓"伤风败俗"的社会现象，元代人发过不少议论，重点在于强调家法的重要、妻妾的规矩和律己待人的要求等。我们不妨以元末人孔齐的言论为代表，来了解当时封建卫道士的心态。

　　家法是维系家庭成员和族人之间关系的基本法则，其内容往往包括孝悌、

---

① 孔齐：《浙西风俗》，《郑氏义门》，《乡中大家》，《娶妻苟慕》，《仆主之分》，《至正直记》卷2、3。

祭祀、节烈、尊卑、交往等规定。孔齐认为：“有家法则兴，无家法则废，此系人家兴废之枢机也。”“祖宗之法不可失，祖宗之财或可失。使其遇盗遭乱离，则田宅财货皆不保矣，惟家法不可一日紊也。虽处患难，家法尤存，恶可废乎。”① 家法比财产都重要，就是因为它体现的是传统伦理道德观念，所以不能废弃。

妻妾的行为是否符合封建道德标准，首先取决于世人娶妻置妾时是否慎重，其次才取决于家法约束的宽严。孔齐指出：“娶妻苟慕富贵者，必有降志辱身之忧。”② 对于与外族人的通婚，孔齐抱定“世俗所谓非我同类，其心必异”的看法，自然“誓不以女嫁异俗之类”③。置妾更应该慎重，置妾主要是为了有后人之传，“壮年无子，但当置妾”④，但多数人是为了寻欢作乐，老年人置妾蔚然成风，所以孔齐指出：“年老多蓄婢妾，最为人之不幸，辱身丧家，陷害子弟，靡不有之。”“寻常婢妾之多，尤费防闲，久而稍怠，未有不为不美之事。其大患有三：坏乱家法，一也；诱陷子弟，二也；玩人丧德，三也。士大夫无见识者，往往蹈此。人之买妾者，欲其侍奉之乐也。妾之多者，其居处纵使能制御，亦未免荒于淫佚矣，何乐之有。或正室之妒忌，必致争喧，则家不治。苟正室之不妒，则妾自相倾危，适足为身家之重累，未见其可乐也，宜深戒之。”⑤ 为防止婢妾有“乱伦”之行，“买妾亦不可不谨，苟不察其性行及母之所为，必有淫污之患，以贻后悔，或致妄乱嗣续”。以妓为妾，更为不可，“以妓为妾，人家之大不祥也。盖此辈阅人多也，妖冶万状皆亲历之，使其入宅院，必不久安，且引诱子女及诸妾不美之事”⑥。置婢妾后，要严加约束，“衣服装饰，并与里巷相同，无使异也”；“寻常侍奉父母，固是子妇之职，然至切近之处，非婢妾则不可，年老之人尤要紧。凡早晚温寒之事，惟婢妾为能相安……然有婢妾，无法以制之，不免外患”；制戒之法，“要在乎谨内外、时防闲，防闲之法，在乎主母及长子家妇”；“婢妾有无故而事主弗谨者，必有嫁心。察其情实，颇资以遣之，听其适人，不可留，留则生事，恐贻后患”⑦。

个人德行的培养，亦很重要。孔齐记道：“谚云：‘家有万贯，不如出个硬汉，’硬者，非强梁之谓，盖言操心虑患、所行坚固、识是非好恶之正者。若

---

① 孔齐：《家法兴废》，《祖宗之法》，《至正直记》卷2。
② 孔齐：《娶妻苟慕》，《至正直记》卷2。
③ 孔齐：《不嫁异俗》，《至正直记》卷3。
④ 孔齐：《壮年置妾》，《至正直记》卷2。
⑤ 孔齐：《年老蓄婢妾》，《婢妾之戒》，《至正直记》卷1。
⑥ 孔齐：《买妾可谨》，《婢妾命名》，《至正直记》卷2。
⑦ 孔齐：《仆厮端谨》，《寻常侍奉》，《婢妾报应》，《至正直记》卷2、3。

有此等子弟，则贫可富、贱可贵矣。或富贵而子弟不肖，惟习骄惰，至于下流，岂富贵之可保，虽公卿亦不免败亡也。"所以，家庭立嗣一定要谨慎，自己无子，"则选兄弟之子，无则从兄弟之子以至近族或远族，必欲取同宗之源，由当择其贤谨者可也"①。孔齐还把人们的德行分为三等："且如兄弟之气禀犹自不同，有尚志气者，所为皆上等之事，日笃行父、师之训惟恐不及；有循贪者则反是，至于交友、婚姻亦下等之人，非无严父、师之教也；又有一等，气质虽美而不学无术，闻父、师之教为不足行，论才行之士为不足法，甘心庸碌而不知熏染污俗而不耻，使其交友姻戚，一旦与之往复，非惟污降志气，抑且坏乱家规，为子弟害"。第一种人自然是守"诗礼"的贤者，后二种人则是"日习下流，自暴自弃"的不肖者，但是为了表示悌、友，贤者又不能不与他们打交道，"若遽然绝之，又失亲情之道"。孔齐别无良法，只能一方面以"要做好人，自做好人；不要做好人，自不做好人"的民谚自警，另一方面以礼规劝其改过，如不奏效，"则当以家法自处，切不可与之往来"②。

作为封建家规的总结，孔齐归纳出了所谓"人家有三不幸"和"子弟三不幸"的说法："人家有三不幸。读书种子断绝，一不幸也；使妇坐中堂，二不幸也；年老多蓄婢妾，三不幸也。""人家子弟有三不幸。处富贵而不习诗礼，一不幸也；内无严父兄，外无贤师友，二不幸也；早年丧父而无贤母以训之，三不幸也。"③

三　汉族道德观念对蒙古统治者及其他民族的影响

汉族的伦理道德观念，与蒙古人传统的道德观念并不相悖，只不过具体做法更加复杂一点而已。自蒙古统治势力进入中原之后，中原儒士利用不同的机会向统治者灌输中原的伦理观念，尤其是强调"圣贤修己治人之方"和"天下治平之道"④。忽必烈在即位之前已经听到不少来自中原儒士、僧道的陈说，对

---

① 孔齐：《家出硬汉》，《壮年置妾》，《至正直记》卷2、3。
② 孔齐：《和睦亲族》，《至正直记》卷2。
③ 孔齐：《人家三不幸》，《子弟三不幸》，《至正直记》卷1。
④ 《元史》卷159，《赵璧传》。

中原的伦理道德有了一定的认识。但是在即位之后，忽必烈主要遵循的还是札撒规定的道德规范。到了成宗、武宗、仁宗朝，才陆续接受臣僚的意见，以诏旨等形式对汉人的传统道德观念加以认同，使之成为行之全国的道德规范和行为标准。一些人后来又陆续加以补充和阐述，努力使蒙古统治者崇尚的道德观念更加"标准化"（即"中原化"）。① 经过蒙古统治者认同和文人辩说的道德行为标准，大致包括君德、臣贤、忠孝贞节等内容。

蒙古国时期，蒙古大汗的行为标准是依照蒙古传统观念来衡量的。忽必烈即位之后，受儒学影响较深的臣僚均希望蒙古皇帝能够按照中原王朝的传统观念来表现"君德"；忽必烈亦同意在诏旨中明确宣布"祖述变通"，"稽列圣之洪规，讲前代之定制"②，并接受了"去旧污、立新政、创法制、辨人才、绾结皇纲、藻饰王化"的建议③，采取了一些"效行汉法"的措施，以树立"正统"皇帝的形象。其后，臣僚们又提出了更高的标准，有人认为"人君"应该做到践言、防欺、任贤、去邪、得民心、顺天道六条④；有人建议立"三本"，即太子国本、中书政本、人才治本⑤；又有人将自尧、舜、孔子以下"经史所载嘉言善政"条列为正君心、教太子、任人才、慎听览、辨邪正、革旧弊、通下情、理财用、修武备九事，直言明奏⑥；还有人倡言国家要以仁、义、礼、信"四教"为本，而所谓的四教，是"父爱子育"为仁，"轻徭薄赋"为义，"上下有分"为礼，"发号施令，一出不易"为信⑦，等等。忽必烈并没有完全采纳他们的意见，但对敬天地、崇祭祀等建议予以接纳和认同，因为这些观念实际上与蒙古人的传统观念十分接近。

忽必烈去世之后，朝廷中的官员往往针对皇帝猎狩过多、饮宴过度、信佛过重而上书谏言，也有人建议皇帝要做到敬天、尊祖、清心、持体、更化；⑧还有人希望皇帝"或三日、二日一常朝"⑨。但是对于蒙古皇帝来说，"国朝大事，曰蒐伐，曰搜狩，曰宴飨，三者而已"⑩，要他们改变生活习惯，服从中原帝王传统的"清心寡欲"的一套做法，只是汉人臣僚的良好心愿，实际上不可

---

① 详见徐远和著《理学与元代社会》，人民出版社 1992 年版。
② 《即位诏》，《中统建元诏》，《元文类》卷 9。
③ 郝经：《立政议》，《郝文忠公集》卷 32。
④ 许衡：《时务五事》，《许文正公遗书》卷 7。
⑤ 陈佑：《三本书》，《元文类》卷 14。
⑥ 魏初：《奏议》，《青崖集》卷 4。
⑦ 王恽：《上世祖皇帝论政事书》，《秋涧先生大全文集》卷 35。
⑧ 程矩夫：《议灾异》，《雪楼集》卷 10。刘敏中：《翰林院议事》，《中庵集》卷 15。
⑨ 马祖常：《建白一十五事》，《元文类》卷 15。
⑩ 王恽：《吕公神道碑》，《秋涧先生大全文集》卷 57。

能做到。元朝皇帝认同的君德，除了承认自己是"上天眷命"的大一统国家的君主并对"上天示警"表示诚惶诚恐外，并没有增加更多的内容。

忽必烈效行汉法的中心内容，是"以国朝之成法，援唐宋之故典，参辽、金之遗制，设官分职，立政安民，以一王法"；具体做法则是"内立都省，以总宏纲；外设总司，以平庶政"①。由此产生了对官吏道德行为水准认同的问题。中统元年（1260），规定了以"户口增、差发办"作为地方官吏称职的标准；② 至元元年（1264）又增为"户口增、田野辟、词讼简、盗贼息、赋役平"五条标准，也就是考察官吏的所谓"五事"。合乎标准者，称为"清慎公勤，政绩昭著"，反之则为"废公营私，贪污败事"。有元一代，"五事"都是衡量官员好坏善恶的基本标准。③ 特别为官员制订的"职制"和"公规"，基本上就是围绕"五事"做出的一系列具体规定。④ 除了"五事"外，元廷还规定官员要守法令、举贤才、敢直言、兴学校、安黎庶、厚风俗、旌孝节、抑奔竞、救灾荒、贷逋欠、惠鳏寡、崇祭祀，等等。此外，特别规定官吏不许入茶坊酒肆宴饮和宿娼，"诸官吏入茶坊酒肆者，委监察纠察"；"书史、书吏、奏差人等宿娼、饮会，已经遍行禁治，违者依条断罪"⑤。这大多是采纳了臣僚的建议，用中原传统道德观念来约束官吏，并用诏旨的方式加以确认。拿元朝对官员的要求与前朝对比，大概很难找出什么不同之处，但问题就在于统治者对不同民族的官吏有不同的政治待遇，出身于不同民族的官员，伦理道德观念各异，对"五事"等规定的理解和认识大相径庭，所以在统一的标准之下，有着种种不同的行为。

对于官吏才能的要求，元朝与前代没有太大差别，无非是"行遣熟闲，语言辨利，通习条法，晓解文书，算学精明，字画端正"⑥。由于元朝官吏多数来自怯薛和由吏补升，他们的文化修养和政治素质普遍较差。有人指出："今蒙古、色目人之为官者，多不能执笔花押，例以象牙或木刻而印之。宰辅及近侍官至一品者，得旨，则用玉图书押字，非特赐不敢用。"⑦ 所以在才能上不能要求过高。

在中原、江南地区生活的人，习惯于用忠义、孝悌、贞节和慎言行、谨交

---

① 《立政议》，《中统建元诏》。
② 王恽：《中堂事记》中，《秋涧先生大全文集》卷81。
③ 《元典章》卷1，《圣政一·饬官吏》。《通制条格》卷6，《选举·五事》。
④ 《元史》卷102、103，《刑法志一、二》。
⑤ 《元典章》卷5，《台纲一·内台》；卷6，《台纲二·体察》。
⑥ 徐元瑞：《吏学指南·才能》。
⑦ 陶宗仪：《刻名印》，《南村辍耕录》卷2。

往的传统伦理道德观念来观察社会和支配自己的行动，并希望以此来影响蒙古统治者。元朝建立之后，不断有人向皇帝建议褒奖忠义、节烈之人①，就是要敦促统治者尽快认同汉族的传统伦理道德观念，但没有收到预期效果，"如孝行复役、节妇有旌、议婚姻、立学师、表淋匿、忠臣义士岁有常秩之类，非不

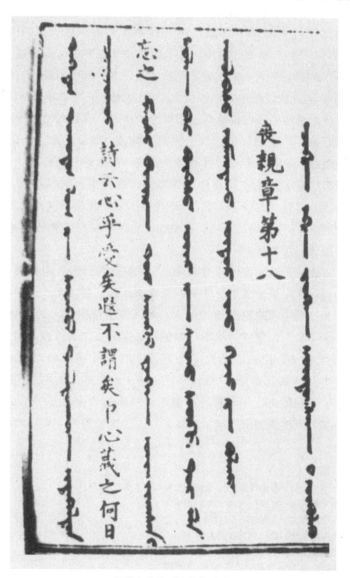

汉蒙文合璧《孝经》书影

① 魏初：《奏议》，《青崖集》卷4。

家至户晓，然终无分寸之效者，徒文具虚名而已"①。就拿对功臣及忠勇之士的"封赠"而言，"至元中追赠之制，惟一二勋旧之家以特恩见褒，虽略有成，例未行也"②。直到武宗至大二年（1309）九月，才"议行封赠之制"，以表"课忠责孝之意"；至仁宗延祐三年（1316）八月，才终于定出了"流官封赠通例"③。至于"定论平生"的谥法，虽然存在④，亦像有人所说："太常定谥，古今美制，欲使奸人知惧于死后，善人有勤于生前；近岁谥号之称不公殊甚。"⑤"义夫、节妇、孝子、顺孙"的表彰和"子证其父、奴讦其主及妻妾子弟各犯名义"的禁止等，也是在成宗朝后才在诏书中陆续出现。⑥ 倒是对割肝、刲股等"行孝"行为，在忽必烈即位之后不久就宣布为"非理行孝"⑦。也就是说，蒙古统治者对中原传统伦理道德观念的认可，直到元中期才基本得以实现。从那时开始，"孝事父母、友于兄弟、勤谨、廉洁、谦让、循良、笃实、慎默、不犯赃滥"的行止标准，才成为全国统一的道德行为标准。⑧

元朝政府承袭了以往"礼高年"的做法，对老年人加以照顾。按规定80岁以上的老人，可以"存侍丁一名"，即免除一名子孙的杂役，使之侍养老人。90岁以上的老人，"存侍丁二人"。在皇帝即位时，往往还要特别赐给80岁以上老人绢帛等，以示关怀。⑨

尽管蒙古统治者对汉族传统道德观念的认同比较迟缓，但在蒙古国时期和元朝前期一些迁入中原地区居住的蒙古人和唐兀人、畏兀儿人、回回人等，习染华风，逐渐接受中原的伦理道德观念，并习惯于按照汉人的行为准则办事。其中有笃好汉学者，如蒙古功臣木华黎的后人相威，"不饮酒，寡言笑，喜延士大夫，听读经史，论古今治乱，至直臣尽忠、良将制胜，必为之击节称善"⑩。哈剌鲁人虎都铁木禄，"好读书，与学士大夫游，字之曰汉卿"⑪。畏兀儿人廉希宪，笃好经史，手不释卷，被忽必烈称为"廉孟子"⑫。又有主动向蒙古人传授汉人伦理道德观念者。如畏兀儿人岳璘帖穆耳，被任为铁木哥斡赤

① 王恽：《上世祖皇帝论政事书》，《秋涧先生大全文集》卷35。
② 《经世大典序录·封赠》，《元文类》卷40。
③ 《元典章》卷11，《吏部五·封赠》。
④ 《经世大典序录·谥》，《元文类》卷41。
⑤ 马祖常：《建白一十五事》，《元文类》卷15。
⑥ 《元典章》卷1，《圣政一·厚风俗·旌孝节》。
⑦ 《通制条格》卷27，《杂令·非理行孝》。
⑧ 徐元端：《吏学指南·行止》。
⑨ 《元典章》卷3，《圣政二·赐老者》。
⑩ 《元史》卷128，《相威传》。
⑪ 《元史》卷122，《虎都铁木禄传》。
⑫ 元明善：《平章政事廉文政公神道碑》，《元文类》卷15。

元代社会生活史

斤（成吉思汗之弟）诸子之师，"训导诸王子，以孝弟敦睦、仁厚不杀为先"①。唐兀人高智耀，向蒙哥、忽必烈进言"儒以纲常治天下"，"又力言儒术有补治道，反复辩论，辞累千百"②。还有人身体力行，尊奉孝悌养育之道。如畏兀儿人布鲁海牙，"性孝友，造大宅于燕京，自畏吾国迎母亲来居，事之，得禄不入私室。幼时叔父阿里普海牙欺之，尽有其产，及贵显，筑室宅旁，迎阿里普海牙居之。弟益特思海牙以宿憾为言，常慰谕之，终无间言"③。迦叶弥儿人铁哥，因功受忽必烈诏选贵家女为妻，以"臣母汉人，每欲求汉人女为妇，臣不敢伤母心"为由而谢绝。④ 甚至还有人将汉人的伦理道德观念推行至江南少数民族地区。如回回人赛典赤赡思丁、忽辛父子，先后在云南任职，"云南俗无礼仪，男女往往自相配偶，亲死则火之，不为丧祭。无秔稻桑麻，子弟不知读书。赛典赤教之拜跪之节、婚姻行媒，死者为之棺椁奠祭；教民播种，为陂地以备水旱；创建孔子庙、明伦堂，购经史，授学田，由是文风稍兴"。忽辛继承父业，"乃复下令诸郡邑遍立庙学，选文学之士为之教官，文风大兴"⑤。

进入元朝中期后，蒙古人研习儒学者日多，并竭力向皇帝鼓吹儒治，其中不乏功臣后人和高官显贵。⑥ 正是由于他们的提倡，加之康里、畏兀儿、唐兀、回回等族"儒人"的帮助⑦，才使得蒙古最高统治者认同汉人传统伦理道德观念的实现。没有这些少数民族人士的帮助，仅以汉人官员的努力，这种认同几乎是不可能出现的。

四　民间禁忌

本书第一章中已经叙述了游牧、农耕、渔猎等地区的自然状况和人口、民

① 欧阳玄：《高昌偰氏家传》，《圭斋文集》卷24。
② 《元史》卷125，《高智耀传》。
③ 《元史》卷125，《布鲁海牙传》。
④ 《元史》卷125，《铁哥传》。
⑤ 《元史》卷125，《赛典赤赡思丁传》。
⑥ 详见萧启庆：《元代蒙古人的汉学》，台北国立政治大学边政研究所编《国际中国边疆学术会议论文集》，第369—428页。
⑦ 赵孟頫：《故昭文馆大学士康里公碑》，《松雪斋文集》卷7。

族的分布情况。由于地理、气候和居住民族的不同，在各地区早已形成了独特的风尚和禁忌。元代的大一统局面，为不同地区之间的交往提供了便利的条件，使人们得以相互了解各自的风俗和禁忌，并对各民族原有的风俗习惯产生了一定的影响。

游牧民族多有敬天地、惧鬼神的风俗，并由此产生出不少禁忌。

蒙古人敬天，"每事必称天"，但同时又惧怕天威，尤其惧怕闪电和打雷，"闻雷声则恐惧不敢行师，曰天叫也"；在野地之人，"必掩耳屈身至地，若弹避状"；在帐幕中的人则会将陌生人驱出帐外，自己躲在帐中，直至雷声停息；只有少数人（如兀良哈部人）敢于高声咒骂天、乌云和闪电。① 这种惧怕并非毫无道理，因为雷电经常击死牲畜和引起火灾，是草原上难以克服的一种自然灾害。为防止触怒天威，"国人夏不浴于河，不浣衣，不造毡，野有茵则禁其采"②；"春、夏两季人们不可以白昼入水，或者在河流中洗手，或者用金银器皿汲水，也不得在原野上晒洗过的衣服；他们相信，这些动作增加雷鸣和闪电"③。触犯禁忌，洗涤衣服和在帐外晾晒衣服的人要遭到鞭打和驱逐。此外，"他们还说，如果把酒或酸马奶、淡奶和酸奶酒洒在地上，闪电多半会打到牲畜背上，尤其是马身上。如果洒出了酒，那就会发生更严重的后果，闪电准会打到马身上或打到他们的家里"；也就是所谓的"酌乳酪而倾器者，谓之断后"，因此不得"把奶或任何饮料和食物倒在地上"。经过雷击的牲畜和帐幕，皆弃而不用；有人遭雷击，同族人或家人均要从雷击地迁走，并且在三年中不得进入大汗的斡耳朵。④

火受到游牧民特别的尊重和保护，因为它可以祛除妖邪。在草原上，"拿小刀插入火中，或甚至拿小刀以任何方式去接触火，或用小刀到大锅里取肉，或在火旁拿斧子砍东西，这些都被认为是罪恶；因为他们相信，如果做了这些事，火就会被砍头"⑤。

作为游牧民族，自然要保护草场和牲畜，所以"草生而斫地者，遗火而爇草者，诛其家"；"篝马之面目者"也要受到处罚，甚至不许倚靠马鞭，不许用马鞭接触箭和捕杀鸟类。⑥

帐幕是草原居民的主要居住场所，入帐时不得脚触门槛和碰摸绳索等，

---

① 《蒙鞑备录》。《黑鞑事略》。《史集》第 1 卷第 1 分册，第 255 页。
② 李志常：《长春真人西游记》。
③ 《世界征服者史》，上册，第 241 页。
④ 《史集》第 1 卷第 1 分册，第 256 页。《黑鞑事略》。《出使蒙古记》，第 12、17、121 页。
⑤ 《出使蒙古记》，第 11 页。
⑥ 《黑鞑事略》。《出使蒙古记》，第 12 页。

"或带笠撞帐房，或脚犯户限，俱犯札撒"。在帐中，"食而噎者，口鼻之衄者"，皆为犯忌之举。"见郎主，鼻衄红涴穿庐毡席为第一罪，即拖犯者绕地三匝，众拳打死。""如果任何人吃入一口食物，由于不能咽下去，而把它吐出口外，那么，就要在帐幕下挖一个洞，把他从那个洞里拖出去杀死，决不饶恕。"[1]

除了上述禁忌外，淫奔者、偷盗者、说谎者以及拾遗者，都要受到严厉处罚，详情已见前述。

如果有人并非故意触犯禁忌，一般不做处罚，但要出钱给占卜者，举行涤罪仪式，即连人带物从两堆火中走过，以祓除不祥。

五　政府禁令

为保障统治民族的特权地位和维护社会生活纲纪，元朝政府颁布了一系列的禁令，其中与社会生活有关的大致可以分为治安、风化、屠禁与猎禁、食用禁和保护公共建筑五大类。

为强化社会治安，元朝政府制定了不少"禁例"，最突出的是对兵器管理、夜禁和民间"私斗"等所做出的规定。

为消弭民间反抗的因素，蒙古统治者从收缴民间武器入手，先将各地汉人的弓箭、刀枪、甲胄等强行拘收入官，随即又收缴了汉地的铁尺、"古朵又带刀子挂棒"、弹弓等可作为兵器的物械，并做出严格规定：汉人、南人禁止使用、制造、买卖和隐藏上述器械，违禁者严加治罪。供神时也不能使用真兵器，而以"土木纸彩假物"代之。甚至有人提出要没收"两股铁禾叉"，后被刑部以"铁禾叉系农家必用之物，既非军器，难以禁治"为由驳回。[2] 由于兵器之禁甚严，汉地往往有人被诬告违禁私藏、私造和"执把"兵器而突遭拘捕、杖打甚至杀身之祸。

元朝沿袭了前代的宵禁制度，"其夜禁之法，一更三点，钟声绝，禁人行；

---

① 郑思肖：《心史·大义略述》。《黑鞑事略》。《出使蒙古记》，第12页。
② 《元典章》卷35，《兵部二·军器》。《通制条格》卷27，《杂令》。

五更三点，钟声动，听人行；有公事急速及丧病产育之类不在此限。违者笞二十七下，有官者笞一下"①。夜间因公务外出之人，要执有官府的"信牌"。如世祖中统年间，"夜禁甚严，虑公干有碍，令有司置夜行白油木牌，非官府贵近，非此不敢辄出"②。请医、报丧之人，必须提灯而行。南方城市原来还有灯火管制，入夜后往来巡逻的士兵要察看是否有人在规定的熄灯时间内还在点灯，一经发现，即在其门上做出记号，第二天拘其至官府讯问，如系无故触禁，就要加以处罚。③ 至元二十九年（1292）六月，才因"江南归附已后一十八年，人心宁一，灯火之禁，似宜宽弛"，正式解除了灯禁。④ 其后，"诸江南之地，每夜禁钟以前，市井点灯买卖；晓钟之后，人点灯读书工作者，并不禁"。钟鸣必须以官府所掌钟鼓楼的报时为准，"寺院辄鸣钟者，禁之"⑤。

草原之俗，民不相私斗，但蒙古人、色目人来到中原、江南之后，往往因为安排食宿等问题与当地人发生争端，"汉儿人每多有聚集人众达达人每根底哄打有"。元廷明令禁止各族人相互殴斗，并且明确规定，蒙古人打汉人，汉人不得还手。汉人之间的斗殴及官员之间拳脚鞭杖相交，亦在禁止之列。⑥

元朝政府对社会上的"聚会"，限制甚严。除了"五岳四渎等载在祀典者，所在官司依例岁时致祭"之外，不许城邑、村坊、镇市游手好闲之人"聚集人众，祈赛神社，赌博钱物"；亦不准寺观僧道聚众观看"水陆斋戒大会"。至于跳神师婆在街市活动和"夜聚晓散"的"食用茶饭"和"众人唱词"等等，都明令禁止。到元朝中期，甚至连在村镇县城集众买卖的"集场"内"唱词聚众的勾当"，也被明令禁止，"首犯人决四十七下；禁治不严亲民州县正官，各决十七下；当该社长、主首、邻佑人等决二十七下；故纵者罪加一等"；"其余集场买卖人民、商旅、听唱人等，皆系蚩蚩愚民"，则可不罚。⑦

社会上常有一些恶少无赖，结聚朋党，"更变服色，游玩街市，乘便生事，抢掠客人笠帽，强夺妇人首饰，奸骗良人妻女，及于娼优构阑、酒肆之家乞取酒食、钱钞，因而斗殴致伤人命；或公然结揽诸物于税司、酒务、仓库，投托计嘱，故将官吏欺凌搅扰；或诈称巡捕人员，拦截往来客旅，夺要钞物"；"但遇嫁娶，纠集人众，以障车为名，刁蹬婚主，取要酒食财物，故将时刻阻误，

① 《元典章》卷57，《刑部十九·禁夜》。
② 王恽：《中堂事记》上，《秋涧先生大全文集》卷80。
③ 《马可·波罗游记》，第183页。
④ 《元典章》卷57，《刑部十九·禁夜》。
⑤ 《元史》卷105，《刑法志四·禁令》。
⑥ 《元典章》卷44，《刑部六·殴詈》。《通制条格》卷27，《杂令》。
⑦ 《元典章》卷57，《刑部十九·禁聚众》。

元代社会生活史

又因而起斗致伤人命"。元廷对这些聚众闹事的行为严令禁止，违令者按情节轻重受到"红泥粉壁识过其门"、"与木偶连锁巡行街衢"或杖责、迁徙等处罚。此外，民间还有一批富豪、泼皮，专事勾结官府，横霸一方，被称为"把持官府之人"。他们"每遇官员到任，百计钻刺，或求其亲识引荐，或略其左右吹嘘，既得进具，即中其奸。始以口味相遗，继以追贺馈送，窥其所好，渐以苞苴；爱声色者献以美色，贪财利者赂以玉帛，好奇异者与之玩器。日渐一日，交结已深，不问其贤不贤，序齿为兄弟，同席饮宴者有之，棋打双陆者有之，并无忌惮。彼此家人妻妾，不避其嫌疑，又结为姊妹，通家往还，至甚稠密。街坊人民见其如此，遇有公事，无问大小，悉皆投奔，嘱托关节，俗号'猫儿头'，又曰'定门'。贪官污吏吞其钩饵，惟命是听，欲行即行，欲止则止"。朝廷有一系列防止官吏与地方势力勾结狼狈为奸的规定，并宣布一旦发现此类事情，对当事人要严加惩罚。①

为"肃正"社会风气，元朝政府对宿娼、赌博以及所谓"十恶"做出了相应的规定。

元朝时期在城镇中"以色事人"的娼妓较多②，据说在大都即有娼妓25000人（还不包括暗娼），而在杭州城内的各个角落都能够看到献媚卖俏的妓女。③ 元朝政府并不限制一般人宿娼，但禁止官员有此等行为，一经发现，"其应府娼妓官吏与宿娼之人一体坐罪"。对"倡家"亦有所限制，"诸倡妓之家，辄买良人为倡，而有司不审，滥给公据，税务无凭，辄与印税，并严禁之，违者痛绳之"；倡家生育幼儿，需每季度会数上报中书省，严禁堕胎和溺婴等行为。④ 对社会上的通奸、强奸以及因奸杀人、放火等行为，亦根据犯者身份及情况的不同，制定了各种案例，依例断罪。⑤

元朝政府严禁赌博，特别颁发过诏旨，"禁约诸人，不得赌博钱物"。凡开张博房之家，"如摊场、钱物、赌具、筹牌证验明白"，钱物没官或赏给告发之人，犯人杖责77下或"流去迤北远田地里种田者"。未当场抓住的赌徒及赌徒辗转攀指，则不能作为定罪的证据。凡官吏参与赌博，立即罢免现任职务。⑥

① 《元典章》卷57，《刑部十九·禁豪霸》。《通制条格》卷27，《杂令》。《元史》卷105，《刑法志四·杂令》。
② 陶宗仪：《狎娼遭毒》，《连枝秀》，《南村辍耕录》卷11、12。
③ 《马可·波罗游记》，第97页。
④ 《通制条格》卷28，《杂令·差使人宿娼》。《元史》卷105，《刑法志四·禁令》。
⑤ 《元典章》卷45，《刑部七·诸奸》。
⑥ 《元典章》卷57，《刑部十九·禁赌博》。《元史》卷105，《刑法志四·禁令》。

受汉族道德观念的影响，元朝政府将谋反、谋大逆、谋叛、恶逆、不道、大不敬、不孝、不睦、不义、内乱定为"十恶"，犯恶者要严惩不贷。①

谋反、谋大逆、谋叛、大不敬等，意思大致相同，即危及国家安全和对皇帝不敬的各种行为，包括指斥乘舆、无人臣之礼、妖言妖书惑众、收藏禁书等，以及聚众起事、反抗朝廷等，凡犯者大多处以死刑。

不孝、不睦、不义、内乱，是专为维护汉人传统道德观念而设的禁令。"凡言诅詈祖父母、父母，及祖父母、父母在，别籍异财，若供养有阙；居父母丧，身自嫁娶"，以及居丧匿不举哀、不守丧丁忧、诈称祖父母、父母死，甚至在服内宿娼等，均为不孝，要因"败坏风化"而受到责罚。亲戚之间因家产等事殴斗、谋杀等行为，即为不睦。妇女夫死不守丧而图谋改嫁、虐待前妻儿女以及丈夫虐待其妻父母，均为不义之举。父奸子妻、兄奸弟妻、调戏媳妇、强奸亲女等，都被视为内乱。这些行为，也是"大伤风化"，犯者均要治罪。

恶逆和不道，则专指侵犯名分之事和各种残忍行为，如奴仆杀主人、下级谋杀上级及殴打、谋杀祖父母、父母和殴杀亲戚，以及肢解人体等，都在严禁之列。

除了已指明包括在十恶中的各种行为外，元朝政府还把下列行为视为有伤风化，严令禁止："自以短刀贯透其臂，血刃淋滴，行乞于市"；"因弄蛇虫禽兽，聚集人众街市货药"；"在都唱琵琶词货郎儿"；"抬迎木偶诸神敛取财物"；以及用图谶、魔魅、巫蛊等"异端之术"惑乱人众，书写匿名文书等行为。②

对于偷盗、诈骗、买卖人口等不法行为，和前代一样，元朝政府亦颁发过很多禁令和惩治条例，不需多述。

元朝政府还特别规定，严格禁止非医人制造和买卖毒药，如果有人用毒药、假药致伤人命，查出药物的买者与卖者，都要处死。在禁令中包括的毒药有砒霜、巴豆、乌头、附子、大蓟、莞花、梨蒌、甘遂、侧子、天雄、乌啄、莨菪子等十余种。③

遵循蒙古的传统风俗，元朝政府实行屠禁和猎禁，对牲畜的宰杀和捕猎野物有严格的规定。

屠禁，首先是规定了全国不许宰杀牲畜的日子。蒙哥汗时规定，每月初一、初八、十五和二十三日四天不得宰杀牲畜，到忽必烈时改为每月朔、望两

① 《通制条格》卷28，《杂令》。《元史》卷102，《刑法志三·诸恶》。《元典章》卷41，《刑部三·诸恶》。

② 《元典章》卷57，《刑部十九·杂禁》。《通制条格》卷28，《杂令》。

③ 《元典章》卷57，《刑部十九·禁毒药》。

日禁杀，但正月和五月各禁宰杀牲畜十日，皇帝"天寿节"亦禁杀生。仁宗时，又因为吐蕃喇嘛宣称三月八日、十五日为佛祖诞生、入涅槃之日，三日是仁宗出生日，所以特别规定三月一日至十五日禁杀半月。此外，遇自然灾害，朝廷还随时颁诏某一地区禁杀牲畜，连货卖猪、羊肉等亦一并禁止。①

屠禁还包括宰杀牲畜的方式和宰杀牲畜的种类等规定。蒙古人宰杀牲口的方式已见前述。在征服各国之后，统治者又将此种方式推行给各民族臣民。但是有的民族，如回回人，有自己宰杀牲畜的习惯，不吃不按习惯宰杀的畜肉，所以"不吃蒙古之食"。元朝政府特别下令，以"您是俺奴仆，却不吃俺底茶饭"不合规矩，禁止按回回法"抹杀羊做速纳"，规定他们"不拣是何人杀的肉教吃者"。对羔羊、母羊、耕牛等，不得随意宰杀；尤其是马匹，更不得任意杀戮，虽达官贵人亦不得杀马做宴会。②

蒙古统治者爱好狩猎，为保证狩猎时猎物充足，在非猎时间内严格禁止私猎野生动物，如北方地区禁猎虎、豹、野羊、鹿等，南方地区禁猎天鹅、鹆、鸨、鸭等。后来又有人建议江南禁猎燕、鸭，仁宗指出："江南百姓食用燕、鸭，养喉嗉急有，都禁了呵，他百姓每食用甚么？"未加批准。至于鹰、鹘等猛禽，乃是蒙古人狩猎时必用之物，也在禁捕之列。③

在农业地区狩猎和放牧，都要注意不得践踏庄稼和林木，在禁令中，亦有相应的规定。

汉族地区原有吃喝之风，"嫁女娶妻，不量己力，或作夜筵，看撰三二十道，按酒三二十桌，通宵不散"；为严肃夜禁，限制饮宴之风，元朝政府规定"止许白日至禁钟以前筵会，除聊备按酒，饮膳上中户不过三味，下户不过二味，无致似前费耗。其余筵会亦同此例，遍行禁约施行"。官场上的相互宴请，如"求仕官员或已受宣敕必须酬谢者，虽不显行赂遗，公然大设宴乐请托"，亦被禁止，如违反禁令，"当该官吏并求仕人员一体究治"。至于官吏到任及出使人员所至去处，"如亲戚故旧礼应追往之人，宾主宴乐理难断绝，其余不应饮用官吏筵会，浸渔官府，禁治相应"④。

元朝政府原有金银之禁，到仁宗即位后开禁，"听从买卖"，但仍然禁止商贾收买后舶出海外。⑤

---

① 《元典章》卷57，《刑部十九·禁刑》。《元史》卷105，《刑法志四·禁令》。《通制条格》卷28，《杂令·屠禁》。

② 《元典章》卷57，《刑部十九·禁宰杀》。

③ 《通制条格》卷27、28，《杂令》。

④ 《通制条格》卷27，《杂令·私宴·请谒》。

⑤ 《通制条格》卷27，《杂令·金银》。

对度量衡器械，元廷亦有严格的规定，禁止私造不合制度的斛、斗、秤、度，各地官府要定期检验当地器械，"较勘相同，印烙讫，发下各处，公私一体行用"。凡有作弊者，"捉拿到官，断决五十七下。亲民司县正官禁治不严，初犯罚俸一月，再犯各决二十七下"①。

元朝政府对庙宇及历代名人遗迹，持保护态度，规定"名山大川寺观庙宇并前代名人遗迹，不许拆毁"，并且不得在其内驻扎军马、理问词讼、亵渎饮宴和工匠造作。各地的著名佛寺、道观、文庙以及五岳、后土等祠庙，往往还有特别的诏旨加以保护。未经朝廷允许，各地亦不得改寺为观或者改观为寺。②

① 《元典章》卷57，《刑部十九·杂禁》。
② 《通制条格》卷27，《杂令·前代遗迹·文庙亵渎》。

第十五章

礼节

人们在社会交往中，往往要遵守一定的礼节。这些礼节，有的是民间约定俗成的，有的则是统治者强行规定的。元朝时期的宫廷和民间礼节等，基本上是中国传统礼节习俗的继承和发展，同时还包含了蒙古族及其他少数民族礼俗的种种因素。

从蒙古国到元朝，宫廷礼节发生了很大的变化。蒙古国时期的宫廷礼节，具有鲜明的游牧民族生活风俗特点，质朴简略；元朝时期的宫廷礼节，则是以中原传统的宫廷礼节为基础，并保留了蒙古国时期宫廷礼节的主要内容，具有中原、草原文化习俗的双重风格，各种规定也日趋繁琐。官场与民间的礼节，也因统治者带入了游牧民族和其他民族的文化和生活习俗，发生了不小的变化。就当时全国范围而言，官场的礼节是大致相同的，民间礼节则是各民族在大体保留自己传统风俗的前提下，多少都吸收了一些其他民族的礼俗。礼节，是社会生活的表象之一；元代礼节的因袭和变化，是新的大一统形势的产物。

一　蒙古国时期的宫廷礼节

蒙古建国之初，制度简朴，对于朝觐拜见及君臣议事等礼节没有严格规定，但是严守草原传统风俗中的禁忌，犯禁者要处以极刑。到窝阔台汗即位时（1129），耶律楚材依照中原王朝的传统习俗，制定了简单的册立仪礼，要求皇族大臣等都要列班进拜[1]，其他礼节则一如旧制。当时的蒙古宫廷礼节，体现在君臣称谓、忽里台仪制及朝觐班次等方面。

蒙古建国，"起自漠北，风俗浑厚质朴，并无所讳，君臣往往同名"[2]；"其称谓有小名而无姓字，必有所疑则改之"，"其自上而下，只称小名，既不曾有姓，亦无官称"[3]。当时在蒙古人之间，蒙古大汗的名字是毋需回避的。但是，大汗一旦有了尊号之后，臣僚即经常使用尊号，不再直呼他们的名字。如铁木真于1206年的忽里台上获得了"成吉思汗"的尊号，蒙古人从此即以此称称之，不再直呼其名[4]；汉人则称为"成吉思皇帝"[5]。窝阔台也是如此。在他即位时，群臣上尊号为"合罕"，以后人们则径称其为合罕，有时亦称"窝阔台汗"或"窝阔台合罕"[6]。这种情况同样适用于蒙古国时期的另外两个大汗贵由和蒙哥，不需赘述。

蒙古大汗的后妃，称为"合敦"（异译为"可敦"、"合屯"、"哈敦"、"合真"等），汉人则径称为"皇后"。在"合敦"之前，冠以本人的名字。为区别后妃的长次，多称大汗正后为"也可合敦"（"也可"是蒙古语音译，意为"大"）或"第一哈敦"（大皇后），其下各后则以数字为序，如在窝阔台死后"摄政"的脱列哥那，始终保持着"六皇后"的称谓，并未因政治地位的

---

① 《元史》卷2，《太宗纪》。
② 叶子奇：《草木子》卷3下，《杂制篇》。
③ 《黑鞑事略》。
④ 拉施特：《史集》第1卷第2分册，第208页。
⑤ 《蒙鞑备录》。
⑥ 志费尼：《世界征服者史》上册，第218页。

变化而改变称呼。①

　　成吉思汗家族即所谓"黄金家族"的男性成员，不论长幼，互相直呼其名。外人称呼他们时，则往往要在其名后加上"大王"或"王"的尊称，有的人后面则加"汗"的称谓，视其地位而定。随着时间的推移和中原文化的影响，有的蒙古宗王不再允许下属直呼其名；部分宗王、后妃死后，他们的名字需要回避。前者最突出的例子是拔都将醉酒后提到他名字的不里处死，后者最著名的例子是拖雷死后人们回避他的名字，改称为"也可那颜"（大官人）。②

　　大汗称呼自己的臣僚，无论是蒙古人、汉人，还是其他人，一般是直呼其名；但有时为了表示自己的宠爱，赐给一些人"答剌罕"、"拔都儿"（勇士）等名号，称呼其人时则带上相应的名号。③ 少数汉人也能获此殊荣，如真定人史天泽，即被授以"拔都"称号，联姓称为"史拔都"④。由于汉人和一些色目人的名字对蒙古人来说难记难称，统治者往往因其特征而起一个"国语"（蒙古语）名称。如契丹人耶律楚材，"身长八尺，美髯宏声"，即被成吉思汗呼为"吾图撒合里"，"盖国语长髯人也"，就是一个典型的例子。⑤

　　蒙古汗廷中的蒙、汉及其他民族臣僚之间，称谓没有过多的讲究。上司称呼僚属，多为直呼其名；反之则多以官称或尊号称之，以示尊重。"如管文书则曰必彻彻（必阇赤），管民则曰达鲁花赤，环卫则曰火鲁赤"⑥；掌管司法等务的则称"札鲁忽赤"，等等。汉人往往将一些官称对译成中原传统的官职，如将必阇赤视为"中书丞相"，把札鲁忽赤译为"断事官"等。有时大汗亦授予一些蒙古人中原官号，如成吉思汗曾授给木华黎"太师、国王"称号，蒙古人和汉人僚属就都以"太师"或"国王"来称呼木华黎。⑦ 此外，降附蒙古政权的中原人往往自命为都元帅、都提控及州、县守、令，"随所自欲而自盗其名"，"鞑主亦不晓官称之义为何也"⑧，更增加了称谓的混乱。窝阔台即位之后，开始加以限制，都元帅之称多授予掌管方面军事重任的探马赤官人，时人称之为"大帅"；汗人官员则分授万户、千户等职，同时保留了达鲁花赤、断事官等称呼，蒙古宫廷官员称谓混乱的情况稍有好转。⑨

---

① 蔡美彪：《脱列哥那后史事考辨》，《蒙古史研究》第 3 辑。
② 黄时鉴：《元代的礼俗》，《元史及北方民族史研究集刊》，第 11 期。
③ 韩儒林：《蒙古答剌罕考》，《穹庐集》，第 18—46 页。
④ 陶宗仪：《染发》，《南村辍耕录》卷 2。
⑤ 《元史》卷 146，《耶律楚材传》。
⑥ 《黑鞑事略》。
⑦ 《圣武亲征录》，贾敬颜先生校注本，第 200 页。
⑧ 《黑鞑事略》。
⑨ 详见史卫民：《蒙古国时期的探马赤军》，《中国民族史研究》第 2 辑。

"忽里台"是蒙古语 quriltai 的汉语音译，义为"聚会"，后来译为"大朝会"。忽里台在大斡耳朵举行，所有的蒙古贵族都有资格参加，共同讨论推举大汗、采取军事行动和宣布法令等国家大事。正因为忽里台具有如此重要的作用，所以很快形成了一套比较完整的仪制，并被蒙古统治者视为必须严格遵守的重要宫廷礼节。

　　忽里台会期确定之后，任何故意不到会或者迟到的宗王、贵族，都要受到严厉的处罚。来参加忽里台的人，必须按照规定地点扎帐、安置侍从和马匹、畜群，违令者也要受到处罚。

　　在举行忽里台的大帐中，大汗、宗王和后妃都有固定的座位。大汗与正后居中，宗王居右，后妃居左。这样的座序，早在成吉思汗时已经确定，不可更改。宗王的排列，则是大汗的兄弟、儿子在前，叔侄等在后。各级那颜（官人）按职务高低，依序排列，或坐或站。开会的时候，除了被指定的服侍人外，任何人不得随意走动。[1] 成吉思汗在位时，皇族成员之间不行跪拜礼。窝阔台即位前，耶律楚材制定"朝仪"，"皇族尊长皆令就班列拜"，恐蒙古宗王不愿就礼，耶律楚材对察合台说："王虽兄，位则臣也，礼当拜。王拜，则莫敢不拜。"察合台被耶律楚材说服，在举行忽里台时"率皇族及臣僚拜帐下"，从此以后即有了正式的"国朝尊属"拜礼。[2] 耶律楚材为此受到窝阔台的褒奖，甚是得意，后来在诗歌中用"明主初登极，愚臣敢进狂。九畴从帝锡，五事合天常。大乐陈金石，朝服具冕裳。降升分上下，进退有低昂"来表达当时的心境。[3] 蒙古人原来"左跪以为拜"[4]，到窝阔台即位时的跪拜则是双腿全跪。在波斯史学家志费尼所著《世界征服者史》中，收有一幅窝阔台即位时蒙古宗王们向他下拜的图画，很明显地看出宗王下跪的姿势是双膝着地。向大汗行跪拜礼时，还要脱掉帽子，把腰带搭在肩上，"九次以首叩地"[5]。另有记载说臣属要向大汗跪拜三次，向太阳跪拜三次。[6] 在大汗即位的忽里台上，还包括其他仪制，如由二位蒙古宗王扶持新君登上宝座，一位宗王"献盏"。扶持和献盏者往往是新君的兄弟或年长的叔伯，以表示"既有老成持重的赞助，又有鼎盛青春的扶持"；由珊蛮（巫师）主持拜日、告天等宗教仪式，由新君向贵族颁发赏赐，等等。[7]

————————————

①　《史集》第 2 卷，第 241—244 页。
②　《元史》卷 146，《耶律楚材传》。
③　耶律楚材：《和张敏之诗七十韵三首》，《湛然居士文集》卷 9。
④　《黑鞑事略》。
⑤　《世界征服者史》，第 295、673—674 页。
⑥　《史集》第 2 卷，第 30、175 页。
⑦　详见周良霄：《蒙古选汗仪制与元朝皇位继承问题》，《元史论丛》第 3 辑。

无论忽里台的内容是什么，宴饮总是少不了的。参加大宴的人，要按规定穿着同样颜色的质孙服。不按规定着装和不在规定位置就座者，均被视为破坏宫廷礼节的行为。

朝觐蒙古大汗，拉施特《史集》插图

成吉思汗在位时颁布了“大札撒”。以后凡召开忽里台时，必有近臣大声宣读“宝训”，成为一种固定的仪制。

臣服于大蒙古国的各国君主和各地方势力的首领，都要去觐见蒙古大汗，并要经常向汗廷派遣使者，贡献礼品和通报消息。未被征服的国家与地区的统治者，为摸清蒙古国的实力，亦经常派遣使者前往蒙古汗廷。前往汗廷的人要备有丰厚的礼物，除了献给蒙古大汗的礼品外，还要准备分给诸王、那颜乃至各种仆侍之人的礼物，否则就要受到冷遇。① 蒙古大汗很重视前来朝觐的人带来的礼品。如辽东的契丹贵族耶律留哥降附蒙古后，携子薛阁“奉金币九十车，金银牌五百”朝觐成吉思汗，成吉思汗大为高兴，指示部下“凡留哥所献，白之于天，乃可受”，于是“以白毡陈于前，七日而后纳诸库”，就是一个典型的例子。②

蒙古大汗接见朝觐者的次序，降附者按归降时间先后安排，但有时也有例外。如成吉思汗接见降臣时，规定“汉人先纳款者，先引见”；有人奏报济南人刘伯林“纳款最先”，成吉思汗乃言“伯林虽先，然迫于重围而来，未若（耶律）留哥仗义效顺也，其先留哥”③。未曾降附国家的使者，在到达蒙古汗廷后首先要受到严格的盘问，在搞清楚他们来使的意图后，由书记官（必阇赤）记下使者的名字和派遣他们前来的国家和君主的名称，然后安排这类使者一同面见大汗。能够进入大斡耳朵的使者人数，往往是很少的。

朝觐者在进入大帐之前，必须携带礼品穿过两堆点燃的火堆，将部分礼品投入火中焚化，并向矮树丛、已去世大汗的偶像及火行鞠躬礼，以祛除不祥。违抗这些礼节的人要被处以极刑。斡罗思公爵米克勒即因为不愿向成吉思汗偶像鞠躬而遭此厄运。朝觐者进帐前要彻底搜身，防止他们将武器带进去，并被告知不能触碰门槛、绳索等物，违禁者也要受到处罚。

朝觐者入帐之后，书记官在皇帝、贵族面前高声唱名，列数被接见人的名称等。唱名完毕，觐见者依次向蒙古大汗跪拜，来访的使者似乎只跪左膝。在向大汗陈说来由时，不经允许，朝觐人不能站起来，只能跪着说话，蒙古国的臣民亦不例外。④ 在大帐里，一般是不给被接见人准备座位的，如蒙大汗“赐座”，乃为一种殊荣。如泰安长青人严实，1230 年朝觐窝阔台汗于“牛心之帐殿”，窝阔台赐其座，“宴享终日”，“宠以不名”，并目之为“福人”，想见当时很少有人能得到这种荣誉。⑤

————————————

① 《出使蒙古记》，第 27、62—63 页。
② 《元史》卷 147，《耶律留哥传》。
③ 同上。
④ 《出使蒙古记》，第 10—13、62、67、73—74、144、167—168 页。
⑤ 元好问：《东平行台严公神道碑》，《遗山先生文集》卷 26。

为表示大汗的尊严，在大汗吩咐觐见者说话之前，他们是不允许开口讲话的，并要求他们在陈述事由时言简意赅。来自西方的传教士记道："鞑靼皇帝从来不亲自对一个外国人说话，不管他是多么重要的人物；他只是听着，然后通过一个中间人给予回答。"这种情况大约同样适用于来自中原的人。因为语言的障碍，蒙古大汗需要通过翻译来进行必要的回答。"在皇帝宣布了他的决定之后，任何人要对任何事情提出任何意见，是不可能的，也是风俗所不允许的"①。

二 元朝的宫廷礼仪制度

蒙古国时期形成的宫廷礼节，在中原汉儒看来显得杂乱无章，有损大国威严。到忽必烈即位后多年，仍是"宫阙未立，朝仪未定。凡遇称贺，臣庶无问贵贱，皆集帐殿前。执法者厌其多，挥杖击之，逐去复来，顷刻数次"②。服侍于蒙古宫廷的汉儒深以为虑，认为"今四海一家，万国会同，朝廷之礼不可不肃"，多次请求制定朝仪③，并终于在至元六年（1269）正月获得忽必烈的同意，由刘秉忠、孛罗奉旨，"命赵秉温、史杠访前代知礼仪者肄习朝仪"。不久，刘秉忠以二人习礼太少，又增加儒生八人，"从亡金故老乌古伦居贞、完颜复昭、完颜从愈、葛从亮、于伯仪及国子祭酒许衡、太常卿徐世隆，稽诸古典，参以时宜，沿情定制，而肄习之，百日而毕"。刘秉忠还请准收集乐工、乐器，备朝礼使用。④ 当年十月，"定朝仪服色"。次年二月，忽必烈在行宫"观刘秉忠、孛罗、许衡及太常卿徐世隆所起朝仪"。八年二月，立侍仪司；四至七月，"造内外仪仗"。八月，值忽必烈诞辰，"初立内外仪及云和署乐位"，正式开始使用朝仪。"自是，皇帝即位、元正、天寿节，及诸王、外国来朝，册立皇后、皇太子，群臣上尊号，进太皇太后、皇太后册宝，暨郊庙礼成、群臣朝贺，皆如朝会之仪。而大飨宗亲、锡宴大臣，犹用本俗之礼为多。"⑤ 所谓

---

① 《出使蒙古记》，第 66 页。
② 《元朝名臣事略》卷 12，《王磐事略》。
③ 《元朝名臣事略》卷 12，《徐世隆事略》。
④ 《元史》卷 67，《礼乐志一·制朝仪始末》。
⑤ 《元史》卷 6、卷 7，《世祖纪三、四》，卷 67，《礼乐志一》。

本俗之礼，就是蒙古国时期形成的宫廷礼节。以皇帝即位大典而论，仍然是先俟蒙古宗王以"国礼"扶皇帝登上宝座之后，才能按汉制演礼受朝。凡属"国礼"，汉人一般是不能参加的。

朝仪制定之后，不断完善，加之蒙古旧俗的存留，宫廷礼节在元朝时期较蒙古国时期有了较明显的变化，从国号、年号、帝号、殿堂规矩等方面都可看出变化。

蒙古人原来记时方法简单，"但是草青则为一年，新月初生则为一月。人问其庚甲若干，则倒指而数几青草"。后经汉人、契丹人、女真人灌输，改用"十二支辰之象，如子曰鼠儿年之类"，"称年号为兔儿年、龙儿年"。到1220年，始用"六甲轮流"，"如曰甲子年正月一日或卅日"①。1220年是庚辰年，次年为辛巳年，直到忽必烈即位前，均以此法纪年。庚申年（1260）五月，忽必烈建元中统，宣布"建元表岁，示人君万世之传；纪时书王，见天下一家之义"②。此后，人们在正式场合均使用蒙古皇帝所建年号。全国统一后，原来的南宋臣民也改用元朝年号，仍沿用宋年号者即被视为反抗朝廷。

蒙古国时期的国号为"大蒙古国"，汉人书写时往往使用"大朝"的称呼。③至元八年十一月，忽必烈改国号为"大元"，此后书写与称呼国号，必联称"大元"，"不可单用"，即不能像称汉、宋一样单称为元。④

至元三年（1266）十月，太庙建成，乃定立"祖宗世数，尊谥庙号"，确定了烈祖（也速该）、太祖（成吉思汗）、太宗（窝阔台汗）、睿宗（拖雷）、定宗（贵由汗）、宪宗（蒙哥汗）等庙号，后来又明确规定拖雷称为"太上皇也可那颜"⑤。自忽必烈起，每个皇帝死后，既谥以蒙古语庙号，又谥以汉语庙号。忽必烈的汉语庙号为"世祖"，蒙古语庙号为"薛禅皇帝"。嗣后的皇帝庙号则有成宗完泽笃皇帝、武宗曲律皇帝、仁宗普颜笃皇帝、英宗格坚皇帝、明宗护都笃皇帝、文宗札牙笃皇帝，等等。⑥

在定立庙号之后，又正式规定回避御名，"不拣谁自的勾当里，争竞唱叫、折证钱债其间里，不拣甚么田地里，上位的大名体题者。那般胡题着道的人，口里填土者。教省官人每随处省谕者"。至大元年（1308）正月，又规定更改

① 《黑鞑事略》、《蒙鞑备录》。
② 王鹗：《中统建元诏》，《元文类》卷9。
③ 详见萧启庆：《说"大朝"：元朝建号前蒙古的汉文国号——兼论蒙元国号的演变》，《蒙元史新研》，允晨文化实业股份有限公司1994年版，第23—47页。
④ 陶宗仪：《碑志书法》，《南村辍耕录》卷5。
⑤ 《元史》卷6，《世祖纪三》；卷74，《祭祀志三·宗庙上》。
⑥ 详见黄时鉴：《元代庙制的二元性特征》，《元史论丛》第5辑，第131—135页。

过去奏章文书中"犯着上位名字"的字眼。① 现行表章等自然严格实行"御名、庙讳必合回避"的规定。汉人等起草圣旨、奏报表章、行送公文以及书写碑志等，均遵用各朝皇帝庙号，对在位皇帝则尊称"今上皇帝"。在蒙古文诏书中，则多用蒙古语庙号，或者沿用蒙古国时期的汗号，间或杂用汉文庙号。② 藏文文书等也是如此。③ 臣僚觐见皇帝时，称皇帝为"圣上"，皇后、宗王的称谓则与蒙古国时期大致相同。

需要说明的是，元朝的避讳并不是很严格，"虽有讳法之行，不过临文缺点画而已，然亦不甚以为意也。初不害其为尊，以至士大夫间，此礼亦不甚讲"④。

在新定立的朝仪中，公服入朝和不许"阑入"是两项重要的内容。自至元六年确定朝仪服色后，即明确规定了"正旦朝贺公服拜入"。仁宗皇庆二年（1313）二月，又宣布"公服乃臣子朝君之礼，今后百官凡遇正旦朝贺，候行大礼毕，脱去公服，方许与人相贺"，也就是禁止官员身着公服会见客人。⑤ 至元八年，太常少卿王磐上奏："按旧制，天子宫门不应入而入者，谓之'阑入'，由外及内，罪轻重各有差。宜令宣徽院籍两省而下百司官姓名，各依班序，听通事舍人传呼赞引，然后得进。有敢越次者，殿中司纠察罚俸。不应入而入者，宜准阑入治罪。"这一建议被采纳，定入朝仪之中。⑥ 此外，还有明确规定："诸随朝文武百官，朝贺不至者，罚中统钞十贯，失仪者罚中统钞八贯。"⑦ 在皇帝上朝的时候，和历代王朝一样，殿上有执鸣鞭、劈正斧者，亦有掌玉玺的"典瑞"和司记事的"起居"等官员。⑧ 不同的是，元朝殿堂上还站着肩负骨朵的"云都赤"等怯薛近臣。"国朝有四怯薛太官。怯薛者，分宿卫供奉之士为四番，番三昼夜。凡常之饮食、诸服御之政令，怯薛之长皆总焉。中有云都赤，乃侍卫之至亲近者，虽官随诸朝司，亦三日一次轮流入直。负骨朵于肩，佩环刀于腰。或二人、四人，多至八人，时若上御控鹤，则在宫车之前；上御殿廷，则在墀陛之下，所以虞奸回也。虽宰辅之日觐清光，然有所奏

① 《通制条格》卷8，《仪制·臣子避忌》。
② 《元典章》卷28，《礼部一·进表》，"表章回避字样"条。
③ 详见陈庆英、史卫民：《大蒙古王统综述——〈汉藏史集〉节译并注释》，《蒙古学资料与情报》1987年第1期。
④ 叶子奇：《草木子》卷3下，《杂制篇》。
⑤ 《通制条格》卷8，《仪制·公服私贺》。
⑥ 《元朝名臣事略》卷12，《王磐事略》。
⑦ 《元史》卷105，《刑法志一·职制上》。
⑧ 《元史》卷80，《舆服志三·班序》。

请，无云都赤在不敢进。"① 除了这些新增的内容外，蒙古宫廷的旧有礼节，尤其是在斡耳朵中宴饮、聚会的一系列规定，仍然要遵守。

在与吐蕃宗教领袖的交往中，有些礼节不好处理。元朝皇帝以吐蕃宗教领袖为帝师，帝师自然不能像臣民一样向皇帝俯首跪拜；皇帝作为一国之尊，亦不能屈居帝师之下。忽必烈在即位之前，拜吐蕃萨斯迦派教主八思巴为师，听从察必的建议，同意"听法人少时，上师可坐上座，吐蕃之事悉听上师之教，不与上师商量不下诏书。其余大小事项，因上师心慈，难却别人之请，不能镇国，上师不必过问"②。忽必烈即位后，以八思巴为帝师，仍然奉行这一原则，"于是帝师之命，与诏敕并行于西土。百年之间，朝廷所以敬礼而尊信之者，无所不用其至。虽帝后妃主，皆因受戒而为之膜拜。正衙朝会，百官班列，而帝师亦或专席于坐隅"③。"累朝皇帝，先受佛戒九次，方正大宝。而近侍陪位者，必九人或七人，译语谓之'暖答世'"，后来成了元朝的"国俗"④。

八思巴会见忽必烈，西藏自治区日喀则市德钦颇章宫壁画（选自《中国古代史参考图录》）

① 陶宗仪：《云都赤》，《南村辍耕录》卷1。《元史》卷79，《舆服志二·仪仗》。
② 《萨迦世系史》，第88—90页。
③ 《元史》卷202，《释老传》。
④ 陶宗仪：《受佛戒》，《南村辍耕录》卷2。

给皇帝及皇室成员讲授经、史的儒师，也受到尊重，到元朝中期形成了固定的"经筵"制度。① 讲解者均设专席。顺帝朝时，又专为太子开设端本堂，"以处太子讲读"。"端本堂虚中座，以俟至尊临幸。太子与师傅分东西向坐授书，其下僚属以次列坐。"② 皇帝、太子受业时，禁止侍从大声喧哗扰乱。如在端本堂读书的太子爱猷识理达腊，虽然不喜爱儒学，酷好佛法③，但一日"近侍之尝以飞放从者，辄臂鹰之廊庑间，喧呼驰逐，以惑乱之，将勾引出游为乐。太子授业毕，徐令左右戒之曰：'此读书之所，先生长者在前，汝辈安敢亵押如此，急引去，毋召责也。'众皆惊惧而退"④。儒学的地位在元代低于佛法，但"隆师重道"在宫廷礼节中还是不可动摇的。

元代的诏旨，有汉文、蒙古文两种。蒙古文诏书，均"硬译"成汉文。原文用汉文写成的诏书，格式与唐、宋诏旨大致相同。经过硬译的诏文，则另有一套格式。⑤ 诏谕吐蕃的诏书，又略有不同。"每帝即位之始，降诏褒护，必敕章佩监络珠为字以赐"；"以粉书诏文于青缯，而绣以白绒，网以真珠，至御宝处，则用珊瑚。遣使赍至其国，张于帝师所居处"⑥。

对官员的宣敕，入元后也有了一定的规定。"元之宣敕皆用纸。一品至五品为宣，色以白；六品至九品为敕，色以赤。虽异乎古之诰敕用织绫，亦甚简古而费约。"⑦ 偶尔还有"天子特以御罗亲书墨敕"召老臣赴阙，则被视为殊荣。⑧

世祖至元元年（1264）七月，"定用御宝制，凡宣命，一品、二品用玉，三品至五品用金。其文曰'皇帝行宝'者，即位时所铸，惟用之诏诰，别铸宣命金宝行之"。六年四月，"制玉玺大小十钮"⑨。诸王、官员的印章亦相继制造颁发。印章的等级不同，以表示所持者身份的高低。"一品衙门用三台金印，二品、三品用两台银印。其余大小衙门印，虽大小不同，皆用铜。其印文皆用八思麻（即八思巴）帝师所制蒙古字书。惟宣命之宝用玉，以玉筋篆文。"⑩ 近年来出土的文物，使我们对当时的印章制度有了更多的了解。1958 年，在内

① 详见张帆：《元代经筵述论》，《元史论丛》第 5 辑，第 136—159 页。
② 《元史》卷 42，《顺帝纪五》。陶宗仪：《后德》，《南村辍耕录》卷 2。
③ 权衡：《庚申外史》。
④ 陶宗仪：《端本堂》，《南村辍耕录》卷 2。
⑤ 详见亦邻真：《元代硬译公牍文体》，《元史论丛》第 1 辑，第 164—178 页。
⑥ 《元史》卷 202，《释老传》。陶宗仪：《诏西番》，《南村辍耕录》卷 2。
⑦ 叶子奇：《草木子》卷 3 下，《杂制篇》。
⑧ 孔齐：《议立东宫》，《至正直记》卷 1。
⑨ 《元史》卷 5、卷 6，《世祖纪二、三》。
⑩ 叶子奇：《草木子》卷 3 下，《杂制篇》。

蒙古自治区乌兰察布盟武川县东土城五家村出土了"监国公主行宣差河北都总管之印"。这方铜印，是蒙古国时期制造的，授予嫁给汪古部首领的成吉思汗三女阿剌海别乞。印长 10.8 厘米，宽 10.7 厘米，厚 1 厘米，高 6.3 厘米，重 1400 克。印钮上刻有"上"与"王"字。印文阳刻叠篆，汉文 3 行 14 字，印中心有蒙古文二行。① 入元之后的官府印章，印文多为八思巴字，在印的背后刻有汉文。如内蒙古自治区昭乌达盟（现为通辽市）元鲁王城出土的"中书分户部印"，为方形铜印，长 8.3 厘米，宽 8.1 厘米，厚 1.7 厘米，高 7.2 厘米；印钮上刻有"上"字。印文阳刻八思巴文篆书 3 行，印背后右侧刻汉字"中书分户部印"1 行，左侧刻"中书礼部造"和"至正二十五年（1365）四月日"2 行。又如 1956 年春季内蒙古自治区伊克昭盟（现为鄂尔多斯市）准格尔旗纳林发现的"兀良海牙百户印"，长 6.2 厘米，宽 6.1 厘米，印文为八思巴字，印章背面右侧刻汉文"兀良海牙百户印"1 行，左侧刻汉文"礼部造至正二十三年"1 行。再如"左卫阿速亲军百户印"，印章背面右侧刻汉文"左卫阿速亲军百户印"2 行，左侧刻"中书礼部造"和"元统三年六月　日"2 行。其他如 1958 年云南省西双版纳勐遮出土的"勐甸军民官铜印"，1965 年北京市出土的"提举诸路通行宝钞印"等，也都是八思巴文印章。②

制定朝仪，丰富宫廷礼节，目的在于"朝觐会同，以正大位，以统百官，以驭天下；锡赉宴飨，以睦宗戚，以亲大臣，以裸宾客"③。元朝统治者将新、旧两套礼节结合起来后，这一目的基本上达到了。

三　官场礼节

入仕为官，官场的一套送往迎来、公差办事的"礼数"，不能不谙熟。元朝建立之后，定立了各级官衙的官吏数额、官员的职名与品秩、俸禄，并对官

---

① 详见丁学芸：《监国公主铜印与汪古部遗存》，《内蒙古文物考古》第 3 期，第 103—108 页。
② 内蒙古自治区文物工作队编：《内蒙古出土文物选集》，文物出版社 1963 年版，第 115 页。中国历史博物馆编：《中国古代史参考图录·宋元时期》，上海教育出版社 1991 年版，第 136—137、178 页。
③ 《经世大典序录·礼典总序》，《元文类》卷 41。

员的"职制"做出了具体规定，包括各级官员的职掌、考课、任免等内容，其中即包含了一些为官任吏的一些基本礼节。还有一些在官场使用的礼节，因为从前朝沿用下来，或已约定俗成，则没有定入职制之中。

元朝官员，除洋洋大观的正式职名、文武散官衔外，还有一些通用的称呼。如正官、长官，专指"诸司为头之官"和"诸司长上之官"，实为一意。又如官长，乃为"一方一所官之通称"；长吏，为"牧守通称"；长贰，乃"正官、相副官总名"。再如佐贰，"谓相副协赞之官也"；幕职、幕僚，"即相副以下之官也"。另外，还有牧民官、守土官、捕盗官、巡捕官等称呼。① 这些称呼，在诏旨、宣敕、公文中经常出现，文人记事、写传、题碑、撰志时亦经常使用。但是在正式场合里，如升堂理事、参加朝庆典礼、奏报表章等，各级官员都使用正式职名并在必要的时候书写或唱出自己的名字。文人为官员在书写碑传时，要联举散宫衔和职名，已去职者加上"前"字，已去世者则加"故"字，并明书姓某讳某，以示尊重，对蒙古、色目官员也不例外。在非正式场合，熟识的官员之间可置官职不顾，相互以字、号称之。官员往往自称"本官"，下属则要称之为"大人"。

元代的吏，名目多达 30 余种②，也有一些通用的称呼。如公吏，乃"公人、吏人之通称"；吏人专指"请俸掌管文书者"，公人则指"仓库秤稻、诸司祗候、公使、禁卒之类"。又如人吏，"谓无俸贴书之吏"。再如首领官，指吏员的首领，等等。③

自中书省建立之后，对中央和地方官员的要求日益严格，并形成了一套"公规"和相应的礼仪规定。

作为朝廷命官，自然要在公堂处理公务。元朝官员办理公务，称为"治事"或"视事"，形式是"官吏聚会"，"圆坐署事"。所谓"圆坐"，就是在公厅摆定官员座次，"长官正座，佐贰分东西对座，幕职稍却，亦分东西对座，各入案治事如常仪。如长官系亲王、前宰执，佐贰官以下递降一等"。各官府官员职务相同者，以先授职之人的座位居上。④

各级机构处理所掌事务，亦有固定程序和礼仪。以中书省为例，中书省宰相每日都要共同议事，制定各种政策、措施，报请皇帝批准。这里面包括了两个程序，一是中书议政，二是入宫奏事。中统二年（1261）中书省定立的十条省规，对议政和奏事有了明确的规定：

———————————

① 徐元瑞：《吏学指南·官称》。
② 详见许凡：《元代吏制研究》，劳动人事出版社 1987 年 4 月版。
③ 徐元瑞：《吏学指南·吏员》。
④ 《元典章》卷 13，《吏部七·公规》。

（1）三日一奏事，军国急务不拘于此限；

（2）置勤政簿，凡公议决定之事均载于簿内，翻译时不得增减；

（3）定时"圆议"事务，由首领官先排定需议事项，逐项讨论；事关重大且意见不同时将实情禀奏皇帝；

（4）圆议时一般不需下属吏员回避，如果事关机密，无关人员退出；

（5）同僚日出时到省，中午离省，十天休息一次，遇急务不拘此限；患病者需报知省官，以免耽误议事；

（6）省官和属官各家不许接受词讼公文；

（7）如遇缺员情况，圆议公选不许用门下人补充；

（8）省府译史有定额，不得滥补；

（9）奏事时各带译史一员；

（10）公议时应避开当事人，决定后再面答及下达命令。

除省规外，还确定了公文署押和上下行文的程序。省府公文署押，右丞相和左丞相"五日轮番一秉笔，长官从上押右者处外边，一左一右，依次而下"。六部呈报的公文，"左右司官议定可否，粘方帖于部呈，上书送字，得都座准议，省杂批钧旨于后，其左右司元书送帖亦不揭去，用省印传其上，盖上下互为之防，然后送部施行"。此外还规定"今后应奉朝旨，如无御宝并印信文字，不得辄行"①。

宰执共同议政，各抒己见，所议方案最后一般由丞相敲定。"自中统建元以来，中书省官少即五六员，多则七八员，列坐一堂，凡政事议行之际，所见异同，互相轩轾，待其国相可否之，然后为定。"② 如有不同意见，争执不定，宰执可"各具奏禀"，但这种情况并不常见。议定的事务，由首领官起草文件，宰执自上而下相继签署，没有丞相的最后署定便不能生效。

宰相入宫奏事，有严格的制度限制。除了皇帝的贴身怯薛云都赤必须在场外，御史台属宫殿中侍御史，要随同奏事大臣一同进宫，"凡不可与闻之人，则纠避之"，为防止泄密而限制奏禀现场人员。③ 掌起居注的给事中，也在现场，"随朝省、台、院、诸司凡奏闻之事，悉记录之"④。

宰相奏事后，皇帝下达旨意。宰相认为不当的旨意，可以覆奏，又称为封驳。中统四年（1263）八月，世祖规定"诸臣传旨，有疑者须覆奏"⑤。有元

① 王恽：《中堂事记》中。

② 《元朝名臣事略》卷7，《史天泽事略》。

③ 《元史》卷86，《百官志二》；卷102，《刑法志二》。

④ 《元史》卷88，《百官志四》。

⑤ 《元史》卷5，《世祖纪二》。

一代，在人事、赏赐、用刑等方面，都曾有过宰相封驳的事例。

重大国策的决定，中书省官员需和枢密院、御史台等机构的长官"集议"，然后将商定事项呈报皇帝。如集议中存在不同意见，或者有人奏报中枢机构官员有不轨行为，允许"廷辩"，即在皇帝面前各自申诉理由，理屈词穷者谓之"款伏"①。在宫廷中能够展开辩论，有时言词激烈（尤其是在弹劾所谓"奸臣"、"叛臣"时），较之蒙古国时期的臣僚简单陈情，确实是一种进步。

地方官员也实行聚会制度，每日官员应在衙门相聚，讨论有关财赋、刑狱、治安、农桑等方面的问题。按照规定，"诸官府皆须平明治事，凡当日合行商议、发遣之事，了则方散"。但是，不少官员无视这一规定，"各处总司、路、府官员，日高聚会，未午罢散，及因在城，一时差委，不行署事。又有一等官员，非时游猎，耽误公事"。中书省特别规定各地官员无故不聚会者，第一次罚俸，第二次答七下，第三次答十七下，再不改则罢职。②

官员上表章、行公文，要遵守一定的格式和程序。各官府五品以上官员进表章，都要用蒙古字书写，以汉字为副本。汉字必须写楷书，"每幅六行或七行，后一幅三行或五行，每行不限字数"。各官府所进贺表，严禁冲犯庙讳御名。各行省、各宣慰司等，除了在节日诞辰向皇帝进贺表外，不需向诸王进表。表章内除避讳皇帝名字外，原来还规定了160多个"凶恶字样"，如极、化、亡等，均要回避，至仁宗时才宣布不需回避。"诸内外百司呈署文字，并须由下而上论定而后行之。"论定后的表章，必须标明日期，官员按品级大小先后署押，照规定加盖印章；中书省臣出任外省官，向省部行文，书姓不书名。表章"第一幅前用贴黄押，下边用印，末后年月日上及背缝亦用印"；封皮上题"上进谨封"，也要加印贴黄。表章外"以红罗夹复"，笺则以"梅红罗单复"。外地官员进表，还要用"表匣"盛放奏章。③

官员还有一套送往迎来的礼仪规定，大致包括节庆拜贺、迎拜诏赦宣敕等内容。

每逢节庆日，尤其是每年正旦和天寿节（皇帝寿辰），中央乃至地方官员均要身着公服参加庆典。这既是官场的重要礼仪，也成为一种岁时风俗。都城官员参加朝廷庆典，各地官员则要自己组织庆典。在地方庆典中，都有"班首"之设，以守土正官为之，暂时"征行戍守"的军官，品级高于守土官者，亦列序于守土官之后。举行庆典之日，各地方官府在清晨即"望阙置香案，并

_____

① 《元史》卷205，《卢世荣传》、《桑哥传》；卷206，《王文统传》。
② 《元典章》卷13，《吏部七·公规》。
③ 《元典章》卷14，《吏部八·公规二·行移·案牍》。《元史》卷102，《刑法志一》。

设官属褥位"。班首"率僚属、儒生、耆老、僧道、军公人等"叙班立定，齐跪拜一次，然后班首前跪，上香祝赞后复位，领众人再拜，"舞蹈叩头，三呼万岁"，公吏人等相应高呼，又拜二次后即礼毕，"卷班就公厅设宴而退"。在所谓的"圣节本命日"，各地官员往往"必就寺观中将僧、道祝寿万岁牌迎引至于公厅置位，或将万岁牌出其坊郭、郊野之际以就迎接，又必拣选便于百姓观看处所安置"，然后官吏率领僧道置备鼓吹、百戏夹道抬牌而行。典礼后的筵席，"荤素不一，所需物色，官吏虽名俸钱内自备，所费既多，因而取巧于民"。按照政府的规定，"钦遇圣主本命日，所在官吏率领僧道、纲首人等，就寺观行香祝延圣寿"。抬着万岁牌等游行，不免有"亵渎"之嫌；筵席费用取之于民，则"侵扰百姓"，所以这两种做法均被元廷明令禁止，但实际上是无法禁绝的。①

接送颁发诏赦宣敕的使者，是官场的重要仪式，马虎不得。接送使者及开读诏文的时候，官员均要身穿公服，"偏带俱系红鞓"，执笏；"未入流品"的吏员，也要按规定着装。迎接诏赦和宣敕的仪式略有不同，现分述于下。

各地迎接诏书，"送诏赦官到，随路先遣人报，班首即率僚属吏从人等，备仪从、音乐、彩舆、香舆，诣郭外迎接。见送诏赦官，即于道侧下马，取诏赦，恭置彩舆中。班首诣香舆前上香讫，所差官上马在彩舆后，班首以下皆上马后从，鸣钲鼓作乐前导，至公所，从正门入"。公庭中早已有人备好了诏赦案和香案，望阙摆定，并依次放好了官员的褥位，送诏官的褥位设在案的西面。来官取诏赦置于案上，彩舆、香舆退出。来官口称："有制，赞。"班首率僚属列拜，上香，再拜。随后来官将诏赦交给知事，知事跪接，指命司吏二人奉诏宣读，在位官员皆跪听，读毕复置诏赦于案，班首等再拜，舞蹈叩头，三呼万岁，仪制同节庆仪典时相同。这些仪式完成之后，班首以下与送诏赦官相见于厅前。送诏使命完成，来官启行，班首率僚属公吏人等备音乐送至城门外。

宣敕的对象不同，排场大不相同。受宣命时，排场和迎接诏赦时一样。受宣者多是在任各衙长官或次官，预先得到通知后，率僚属等备仪从、音乐和彩舆、香舆出城迎接使者。望见使者，即于路旁下马，使者亦下马取宣置于彩舆中，受宣官至香舆上香后，称未受宣命，不敢参见。其后的仪制与受诏赦时一样，使者跟在彩舆后，受宣官随行，鸣鼓奏乐，从正门进入公堂。受宣者如果是闲居官，即无郊迎之制，使者至公馆后，遣人前往其家报知，受宣者则在家恭候。至给宣之日，先于本宅起鼓乐仪从，前往公馆迎接使者，然后入公堂。

---

① 《通制条格》卷8，《仪制》。《元典章》卷28，《礼部一·礼制一》。

公堂亦设就宣命案、香案和褥位，使者褥位在案西。使者取宣置案上，至其褥位站立，受宣官在望阙褥位站定，赞拜上香，使者口称："有制赐卿宣命。"受宣人再拜跪接宣命，自阅后置怀中，率众舞蹈叩头。然后，受宣者近使者前跪问圣躬万福，使者躬答圣躬万福，导引使者与僚属见面。

受敕的礼仪简单得多。受敕者于其日着公服赴公堂，闲居官则着服设案于家宅正厅。送敕官来后，跪拜受敕的程序与受宣者相同。

有的使者、送诏官过早遣人报信，难免会使迎接官员具公服、鼓乐空等数日；加之来往使臣过多，过往的蒙古宗王、公主、驸马等亦要官员迎送，使得"管民官、看守城子里军官每撇下勾当，每日则迎送使臣"的现象非常普遍。元廷不得不做出规定，凡送诏敕宣敕的官员、使者，必须先约定到达时间，通知有关人员迎接；与本衙门无关的诏宣等，官员不需迎送；行省官员只迎送诏敕和宗王，其余不用迎送；其他官衙则只需差官一员迎送过往宗王、公主、驸马，其他路过使者则不需迎送。[1]

新官到任之后，要去参见上司，称为"公参"。元朝政府划定的公参距离是"距上司百里之内公参，百里之外者免；上司辄非理徵会稽失公务者禁之"[2]。

监察机构的官员出巡，亦有一定的礼仪规定。"廉访司官分巡州县，每岁例用巡尉司弓兵旗帜金鼓迎送，其音节则二声鼓一声锣"。押解犯人也用巡尉司金鼓，音节为一声鼓一声锣。有人曾作诗嘲道："解贼一金并一鼓，迎官两鼓一声锣。金鼓看来都一样，官人与贼不争多。"[3]

除了上述礼节必须遵守外，元代对官员还有不少规定，如不许接受下属礼物、禁止穿公服祭祀家庙等，也属于礼节的范围。

四　民间礼节

民间人士在家庭生活和社会交往中，为表现尊卑亲疏关系，亦有一套完整

---

① 《通制条格》卷8，《仪制·贺谢迎送》。《元典章》卷28，《礼部一·迎送》。
② 《元史》卷105，《刑法志一·职制上》。
③ 叶子奇：《草本子》卷4上，《谈薮篇》。

的礼节。这些礼节，多数是各民族传统习惯的承继，少数则来自当时其他民族礼俗的影响。

在各民族的家庭生活中，都有一些基本的礼节。尤其是汉族家庭，重视尊卑长幼和男女之别，在家庭礼节上表现得极为突出。

汉族家庭讲究"食必先家长"，通过饮食的先后来突出家长的独尊地位。"人家饮食，必先家长，至于一房亦然，则使幼者渐知礼义，家道日兴矣"。家长之下，饮食亦有节序，以孔齐所述自家情况为例，"吾家向日饮食，惟先人以无齿别炊烂饭，余必先奉先妣，然后分与子弟及诸妾与婢；其厮仆则在外厨，与农夫同膳也。至如先生之馔，则先妣之外，即分置一器及羹一，器备于先生，欲使众人知所敬在主翁之次也"①。

由食先家长可引出子孙奉养父祖之礼，可以举出京兆兴平人萧道寿为代表。道寿有八十老母，"每旦，候母起，夫妇亲侍盥栉。日三饭，必侍母食，然后退就食。至夕，必侍母寝，然后就寝。出外必以告，母许乃敢出。母或怒，欲罚之，道寿自进杖，伏地以受。杖足，母命起，乃起。起复再拜，谢违教，拱立左右，俟色喜乃退"②。如此尽心尽礼，一般人当然不容易做到，最易做的是早晚问安。问安时应该注意，不经允许不得辄入内室，因为"私室中父母处之，或有未谨者，则肢体袒惰，使子弟窥见，非所宜，故宜防闲之"③。

为表示男女之别，要严"中门"之制，谨内庭、外院之分。"亲朋往来，掌宾客者禀于家长，当以诚意延款，务合其宜，虽至亲亦宜止宿于外馆"；"仆人无故不入中门，亦不可与媵妾亲授"。更有严格者，"虽异居，子弟未尝辄入斋阁，诸子至暮亦不敢入中门，况仆者乎④。为了保证寡妇的"守节"和姑娘的"守贞"，在屋室的安排上应特别注意。"凡寡妇之居与寻常妯娌相近，此最不好。盖起居言笑与夫妇之事，未必不动夫妇之心。此心一动，必不自安，久而不堪者必求改适，不至于失节非礼者鲜矣"；所以"不幸人家有寡妇，当别静室处之"。"至于室女之居，尤宜深静。凡父母兄嫂房室之间，亦不可使其亲近，恐窥见寻常狎近之貌，大非所宜。"⑤

在社会之中，人们必要的交往是不可缺少的，在交往中要遵行一定的礼节。民间交往的主要礼节，大致可以分为路遇见面之礼和造访、庆贺之礼两大类。

① 孔齐：《食必先家长》，《至正直记》卷3。
② 《元史》卷197，《孝友·萧道寿传》。
③ 孔齐：《高昌偰哲》，《至正直记》卷3。
④ 孔齐：《郑氏义门》，《至正直记》卷2。
⑤ 孔齐：《寡妇居处》，《至正直记》卷1。

汉族地区讲究"待亲戚乡里礼意周洽"①，而最基本的表示，是见面必行揖礼，以体现"接人谦恭"。如能做到"凡所与交，贵贱长幼，待之无异；至于一揖，必正容端礼，俯首几至于地，徐徐起拱"，乃是遵行礼节的典范。②

蒙古人的见面礼则有所不同，"其礼交抱以为揖，左跪以为拜"。所谓交抱，"即是厮搂"。草原上以右为上，骑马往来，"其左而过，则谓之相顺；食人以肉，而接以左手，则谓之相逆"③。

节日、寿日，亲朋之间相互庆贺，因路途遥远不能前往，则有"寄拜"之礼。"北方官长，称朋友、亲戚寿日，或远不能亲往，则先寄使者，或托亲友转寄，必拜而授手帕一方，或纴丝一端，使及亲友亦拜而受之，到其所则代某人拜献寿者"。这种礼俗亦影响到南方，"本朝凡遇生辰及岁旦、冬至朝，咸以手帕奉贺，更相交易，云一丝当一岁，祝其长年也。蒙古之地，则以皮条相贺。然大者遇小者，则不回易。回易之礼，出于平交也"。在托人"寄拜"之前，托付人先要面向寄拜对象所居方向敬拜。④

① 《元史》卷199，《隐逸·孙辙传》。
② 《元史》卷148，《董文蔚传》。
③ 《黑鞑事略》。
④ 孔齐：《维阳宪史》，《至正直记》卷4。

第十六章
岁时风俗与娱乐

　　元代宫廷和民间每年四季的节日庆典，既有按汉族传统习俗安排的各种活动，也有按北方游牧民族的传统习俗安排的各类活动，还有各种宗教仪式和活动。围猎、击球、射柳、竞走等大型活动，在元代都有所发展，并得到蒙古皇室和贵族的重视。歌舞和杂剧等的编排演出，则是独具时代特征的文化活动。

一　岁时风俗

　　元世祖至元元年（1264）对官员的休假日做了如下规定："若遇天寿、冬至，各给假二日；元正、寒食，各三日；七月十五日、十月一日、立春、重午、立秋、重九、每旬，各给假一日。"至元十四年（1277），对每月的假日进行了调整，将每月初十、二十日、三十日放假，改为初一、初八、十五、二十三及乙亥日放假，并规定这几天不许杀生。① 从假日的安排可以看出，元代的岁时活动，基本遵循汉地的传统习俗。但是，每年皇帝都要带领大批随从人员前往上都避暑，一年中有近半年的时间在上都度过，所以元代宫廷的四季节庆活动，尤其是春、夏、秋三季的活动，往往受上都巡幸的左右，有一些特殊的安排。北方地区虽然长期在辽、金统治之下，但民间节庆活动与江南地区相差不大，在元代的变化也不是很大。

现按月介绍各种节庆活动如下。

● 正月

"春气早，斗回杓，灯焰月明三五霄。绮罗人，兰麝飘，柳嫩梅娇，斗合鹅儿闹。"② "春城春霄无价，照星桥火树银花。妙舞清歌最是他，翡翠坡前那人家，鳌山下。"③ 正月内的主要活动，是元日、元宵的庆典和迎春活动。

"年时节，元夜时"，是汉族地区最重要的节日。④ 蒙古人亦早有庆元正活动。贵由汗在位时，来自中原的人曾目睹了汗廷的贺元正场景："比岁除日，辄迁帐易地以为贺正之所，日大晏（宴）所部于帐前，自王以下皆衣纯白裘。三日后方诣大牙帐致贺礼也。"⑤ 在草原上，是以蒙古传统习俗举行节庆活动。忽必烈迁都大都后，融历代中原王朝节庆习俗和蒙古传统节庆习俗为一体，节庆活动更为丰富多彩。

正月初一，朝廷要举行隆重的元正受朝仪式。

当日清晨，大都城内的文武百官齐聚在崇天门下"待漏"，等待皇帝升殿，举行元正受朝仪式。大明殿内，皇帝和皇后先后在御榻上就座。司辰郎的报时，宣布元正朝会的开始，殿前侍卫人员先从日精门和月华门进至殿内，向皇帝叩拜，山呼万岁，接仪制分立在两旁或殿下。在后妃、诸王、驸马依次行贺献礼后，文武官员分左、右从日精、月华门进入大殿，向皇帝叩拜、山呼万岁。中书省丞相向皇帝三进酒，宣读中央及地方官府的贺表和礼物单，僧人、道长及外国蕃客等先后入殿朝贺。

蒙古人尚白的习俗依然保留，在举行元正受朝仪式时，皇帝和所有参加庆典的人都身穿白色衣服。中央及各地官府等进贡给皇帝的礼品，也要配上白布。按照马可·波罗的说法，进贡礼品的数目应与"九"相合，如果进献马

① 《通制条格》卷22，《假宁·给假》。
② 无名氏：《【中吕】迎仙客·十二月》，《全元散曲》，第1681—1685页。
③ 马致远：《【仙吕】青哥儿·十二月》，《全元散曲》，第230—233页。
④ 无名氏：《【商调】梧叶儿·十二月》，《全元散曲》，第1723—1726页。
⑤ 张德辉：《纪行》，载王恽《秋涧先生大全文集》卷100。

匹，应该是八十一匹；黄金和绢帛等的数量也应该是九乘九。在这一天进奉的马匹，大多数是白马。①

宴饮方式也照样保留下来。贺礼结束之后，"大会诸王宗亲、驸马、大臣，宴飨殿上"，举行盛大的"诈马宴"，"四品以上，赐酒殿上；典引引五品以下，赐酒于日精、月华二门之下"②。

元正受朝仪式的程序，在元人诗词中亦有完整的描述。如傅若金《次韵元日朝贺》诗中咏道："宫漏催朝烛影斜，千官鸣玉动晨鸦。交龙拥日明丹扆，飞凤随云绕画车。宴罢戴花经苑路，诗成传草到山家。小儒未得随冠冕，遥听钧天隔彩霞。"③ 正如诗中所述，这种大型的庆祝活动，未入仕的人是没有资格参加的。元日人们头上戴花，是当时流行的风俗，尤其是妇女，多喜爱"云鬓插小桃枝"④。

按照朝廷的规定，各地的官府在正月初一都要举行"拜表仪"，就是遥向皇帝"拜年"。举行仪式的时间，亦在清晨，"望阙置香案"奉贺表，"官属叩头中间，公吏人等相应高声三呼万岁"⑤，具体礼节见本书第十五章的叙述。

元正受朝仪式或拜表仪之后，私人拜年活动开始了，大都城内尤其热闹。"京官虽已聚会公府，仍以岁时庆贺之礼，相尚往还迎送，以酒醴为先，若肴馔俱以排办于案卓矣。如是者数日，车马纷纭于街衢、茶坊、酒肆，杂沓交易至十三日。人家以黄米为糁糕，馈遗亲戚，岁如常。市利经纪之人，每于诸市角头以芦苇编夹成屋，铺挂山水、翎毛等画，发卖糖糕、黄米枣糕之类及辣汤、小米团。又于草屋外悬挂琉璃葡萄灯、奇巧纸灯、谐谑灯与烟火爆杖之属。自朝起鼓方静，如是者至十五、十六日方止。"⑥

江南地区沿承宋代以来的风俗，正月初一合家饮"屠苏"（自年纪小者饮起）、写桃符、绘门神，诸生入学会拜。镇江地区的"沙田户"，则有"秤江水"的习俗，"每岁旦，收一瓶以秤水，水重，则是江水大，水轻，则江水小，岁岁不差"⑦。

元正庆典之后，是围绕立春展开的活动。受汉地风俗影响，元代宫廷中亦有了迎春牛等活动。

① 《马可·波罗游记》，第 102—103 页。
② 《元史》卷 67，《礼乐志一·元正受朝仪》。
③ 《元诗纪事》，第 346 页。
④ 无名氏：《【商调】梧叶儿·十二月》，《全元散曲》，第 1723—1726 页。
⑤ 《通制条格》卷 8，《仪制·贺谢迎送》。
⑥ 《析津志辑佚·岁纪》。
⑦ 《至顺镇江志》卷 3，《风俗·岁时》。

每年立春前，太史院先要奏报立春的具体日期，并且移文宛平县或大兴县，准备春牛、勾芒神等。立春前三天，太史院、司农司请中书省宰辅等官员一同在大都齐政楼南迎接太岁神牛。立春当天清晨，"司农、守土正官率赤县属官具公服拜长官，以彩杖击牛三匝而退。土官大使送勾芒神入祀"。中书省户部向皇帝、太子、后妃、诸王、宰辅及各中央官衙进春牛。春牛的制作豪华，"牛则纳音本色阑坐共一亭，案上并饰以金彩衣带坐，咸以金装之，仍销金黄袱盖于上。彩杖浑金，垂彩结二尺"①。

江南地区立春时除了取春牛外，还有做春鸡、钉春盘、造春茧等活动。

正月十五日被奉为上元灯节。每年的这一天，宣徽院、资正院、中政院、詹事院等宫廷机构，"常办进上灯烛、糕面、甜食之类，自有故典"。大都丽正门外有一棵大树，被忽必烈封为独树将军，每年元正、上元时，树身上悬挂诸色花灯，高低照耀，远望似一条火龙。"树旁诸市人数，发卖诸般米甜食、饼馓、枣面糕之属，酒肉茶汤无不精细，游人至此忘返"。一直到元朝中期，独树将军都是大都城灯节一景。元末此树枯萎，都人又在其旁栽了一棵小树，以取代之。② 元英宗时，"欲于内庭张灯为鳌山"，即有人指出："世祖临御三十余年，每值元夕，闾阎之间灯火亦禁，况阙庭之严，宫掖之邃，尤当戒慎。"③ 可见大都城内对燃灯等还是有所限制的。

正月十六日称为"烧灯节"，大都城内，"市人以柳条挂焦馉于上叫卖之"。

其他城乡同样张灯结彩，欢度节日。"两浙大抵以琉璃灯为贵，京口多剪纸为之，以斗女工之纤巧"。镇江等地流行做圆子、炒糯花、迎紫姑等习俗。④

为纪念全真道名道士邱处机，大都居民以正月十九日为燕九节。邱处机的诞辰为正月十九日，他去世后葬在白云观内，此后每年这一天观内均举行纪念活动，遂演变为燕九节。当天，大都倾城士女曳竹杖，前往南城的长春宫和白云观烧香，纵情宴玩，造就了都城独具特色的白云观庙会。

● 二月

"踏青去，二月时。"⑤ 二月份春光明媚，正是春游的大好时机。"前村梅

---

① 《析津志辑佚·风俗》。
② 《析津志辑佚·岁纪》。下述大都城岁时习俗所引史料未注出处者，皆出自此。
③ 《元史》卷175，《张养浩传》。
④ 《至顺镇江志》卷3，《风俗·岁时》。下述镇江及江南地区岁时习俗所引史料未注出处者，皆出自此。
⑤ 无名氏：《【商调】梧叶儿·十二月》，《全元散曲》，第1723—1726页。

花开尽，看东风桃李争春。宝马香车陌上尘，两两三三见游人。"① 大都城内亦盛行"踏青斗草"的春游活动，北城的官员、士庶妇人女子等，多盛装到南城春游，海子上车马杂沓，人来人往，一片热闹景象。成宗、武宗、仁宗时，春游之风最盛。

二月二日，俗称龙抬头。大都居民往往在二月二日五更时分，用石灰在井的周围划白道，引入各家房内，家内不许扫地，恐惊了龙眼睛。商人在这一天用细竹枝拴着装小金鱼的琉璃小泡，沿街叫卖。南北二城居民像燕九节一样到庐师山等地游赏。

佛教的盛大活动游皇城，每年二月十五日在大都城内举行。

至元七年（1270），忽必烈听从帝师八思巴的建议，在大明殿御座上设置白伞盖，伞盖"顶用素段，泥金书梵字于其上，谓镇伏邪魔护安国刹"。此后每年二月十五日做大型佛事，奉伞盖周游皇城内外，"云与众生祓除不祥，导引福祉"。

游皇城的仪仗队，声势浩大，"八卫拨伞鼓手一百二十人，殿后军甲马五百人，抬舁监坛汉关羽神轿军及杂用五百人。宣政院所辖官寺三百六十所，掌供应佛像、坛面、幢幡、宝盖、车鼓、头旗三百六十坛，每坛擎执抬舁二十六人，钹鼓僧一十二人。大都路掌供各色金门大社一百二十队，教坊司云和署掌大乐鼓、板杖鼓、笙箫、龙笛、琵琶、筝、篥七色，凡四百人。兴和署掌妓女杂扮队戏一百五十人，祥和署掌杂把戏男女一百五十人，仪凤司掌汉人、回回、河西三色细乐，每色各三队，凡三百二十四人。凡执役者，皆官给铠甲袍服器仗，俱以鲜丽整齐为尚，珠玉金绣，装束奇巧，首尾排列三十余里"。参加游皇城的队伍由中书省礼部派官员点视，刑部官员往来巡视禁止喧闹，枢密院官员分守各城门，并由中书省一名官员总督其事。"各宰辅自办婢子车，凡宝玩珍奇希罕蕃国之物，与夫百禽异兽诸杂办，献赏贡奇互相夸耀，于以见京师极天下之壮丽，于以见圣上兆开太平与民同乐之意。下户部关拨钱粮，应付诸该衙门分办社直等用，各投下分办簇马只孙筵会，俱是小小舍人盛饰以显豪奢。凡两京权势之家，所蓄宝玩尽以角富，盖一以奉诏，二以国殷，故内帑所费，动以二三万计。"

仪仗队在西镇国寺集中后，先迎皇太子游四门，然后整队入城。西镇国寺是由忽必烈的皇后察必创建的，位于大都平则门三里处。二月十四日，帝师率500名僧人在大明殿内做佛事。十五日清晨，"恭请伞盖于御座，奉置宝舆，诸仪卫队仗列于殿前，诸色社直暨诸坛面列于崇天门外，迎引出宫"。队伍入

① 马致远：《【仙吕】青哥儿·十二月》，《全元散曲》，第230—233页。

顺承门内的庆寿寺，素食之后，游皇城活动正式开始。

游行队伍自庆寿寺出发，从西宫门外垣海子南岸进入宫城北门厚载门，"入隆福宫绕旋，皇后三宫诸王妃戚畹夫人俱集内廷，垂挂珠帘。外则中贵侍卫，纵瑶池蓬岛莫或过之。迤逦转至兴圣宫，凡社直一应行院，无不各呈戏剧，赏赐有差。由西转东，经眺桥太液池。圣上于仪天右左列立帐房，以金绣纹锦疙捉蛮缬结束珠翠软殿，望之若锦云绣谷，而御榻置焉。上位临轩，内侍中贵銮仪森列，相国大臣诸王驸马以家国礼列坐下方迎引。幢幡往来无定，仪凤教坊诸乐工戏伎，竭其巧艺呈献，奉悦天颜，次第而举，队子唱拜，不一而足"。仪仗队送伞盖于大明殿后，或在东华门解散，或出厚载门解散。大明殿内，帝师和僧人还要做佛事，至十六日方才结束。①

上述游皇城活动是由宫廷组织的，民间亦组织类似的活动。江南富商等于同日在大都西镇国寺集合南北二城的社直、杂戏等，"恭迎帝坐金牌与寺之大佛游于城外"。同时，在寺院两廊出售各种商品，"海内珍奇无不凑集"，"开酒食肆与江南无异"，同样热闹非凡。

⊜三月

"春三月，花满枝，秋千惹绿杨柳丝。"② 三月份的活动，主要围绕寒食清明前后的扫墓、春游等活动展开。

"三月三，和气盛东南。"③ 大都习俗，以三月三日为脱贫穷日，居民用菽黍秸做成圆圈，套头、足等，然后扔到水中，表示脱穷。这一天，亦是出外旅游之日，散曲作家有这样的描述："修禊潭，水如蓝，车马胜游三月三。晚归来，酒半酣，笑指西南，月影娥眉淡。"④

三月份中最重要的节日，是冬至后105日的"一百五日清明节令"⑤。元代时寒食节与清明节合二为一，在这一天祭祖上坟，所以在元杂剧中，就有"时遇清明节令，寒食一百五，家家上坟祭祖"的说词。⑥ "清明寒食，宫廷于是节最为富丽。"大都城内，"上至内苑，中至宰执，下至士庶，俱立秋千架，日以嬉游为乐"；"起立彩索秋千架，自有戏蹴秋千之服。金绣衣襦，香囊结带，双双对蹴。绮筵杂进，珍馔甲于常筵。中贵之家，其乐不减于宫闱。达官贵

---

① 《元史》卷77，《祭祀志六》。《析津志辑佚·岁纪》。
② 无名氏：《【商调】梧叶儿·十二月》，《全元散曲》，第1723—1726页。
③ 无名氏：《【中吕】喜春来·四节》，《全元散曲》，第1701—1706页。
④ 无名氏：《【中吕】迎仙客·十二月》，《全元散曲》，第1681—1685页。
⑤ 无名氏撰：《杀狗劝夫》杂剧，《元典选》第1册，第99页。
⑥ 武汉臣：《老生儿》，《元曲选》第1册，第377页。

人，豪华第宅，悉以此为除祓散怀之乐事"①。江淮等地，盛行寒食节在家门插柳枝。立秋千、戏蹴鞠等娱乐活动，南北皆盛行，实际上从二月就开始了，在寒食前后达到高潮。如无名氏撰散曲《【中吕】迎仙客·十二月》中，二月即为"春日暄，卖饧天，谁家绿杨不禁烟。闹花边，簇队仙，送起秋千，笑语如莺燕"②。江南杭州的西湖，亦立起秋千架，并迎来大批游人，"暖日宣乘轿，春风堪信马，恰寒食有二百处秋千架。向人娇杏花，扑人衣柳花，迎人笑桃花。来往画船游，招贴青旗挂"③。"清明时候，才子佳人醉玉楼"，"行歌载酒"④，民间也同样举行热闹的饮宴。

三月二十八日，相传是岳帝生辰，城市士庶官员往往携女眷前往岳庙拜香，"道途买卖，诸般花果、饼食、酒饭、香纸填塞街道，亦盛会也"。

二、三月份，元朝的皇帝往往要动身前往上都，开始一年一度的"巡狩"活动。世祖忽必烈和成宗铁穆耳在位时，一般在二月份离开大都，九月或十月从上都返回。武宗海山把巡幸上都的时间确定在三月至九月，嗣后习惯于草原生活的皇帝如英宗硕德八剌、泰定帝也孙铁木儿等，都遵循三月至九月的巡幸时间；习惯于中原汉地生活的仁宗爱育黎拔力八达、文宗图帖睦尔及顺帝妥懽帖睦尔等，由于对草原的寒冷气候不大适应，都尽量缩短在上都的时间，往往在四月或五月才从大都出发，七月即从上都南返，八月回到大都。⑤

皇帝北巡上都，皇后、嫔妃、诸王和中央各官衙的主要官员，皇帝的侍卫人员，以及帝师等宗教人士，都要随从北上，组成一支浩浩荡荡的队伍。皇帝择吉日起驾，留在大都的官员送皇帝至距大都建德门20里的大口；在昌平西北的龙虎台，随行大臣向皇帝奏报行程记。北上的队伍，都在夜间通过居庸关。居庸关山道30里，"每岁圣驾行幸上都，并由此途，率以夜度关，畔止行人，列笼烛夹驰道而趋"⑥。

皇帝离开大都之后，"都中止不过商贾势力买卖而已，惟留守司官、主禁苑中贵怯薛者，职其故典，所谓闭门留守，开门宣徽"，宫廷重要的庆典，都将在上都举行。

四四月

四月是宗教活动较多的月份。

---

① 《析津志辑佚·风俗》。
② 《全元散曲》，第1682页。
③ 马致远：《【双调】新水令·题西湖》，《全元散曲》，第265—268页。
④ 无名氏：《【中吕】四换头》，《全元散曲》，第1706—1708页。
⑤ 详见《元上都》，第58—74页。
⑥ 《析津志辑佚·属县》。

四月四日，各地举行蒸饼行赛北岳菩萨胜会。

四月八日是浴佛节，各地佛寺举行浴佛斋会，煎香药糖水，称为"浴佛水"。大都城内亦在帝师和高僧主持下举行浴佛会。"帝师剌麻堂下暨白塔、青塔、黄塔、两城僧寺俱为浴佛会，宫中佛殿亦严祀云"；"宫廷自有佛殿，是曰剌麻。送香水黑糕斋食奉上，有佛处咸诵经赞庆，国有清规，一遵西蕃教则。京城寺宇进有等差"。

四月九日和九月九日，原是蒙古人的祭祀性节日，要洒马奶酒祭祀。贵由汗在位时，"至重九日，王师麾下会于大牙帐，洒白马湩，修时祀也。其什器皆用禾桦，不以金银为饰，尚质也"；"四月九日，率麾下复会于大牙帐，洒白马湩，什器亦如之。每岁惟重九、四月九，凡致祭者再，其余节则否"①。这种祭祀仪式，在元朝保留下来，但时间改在了六月二十四日。

有闲情逸致的人，在四月份讲究的是"煮酒青梅尽醉渠"，"煮酒青梅，正好连宵醉"②。

五 五月

"会齐唱，端五词，香艾插交枝。"③ 五月份最重要的节日是端午节。

中原和江南地区沿承前代风俗，"家家艾虎悬朱户，处处菖蒲泛绿醑，浴兰汤缠彩索佩灵符"；"结艾人，赏蕤宾，菖蒲酒香开玉樽。彩丝缠，角棕新"④。端午节又称为蕤宾节，既有挂艾虎、吃角黍、饮蒲酒、系百索、戴钗头符或悬朱符、画天师像等一系列驱邪和饮食活动，也有斗百草、角力等娱乐活动。

受汉族传统习俗的影响，元朝宫廷亦举行端午节庆活动。端午节前三天，中书省礼部和其他宫廷服侍机构，进奉扇子和凉糕、角黍等食品。"宣徽院进宝扇、彩索、珠花、金罗、酒醴、凉糕、香粽。中政院三后所属衙门，各有故典仪物，以次进献。礼部亦然，盖以此为大节故耳。"⑤ 角黍即粽子，除了进献凉糕、蜜枣糕、粽子外，还有金桃、御黄子、藕、甜瓜、西瓜等。"是节上至三公宰辅、省、院、台，俱有画扇、彩索、拂子、凉糕之礼，中贵官同，故其费厚也。"大都城内的小经纪人往往搭芦苇棚，发卖凉糕、粽子等食品。市内多有买卖艾虎、泥大师、彩线符袋牌等物。

---

① 张德辉：《纪行》。
② 马致远：《【仙吕】青哥儿·十二月》。无名氏：《【中吕】迎仙客·十二月》。
③ 无名氏：《【商调】梧叶儿·十二月》。
④ 无名氏：《【中吕】喜春来·四节》。无名氏：《【中吕】迎仙客·十二月》。
⑤ 《析津志辑佚·风俗》。

大都城内在端午节时举行"赛关王会"活动。关王画像,极其华丽,各衙以画像及鼓乐等相赛。貂鼠局曾用白银鼠染成五色毛,缝砌成关王画像一轴,特别引人注目。

赛龙舟是江南地区端午节的传统大型娱乐活动。散曲家笔下的"垂门艾挂狰狰虎,竞水舟飞两两兔";"忽听得江津戏兰桡,船儿闹"等①,描述的就是赛龙舟的情景。世祖至元三十年(1294),福州路发生了端午节划龙舡淹死人的事件,有人乘机大作文章,向朝廷奏报:"亡宋蕤宾节日风俗,鸠敛钱物,划掉龙舡,饮酒食肉,男女水陆聚观,无所不为,以为娱乐一时之兴,江淮、江西、福建、两广诸路,皆有此戏。归附后,未尝禁治。若不具呈更张,切思无益之事,不惟有伤人命,亦恐因而聚众,不便于将来。拟合禁治,乞行移各路禁治及申行御史台遍行一体施行。"这个建议被朝廷采纳,并做出了禁止划龙舡的规定。这个规定显然未被认真执行。成宗大德五年(1301),江南行御史台报告:"去岁端午,纪机察等率众划舡,淹死六七人。"朝廷不得不重申禁止"戏划龙舡"的命令,但其实效可想而知。②

五月五日,宫廷中常举行击球和射柳等大型娱乐活动,详情见后述。

㈥六月

"炎天热,无限时"③,六月正值盛夏,"剖甘瓜,点嫩茶"避暑和吃新鲜瓜果成为该月生活的主要内容。④ 如大都城内,六月份各种瓜果陆续向宫廷内进献,"进桃、李、瓜、莲,俱用红油漆木架。蔬菜、茄、匏瓠、青瓜、西瓜、甜瓜、葡萄、核桃等,凡果菜新熟者,次第而进"。

大都城内居民,还多在六月六日五更时汲水存起来,以备医用。民间称此日之水为"猎水"。当天,取"猎味"之意,还要晒干肉。

六月中旬,帝师等在上都做佛事,同样举行盛大的游皇城活动。⑤ "每年六月望日,帝师以百戏入内,从西华(门)入,然后登城设宴,谓之游皇城是也"⑥。有人曾赋诗描述了上都游皇城时的景象:"岁时相仍作游事,皇城集队喧憧憧。吹螺击鼓杂部伎,千优百戏群追从。宝车瑰奇耀晴日,舞马装䩞摇玲珑。红衣飘裾火山耸,白伞撑空云叶丛。王官跪酒头叩地,朱轮独坐颜酡烘。

---

① 无名氏:《【中吕】喜春来·四节》。马致远:《【仙吕】青哥儿·十二月》。
② 《元典章》卷57,《刑部十九·杂禁》。
③ 无名氏:《【商调】梧叶儿·十二月》。
④ 无名氏:《【中吕】迎仙客·十二月》。
⑤ 《元史》卷77,《祭祀志六》。
⑥ 杨允孚:《滦京杂咏》卷下。

元
代
社
会
生
活
史

蚩氓聚观汗挥雨，士女簇坐唇摇风。"①

六月二十四日，元廷在上都举行洒马奶酒祭天、祭祖仪式，详情见本书第十三章。

❼ 七月

"乞巧楼，月如钩"；"天孙一夜停机暇，人世千家乞巧忙"②，七月七日的乞巧节，又称七夕节，是夏季的盛大节日。"鹊桥图高挂偏宜，金盆内种五生，琼楼上设宴席"；"把几个摩诃罗儿摆起，齐拜礼"；"玉葱纤细，粉腮娇腻，争妍斗巧，笑声举，欢天喜地"③。乞巧节的活动，包括挂牛郎织女图、斗巧、礼拜摩诃罗等"巧神"和摆宴等内容。在这一天，宫廷及官员士庶之家，均作大棚，悬挂七夕牵牛织女图，准备瓜、果、酒、饼、蔬菜、肉脯等，邀请亲眷、小姐、女流等，举行"巧节会"，所以这一天又称为"女孩儿节"。宴饮占卜，尽欢而散，第二天礼送亲眷等还家。乞巧节时，大都城内还要举行迎二郎神的活动。商人则造芦苇夹棚，卖神像泥塑，大小不等，颇受都城居民欢迎。

七月十五日是中元节，又称鬼节，是祭祀祖先、追念亡灵的日子。大都城中，"富人家祀，先用麻秸奠酒为诚，买纸钱冥衣烧化于坟"。

皇帝六、七月在上都举行祭天和祭祖活动，并从上都派专人送御酒、干羊肉等祭品到大都，分别在各寺院的影堂举行祭祀活动，详情见前第十三章。

❽ 八月

"风露清，月华明，明月万家欢笑声"；"中秋夜，饮玉卮，满酌不须辞"④。八月十五的中秋节，仍然是汉族地区的重要节日，各地都有饮宴等活动。元人宫廷中，亦在立秋和中秋节时举行一系列的节庆活动。

立秋时头戴秋叶，是汉族地区的传统习俗，蒙古皇室贵族等亦受到影响。巡狩上都的皇帝一行，在立秋的时候要举行一系列庆祝活动。太史院先奏报立秋之日，并准备红叶，择吉日设宴，侍臣向皇帝进献红叶。立秋之日，皇帝与太子、后妃、诸王等聚宴，皇帝亦簪秋叶于帽，"张乐大燕"，举行"赏红叶"活动。

八月十五日，中秋节前后，太史院官员择吉日在上都举行洒马奶酒的祭

---

① 袁桷：《皇城曲》，《清容居士集》卷16。
② 无名氏：《【中吕】迎仙客·十二月》。无名氏：《【中吕】喜春来·四节》。
③ 杜仁杰：《【商调】集贤宾·七夕》，《全元散曲》，第34—36页。
④ 无名氏：《【中吕】迎仙客·十二月》。无名氏：《【商调】梧叶儿·十二月》。

典，"此节宫廷胜赏，有国制"。是时上都地区紫菊、金莲花盛开，皇帝一行准备南返大都，宫廷内经常设宴，聚诸王百官等尽情宴饮。上都北城墙上的穆清阁，是上都地势最高的建筑，元顺帝时，"上位每于中秋于此阁燕赏乐，如环佩隐隐然在九霄之上，着意听之，杳不可得，是为天下第一胜景"。

上都洒马奶酒，大都同时举行"巡山"、"巡仓"活动。在大都留守的中书省、枢密院、御史台等机构官员，在这一天前往西山巡游，返回时在镇国寺等处用茶饭。在皇帝等从上都出发后，省、院、台官等出通州巡视仓库，"盖有京畿漕运司故而"[①]。留守大都宫中的怯薛人员等亦为皇帝回宫做准备，"日陈铺设金绣茵褥，请诣赴锦褥纳失失、胖褥、氆氇地衣、便殿银鼠壁衣、大殿上虎皮西蕃结带璧幔之属"。宣徽院官员"起解西瓜等果时蔬北上，迎接大驾还京"。

大都城内，"市中设瓜果、香水梨、银丝枣、大小枣、栗、御黄子、频婆、奈子、红果子、松子、榛子诸般时果发卖"；"北城南城外多人，咸望圣驾回日近，买卖资羡，例有喜色"。

九 九月

"题红叶清流御沟，赏黄花人醉歌楼"[②]；"紫萸荐酒人怀旧，红叶经霜蟹正秋，乐登高眺望醉风流"；"采秋香，糁玉觞，好个重阳"[③]。九月九日重阳节，又称"菊节"，登高赏菊看红叶和饮菊酒、馈赠面糕等习俗，继续在汉族地区流行。大都居民，在这一天往还燕礼，以面糕相互馈赠。商人或作席棚出售食品，或以小扛车沿街叫卖面糕等。"宫中菊节，自有常制"，宫廷中也举行娱乐活动，如打马球等。

九月份北方还有一个重要的活动，就是迎接皇帝回京。皇帝从上都启程之日，留在大都的官员分别在建德门、丽正门大聚会，"设大茶饭，谓之巡城会。自此后，则刻日计程迎驾"。

皇帝一行抵大口，留守官员迎驾。第二天清早，皇帝、太子和皇后由厚载门入宫城，其他人员次第入城。因为队伍庞大，后行者至晚才能进宫，"籥人俱以金龙红纱长柄朱漆龙杖，挑担大红灯笼罩烛而迎入矣"。皇帝入城这一天，"都城添大小衙门官人、娘子以至于随从、诸色人等，数十万众"；"京都街坊市井买卖顿增"。皇帝回宫之后，"大茶饭者浃旬"，设宴以示上都巡幸圆满

① 《析津志辑佚·风俗》。
② 卢挚：《【双调】沉醉东风·重九》，《全元散曲》，第112页。
③ 无名氏：《【中吕】喜春来·四节》。无名氏：《【中吕】迎仙客·十二月》。

结束。

⊕ 十月

十月一日是送寒衣节，出城祭坟是主要活动，包括为坟墓扫落叶、进祭品等内容。"是月，都城自一日之后，时令谓之送寒衣节，祭先上坟，为之扫黄叶。此一月行追远之礼甚厚，虽贫富咸称家丰杀而诚敬"。按照汉族地区的传统习俗，当天要置酒作暖炉会，准备过冬。

十月份，元廷举行盛大的射圃活动，详见后述。

⊕⊖ 十一月

十一月称为冬月，冬至时，太史院和回回太史等向皇帝、太子、后妃、诸王及各官衙赠送来年新历，宰相率百官等朝贺，给皇帝递送手帕并进贡方物。都市中亦卖新历，士庶人家往来相贺。

⊕⊜ 十二月

"隆冬寒严时节，岁功来待将迁谢"；"春未回，雪成堆，新酿瓮头泼绿醅。恰传杯，人早催。赏罢红梅，准备藏阄会"①。十二月的活动，基本是围绕迎新年展开。

十二月八日的腊八节，是一个宗教节日，"禅家谓之腊八日，煮红糟粥，以供佛饭僧"。但是在元代，已成为民间的一个欢庆节日，"都中官员、士庶作朱砂粥"；"士庶有力之家，丰杀不同，馈送相尚，亦故典也"。宫廷中亦有相同的活动。"十二月，宫苑以八日佛成道日，煮腊八粥，帝师亦进。"

腊八节之后，开始为新年的庆典做准备。"省台院各府寺路监大小衙门，并仪凤司属，整点队伍、社直，准备朝贺大礼"；"仪凤司、教坊司、云和署、哑奉御，日日点习社直、乐人、杂把戏等，以备新元部家委官一同点视"。

岁末，宫廷中有脱旧灾、驱邪、迎新福等活动。"每岁，十二月十六日以后，选日，用白黑羊毛为线，帝后及太子自顶至手足皆用羊毛缠线系之，坐寝殿。蒙古巫觋念咒语，奉银槽贮火，置米糠于其中，沃以酥油，以其烟熏帝之身，断所系毛线，纳诸槽内。又以红帛长数寸，帝手裂碎之，唾之者三，并投火中。即解所服衣帽付巫觋，谓之脱旧灾、迎新福云"②。"咒师于年近除日，于宫中大明殿牌下，西蕃咒师以扇鼓持咒，供羊、马、牛、酒等物，陈设

---

① 马致远：《【仙吕】青哥儿·十二月》。无名氏：《【中吕】迎仙客·十二月》。
② 《元史》卷77，《祭祀志六》。

于殿庭。咒师数人，动梵乐念咒，两人牵手巾，一人以水置其中，谓之洒净。以诸般肉置于桶中，二人抬而出殿前，一人执黑旗于前，出红墙门外，于各宫绕旋，自隆福宫、兴圣宫出，驰马击鼓举铙奔走，出顺承门外二里头，将所致桶中肉抛撒以济人，谓之驱邪"。此外，还要颁赐衣料，"腊前分赐近臣袄材，谓之拜年段子"，"传宣太府颁宫锦，近侍承恩拜榻前。制得袍成天未晚，着来香殿贺新年"①。

汉族地区的传统习俗，腊月二十四日要祀灶和飨豆粥。此外，腊月里还有填"九九消寒图"等活动。从"九九梅花填未彻，严宫阙，宰臣准备朝元节"的诗句②，可知宫廷中亦填"消寒图"。除夕时，则有馈岁、守岁、卖懵（除夕之前，小儿相呼，谓之卖懵，莫有应者。应之，则云懵已售矣）、放爆竹、图钟馗（贴门神）等一系列活动。这些活动，在中原、江南等地，依然盛行。

十三 天寿节

除了上述各月的节庆活动外，元代每年还有一个重要的节日天寿节。

天寿节，又称圣节、圣节本命日等，即皇帝诞辰，从忽必烈开始，各地都要在皇帝诞辰时举行盛大庆典。元朝诸皇帝的诞辰为：

> 世祖忽必烈（1260—1295 年在位），八月二十三日；
> 成宗铁穆耳（1295—1307 年在位），九月五日；
> 武宗海山（1307—1311 年在位），七月十九日；
> 仁宗爱育黎拔力八达（1311—1320 年在位），三月四日；
> 英宗硕德八剌（1320—1323 年在位），二月六日；
> 泰定帝也孙铁木儿（1323—1328 年在位），十月二十九日；
> 文宗图帖睦尔（1328—1332 年在位），一月十一日；
> 顺帝妥懽帖睦尔（1333—1370 年在位），四月十七日。

天寿节的主要活动是为皇帝祝寿。"圣节拈香，前期一月，内外文武百官躬诣寺观，启建祝延圣寿万安道场，至期满散。"③宫内亦准备过节用的服装用品等，"官家明日庆生辰，准备龙衣熨帖新。奉御进呈先取旨，随珠错落间奇珍"④。天寿节当天，朝臣诣阙称贺，各地官员等"望阙"举行庆祝活动。有

---

① 柯九思：《宫词一十五首》，《草堂雅集》卷 1。
② 《析津志辑佚·岁纪》。
③ 《元典章》卷 28，《礼部一·朝贺》。
④ 柯九思：《宫词一十五首》，《草堂雅集》卷 1。

人记道："元自世祖以来，凡遇天寿圣节，天下郡县立山棚，百戏迎引，大开宴贺。至庚申帝（元顺帝）当诞日，禁天下屠宰，不宴贺，虑其多杀以烦民也。"① 各宗教人士，都要为皇帝举行祝延寿祈祷仪式。正如马可·波罗所记："在陛下万寿日这天，所有的基督教徒、佛教徒、撒拉逊人和各色人等，都分别虔诚地祷告他们的上帝和偶像，祈求保佑皇帝万寿无疆，民富国强。一年一度的皇帝陛下的万寿日，就是在这样海内欢腾、普天同庆中度过的。"②

二 围猎、打球、射柳

围猎是蒙古人每年都要举行的大型活动。围猎不单是为了猎取野兽，更重要的是通过狩猎锻炼人们吃苦耐劳的意志，并精熟骑射的本领，实际上成为训练军队的特殊方式。从成吉思汗时开始，围猎已成为蒙古人的一个很重要的活动。

大型的围猎活动，由蒙古大汗、皇帝或宗王组织。在一般情况下，蒙古贵族都要带领部属参加。猎场是早已准备好的。"其俗射猎，凡其主打围，必大会众，挑土以为坑，插木以为表，维以毳索，系以毡羽，犹汉兔罝之智，绵亘一二百里间，风扬羽飞，则兽皆惊骇而不敢奔逸，然后蹙围攒击焉。"③ 蒙古国时期，猎场设在漠北草原，"禁地围场，自和林南越沙地，皆浚以堑，上罗以绳，名曰'扎什'，实古之虎落也。比岁大猎，特诏先殄除虎狼"④。窝阔台汗时，还曾在冬营地汪吉用木桩和泥筑起一条长达二天路程的围墙，把猎场圈起来。⑤ 为了满足建造围场的需要，草原上的牧民需交纳绳索和畜毛。南宋使者徐霆指出："霆见其行下鞑户取毛索及毡，亦颇以为苦。霆沿路所乘铺马，大半剪去其鬃，扣之，则曰以之为索，纳之窝里陀，为打猎用。"⑥ 忽必烈即位

---

① 叶子奇：《草木子》卷 3 下，《杂制篇》。

② 《马可·波罗游记》，第 100—101 页。

③ 《黑鞑事略》。

④ 耶律铸：《大猎》，《双溪醉隐集》卷 6。

⑤ 《史集》第 2 卷，第 71 页。《世界征服者史》上册，第 31 页。

⑥ 《黑鞑事略》。

后，以大都、上都地区为中心活动区，围场也随之南移。"冬春之交，天子或亲幸近郊，纵鹰隼搏击，以为游豫之度，谓之飞放。"① 春季"打围"的地点大多在大都东南的柳林。夏季皇帝到上都避暑，在上都附近开辟了北凉亭、东凉亭、西凉亭和察罕脑儿等专用猎场。北凉亭即所谓"三不剌之地"，地点在上都西北700里外。② "上京之东五十里有东凉亭，西百五十里有西凉亭。其地皆饶水草，有禽鱼山兽，置离宫。巡守（狩）至此，岁必猎校焉。"③ 察罕脑儿是蒙古语，意为"白海子"，湖在今沽源县北数里处。此处亦设有离宫，"阙廷如上京而杀焉"。元廷在这里专门设有鹰房，豢养猎鹰，每年皇帝巡幸时经过这里，"必校猎焉"④。

围猎是有严格的程序的。首先，要派出人马侦察野兽的行踪。然后，参加围猎的队伍分头出发，形成对野兽的包围圈，并不断缩小包围圈，把野兽赶进围场。当人马全集中在围场周围时，皇帝先带领一部分侍从进入围场射猎，随即来到围场中央的高地，观看其他人射猎。贵族、官员以至普通士兵，依次入场射猎。猎物除献给皇帝外，在各级宗王、贵族和士兵中公平分配，参加围猎的人都会分到一份猎物。在举行吻尘、献礼等仪式后，围猎宣告结束，接着是必不可少的宴饮。⑤ 这种大型狩猎活动给当时的人留下了深刻的印象，有不少诗人写诗称颂围猎的胜景，如"离宫秋草仗频移，天子长扬羽猎时"⑥；"鹰房晓奏驾鹅过，清晓銮舆出禁廷。三百海青千骑马，用时随扈向凉径"⑦；就是描述元朝皇帝上都围猎的景象。

唐、宋时期兴盛的打马球运动，亦被蒙古人所接受。蒙古国时期出使北方的南宋人赵珙对蒙古人打马球的情况有如下记载："如彼击鞠，止是二十来骑。不多用马者，尔恶其哄闹也。击罢，遣人来请我使至彼，乃曰：'今日打球，如何不来？'答曰：'不闻钧旨相请，故不敢来。'国王（木华黎）乃曰：'你来我国中，便是一家人，凡有宴聚打球，或打围出猎，你便来同戏，如何又要人来请唤。'因大笑而罚六杯。"⑧ 一些降附蒙古政权的汉人将领也喜好打马球，如成吉思汗时声名显赫的汉人将领史天倪，"击鞠夜归，有大星陨马前，

---

① 《元史》卷101，《兵志四》。
② 详见《元上都》，第130—133页。
③ 周伯琦：《立秋日书事五首》，《近光集》卷1。
④ 周伯琦：《扈从集·前序》。
⑤ 《史集》第2卷，第71—72页。《世界征服者史》上册，第29—31页。《出使蒙古记》，第118页。
⑥ 马祖常：《丁卯上京》，《石田文集》卷4。
⑦ 宋本：《上京杂诗》，《永乐大典》卷7720。
⑧ 《蒙鞑备录》。

有声，心恶之"，不久被人袭杀。① 另一位汉人将领张柔的第九子张弘范，"善马矟，颇能为歌诗"②，曾赋诗记述打马球的情景："锦绣衣分上下朋，画门双柱耸亭亭。半空彩杖翻残月，一点绯球迸落星。翠柳小厅喧鼓吹，玉鞭骄马蹙雷霆。少年得意风流事，可胜书生对流萤。"③

元朝时期，打马球成为宫廷每年都要举行的大型运动，一般在端午和重阳时举行。元末人熊梦祥记道："击球者，今（金）之故典，而我朝演武亦自不废。常于五月五日、九月九日，太子、诸王于西华门内宽广地位，上召集各衙万户、千户但（及）怯薛能击球者，咸用上等骏马，系以雉尾、璎珞，萦绕镜铃、狼尾、安答海，装饰如画；玄其障泥，以两肚带拴束其鞍。先以一马前驰，掷大皮缝软球子于地，群马争骤，各以长藤柄球杖争接之，而球子忽掉在球棒上，随马走如电，而球子终不坠地。力捷而熟娴者，以球子挑剔跳掷于虚空中，而终不离于球杖。马走如飞，然后打入球门中者为胜。当其击球之时，盘屈旋转，攸如流电之过目，观者动心骇志，英锐之气奋然，虽耀武者，捷疾无过于是，盖有赏罚不侔耳。"④ 诗人们亦对打球加以描述，如"闲家日逐小公侯，蓝棒相随觅打球。向晚醉嫌归路远，金鞭梢过御街头"⑤；"羽林将军年十五，盘绕玉带悬金虎。黄鹰百犬朝出游，翠管银筝夜歌舞。珠衣锦绣花满身，鸣驺斧钺惊路人。东园击球夸意气，西街走马扬飞尘"⑥。

除大都外，其他地方也进行打球（击鞠）活动。"如镇南王之在扬州也，于是日（端午）王宫前列方盖，太子、妃子左右分坐，与诸王同列。执艺者上马如前仪，胜者受上赏，罚不胜者，若纱罗画扇之属。此王者之击球也，其国制如此。"⑦ 打马球的风尚影响到了明代，明朝初年宫廷中依然盛行在端午节举行打马球活动。⑧

除了马球之外，还有一种步行打球，称为"捶丸"⑨。步行打球使用的球和球杖，形制和马球差不多，但以打入"窝儿"（在地上挖一洞穴）为胜。和马球一样，步打球早在唐代已相当流行，历经宋、辽、金而不衰。元代宫廷

---

① 《元史》卷147，《史天倪传》。
② 《元史》卷156，《张弘范传》。
③ 张弘范：《打球》，《张淮阳集》。
④ 《析津志辑佚·风俗》。
⑤ 张昱：《辇下曲》，《张光弼诗集》卷3。
⑥ 迺贤：《羽林行》，《金台集》卷2。
⑦ 《析津志辑佚·风俗》。
⑧ 详见陈高华：《宋元和明初的马球》，《元史研究论稿》，第408—415页。
⑨ 元人杂剧中，多次提到"捶丸"。如无名氏撰《百花亭》中，列举当时的各种游艺，即举出了"捶丸气球，围棋双陆，顶针续麻，折白道字，买快探阄……"数种（《元曲选》第4册，第1432页）。

中，"苑内萧墙景最幽，一方池阁正新秋。内臣尽掘场中地，官里时来步打球"①。"官里"指皇帝，可见元朝皇帝亦喜欢步行打球，民间可想而知。正是在元代，还出现了一种关于步打球的专门作品《丸经》（作者宁志），其中详细讲述了步打球的比赛方法、场地设备和器具规格。《丸经》的出现，正是这一时期步打球运动普遍开展的反映。步打球（捶丸）和近代西方的高尔夫球，有许多类似之处。

元代的球类活动还有足球，当时称为蹴鞠。鞠指用皮制成的球，蹴是用脚踢的意思。蹴鞠起源很早，在战国时期就已存在。汉代盛行蹴鞠，出现了有关的专门著作。唐、宋时期，蹴鞠是社会各阶层男女老少都喜爱的一种活动。到了元代，蹴鞠仍然流行。日用百科型的类书《事林广记》中有一幅《蹴鞠图》，描绘的是上层贵族官僚踢球的情况，旁边还有人奏乐助兴。② 同书中还详细记述了蹴鞠的规则和技术。元代杂剧、散曲、诗歌中都有不少关于蹴鞠的描写。杰出的戏剧作家关汉卿说自己"会蹴鞠"③，他的散曲《【越调】斗鹌鹑·女校尉》便是描写女性蹴鞠之作，其中说："散闷消愁，惟蹴鞠最风流。"④ 佚名《月明和尚度柳翠》杂剧第三折中，柳翠说："母亲，将过气球来，我和师傅踢一抛儿咱。"⑤ 这里说的"气球"，实际就是蹴鞠，气球是蹴鞠的另一种叫法，又称为"打揎拾"。散曲作家邓玉宾有《【仙吕】村里迓古·仕女圆社气球双关》之作，其中就提到了"似这般女校尉从来就少，随圆社常将蹴鞠抱抛"；"你看他打揎拾云外飘，蹬圆光当面绕"⑥。元代中期，任顺德路总管的王结曾指出："颇闻人家子弟多有不遵先业，游荡好闲，或蹴鞠、击球，或射弹、粘雀。"⑦ 由此可以看出，蹴鞠在当时是很流行的。特别值得注意的是，它是一种适合女性参加的活动。似可认为，在元代各种球类运动（马球、步打球、蹴鞠）之中，蹴鞠是最普及的。

射柳是辽、金时宫廷中经常举行的活动，往往和击球同时举行。如金朝时，"凡重午日拜天礼毕，插柳球场为两行，当射者以尊卑序，各以帕识其枝，去地约数寸，削其皮而白之。先以一人驰马前导，后驰马以无羽横镞箭射之。既断柳又以手接而驰去者，为上；断而不能接去者，次之；或断其青处，及中

① 朱有燉：《元宫词一百首》，《辽金元宫词》，第21页。
② 至顺本《事林广记》续集卷7，《文艺类》。
③ 《不伏老》，《全元散曲》，第173页。
④ 《全元散曲》，第177—179页。
⑤ 《元曲选》第4册，第1346页。
⑥ 《全元散曲》，第306—308页。
⑦ 王结：《善俗要义》，元代史料丛刊本《吏学指南》后附，浙江古籍出版社1988年版，第364页。

而不能断与不能中者，为负。每射，必伐鼓以助其气"①。元朝时宫廷中亦举行射柳活动，内容和形式与金朝时大致相同。"王孙王子值三春，火赤相随出内闉。射柳击球东苑里，流星骏马蹴红尘。"② 射柳多在端午日举行，"请王行觞为节令寿。前列三军，旗帜森然。武职者咸令射柳，以柳条去青一尺，插入土中五寸，仍各以手帕系于柳上，自记其仪。有引马者先走，万户引弓随之，乃开弓射柳。断其白者，则击锣鼓为胜，其赏如前，不胜者亦如前罚之。仪马匹咸与前饰同，此武将耀武之艺也"③。

除了射柳外，还有射圃活动。射圃，又称为"开埵场"，俗称"射天狗"、"射草狗"、"射天狼"、"射草人"等，是游牧民族传统的脱灾活动。按照《元史》的记载："每岁十二月下旬，择日，于西镇国寺内墙下，洒扫平地，太府监供彩币，中尚监供细毡针线，武备寺供弓箭环刀，束杆草为人形一，为狗一，剪杂色彩缎为之肠胃，选达官世家之贵重者交射之。非别速、札剌儿、乃蛮、忙古台、列班、塔达、珊竹、雪泥等氏族，不得与列。射至糜烂，以羊酒祭之。祭毕，帝后及太子嫔妃并射者，各解所服衣，俾蒙古巫觋祝赞之。祝赞毕，遂以与之，名曰脱灾，国俗谓之射草狗。"④

元朝后期，射圃的形式可能略有变化，据元末人熊梦祥记载，每年十月，"皇城东华门外，朝廷命武官开射圃，常年国典"。"十月太史院涓日，都府差人于东华门外作苇芭，南向北三所，北向南如之，约三百步。西一所即储皇、诸王等，二所省院宰辅，第三所武职枢所。安措定，候旨"；"圣上在西宫，丞相略聚，请太子开埵场御弓。得旨，百辟导从至埵场，端箭调弓，自有主者揖让升降，动有国典，俱用小金仆姑（原注：名小追风箭，下同）。其制：宰执奉弓执箭，跪以进，太子受弓后，发矢之高远，名射天狼（俗呼射天狗，束刍为草人以代天狼，非侯），三矢而止。宰执揖让，进拜太子后，开弓发数矢。诸王如上发矢，不以虎侯，豹虎熊侯，以草为人作侯，遵国典也。以次射毕，于别殿张盛燕，极丰厚"⑤。

① 《金史》卷35，《礼志八》。
② 朱有燉：《元宫词一百首》。
③ 《析津志辑佚·风俗》。
④ 《元史》卷77，《祭祀志六》。
⑤ 《析津志辑佚·风俗·岁纪》。

三　角抵和竞走

元代宫廷中经常举行的娱乐活动，还有角抵和竞走等。

角抵，又称为"厮搏"，就是摔跤，是北方游牧民族的一项传统体育项目，蒙古人非常喜爱这一运动。[1] 草原上出名的摔跤手，被称为"孛可"（力士）。成吉思汗时，曾用角抵的方式消除异己力量。据《元朝秘史》的记载，不里孛可是主儿勤部有名的力士，"太祖（成吉思汗）一日教不里孛可与别勒古台厮搏。先别勒古台与不里孛可厮搏时，不里孛可用一手一足搏倒，教不能动。至此，不里孛可佯为力不及别勒古台，倒了。别勒古台一边压着，回顾太祖。太祖将下唇咬着，于是别勒古台知其意，用膝将他脊背按着，两手捉住他项，用力向后折，折了脊骨。不里孛可说：'我本不输，因怕太祖，佯为力不胜，却将我性命送了'"。"不里孛可将巴儿坛子孙行隔越了，却与巴儿哈勇猛的子孙做伴，所以虽有一国不及之力，终不免折折腰死了。"后来，晃豁坛部人帖卜腾格理因争夺部众与成吉思汗的弟弟发生矛盾，即被预先准备好的力士折断脊骨而死。[2] 从蒙古国到元朝，宫廷中经常举行角抵比赛，杰出的角抵士能得到优厚的奖赏。[3] 窝阔台汗时，还特别从中亚请来摔跤手，进行宫廷比赛。波斯史学家拉施特的记载，使我们得以了解当时角抵比赛的情况，特转引于下：

> 合罕很喜欢看搏斗。最初仅仅是一些蒙古人、钦察人和契丹人角斗。后来有人向合罕谈到了呼罗珊和伊拉克的角斗士。合罕便派遣了一个急使到绰儿马浑处，要他送些角斗士来。绰儿马浑从哈马丹给了驿马和路途给养，派遣力士费列和马合谋沙带着三十个角斗士前来。他们到达合罕处后，合罕很喜欢费列的外貌、体态和体格的匀称。当时，有札剌亦儿氏的

---

[1]　详见金启琮：《中国式摔跤源出契丹、蒙古考》，《内蒙古大学学报》1979 年第 3、4 期合刊，第 221—245 页。

[2]　《元朝秘史》卷 4，第 140 节；卷 10，第 245 节。

[3]　《史集》第 2 卷，第 71 页。

异密额勒只带在场。他说："可惜了驿马、粮食和花在他们身上的费用。"合罕说："你把自己的角斗士领来，让他们和这些人斗一斗。如果他们胜了，我给五百巴里失；如果他们败了，你就给我五百匹马。"就这样决定了。夜间，合罕召见了费列，敬了他一盅酒，并鼓励了一番。那人向他鞠躬到地说："在这件事上，如果走运，就将得到世界君主所希冀的幸福。"额勒只带从自己的万户中带来了一个名叫兀合纳孛阔（孛可）的人。清晨，人们很早就上了场。额勒只带说："条件是彼此不抓脚。"搏斗开始了，兀合纳孛阔用四肢向费列扑过来。费列说："使出全部劲儿抓住我，不要放手。"他拿兀合纳孛阔开心，使他旋转起来，然后狠狠地把他摔在地上，远远近近都能听到他的骨头的折裂声。合罕像狮子般地从原地跳了起来，对费列说："好好地抓住对手！"同时对额勒只带说："怎么样？该得到马、兀剌黑（驿马）和路途给养吧？"合罕迫使额勒只带拿出了五百匹马，而费列，除奖赏而外，又得到五百巴里失赏赐。①

角抵比赛，元朝时期经常在大都和上都举行，有诗记道："红云霭霭护棕毛，紫风翩翩下彩条。武士承宣呈角抵，近臣侍宴赐珠袍"②；"黄须年少羽林郎，宫锦缠腰角抵装。得隽每蒙天一笑，归来驺从亦辉光"③。元仁宗时，还设置了专门掌管角抵士的机构。延祐六年（1219）六月，"置勇校署，以角抵者隶之"④。对角抵者的赏赐，更为丰厚。如大德十一年（1308）六月，"以拱卫直都指挥使马谋沙角抵屡胜，遥授平章政事"。延祐七年（1320）六月，"赐角抵百二十人钞各千贯"⑤。有些汉人官员不满意大量赏赐角抵者的做法，如仁宗即位前曾在西园观看角抵，要用缯帛赏赐角抵士，被詹事院官员王约所劝阻。⑥ 顺帝时欲以钞万贯赏赐角抵者，中书省参知政事盖苗即指出："诸处告饥，不蒙赈恤，力戏何功，获此重赏乎？"⑦ 但是风俗使然，少数人的劝告显然不可能降低蒙古人对摔跤的兴趣。

竞走比赛也常在大都和上都举行。"皇朝贵由赤（即急足快行也），每岁试其脚力，名之曰'放走'，监临者封记其发，以一绳拦定，俟齐，去绳走之。

① 《史集》第2卷，第104—106页。
② 郑彦昭：《上京行幸词》，《永乐大典》卷7702。
③ 王沂：《上京诗》，《伊滨集》卷12。
④ 《元史》卷26，《仁宗纪三》。
⑤ 《元史》卷22，《武宗纪一》；卷27，《英宗纪一》。
⑥ 《元史》卷178，《王约传》。
⑦ 《元史》卷185，《盖苗传》。

大都自河西务起至内中，上都自泥河儿起至内中，越三时行一百八十里，直至御前，称万岁礼拜而止。头名者赏银一锭，第二名赏段子四表里，第三名赏二表里，余者各一表里"①。竞走的距离，一般是二百里左右，时间是从黎明开始。② "放教贵赤一齐行，平地风生有翅身。未解刻期争拜下，御前成个赏金银"③；"健步儿郎似笊云，铃衣红帕照青春。一时脚力君休惜，先到金阶定赐银"④。

四 音乐、歌舞与戏曲

　　蒙古人喜好音乐歌舞，尤其是在举行重大庆典和宴饮时都少不了奏乐、舞蹈。"当他们举行盛大宴会时，他们全都拍着手，并随着乐器的声音跳舞"。军队出征时，亦有艺人随行。如成吉思汗时封木华黎为国王，"国王出师，亦以女乐随行，率十七八美女，极慧黠，多以十四弦等弹大官乐等曲，拍手为节甚低，其舞甚异"⑤。木华黎在南宋使者告辞时曾对送使者出境的人说道："凡好城子多住几日，有好酒与吃，好茶饭与吃，好笛儿、鼓儿吹着、打着。"可见蒙古贵族对音乐歌舞的重视。⑥ 入元之后，在中书省礼部之下设立仪凤司和教坊司，掌管乐工、乐器等。仪凤司下设云和署、安和署、常和署、天乐署，云和署、安和署"掌乐工调音律及部籍更番之事"，常和署专管回回乐人，天乐署专管河西（唐兀）乐人。"散乐则立教坊司，掌天下妓乐，有驾前承应杂戏飞竿走索踢弄藏挟等伎"，司下设兴和署、祥和署。两司之下，都设有"掌乐器等物"的广乐库。⑦ 另外，在太常礼仪院下，专设大乐署，掌管礼生乐工，为各种祭祀典礼服务。⑧

---

① 杨瑀：《山居新语》。
② 杨允孚：《滦京杂咏》卷上。
③ 张昱：《辇下曲》。
④ 杨允孚：《滦京杂咏》卷上。
⑤ 《出使蒙古记》，第114—115页。
⑥ 《蒙鞑备录》。
⑦ 《元史》卷85，《百官志一》。叶子奇：《草木子》卷3下，《杂制篇》。
⑧ 《元史》卷88，《百官志四》。

元代无论是乐器还是乐曲，都是兼而用之，完全打破了民族和地区的界限。大体说来，元朝宫廷音乐、舞蹈和乐器主要来自蒙古族、汉族及西北民族三个系统。

蒙古人传统的乐曲、舞蹈等，即当时汉人所说的"胡乐"、"胡舞"，与中原传统的"雅乐"不同，"达达乐器，如筝、秦琵琶、胡琴、浑不似之类。所弹之曲，与汉人曲调不同"①。"胡乐"和"雅乐"，各有用途，常交错演奏，如"大朝会用雅乐，盖宋徽宗所制大晟乐也；曲宴用细乐胡乐。驾行，前部用胡乐，驾前用清乐大乐"②。按照当时人的记载，蒙古人的乐曲有大曲、小曲之分，大曲包括哈八儿图、口温、也葛倘兀、畏兀儿、闵古里、起土苦里、跛四土鲁海、舍舍弼、摇落四、蒙古摇落四、闪弹摇落四、阿耶儿虎、桑哥儿苦不丁、答刺、阿厮阑扯弼、苦只把失等乐曲，小曲包括哈儿火失哈赤、阿林捺、曲律买、者归、洞洞伯、牝畴兀儿、把担葛失、削浪沙、马哈、相公、仙鹤、阿丁水花等乐曲。③从一些曲名可以看出，大、小曲中似已融入其他民族的乐章。蒙古人的歌曲，往往音调雄壮。南宋丞相文天祥被俘后，被带往大都，"闻军中之歌阿剌来者，惊而问曰：'此何声也？'众曰：'起于朔方，乃我朝之歌也。'文山（文天祥）曰：'此正黄钟之音也，南人不复兴矣。'盖音雄伟壮丽，浑然若出于瓮"④。

汉族地区的传统乐曲，一方面在汉人儒士的坚持下被用以维护传统的礼乐制度，在朝会、祭祀等重大场合演奏，一方面又成为宫廷中必不可少的娱乐演出方式。如皇帝每年到达上都城时，"千官至御天门俱下马徒行，独至尊骑马直入，前有教坊舞女引导，且歌且舞，舞出天下太平字样，至玉阶乃止"；"每宴，教坊美女必花冠锦绣，以备供奉"⑤。教坊舞女的"供奉"就是表演歌舞，"教坊女乐顺时秀，岂独歌传天下名。意态由来看不足，揭帘半面已倾城"⑥；"官妓平明直禁闱，瑶阶上马月明归"⑦；"宫中云门教坊奏，歌编竹枝并鹧鸪"⑧等诗句，都是对宫中歌舞艺人演出情况的描述。

唐兀、吐蕃、回回等族的音乐、歌舞，亦在元朝宫廷中受到欢迎。回回乐

① 陶宗仪：《乐曲》，《南村辍耕录》卷28。
② 叶子奇：《草木子》卷3下，《杂制篇》。
③ 陶宗仪：《乐曲》，《南村辍耕录》卷28。
④ 孔齐：《文山审音》，《至正直记》卷1。
⑤ 杨允孚：《滦京杂咏》卷上。
⑥ 张昱：《辇下曲》。
⑦ 杨允孚：《滦京杂咏》卷下。
⑧ 马祖常：《和王左司竹枝词十首》，《石田文集》卷5。

曲，有优里、马黑某当当、清泉当当等。① 忽必烈即位后，从中亚进贡来一种乐器，"以竹为簧，有声而无律"，后经汉人乐工改进，制成了大型乐器"兴隆笙"。"兴隆笙，在大明殿下。其制，植众管于柔韦，以象大匏土鼓，二韦囊，按其管，则簧鸣。笙首为二孔雀，笙鸣机动，则应而舞。凡燕会之日，此笙一鸣，众乐皆作；笙止，乐亦止"；"每奏，工三人，一人鼓风囊，一人按律，一人运动其机，则孔雀飞舞应节"②。来自吐蕃的主要是宗教音乐舞蹈，"十六天魔舞"可以作为代表作品。"十六天魔舞"是元代后期在佛教密宗影响下编排的宫廷舞蹈，"其俗有十六天魔舞，盖以朱缨盛饰美女十六人，为佛菩萨相而舞"③。"西方舞女即天人，玉手昙花满把青。舞唱天魔供奉曲，君王常在月宫听。"④

元代壁画中的奏乐人形象（选自《中国古代服饰研究》）

---

① 陶宗仪：《乐曲》，《南村辍耕录》卷28。
② 《元史》卷71，《礼乐志五》。陶宗仪：《兴隆笙》，《南村辍耕录》卷5。
③ 叶子奇：《草木子》卷3下，《杂制篇》。
④ 张昱：《辇下曲》。

戏曲的编排和演出，在元代文化活动中占有重要的地位。元代戏曲分为杂剧、戏文（又称南戏）和流行各地的传统小戏（统称为院本）三种体裁。元代杂剧的成就最大，杂剧作家约有200人，创作剧目600余种，现存一百五六十种。关汉卿、王实甫、马致远、郑光祖等，创作了《窦娥冤》、《西厢记》、《汉宫秋》、《倩女离魂》等一大批传世名作。杂剧作家在当时习惯称为"才人"，他们组织的团体称为"书会"。在大都等城市，都有书会存在。

戏曲的演出，既有演员隶属于教坊司，主要在宫廷中表演；也有一些民间剧团，在城乡巡回演出。勾栏和瓦舍是戏曲在城市中的主要演出场所。勾栏又称为"构阑"、"构栏"、"构肆"，瓦舍又称为"瓦"、"瓦子"、"瓦市"、"瓦肆"等，都是城市中的公共娱乐场所，辟有专门的戏场。元代散曲家杜仁杰在《【般涉调】耍孩儿·庄家不识构阑》的散曲中，描述了城市中戏曲演出的情景：

> 风调雨顺民安乐，都不似俺庄家快活。桑蚕五谷十分收，官司无甚差科。当村许下还心愿，来到城中买些纸火。正打街头过，见吊个花碌碌纸榜，不似那答儿闹攘攘人多。
>
> 见一个人手撑着椽做的门，高声的叫请请，道迟来的满了无处停坐；说道前截儿院本调风月，背后么末敷演刘耍和。高声叫，赶散易得，难得的粧哈。
>
> 要了二百钱放过咱，入得门上个木坡。见层层叠叠团圆坐，抬头觑是个钟楼模样，往下觑却是人旋窝。见几个妇女向台上儿坐，又不是迎神赛社，不住的擂鼓筛锣。
>
> 一个女孩儿转了几遭，不多时引出一夥。中间里一个央人货，裹着枚皂头巾顶门上插着一管笔。满脸石灰更着些黑道儿抹，知他待是如何过。浑身上下，则穿领花布直裰。
>
> 念了会诗共词，说了会赋与歌，无差错。唇天口地无高下，巧语花言记许多。临绝末，道了低头撮脚，暴罢将么拨。
>
> 一个装作张太公，他改做小二哥。行行行说向城中过，见个年少的妇女向帘儿下立，那老子用意铺谋待取做老婆，教小二哥说合。但要的斗谷米麦，问甚布绢纱罗。
>
> 教太公往前那不敢往后那，抬左脚不敢抬右脚，翻来覆去由他一个。太公心下实焦躁，把一个皮棒槌则一下打做两半个。我则道脑袋天灵破，则道兴词告状，划地大笑呵呵。①

---

① 《全元散曲》，第31—32页。

从这首散曲中，我们可以看到戏曲在民间颇受欢迎，有大量的观众。勾栏中排戏时，也会有不少人围观。如至正二十二年（1362），松江府前的勾栏排戏时，棚屋倒塌，压死 42 人，其中就有不少旁观者。① 当时出名的女戏曲演员，有珠帘秀、顺时秀、天然秀、赛帘秀、燕山秀等（均为艺名）。有人记道："歌儿珠帘秀，姓朱氏，姿容姝丽，杂剧当今独步。"② 赛帘秀、燕山秀等都是她的门徒。③ 顺时秀原名郭顺卿，在元代中期很出名，有人在宫词中赞道："教坊女乐顺时秀，岂独歌传天下名。意态由来看不足，揭帘半面已倾城。"④ 按照元末人陶宗仪的记载，著名的男演员，有"教坊色长魏、武、刘三人"，"魏长于念诵，武长于筋斗，刘长于科泛（表演动作），至今乐人皆宗之"⑤。山西省洪洞县赵城镇广胜寺明应王殿有一幅描写元代戏曲演出的壁画（见本书彩色插图），横书"大行散乐忠都秀在此作场"，散乐是民间杂剧团体的通称，忠都秀即为主要演员的艺名。这幅壁画，真实地反映了元代戏曲演出的场面。

五　双陆、象棋、围棋

元代常见的娱乐器具，有双陆、象棋、围棋等。

双陆大概起源于印度，后传入中国，唐代盛行。南宋统治下的江、淮以南地区，双陆几乎绝迹。⑥ 但在辽、金统治下的北方，双陆仍是很流行的。元朝统一以后，双陆在全国到处可见。元顺帝在内殿与宠臣哈麻"以双陆为戏"⑦。官僚如李孟、揭傒斯，都有咏双陆的诗篇。民间诗人如任士林、张宪等，也都有同样的作品。类书《事林广记》中载有双陆的规则及其由来，并有双陆的图形和下双陆的图画（见 337 页插图）。画中对下的双方，从服饰和发型来看，

---

① 陶宗仪：《勾阑压》，《南村辍耕录》卷 24。
② 陶宗仪：《珠帘秀》，《南村辍耕录》卷 20。
③ 夏伯和：《青楼集》。
④ 张昱：《辇下曲》。
⑤ 《院本名目》，《南村辍耕录》卷 25。
⑥ 南宋初洪遵作《谱双》，专谈双陆，自序中说："双之不绝者无几矣。"南宋陈振孙《直斋书录解题》卷 14 载："《谱双》十卷，洪遵集。此戏今人不复为。"
⑦ 《元史》卷 205，《哈麻传》。

显然是蒙古人。① 散曲名家张可久有《观张氏玉卿双陆》之作，在另一首散曲中，则有"打双陆赌流霞"之句。② 他描写的是女性对双陆的兴趣。佚名《月明和尚度柳翠》杂剧，写风尘女子柳翠出家的故事，其中一段是柳翠与师父打双陆。③ 由此可见，在元代，无论南北，无论上层或是民间，无论男女，双陆都是很受欢迎的一种游戏。

　　双陆和棋类一样，有盘，长方形。玩者分为黑、白双方，每方各十二路，中有门，左、右各六路，"双陆"之名即由此而来。每方各有十五马，按一定次序排列。马作锥形，一般为木制。因为双陆棋子为马头形，所以玩双陆又称为"打马"。比赛时，先掷骰子，"各以其采行，白马自右归左，黑马自左归右"；"马先出尽为胜"④。"君马一十五，臣马一十五。共成三十骑，相距河之浒。"⑤ "三五对参差，高呼得采时。犹疑双出早，每恨独归时。"⑥ 这些诗句，便是对双陆比赛的描述。

蒙古官员玩双陆图（引自《事林广记》）

　① 至顺本《事林广记》续集卷6，《文艺类》。
　② 《全元散曲》，第876、880页。
　③ 《元曲选》第4册，第1340页。
　④ 《事林广记》续集卷6，《文艺类》。
　⑤ 张宪：《咏双陆》，《玉笥集》卷7。
　⑥ 揭傒斯：《赋双陆》，《揭文安公全集》卷1。

象棋是我国传统的棋种。关于它的起源说法不一，棋制在历史上多有变迁。现代象棋在南宋基本定型。棋盘中有河界，分九路，双方各有十六子，七个兵种。兵种的名称为将、士、象、车、马、炮、卒，双方都是一样。① 1959年，内蒙古元大宁路遗址（今赤峰市宁城县境内）出土的铜象棋子，一面是图像，一面是文字，有将、士、象、车、马、炮、卒七种，便是元代象棋的物证。《事林广记》中收录了象棋的起手局二，残局一，起手局列着法，残局既有着法又开列图式（"双龙出海式"），这是现在能见到的最早的象棋谱中的残局和起手局，反映出象棋在当时的兴盛。②

围棋是中国本土创造的棋种，历史悠久，流传过程中有所变化。原来棋局纵横17道，大概在唐代，发展成为19道。自此以后，一直没有变化。围棋在元代很流行，"闲居适意，惟棋甚美"③。"棋乃尧王制，相传到至今。手谈消郁闷，遣兴过光阴。"④ 围棋被认为是消遣的最佳工具，受到各阶层的普遍欢迎。"儒臣春值奎章阁，玉陛牙牌报未时。仙杖已回东内去，牡丹花畔得围棋。"⑤ "残却花间一局棋，为因宣唤赐春衣。近前火者催何急，惟恐君王怪到迟。"⑥ 这两首宫词，说的是宫中下围棋的情况。诗人胡助的《围棋赋》，则反映出一般文人对围棋的喜爱。⑦ 围棋又是娱乐场中公子哥儿、艺人和烟花女子必须掌握的技艺之一。大剧作家关汉卿自命是"普天下郎君领袖，盖世界浪子班头"；"会围棋"和"会双陆"一样，都在他自己列举的伎艺之列。⑧ 在杂剧中风尘女子柳翠不仅会打双陆、踢气球，也会下围棋。⑨

在元代杂剧中，列举围棋有"五棋小棋势"、"二十四盘大棋势"⑩。棋势是围棋技艺的总结，反映出当时围棋水平的提高。

双陆、象棋、围棋等棋类活动，在社会上广为流传。此外，还有一些娱乐活动。元杂剧中，对一个风流才子的描述是"围棋递相，打马投壶，撇兰颠竹，写字吟诗，蹴鞠打诨，作画分茶，……九流三教事都通"⑪。关汉卿《救风

① 详见朱南铣：《中国象棋史杂考》，中华书局1987年版。现代象棋双方兵种名称有所区别，如象与相、卒与兵等。

② 至顺本《事林广记》续集卷6，《文艺类》。

③ 胡助：《围棋赋》，《纯白斋类稿》卷1。

④ 李文蔚：《破符坚蒋神灵应》，《元曲选外编》，第251页。

⑤ 柯九思：《宫词一十五首》，《草堂雅集》卷1。

⑥ 张昱：《宫中词》，《张光弼诗集》卷2。

⑦ 《纯白斋类稿》卷1。

⑧ 《不伏老》，《全元散曲》，第172—173页。

⑨ 《月明和尚度柳翠》，《元曲选》第4册，第1346页。

⑩ 李文蔚：《破符坚蒋神灵应》，《元曲选外编》，第251页。

⑪ 无名氏：《百花亭》，《元曲选》第4册，第1427页。

尘》杂剧中，说一个"歌儿"是"拆白道字，顶针续麻，无般不晓，无般不会"①。投壶、撇兰、颠竹、分茶以及顶针续麻、拆白道字等，也是当时流行的娱乐活动。

投壶是汉族地区宴会中传统的助兴活动。颠竹亦是在酒席上分投酒筹。撇兰又称"写兰"，饮宴时在纸上画兰，叶数与人数相等，叶根注上不同钱数，其中一叶根不注钱数，然后用纸将根部盖住，各人于叶尖上署名，写毕揭纸按数付钱，署名不注钱数叶上的人不必付款。分茶则是在泡茶注水时，掌握高下疾徐，使水沤成字画等物象的一种技巧。顶针续麻和拆白道字，都是酒席宴时行令的文字游戏。前者"连麻头，续麻尾"，"续麻道字针针顶"②，要求按字接续；后者则是把一个字拆成两个字或一句话。此外，酒席宴上，还有藏阄和猜枚等游戏。这些活动，多在风流女子聚集的娱乐场和文人间流行。风流场中的情景已见上引元杂剧的描述中，而剧作家关汉卿即自称会"分茶颠竹，打马藏阄"③。人们的消遣方式丰富多彩，既有情趣，又蕴含着深厚的文化修养。

---

① 《元曲选》第 1 册，第 193 页。
② 关汉卿：《金线池》杂剧，《元曲选》第 3 册，第 1260 页。
③ 《不伏老》，《全元散曲》，第 172—173 页。